Thriller psicologico con un tocco di romance

Serie Swiss Legends – spin off #1

(Edizione Italiana)

SOMMARIO

"Questo libro è dedicato a tutti
coloro che hanno imparato a
condividere l'amore, e anche a chi
troppo spesso lo teme.
E più di ogni altra cosa,
mio caro lettore,
questo libro è dedicato a te."

PROLOGO

Da qualche parte nella Foresta Amazzonica...

Un breve scossone lo strappò da un sogno meraviglioso, come se qualcosa di enorme fosse stato gettato con forza sul suo materasso.

Che strano...

Prima di quel fastidioso imprevisto gli era sembrato di galleggiare, di essere quasi una piuma in balia del vento, con il corpo cullato dalla soave scia delle onde.

Che diamine, un uomo non ha nemmeno più il diritto di sognare in santa pace!

Sentì il corpo riattivare i sensi pian piano, nello stesso modo in cui era solito uscire da un banco di nebbia, dopodiché toccò allo sciabordio che diventava sempre più insistente, quasi nauseante. I suoi occhi, affaticati dalle ultime notti di sonno incerto, si rifiutarono di aprirsi, e poi c'era quel rumore meccanico fastidioso, un "ta ta ta ta..." che lo mandava fuori di testa e un odore nauseabondo di acqua stagnante.

Lascia perdere Dino, tanto è solo un sogno, in verità sei a casa, a Leida, accanto a Judith... sì, proprio così...

Sorrise soddisfatto e sospirò contento, prima di provare a mettersi più comodo sul letto, ma qualcosa continuava a infastidirlo al fianco destro. Se solo fosse riuscito a girarsi dall'altra parte, era sicuro che lo spiacevole dolore si sarebbe attenuato. Si mosse appena con l'intenzione di non destarsi del tutto, ammaliato dal torpore del sonno ma, da qualche parte nell'oblio, il suo cervello testardo iniziò a riportare a galla alcuni ricordi, tra cui certi che non aveva nessuna intenzione di richiamare alla memoria. Purtroppo, la sua volontà non aveva nessun potere e la mente prese a vagare in quei posti che avrebbe voluto soltanto poter dimenticare.

Le parole del suo medico curante gli rimbombarono in testa. *«Signor Vanderhole, dovrebbe decidersi a diminuire la quantità di grasso che mangia. Lei è già in sovrappeso e l'alto tasso di colesterolo che abbiamo rilevato dalle analisi del sangue non è salutare...»*

Strinse gli occhi infastidito, le dita che iniziarono a formicolare accentuarono ancora di più la noia. Ormai non sentiva più l'intero braccio.

Una nenia fastidiosa interruppe i suoi pensieri. «Dino, Dino, sveglia...»

Ahh, no, per favore, non ancora...

Il suo dottore usava spesso quel tono di voce lento e cadenzato, era forse lui a parlargli? A quel dubbio seguirono delle risate, poi una litania di parole in un idioma a lui sconosciuto. Non si trattava di certo del suo dottore, e che dire della lingua?

Ma… che diamine sta succedendo?

Come mai udiva tutti quegli uomini sbraitare nel suo sogno?

A mano a mano che riprese coscienza e controvoglia riaprì gli occhi, tutto ciò che riuscì a pensare fu: *no, per favore, dimmi che si tratta solo di un sogno, che non sono tornato in quel buco alla fine del mondo.*

Come risposta, avvertì un altro scossone in contemporanea con delle risate sguaiate. Dino si svegliò di colpo, aggrappandosi con entrambe le mani alla struttura di metallo che un tempo, una cinquantina di anni prima circa, era stato un tettuccio di tela della vecchia scialuppa di legno.

Il suo sguardo corse in fretta da una parte all'altra del malandato barcone di legno e, come a voler confermare i suoi più orribili pensieri, si ritrovò circondato da quattro uomini, dei poliziotti vestiti con tute mimetiche come lui, che lo guardavano con espressioni che passavano dall'inespressivo al derisorio e a tutte le sfumature in mezzo.

Gli ultimi tasselli si incastrarono nel momento in cui il pilota urtò contro l'ennesimo tronco che galleggiava nelle acque scure del fiume Negro. Gli schizzi arrivarono fino agli argini fangosi e il motore sputacchiò, come se volesse spegnersi e abbandonarli al loro infausto destino.

Ormai del tutto sveglio, alle prime luci dell'alba, Dino Vanderhole vide alcune immagini che era sicuro non avrebbe più scordato. Era l'inizio di un nuovo giorno nel Rio delle Amazzoni: stormi di uccelli colorati si alzarono dal centro della giungla e spiccarono il volo passando proprio sopra la sua testa, mentre la barca proseguiva il suo viaggio solitario. Circondati dalla natura incontaminata, sulle sponde del fiume, sorgevano sporadici villaggi di pescatori costruiti su palafitte di legno che sembravano sfidare la forza di gravità nel tentativo di mantenersi erette su pali che sparivano in acqua. Bambinetti nudi dalla pelle d'ebano giocavano con dei cani meticci, insieme ai quali si divertivano a rincorrersi sulle rive fangose o dietro a noci di cocco. Per un breve istante, fintanto che si guardava attorno meravigliato, dimenticò ogni cosa, persino il motivo per cui si trovasse lì. Vestì i panni di un avventuriero come Indiana Jones, o di uno spettatore stupefatto, intento a osservare un patrimonio naturale inestimabile da cui dipendeva non soltanto la sua, bensì l'intera esistenza degli esseri umani.

Quando gli avevano proposto di partecipare all'indagine come osservatore dell'Europol, il capitano Dino Vanderhole aveva accettato senza esitare. La pensione era ormai alle porte, soltanto altri cinque anni, o poco più, lo separavano dalle spiagge di sabbia bianca in Thailandia, dove intendeva godersi il suo meritato riposo accanto alla moglie, dopo anni di lavoro nella polizia europea. Il suo superiore gli aveva proposto la missione come una specie di vacanza in uno dei paesi più belli del mondo: il Brasile, il gigante verde giallo.

«Saranno solo un paio di settimane,» lo aveva tranquillizzato con una pacca amichevole sulla spalla, *«al tuo compito sarà quello di seguire la polizia locale, nelle vesti di osservatore, un piccolo aiuto internazionale nella cattura di Ionel Sorin…»*

Ricordava ancora, come se l'avesse di fronte in quel momento, la strana sensazione che lo aveva sorpreso quando si era accorto che il suo superiore aveva lasciato apposta la frase in sospeso. Tutti coloro che lavoravano all'Europol, dai piani più alti agli addetti della caffetteria, avevano già sentito quel nome. Sugli schermi dei computer del centro operativo e su quello delle polizie di tutta Europa, la foto di Sorin era datata dalla prima decade degli anni novanta. Nessuno sapeva davvero che viso avesse, nonostante fosse il narcotrafficante più ricercato e temuto d'Europa, persino la sua età era presunta. Da quanto aveva letto nel rapporto, la polizia brasiliana l'aveva trovato grazie a una denuncia anonima e aveva informato l'Europol che il ricercato era ospite di un trafficante locale abbastanza conosciuto dalle forze dell'ordine della città di Manaus: Alvaro Melo, conosciuto anche come il *"caipira"*.

Era proprio nella sua *fazenda*, ovvero la sua "azienda agricola", che erano diretti con l'intenzione di tendere a entrambi un'imboscata e catturarli.

A Dino non passò inosservato il termine usato dagli agenti locali. *Pfff, azienda agricola. Certo, come no!*

Per lui, adoperare quel termine sarebbe stato come dire che Pablo Escobar, uno dei più grandi narcotrafficanti di tutta l'America Latina, avesse cambiato mestiere e deciso di commercializzare banane. Ciò a cui stavano andando incontro non era una riunione con gli amministratori delegati di una cavolo di azienda, 999bensì una vera e propria imboscata, una *Operation* che, da quelle parti del mondo, veniva conosciuta come *Blitz*.

La domanda che Dino si stava ponendo da quando erano venuti a prenderlo al suo albergo alle due di notte restava ancora un'incognita: cosa diamine c'entrava lui con quel *Blitz* o in quella barcarola malconcia nel mezzo del nulla?

Stando alle parole del suo superiore, doveva solo vestire i panni dell'osservatore, al massimo di consulente, quindi rimanere a disposizione e fornire, se necessario, la sua esperienza come aiuto alla polizia locale per pianificare la cattura dei due criminali. Di conseguenza, si era immaginato di aspettare comodamente seduto in un ufficio della caserma, magari sotto un bel venticello fresco fornito dal climatizzatore d'aria, mentre i prigionieri venivano arrestati. Lui aveva con sé tutta la documentazione per l'estradizione di Sorin, perciò avrebbe soltanto dovuto attendere l'arresto alla stazione di polizia brasiliana, assicurandosi che il criminale venisse imbarcato sul primo volo diretto ai Paesi

Bassi. La milizia brasiliana invece avrebbe tenuto Alvaro Melo, il trafficante che stavano cercando.

Nonostante tutta l'accurata pianificazione, le cose erano andate di male in peggio sin dal principio. Se doveva proprio essere sincero, il volo che l'aveva portato a Bogotà, capitale della Colombia, era stato un delizioso assaggio di quello che sarebbe dovuto essere. L'Europol gli aveva assicurato un biglietto di classe Business e lui aveva goduto ogni minuto della poltrona extra-large con massaggio incorporato, del filetto al pepe del Madagascar e del delizioso vino rosso che l'accompagnava. Poiché era tutto incluso nel pacchetto e sua moglie non gli era seduta accanto, aveva addirittura fatto il bis della carne e del vino.

Il suo corpo venne scosso da un brivido nauseante che gli rammentò che sarebbe stato meglio non pensare nemmeno alla parola cibo, figuriamoci ricordare il suo sapore. Purtroppo la maggior parte di quei bei ricordi era rimasta su quel volo partito dai Paesi Bassi.

Nel momento in cui l'aereo era atterrato all'aeroporto internazionale "El Dorado", i suoi problemi avevano avuto inizio: dapprima con la valigia smarrita e poi con il ritardo della coincidenza. Aveva dovuto passare oltre cinque ore a discutere con quelli della compagnia aerea che provavano a localizzare i suoi vestiti, finiti chissà dove, in seguito seduto sulla scomoda e disgustosa sedia di plastica della zona di imbarco per il volo che lo avrebbe portato alla destinazione finale: Manaus, la capitale dello stato dell'Amazonas. Dovette anche subire, nonostante la stanchezza, il jet lag che, per ben tre giorni, l'aveva fatto sentire come se avesse avuto la testa infilata in un vespaio.

Non era ancora riuscito a godersi nemmeno una delle tante gite magnifiche che aveva visto nella rivista dell'aereo, e dire che sembravano una più bella dell'altra! In quegli ultimi dieci giorni, la situazione non aveva fatto altro che peggiorare: l'interprete che gli avevano assegnato parlava a malapena inglese e, a quanto pareva, anche il portoghese, nella prima settimana aveva preso un'intossicazione alimentare in una delle feste di benvenuto in cui i colleghi della stazione di polizia insistettero a portarlo quasi ogni sera dopo il lavoro. Insomma, non gli era mancato nulla! Le sue braccia erano coperte da pustole arrossate e pruriginose provocate da un miliardo di punture di zanzara che sembravano grosse come piccoli elicotteri, che si sommavano all'orticaria causata dal tanto sudare. Aveva la sensazione che l'umidità nell'aria fosse arrivata vicino al cento per cento e temeva che, da un momento all'altro, si sarebbe trasformato in una pozzanghera di sudore e avrebbe finito per colare sparendo sulle crepe del pavimento di legno.

Un altro scossone gli fece aprire gli occhi di scatto. Si era appisolato di nuovo e non se ne era nemmeno reso conto. Si guardò attorno diffidente, ma tutto quello che riuscì a vedere fu la fitta massa formata dalle chiome degli alberi della foresta. Dal fondo della barca uscivano dei nuvoloni neri di fumo che si spargevano pigri nell'aria.

Alla faccia della preservazione ambientale!

Proprio in quel momento, dalla cabina, il comandante, un uomo tarchiato sulla settantina, urlò un'imprecazione mentre prendeva una chiave inglese e colpiva il timone con forza prima di mollarla con stizza accanto a sé. A mano a mano che il piccolo uomo si spostava con l'ondeggiare della barca, Dino riuscì a vedere alcune luci rosse lampeggiare insistenti sul vecchio pannello di comando, ormai trasformato in un albero di Natale. Nella sua mente sussurrò una preghiera. *Per favore Signore, fa' che il motore non si fonda in questo luogo dimenticato da Dio.*

«Ehi, Dino *gringo*…»

Un'altra volta… non vedi che voglio essere lasciato in pace. È chiedere troppo?

Forse, se si fosse tappato le orecchie, come faceva quando era bambino, la fastidiosa voce sarebbe sparita. Ormai la riconosceva, era quella di Mauro, l'unico poliziotto che credeva di parlare inglese. Il giovane ragazzo insisteva per chiamarlo con quel nomignolo che significava "straniero".

Dino non avrebbe voluto fare altro che sparire o avere il potere di stringere tra le mani una lampada di Aladino ed esprimere un desiderio, ma per fare entrambe le cose avrebbe dovuto mollare il palo a cui era aggrappato e, per Dio, lui non avrebbe mai rischiato di cadere dalla barca. Il suo corpo venne scosso da un brivido al pensare che di sicuro quelle acque scure erano infestate da piccoli e voraci *piranhas* e da grossi alligatori che amavano prendere il sole sui margini di fiumi come quello.

«Ehi Dino, bevi *gringo*.»

Alzò gli occhi stanchi appena in tempo per vedere una fiaschetta di metallo ammaccata apparire davanti al suo viso spaventato.

«*Liquid courage, my friend.*» La risata sguaiata del poliziotto sovrastò il rumore del motore che diminuiva gradualmente la sua potenza.

Dopo aver rifiutato con un gesto della mano, Dino si guardò intorno nella speranza di essere ormai arrivato alla *fazenda* del terribile trafficante. A quel punto voleva solo concludere quella maledetta missione e tornare nel dolce conforto della sua casa, nel suo piccolo e meraviglioso paese. Purtroppo, tutto ciò che riuscì a vedere fu un pontile sgangherato di legno che spuntava tra due enormi Ficus che estendevano le proprie radici per diversi metri nell'acqua. Il vecchio pilota mise il motore della barca in folle e puntò la prua verso il pontile che sporgeva sbilenco sopra le acque torbide del fiume. Nel frattempo, uno dei poliziotti che si trovava nelle vicinanze, si alzò dalla panca di legno e prese una grossa corda giallognola che era rotolata in un angolo.

Mentre l'uomo la raccoglieva, il capitano della missione, il generale Vargas, si alzò a fatica dall'amaca di tela. Appena si mise in piedi, appoggiò il suo fucile sulla panca di legno che gli era accanto e iniziò a lisciarsi il tessuto blu sulla grossa pancia, provando a infilare la camicia dentro i pantaloni. Era un uomo alto, sulla sessantina, con grandi bicipiti che uscivano dalle maniche corte a ogni suo movimento. Accanto a Dino, Mauro, il poliziotto che credeva di parlare inglese, era intento a svegliare gli altri due colleghi che dormicchiavano seduti sulla panca.

Mentre il pilota, approfittando dello slancio del motore, si avvicinava al pontile, Dino si sporse in avanti cercando sulla riva gli altri uomini, qualcuno che potesse somigliare a un poliziotto. Tra le palafitte la vita scorreva tranquilla, le poche persone in vista, pescatori e alcune donne con cesti di paglia in testa o tra le mani, non lo degnarono nemmeno di uno sguardo, continuando a fare i propri lavori. Non avevano certo tempo da perdere con loro.

Senza dare nell'occhio, si sporse voltando il capo a destra e a sinistra, intento a cercare i rinforzi, magari qualche collega nascosto dietro le spesse cortecce della foresta. Tutto ciò che vide alla fine del vecchio ponte sgangherato fu un anziano che a malapena sembrava reggersi con l'aiuto di un lungo bastone, e si era fatto accompagnare da un cane che un giorno, forse quando era un cucciolo, era stato di colore bianco.

Non è possibile che saremo soltanto noi a batterci contro il narcotrafficante più famoso dell'America Latina e quello più ricercato d'Europa! Non posso crederci!

La camicia di Dino, che si era miracolosamente asciugata dal sudore grazie al venticello del viaggio, iniziò a inumidirsi di nuovo.

Trattenendo uno sbuffo tremulo spostò la sua attenzione all'interno della barca, come se si aspettasse di vedere qualcuno saltare fuori dalla botola davanti ai suoi piedi, come in una specie di scherzo di pessimo gusto. Era assurdo, lo sapeva, ma d'altronde era tutta quella situazione a esserlo.

Ci sarà qualcosa qui, qualcuno, ci deve essere!

I suoi occhi correvano frenetici da una parte all'altra, ma tutto ciò che notò sul pavimento logoro di legno, furono dei vecchi fucili accatastati in un angolo vicino alla cabina del capitano. Armi che sembravano uscite dalla Prima Guerra Mondiale e nient'altro.

La sudorazione aumentò e la camicia iniziò ad attaccarsi alla schiena, la pelle prese a prudergli così tanto che per ben due volte pensò di scorticarsi con le proprie unghie per il fastidio. *Dove diamine sono le scatole di munizioni extra, i telefoni satellitari, visto che nessun altro cellulare prende, i binocoli, i giubbotti antiproiettile… dove diamine sono gli altri uomini, il resto della milizia, insomma, i rinforzi!*

L'unica risposta che riuscì ad avere fu il chiacchiericcio concitato dei sei uomini che erano già nella prua della scialuppa.

Nel momento in cui la barca venne legata al pontile, prese la sua decisione.

Si voltò verso il ragazzo, Mauro, e cominciò a scuotere la testa in segno di diniego. «Non intendo scendere» incrociò le braccia davanti al petto e lo gonfiò provando ad aggiungere un'intonazione sicura nella voce. «Non senza avere i rinforzi.» Annuì come per confermare ogni parola. In seguito, alzò la mano e iniziò a elencare cosa si aspettava di avere in una missione del genere.

Quando finì, fu soddisfatto di aver ottenuto almeno l'attenzione di tutti, anche se nessuno, a parte Mauro, aveva capito qualcosa del suo blaterare. Continuarono a fissarlo, uno di loro, grosso come un Ficus, manteneva le braccia incrociate al petto, uno stuzzicadenti in bocca con uno sguardo sul volto di puro disprezzo, così aggiunse per sicurezza: «E quei fucili» indicò la pila ammucchiata, «non sono adatti per una missione del genere, sono vecchi modelli da caccia. La sicura è sul retro del grilletto, non si riesce nemmeno a tenere il colpo in canna. Insomma, non sono affidabili!»

Voleva aggiungere che nemmeno il capitano lo era, ma decise che sarebbe stato saggio tenere quell'osservazione per sé.

Appena finì il suo discorso, il ragazzo si voltò verso il suo capo e iniziò a tradurre ciò che aveva detto. Almeno era quello che credeva stesse facendo.

Il capitano, che aveva già finito di infilarsi la camicia nei pantaloni e aveva acceso una sigaretta, ascoltò attentamente ogni parola.

Dino avrebbe voluto intervenire dicendo che forse non era il caso di fumare, visto che a qualche metro da lui c'erano sei o sette taniche di metallo arrugginite legate sulle paratoie. Invece, tutto ciò che riuscì a fare fu trattenere il fiato mentre lo guardava giocare con il fiammifero ancora acceso. Lo seguì con lo sguardo carico di paura mentre volava sopra una delle taniche prima di sparire in acqua.

Il capitano non smise di ascoltare, ma prese a emettere piccoli sbuffi, mentre ogni tanto scuoteva la testa e aggiungeva quella che sembrava una risatina incredula. Nel momento in cui il ragazzo smise di parlare, il suo sguardo si spostò su Dino e lo fissò per quello che parve essere un intero minuto prima di sbottare in una risata sguaiata, come se avesse appena sentito la barzelletta dell'anno.

Dino, che a quel punto si era già alzato, spostò il peso da un piede all'altro sentendosi come uno scolaro che, davanti alla classe, aveva dato la risposta sbagliata. Rimase in attesa mentre gli altri uomini, dopo aver preso un vecchio fucile a testa, si mettevano in fila per sbarcare sul pontile. Il capitano, invece, dopo aver buttato la sigaretta in acqua, asciugandosi gli occhi con i palmi delle mani si avvicinò e, con alcuni gesti, fece intendere a Dino che doveva spostarsi dall'altra parte della barca. La speranza si accese nel suo cuore

13

quando lo vide alzare il bordo di una delle panche di legno, proprio quella dove momenti prima era seduto il giovane poliziotto. Dino lo guardò con attenzione mentre spostava le cose in quella che gli sembrò essere una vecchia cassapanca, fino a tirare fuori una sorta di vecchio straccio verdognolo con alcune macchie arancioni.

Che diamine è quello?

Con un sorriso che gli metteva in mostra gli incisivi ingialliti, fece un buffo inchino prima di lanciarlo addosso a Dino, mentre diceva: «*Ahh, desculpa. Pega aqui o teu* -» si voltò verso il giovane poliziotto che guardava la scena, così come tutti gli altri, e gli porse una domanda. Il ragazzo ebbe la decenza di sembrare mortificato quando guardò Dino che aveva appena scoperto di tenere tra le braccia quello che, un giorno, era stato un giubbotto di salvataggio per bambini prima che la muffa avesse avuto la meglio.

«Il capitano Vargas chiede scusa per aver dimenticato il tuo giubbotto antiproiettile e» indicando il salvagente, «ti ha chiesto se questo potrebbe andar bene.»

Qualcosa nel cervello di Dino si bloccò, era addirittura senza parole. Gli altri uomini, dopo aver speso qualche momento a ridere come delle iene, scesero sulla terraferma. Poi fu la volta del capitano Vargas seguito da Mauro che, più di tutti, sembrava patteggiare per il povero *gringo*. Prima che Dino potesse scendere, il comandante della barca, dopo aver colpito ancora per un paio di volte con la chiave inglese il vecchio motore, gli si avvicinò mentre si puliva le mani unte su un vecchio cencio. Soltanto in quel momento notò che uno degli occhi, incappucciati da palpebre cadenti, era bianco latte. Con un sorriso mesto gli prese il salvagente dalle mani e lo poggiò vicino alla panca. Poi si voltò soltanto per dargli qualche pacca sulla spalla in quello che gli sembrò un saluto. Sperò soltanto che non fosse una sorta di addio definitivo.

Prendendo l'ultimo fucile disponibile, il più arrugginito di tutti, non gli restò che seguire gli altri che, muovendosi con notevole agilità, stavano già sparendo nella fitta boscaglia.

Se mai avesse creduto di provare sollievo una volta raggiunta la terraferma, in quel momento capì che ogni sensazione benevola sarebbe dovuta essere rimandata. Appena saltò giù dal pontile, rialzato di una trentina di centimetri dalla terra, i suoi anfibi affondarono oltre le caviglie in quello che era a tutti gli effetti un pantano. Barcollò, lottando per non cadere e, con la coda dell'occhio, notò qualcosa muoversi veloce tra la vegetazione, a meno di mezzo metro da lui, e poté giurare di aver visto la coda di un coccodrillo sparire sferzando in mezzo alle canne. Non fu necessario un altro avvertimento, in meno di due secondi, sovrappeso o no, spiccò una corsa che avrebbe fatto concorrenza a un centometrista e arrivò quasi addosso a Mauro, l'ultimo del gruppo.

Non poté nemmeno tirare un sospiro di sollievo perché udì il rumore della barca che lo irritò come un colpo di tosse secca. Si voltò appena in tempo per vederla allontanarsi dal pontile. Non c'era tempo per preoccuparsi di come sarebbe tornato alla civiltà, prima avrebbe dovuto scoprire come sopravvivere nella giungla e in seguito ai narcotrafficanti con quella che aveva scoperto essere una banda di mercenari pazzi e dilettanti.

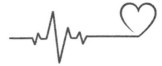

Per quelle che gli parvero ore infinite camminarono tra la fitta boscaglia, seguendo un sentiero pressoché inesistente. Dino vedeva a una manciata di metri da lui l'anziano che, con un'agilità impressionante, avanzava in quell'intrico maledetto, ogni tanto si fermava e si guardava attorno, in seguito scrutava il cane e poi ripartiva. Lui non riusciva a capire come facesse a orientarsi così bene. Tra stormi di uccelli esotici che si elevavano in aria, scimmie urlatrici che li spiavano dall'alto saltando da un ramo all'altro e alberi con frutti mai visti, le ore passavano, il sole si faceva alto in cielo, le zanzare banchettavano felici con il suo sangue e tutto rimaneva terribilmente immutato. Ciò che lo preoccupava di più erano i rumori di animali indefiniti, grugniti, stridii e, certe volte, zampe che calpestavano i rami caduti a terra, come se una mandria imbizzarrita stesse avanzando nella loro direzione. All'inizio Dino pensò che gli sarebbe venuto un infarto a causa dell'angoscia, ma dopo quella che gli sembrò l'ennesima volta in cui nessuno, oltre a lui, sembrava dar peso alla cosa, non gli restò che consegnare le sue sorti nelle mani di Dio e proseguire guardandosi le spalle senza sosta, poiché era lui a chiudere il corteo.

Si fermarono un paio di volte quando udirono il rumore di un aereo che volava sopra le loro teste. Tra le chiome degli alberi Dino poteva vedere quanto il veicolo planasse basso e lui sapeva che quello era uno dei modi che i trafficanti usavano per sfuggire ai controlli dei radar.

Dopo essersi fermati per una breve pausa, bevendo e mangiando i panini che uno dei poliziotti aveva nello zaino, proseguirono il viaggio. A un certo punto Dino non sentì più le gambe e nemmeno gli sciami di zanzare, che continuavano a fargli visita, smisero di dargli fastidio. A quanto pareva i maledetti insetti ce l'avevano proprio con lui, era come se il liquido puzzolente che aveva sparso per tutto il corpo prima di uscire dall'albergo, funzionasse come una sorta di nettare anziché repellente. Nessuno degli uomini che camminava vicino a lui sembrava far caso a quei dannati parassiti, ma forse si erano già abituati. Infatti la loro pelle sembrava più spessa, quasi come le cortecce degli alberi che li circondavano.

A un tratto, quando Dino sembrava aver perso ogni speranza, l'anziano davanti al gruppo si fermò a una specie di biforcazione creata da due alberi giganteschi. Confabulò qualche istante con il capitano Vargas e, dopo aver preso da lui un mazzetto di banconote, senza aggiungere altro, andò verso destra e sparì con il cane nella boscaglia.

A quel punto, il capitano si voltò verso gli uomini e impartì alcuni ordini a bassa voce che lui, chiaramente, non capì. Ci furono alcuni cenni di testa come se stessero discutendo gli ultimi dettagli e poi i poliziotti si dispersero tra gli alberi. Seguendo alla regola ciò che avevano deciso nella riunione del giorno prima, Dino si mantenne vicino a Mauro, poiché sarebbe stato il suo riferimento per la missione. Appena il capitano smise di dare ordini, il ragazzo si voltò verso di lui.

«Siamo arrivati in una delle zone limitrofe della proprietà.» Abbassò una foglia larga che Dino pensò essere di un banano e gli indicò una strada stretta in terra battuta. A circa un centinaio di metri, intravide una casa coloniale a un piano. Accanto a essa, scorse anche un piccolo aereo, forse un monorotore Cessna.

Per qualche minuto seguirono il capitano che, senza far rumore, si avvicinava alla casa e usava la boscaglia per restare nascosto. Mentre camminava Dino si ritrovò a pensare che anche se la *fazenda* era abbastanza grande, si era immaginato qualcosa di molto più appariscente per un trafficante di droga così importante.

Dalle riunioni a cui aveva partecipato, aveva infatti appreso che l'azienda del criminale era come una multinazionale in costante espansione che operava su diversi livelli illegali: in quel centinaio di ettari di terra venivano coltivati, raccolti, trasformati, prodotti e, infine, distribuiti svariati tipi di materia prima per la fabbricazione di innumerevoli tipologie di droghe che sarebbero state vendute poi nelle Americhe, da nord a sud, ma anche in buona parte dell'Europa.

In effetti, qualche metro dietro la casa, riuscì a scorgere il tetto zincato di un capannone e le strutture ad arco di quelle che gli parvero essere delle stufe. La plastica che rivestiva i tetti era dipinta di verde scuro, in modo da camuffarli con la fitta vegetazione che li circondava. *Una mossa astuta*, pensò il poliziotto dell'Europol, considerando che l'unico modo che la polizia aveva per controllare il posto era, appunto, attraverso l'alto con l'utilizzo di velivoli. Sempre che qualcuno fosse stato disposto a sorvolare l'intera foresta amazzonica, il che era alquanto improbabile poiché contava quasi sette milioni di chilometri quadrati, divisi tra nove stati. Con tristezza, ponderò anche che una collaborazione tra le forze dell'ordine di tutte quelle nazioni sembrava qualcosa di impossibile, visto soprattutto l'altissimo tasso di corruzione che regnava sovrano tra i poliziotti e i governanti dei diversi paesi confinanti.

Ricordando quel particolare, spostò la sua attenzione sul capitano Vargas che, per tutto il viaggio, gli era parso troppo tranquillo, considerando a cosa stavano andando incontro. Dino lo vide fermarsi, tirare su l'orlo dei pantaloni mimetici e aggiustarsi gli strappi di velcro che tenevano al polpaccio un coltello che avrebbe fatto invidia a un macellaio.

O a un assassino…

Appena finì il suo compito si appoggiò con tranquillità a un albero e accese una sigaretta. Il poliziotto dell'Europol poteva sentire l'ansia e la tensione crescere a ogni respiro affranto che faceva, con lo stesso ritmo con cui sentiva il rombo assordante del suo cuore. Le percepiva, le sentiva nell'aria come il pizzicore sulla pelle un secondo prima di un colpo mortale.

Qualche istante dopo ci fu un fischio melodioso vicino alla casa, un suono che avrebbe potuto essere confuso con il verso di un uccello. Dino lo percepì soltanto perché, subito dopo, il capitano si staccò dall'albero e iniziò a muoversi con un'impressionante destrezza nella boscaglia. Meno di una ventina di metri li separavano ormai dalla casa. Anche Mauro, il giovane poliziotto, si mosse e a lui non restò che seguirli.

Maledizione… avrebbe dato la sua palla destra, pagato qualsiasi cifra per trovarsi altrove, il più lontano possibile da quello a cui stava andando incontro.

Provò a farsi coraggio, ricordando i "bei vecchi tempi" quando pattugliava con i colleghi le strade e i vicoli più oscuri di Rotterdam, l'adrenalina che, in quelle serate, sentiva scorrere come un fiume di lava incandescente sulla pelle. Nonostante tutti gli sforzi, il suo cervello non intendeva collaborare e tutto ciò che riuscì a sentire fu la camicia appiccicata alla schiena, il sudore che gli colava copioso sulla fronte e la vescica piena, sperando con tutto il cuore non si sarebbe svuotata al primo sparo. C'erano così tante cose che potevano andare storte. Quando era così, di solito ciò che succedeva era terribile.

Qualche istante dopo, mentre erano ormai a una decina di metri dall'abitazione, ancora nascosti nella fitta boscaglia, due dei poliziotti della squadra apparvero davanti alla porta principale e Dino ne vide altri due correre accovacciati intenti a raggiungere il retro.

Accadde tutto molto in fretta. Appena i poliziotti presero postazione, si scambiarono altri due fischi e, prima che lui potesse batter ciglio, gli uomini si mossero all'unisono e il più grosso di tutti, il poliziotto che sembrava uno degli alberi della giungla, diede un calcio con la pianta del piede contro il pannello di legno. Una volta, due volte, quasi come il tonfo di un ariete. Al terzo tentativo, il legno si scheggiò e la porta d'ingresso si aprì con un fragore simile a quello di un tuono. Davanti ai suoi occhi, si scatenò l'inferno.

Dino si ritrovò a impugnare il fucile e, contro qualsiasi ordine impartito dal suo cervello che gli diceva di scappare il più lontano possibile, si mise a correre dietro a Mauro, provando a nascondere la sua grossa stazza tra gli alberi e i cespugli che incrociava nella sua folle corsa. In quel momento non gli interessava di essere considerato un codardo perché chiudeva la fila, tutto ciò che contava era arrivare vivo alla fine di quella che, a tutti gli effetti, si era appena rivelata un'impresa suicida.

Si udirono delle urla, rumori terrificanti e spari che alle orecchie di Dino sembrarono colpi di cannoni. Quando finalmente varcò l'entrata della casa e si ritrovò in un soggiorno arredato con diversi mobili pesanti, scandagliò lo sguardo, per poi posarlo su un grosso divano nero: non ci pensò due volte e si lanciò tra esso e il muro. Rimase lì, aggrappato al fucile con mani e denti che battevano all'unisono, provando ad appiattirsi, a sparire dentro la parete di mattoni, gli occhi che sfrecciavano da tutti i lati, il cuore che gli sembrava voler uscire dalla gola da un momento all'altro.

Ci furono ancora alcuni momenti di alta tensione, trambusto, ululati di dolore, gli sembrò di udire altri spari, forse era in stato di shock perché i rumori attorno a lui parevano essere sempre più ovattati. Poi, dal nulla, calò il silenzio e forse fu ancora peggio perché, per un attimo, gli sembrò di essere il solo sopravvissuto a quell'inferno.

Doveva ancora decidere se andare o meno in avanscoperta, quando Mauro lo chiamò da qualche punto nelle vicinanze. Il sollievo fu tale che, mentre si rialzava a fatica da dietro il divano, dovette aggrapparsi allo schienale o le sue gambe non l'avrebbero retto.

Si accorse solo allora di come le pareti della casa fossero decorate con le teste di poveri animali imbalsamati e ferri di cavallo in ottone montati su strisce di pelle. Deviò la sua attenzione verso il giovane poliziotto che veniva verso di lui mentre controllava il tamburo di una pistola prima di infilarsela nella parte davanti dei pantaloni mimetici. Fu così sollevato che quando furono vicini quasi lo abbracciò. Almeno c'era qualcuno che avrebbe potuto portarlo via.

Per qualche istante i due rimasero in silenzio, ma poiché il giovane poliziotto ostentava un ghigno soddisfatto, rischiò: «Allora, dov'è il capitano?»

Aveva l'intenzione di chiedere se sarebbero potuti andarsene subito, ma alla fine decise di tacere. Gli bastava già di essersi nascosto come un pivellino, se avesse ancora avuto un atteggiamento da bambino piagnucolone, lo avrebbero preso di mira fino a quando non si fosse imbarcato per tornare a casa. A lui non era passato inosservato quanto agli altri poliziotti era piaciuto prenderlo in giro.

Mauro, ostentando ancora quell'espressione soddisfatta, si lasciò cadere di peso sulla poltrona di chintz davanti a sé. Giacché non gli aveva ancora risposto, riprovò: «È andato tutto bene, giusto?»

Ci fu un'alzata di spalle, prima che iniziasse a ridacchiare. «Certo, Dino *gringo*. Cosa credi? Che siamo una banda di dilettanti?»

Senz'altro era meglio non rispondere a entrambe le domande. Quando lo fissò, per capire se fosse serio o meno, notò un brutto ematoma che si stava formando sotto l'occhio destro, ma tranne quel particolare e gli schizzi di sangue che aveva un po' dappertutto, sembrava stare abbastanza bene. Era addirittura rilassato, come se si trovasse a casa sua e aspettasse l'inizio di una partita di calcio.

Quasi intendesse confermare ciò che Dino pensava, Mauro appoggiò i piedi sopra un tavolino di vetro davanti alla poltrona e scivolò sull'enorme cuscino come se volesse fare un sonnellino.

L'osservatore dell'Europol aveva un milione di domande sulla punta della lingua, ma l'esperienza gli aveva insegnato che in certi momenti era meglio tacere. Cercò di calmare il corpo che non riusciva a tenere fermo, come una molla caricata al massimo, si strinse un po' di più le gambe provando ad attenuare la pressione nella vescica e aspettò.

Infine il poliziotto, tra le palpebre socchiuse, gli rivolse la parola. «Abbiamo immobilizzato l'uomo di Melo e un altro che era con lui, il pilota dell'aereo. È stato molto più semplice di quanto ci aspettassimo» annuì soddisfatto prima di incrociare le mani dietro la testa. «Il capitano, invece, ha mandato gli altri uomini a perlustrare il capannone per sicurezza, tanto il nostro informatore aveva detto che oggi non ci sarebbe stato quasi nessuno. I lavoratori si trovano da un'altra parte della *fazenda*.»

Dino si ricordò qualcosa di un certo problema che avevano avuto nella "linea di produzione". Stava già per chiedere dei due trafficanti, che erano appunto il loro obiettivo principale, ma il poliziotto lo anticipò. «Rilassati, Dino, è tutto apposto.»

Non riuscì a nascondere il sollievo e, per un breve momento, pensò di lasciarsi cadere sul divano ma la sua vescica gli ricordò che doveva essere svuotata. Stava per chiedere al ragazzo dove trovare un bagno, quando lui proseguì dicendo: «Il capitano ha detto di aspettarlo qui, prima di proseguire il viaggio.»

La domanda gli uscì dalla bocca senza permesso. «Allora questo significa che possiamo andarcene quando ritorna?»

Mauro lo guardò sinceramente perplesso per qualche istante, come se non avesse compreso bene le sue parole. Stava già per ripetere la domanda, magari articolando meglio le parole, quando l'altro l'anticipò. «In verità, adesso dobbiamo aspettare i rinforzi per iniziare l'operazione.»

Per favore, non dire che…

L'orribile gusto di bile gli arrivò dal fondo della gola e Dino sentì il pavimento di ceramica marrone muoversi sotto i piedi. Non aveva senso. Se si trattava di uno scherzo, innanzitutto era di cattivo, anzi pessimo gusto e poi, stava ancora aspettando la battuta finale. Ed era meglio che fosse buona o la molla nascosta dentro di lui avrebbe dato di matto rimbalzando su ogni parete di quella maledetta casa. Non riuscì nemmeno a concludere il suo pensiero che il ragazzo, come se gli avesse letto la mente, l'anticipò: «*Gringo, gringo, gringo…*» cantilenò tra una risatina e l'altra, «non avrai mica pensato che il grande trafficante Melo vivesse in una casa modesta come questa?» Al notare il grande sconcerto di Dino, la sua risata aumentò di intensità mentre con la mano indicava l'ambiente.

Dino si appoggiò di peso al bracciolo del divano, ormai era sicuro che il peggio doveva ancora arrivare. Aveva ragione e, quando il giovane poliziotto si tolse le mani dalla nuca per scrocchiare le nocche, con una faccia che si poteva definire di pura felicità, seppe che l'incubo non era ancora finito. Anzi, era molto probabile che non fosse nemmeno iniziato.

Le sue gambe cedettero e, dimenticata la vescica, quesi crollò sul divano. «Ma…» fece un profondo respiro cercando le parole giuste, «però…» nulla da fare, era meglio restare in silenzio.

In quel momento, la porta da cui ero entrato prima sbatté contro la parete facendo sobbalzare entrambi. I due uomini saltarono sul posto, il poliziotto estrasse subito la pistola dai pantaloni. Dino, già cercando il vecchio fucile, si preparò per buttarsi ancora una volta dietro il divano.

Quando vide il capitano entrare, per una frazione di secondo si sentì sollevato, ma vedendolo correre nella loro direzione quasi barcollando, come se avesse il diavolo alle calcagna, capì subito che qualcosa non andava.

«Capitano?» Dalla voce tremante di Mauro, Dino dedusse che era spaventato quasi quanto lui.

L'uomo si fermò di botto, come se non li avesse nemmeno visti, il che era impossibile, poiché si trovavano a poco più di due metri da lui. Fermo in mezzo al soggiorno, si guardò intorno affranto, gli occhi spalancati come se stesse provando a orientarsi. Fissò il vuoto davanti a sé con uno sguardo alienato prima di spostarlo da una parte all'altra per poi puntarlo oltre le loro spalle. Dopodiché fece altri due passi, barcollando di lato, ansimando come se avesse finito una maratona.

Era bianco come un cadavere e Dino non sapeva cosa dire, tantomeno cosa fare. L'uomo continuava a balbettare frasi a metà, sconnesse e spesso interrotte da parolacce che lui aveva ormai imparato a conoscere. All'inizio, pensò che fosse sotto shock, ma le persone che ne soffrivano non andavano in giro starnazzando come galline. Di solito la pressione sanguigna scendeva così in fretta che in genere non riuscivano nemmeno a stare in piedi. Parlavano piano, non così veloce da rendere quasi impossibile capirle. C'era molto altro in gioco, ma Dino non sapeva se fosse una specie di crollo mentale o qualcos'altro. *Oh mio Dio, forse sta per avere un infarto!*

Quella constatazione gli fece rivivere gli aggiornamenti annuali di primo soccorso che l'Europol metteva a disposizione degli agenti. Ormai era in massima allerta, pronto per correre in direzione del capitano per effettuargli un massaggio cardiaco, ma i suoi passi e tutte le buone intenzioni si arrestarono quando l'uomo aprì la bocca e disse due parole che lui finalmente riuscì a capire: «*Oh, meu Deus…*» sussurrò nel silenzio tombale che era sceso nel salone. Poi fece un profondo respiro e Dino poté giurare di non aver mai udito un rumore così straziante. Accanto a lui, Mauro si avvicinò ancora con cautela posando la mano sulla spalla del superiore.

«Capitano?»

L'uomo si voltò di scatto verso di lui come se lo vedesse per la prima volta. Il suo sguardo era disperato. «*Meu Deus…*» *Cristo Santo*, ripeté Dino nella sua testa. Il capitano sparò un'altra sequenza di frasi a lui sconosciute, prima di spostare la mano all'altezza del cuore e piegarsi in avanti come se non riuscisse a respirare.

Mauro rimase a guardare l'uno e l'altro mentre un odore nauseabondo riempiva l'aria: qualcosa di agrodolce, pungente e disgustoso. L'agente della Fedpol provò a scavare tra i propri ricordi per capire dove avesse già sentito quel fetore.

Il poliziotto più giovane sembrava disorientato, ma era il capitano a non sembrare più nemmeno l'ombra dell'uomo sicuro che era prima. Il corpo tremava così forte da essere paragonato a una foglia in balia del vento, stava di sicuro per avere una specie di attacco, forse di panico.

Il capitano riprovò a dire qualcosa: «*Tinham umas…*» ma subito dovette fare una pausa, si piegò ancora, appoggiò le mani sulle cosce e rimase a prendere delle grosse boccate d'aria. Nel frattempo, Dino provò a scervellarsi per capire il significato di quelle parole. *Forse voleva dire che c'erano alcune, alcune cosa?*

Il capitano riprese fiato prima di fare un altro rantolo «*Alias, tem algumas…*»

Ci sono cosa? Voleva urlargli, doveva sapere! Ma l'uomo ormai sudava in modo copioso e quando si raddrizzò e si appoggiò di peso alla parete era così bianco, che Dino pensò che sarebbe crollato seduta stante.

Mauro provò a spronare il suo superiore dandogli qualche pacca incoraggiante sulle spalle, a farlo parlare, anche lui aveva bisogno di sapere cosa fosse successo fuori da quelle mura.

Il capitano rispose: «*Mulheres...*» Con lo sguardo stralunato guardò il suo sottoposto e poi Dino. Il ragazzo si voltò verso di lui, livido in viso. «Ha detto che ci sono delle donne là sotto.»

Dino lo fissò senza capire. «Là sotto dove?» Si guardò gli anfibi, come se si aspettasse di trovare una donna spuntare da sotto il tappeto di pelle di mucca. Mauro venne in suo aiuto. «Il capitano ha detto che hanno trovato un buco dietro una delle stufe, una specie di scantinato di terra battuta. E laggiù...»

Il suo corpo venne scosso da un brivido e non riuscì a finire la frase perché il capitano spinse il poliziotto lontano e si precipitò verso Dino afferrandolo per il bavero della camicia con tutta la forza che aveva.

Quasi cadde di lato per l'impatto e il suo stomaco si rivoltò quando sentì l'odore che emanavano i vestiti dell'uomo. In contemporanea il suo cervello gli ricordò quella volta in cui il suo caro Mastino, durante una delle loro passeggiate nel bosco, aveva trovato una volpe morta e si era strofinato sulla carcassa dell'animale. Era lo stesso odore: di morte, di decomposizione. Dino si coprì la bocca e il naso e provò invano a fare un passo indietro, ma l'altro lo seguì a ruota. «*Você tem alguma noção de primeiros socorros?*»

L'uomo, sempre più livido, lo scosse con forza balbettando altre parole in portoghese.

«Non capisco, non capisco» continuò a insistere Dino mentre provava con tutte le sue forze a sottrarsi dalla morsa ferrea.

Il ragazzo accanto a lui intervenne e, mentre provava ad aiutarlo a staccarsi dal capitano, tradusse alcune parole: «Sta chiedendo se possiedi qualche nozione di primo soccorso. Ha detto che ci sono donne morte, altre moribonde lì sotto.»

Dino non riuscì a rispondere, a pensare, nemmeno a reagire. Tutto ciò che riuscì a fare fu scuotere la testa con foga.

Per fortuna il capitano lo lasciò andare per poi barcollare di lato verso la finestra, le braccia protese in avanti, ma non ebbe nemmeno tempo di aprirla. Spostò una delle mani che aveva sulla pancia e, nel momento in cui la appoggiò sulla parete in cerca di un po' di sostegno, un rumore orribile, come un gorgoglio uscì dalla sua gola e il suo corpo si piegò in avanti. Il capitano Vargas, uomo che si vantava di aver visto di tutto, esempio di coraggio tra i colleghi, vomitò a lungo sulla parete.

Le gambe di Dino cedettero e lo costrinsero ad accasciarsi sul divano, mentre la vescica iniziava a svuotarsi senza più nessun freno.

LEI

Nove mesi prima...

Agonia...

Nell'oscurità anche i suoni più flebili avevano l'impatto e la forza distruttiva di un'esplosione. Terrificante, completa, assoluta. Paralizzava gli arti, indebolendoti sempre di più. Tentai di reprimere un brivido, ma mi percorse abbastanza forte da farmi tremare l'intero corpo.

Dove mi trovo? Quanto tempo è passato? Perché non riesco a ricordare certi dettagli, a riempire gli spazi vuoti che diventano sempre più grandi nella mia testa?

Ero consapevole dello spostamento di aria attorno a me che indicava la presenza di altre persone e del violento martellare nella testa. Cercai di alzare le braccia e voltarmi, ma non riuscii a muovermi.

Che diamine...

La confusione era come un pozzo senza fondo in cui stavo precipitando, sapevo solo di essere in pessime condizioni. Nella mente una voce mi avvertì che, quasi con certezza, avevo avuto una commozione cerebrale e che avrei dovuto spendere le mie energie pensando come il poliziotto che ero, restando concentrata sui fatti piuttosto che lasciarmi prendere dal panico.

Hai forse paura, Sophie... quanto odiavo quella parola. Il solo pensiero di dovermi sottomettere mi fece bruciare lentamente di furia. Strinsi i denti fino a far scrocchiare la mascella.

Un giorno sarò testimone di quanto sto vivendo. Sopravviverò, bastardo maledetto! Devo catalogare i fatti, osservare con attenzione per poter descrivere il luogo, le persone e le cose che mi circondano...

Ero brava nel mio lavoro, nient'altro, avevo una discreta comprensione della psiche criminale e una spiccata capacità di mettermi nei panni dei soggetti ignoti per anticipare le loro prossime mosse. E non mi mancava nemmeno un pizzico di follia, necessario quando si faceva un mestiere come il mio. E se ero riuscita ad arrestare diversi psicopatici, di sicuro, sarei riuscita a incastrare anche quel coglione.

Quella consapevolezza mi fece guadagnare un briciolo di speranza, costringendomi a credere che l'inferno sarebbe finito prima o poi. Era la presa di coscienza ciò che mi aveva mantenuto in vita, insieme a un viso cesellato da due occhi simili a un mare in burrasca...

Kieran.

Oh, Dio, per favore, fa che non gli sia successo niente... Qualcuno mi starà cercando e mi troveranno presto. Forse nei prossimi minuti o nelle prossime ore.

La rabbia alimentava l'adrenalina che mi teneva cosciente, nonostante la certezza di essere ferita in modo piuttosto serio. Era la stessa emozione che sostentava anche i brandelli di speranza che mi erano rimasti e la sicurezza che qualcuno mi avrebbe trovata.

Alzati... sussurrò una vocina. *Alzati, prima che sia troppo tardi...*

Avevo provato con tutta me stessa ad aggrapparmi alla ragione, costringendomi a pensare in modo razionale, ma la paura, infida come un serpente, mi scivolava fredda sulla pelle nutrendo l'oscurità. Tutto ciò che riuscivo a percepire attraverso le palpebre socchiuse e il pulsare sempre più latente al cranio, erano delle figure sfocate, inginocchiate accanto a me, qualcuno che forse stava controllando i miei parametri vitali?

Un uomo, che avevo già udito diverse volte parlare, istruiva le altre persone che mi giravano intorno, con una voce che sembrava provenire dalle profondità di un luogo oscuro. «Mantienila in vita... un favore da restituire, inoltre... puttana vale un sacco di soldi...»

Il tono gutturale mi aveva fatto scattare qualche ricordo, come un'immagine sbiadita di un vecchio album fotografico, ma il cervello non riusciva a cogliere nessun collegamento con quel passato che sembrava sempre più effimero. Era qualcosa che sapevo di dover ricordare, ma allo stesso tempo sembrava sempre più lontano, sfuggente, un baratro in cui avevo rinchiuso la vecchia me.

A chi appartiene questa voce?

Strizzai le palpebre, ma non riuscii a distinguerlo. Attraverso gli occhi gonfi le immagini erano troppo sfocate. Avvertivo delle mani toccarmi, poi una puntura sul braccio e il bruciore di qualche sostanza che entrava in circolo nel mio corpo con lo scopo di annientare qualsiasi tipo di resistenza. Da quel momento in poi, tutto quello che riuscii a fare fu restare inerme, fissando gli uomini che sostavano sopra di me. Erano due, forse tre, le immagini ondeggiarono, poi si sovrapposero procurandomi una forte nausea. Anche se non ero imbavagliata, non potei pronunciare una sola parola o muovere un singolo arto, mi costava una fatica immane anche solo deglutire. Il cuore prese a battere in modo strano, come se fluttuasse nel petto, poi toccò alle mani e ai piedi che si intorpidirono, le gambe formicolarono facendomi provare una sensazione insopportabile. Fu come se il mio corpo volesse interrompere il flusso di sangue agli arti per mantenere il nucleo funzionante.

Mi sentii sollevare e la disperazione mi invase strappandomi un grido dalle labbra. Disperato, strozzato.

Da quel momento in poi, la coscienza iniziò ad andare e tornare come le onde sulla battigia... provai ad aggrapparmi a lei, a tenermi a galla, anche solo per riuscire a respirare, ogni volta più a fondo, ma nonostante i polmoni fossero affamati di aria, erano privi di energia, desiderosi di alimentare il corpo indebolito nella breve tregua che la ragione mi offriva.

Qualcuno mi sta portando in braccio... il rumore di un elicottero... l'oscurità... mani sul mio corpo nudo...

L'orrore dell'impotenza, la forza della disperazione, del dolore. Altre urla strappate dalla mia bocca, delle orrende risate maschili. Tante, troppe...

Non potei farci nulla, fu una battaglia persa. Continuai a scivolare nell'oscurità, in quel pozzo senza fondo che accolsi con sollievo crescente. Con il passare del tempo mi resi conto che mi stavano iniettando qualcosa che mi impediva di dormire in modo profondo, permettendomi solo di sonnecchiare. Iniziai così a destarmi di soprassalto, pronta a combattere per la mia vita, con il panico che irrompeva nella mente ormai sempre più stanca. Gli stupefacenti mi procurarono una percezione distorta del posto in cui mi trovavo, ma riuscivo a capire che erano sempre luoghi diversi. Certe volte mi veniva voglia di sbattere le palpebre per assicurarmi di essere sveglia, ma la potenza delle droghe si divertiva a giocare con la mia mente, alterando la realtà, le sensazioni, i ricordi.

All'inizio, furono i rumori e gli odori a rammentarmi che ero ancora viva, che non potevo dimenticare.

Il mio nome è Sophie Nowack. Ho trentadue anni, sono un'agente delle forze speciali della Fedpol, l'Ufficio federale di polizia svizzero. Sono stata rapita durante un'imboscata, da... quanti giorni sono trascorsi?

Nei rari momenti in cui mi sentivo un po' più in forze, cercavo di muovermi, facendo leva sulle mani per alzarmi dal pavimento freddo, ma la maggior parte delle volte il dolore che accompagnava la lucidità era più forte della volontà. Le braccia cedevano e finivo per rannicchiarmi su me stessa, come se la posizione fetale potesse, in qualche modo, allontanare l'orrore che mi circondava. Le poche volte che riuscivo ad aggrapparmi a una parete o a un muro per sostenermi, mi sentivo sempre disorientata. Alcune volte svenivo, mentre altre spendevo le poche energie che avevo per combattere le vertigini e il dolore pungente che mi martellava in continuazione, partiva dal cranio fino ad arrivare ai piedi, senza pietà. Spesso le mie dita gelate e quasi insensibili, pressate con forza contro le tempie, erano l'unico rimedio per alleviare un po' della sofferenza.

La paura aveva trovato rifugio sotto la mia pelle come un parassita infido ed ero in continua lotta contro di esso.

Non cederò. Non posso e non voglio arrendermi. Devo concentrarmi sul suono del mio respiro, evadere la realtà che mi circonda, allontanarmi in uno stato dissociativo controllato.

L'avevo imparato durante una sessione di addestramento in un luogo che non ricordavo più quale fosse. All'epoca non avrei mai creduto che sarei dovuta ricorrere a quel meccanismo estremo di difesa, lo stesso che il cervello utilizzava per escludere eventi traumatici, ma era chiaro che mi sbagliavo.

Devo vedere le situazioni come se fossero stanze separate da porte che si possono aprire e chiudere e compartimentare, ossia entrare in una delle stanze della mente, chiudere la porta dietro di me e portare la mia concentrazione su qualunque cosa voglia. Non posso lasciare che la mente vaghi in posti in cui non vorrei stare.

Nonostante tutti i miei sforzi, con il passare del tempo, divennero vani e mi sentii sempre più esausta, oltre ogni immaginazione. Molto presto mi resi conto che tutto era passato in secondo piano, i ricordi sempre più confusi e le domande senza risposta si riversarono come le onde di una burrasca su di me. Ciò che stavano facendo al mio corpo era nulla in confronto a ciò che stava subendo la mia mente o, peggio ancora, la mia anima.

Il mio nome è Sophie… sono un'agente... Cosa mi è successo? Perché mi trovo in questo luogo?

Alcune volte, sprazzi di lucidità mi portavano a galla, come una boa sul punto di affondare e mi chiedevo se le voci che udivo fossero nella mia testa oppure no, se i pianti disperati fossero i miei o delle donne che, a volte, credevo fossero accanto a me.

In quei momenti, sempre più rari, provavo ad alzarmi e a muovermi attraverso le stanze buie, di solito inciampavo in corpi, alcuni ormai inermi. A tentoni, con le mani contro le pareti, cercavo una porta, una finestra, qualsiasi cosa che potesse portarmi fuori da quell'incubo. Tutto ciò che riuscivo a percepire era che, a mano a mano che mi svegliavo, continuavo a trovarmi in posti diversi: superfici anguste e lisce di metallo come il bagagliaio di un'auto, blocchi di calcestruzzo cementati gli uni contro gli altri come quelli di una cantina, pareti fatiscenti, locali stretti come bare. Certe volte le mie dita si imbattevano negli stipiti e percepivo la superficie irregolare e scheggiata di una porta di legno, frammenti di luce. La speranza rinasceva quando trovavo una maniglia e l'afferravo con entrambe le mani, forzandola verso il basso e tirando forte.

Ma non si muoveva. Non si apriva mai…

Altre volte, trovavo dei pannelli di legno dove poggiavo il corpo e provavo con le poche forze rimaste a spingere verso l'esterno.

Ma non si aprivano. Non lo facevano mai…

L'unica cosa che restava immutata era l'odore di escrementi e altri che mi rifiutavo di pensare cosa fossero. Fetori che riempivano l'aria facendola

28

diventare irrespirabile. In certi momenti, singhiozzi pesanti e disperati mi risalivano dal petto, fino a quando sembravano unirsi a quelli di altre donne, ma alla fine tutto ciò che riuscivo a fare era cadere a terra e abbracciare strette le ginocchia, smettendo di muovermi, stringendo forte gli occhi mentre lottavo contro il panico crescente. La maggior parte dei luoghi non avevano né finestre né un briciolo di luce, erano per lo più oscuri come i meandri del luogo in cui mi rinchiudevo sempre più spesso: la mia mente. Quando, invece, alcuni barlumi erano visibili nell'ombra, mi fermavo, immobile al buio, con il respiro trattenuto che mi bruciava i polmoni, in cerca di un qualsiasi suono, una voce, un rumore, ma il silenzio regnava sovrano, oppressivo, mortale.

Il freddo del pavimento sotto al mio corpo e il gelo dell'aria che mi sfiorava la pelle avevano il potere di farmi sentire sempre le stesse cose: brividi lungo la schiena e un dolore acuto ovunque. Accettavo ogni sfaccettatura di quella sofferenza perché era la sola certezza che avevo di essere ancora viva. Non erano rari i momenti in cui credevo di essere un'ombra, quasi evanescente…

Come se fossi morta.

Con il passare del tempo, i pensieri non riuscirono più a rimanere al passo con ciò che mi stava accadendo. Supponevo che fossero trascorse circa due settimane, ma il tempo e le droghe che continuavano a iniettarmi, stavano facendo strane cose alla mia mente. L'oscurità che mi circondava sembrava averla infettata, insinuandosi e lasciandomi avvolta da una nebbia perenne.

Il mio nome è Sophie… ma chi sono?

I barlumi di coscienza si fecero strada a fatica, in un modo sempre più tenue, diventando brevi ricordi spezzati che andavano e venivano senza ritmo, senza nessuna coerenza. Come lampi nel buio prima della tempesta. All'inizio, il volto di Kieran era circondato da tanti altri, ma con il trascorrere dei giorni, delle settimane… del tempo, quei volti, anche di persone che avevo tanto amato, iniziarono a sbiadire come se la marea si stesse alzando, imponendosi attraverso le onde che facevano sparire le orme sulla spiaggia.

Erano i miei passi su quella striscia di sabbia che veniva lambita dal mare, era la mia vita che scompariva davanti ai miei occhi proprio come quelle orme.

Le onde si spostavano e la coscienza affiorava ancora una volta. Gli orribili ricordi cedevano il passo a un viso, così familiare… di un uomo che non ricordavo più chi fosse. Dove l'avevo visto? Perché il mio cuore non mi diceva più se l'avevo amato o meno?

Il modo in cui mi aveva guardato tante volte, gli occhi fissi, fieri e indecifrabili sul mio viso. Passato e presente si mescolavano, si fondevano, per poi cedere il posto al terrore quando immaginavo cosa ne sarebbe stato del mio futuro. Perché quello, ormai ne ero quasi certa, non esisteva più.

Era come se qualcuno, con un paio di forbici poco affilate, avesse tagliato i frammenti della mia vita, lasciandoli a pezzi a mischiarsi ai granelli di sabbia lavati dal mare. Prima scomparvero i suoni delle loro voci, poi i loro nomi, infine i lineamenti, il calore della loro pelle.

Chi sono io?

In quei momenti la sofferenza diventava ancora più ingestibile, interminabile, il fuoco della speranza che all'inizio aveva incendiato le mie viscere non riusciva più a raggiungere il cuore, ormai imprigionato in una lastra di ghiaccio. Nemmeno la consolazione di altre donne imprigionate come me mi bastava più, neppure lei…

Anja…

Il viso cesellato di quell'uomo dagli occhi chiari era stato l'ultimo ricordo a svanire e accadde dopo essermi dimenticata anche di me stessa, di chi ero stata, delle persone che avevo amato.

Non c'era più nulla per me in quel mondo, non c'erano nemmeno le memorie che, un tempo, avevano permesso alla mia mente di restare attaccata alla ragione, alla speranza.

Fu in quel preciso istante che decisi di lasciarmi andare, accogliendo con avidità quella calma interiore che era calata su di me di fronte a quella consapevolezza. Avevo raggiunto il sollievo tanto agognato, come se il mio cuore avesse trovato conforto nella compagnia di coloro che avevo amato.

Potevo andarmene, smettere di lottare perché sapevo di aver preso il meglio che la vita poteva offrirmi, soprattutto le persone che avevo lasciato entrare nel mio cuore.

Fu quel giorno che trovarono ciò che era rimasto di me… un guscio vuoto con un cuore che batteva ancora…

PRIMA PARTE

SENZA COMBATTERE,
NON ESISTE VITTORIA...

Kieran Heizmann

1. DENTRO ALL'INCUBO

Un tempo, credevo che i sogni portassero solo momenti felici, indimenticabili. In quell'istante, tra la veglia e il sonno, allungai il braccio cercando il calore, il conforto del suo corpo sinuoso, il profumo afrodisiaco della sua pelle, ma tutto ciò che trovai furono solo lenzuola fredde. Strinsi gli occhi pregando che il sonno con il suo torpore mi afferrasse di nuovo, spegnendo la mente prima che la consapevolezza della maledetta realtà mi travolgesse ancora una volta. Ciononostante, il cervello si rifiutò di essere comandato facendo tornare le sue parole, che restavano sempre uguali: sospese nell'aria, annientando ogni battito del mio cuore.

«Non dimenticare mai quanto ti amo,» aveva sussurrato nel sogno, «ma dobbiamo andare, il nostro tempo sta per finire…»

Le avevo risposto come facevo sempre: «Non preoccuparti, abbiamo ancora il resto delle nostre vite…»

Come accadeva sovente, negli ultimi mesi, la prima percezione fu che qualcosa di inquietante avvolgesse le sue parole, soprattutto per il modo in cui le aveva sussurrate, una sorta di premonizione che non ero stato in grado di cogliere. L'ansia travolse impietosa quel pensiero, come se mi fossi trovato in bilico su un baratro a guardare verso il basso. Durava pochi battiti di cuore e non c'era tempo per fare altro, ero già in caduta libera. Le orecchie fischiavano come se stessi precipitando verso il vuoto, gli occhi lacrimavano come se il vento mi stesse colpendo in modo crudele la faccia, impedendomi di respirare. E il cuore… ridotto a una briciola minuscola nel petto.

Passerà… non può essere vero… è soltanto un incubo…

Ma sapevo che mi stavo illudendo, non si trattava solo di un brutto sogno. Strinsi di nuovo gli occhi, ma il cuore si stava già spezzando, frantumandosi di secondo in secondo durante il risveglio. Un brusco e terribile ritorno alla realtà, e non potei fare altro che combattere contro quei sentimenti infidi e bastardi, così dolorosi da non poterli descrivere.

Respira… continua a respirare.

Rivedevo impotente la stessa scena ogni notte. Lei che varcava la porta di quel dannato locale, senza guardarsi indietro… e io che restavo impotente, mentre mi scivolava sempre di più tra le dita. Irraggiungibile. Non l'avrei mai più rivista… e mi sarei per sempre chiesto che fine avesse fatto. Se fosse viva o morta, se stava soffrendo. La mia mente avrebbe continuato ancora e ancora a fare quelle orribili congetture immaginando gli scenari peggiori per lei, e odiavo dal profondo il "non sapere".

Se fosse riuscita a trovare un modo per fuggire, l'avrebbe fatto. Ma non è successo. Se fosse sopravvissuta, mi avrebbe contattato. Sarebbe tornata da me. In qualche modo avrei avuto sue notizie.

Il dolore arrivò improvviso come se mi avessero squarciato il petto. *Non l'ha fatto. Non l'ha fatto, cazzo!*

Mi sedetti di scatto sul letto, annaspando alla ricerca di quell'aria che usciva dai polmoni come se stessi respirando attraverso infiniti frantumi di vetro appuntiti. Il cuore batteva all'impazzata, voleva uscire dal petto, la pelle madida di sudore mandava brividi incontrollabili lungo il corpo. Aprii la bocca ansimando, l'urlo incastrato in gola, silenzioso come negli incubi.

L'angoscia era già da sola un sentimento orribile, ma associata al senso di colpa diventava pressoché insopportabile.

Tuttavia, volente o meno, avrei dovuto accettare che quella sarebbe stata la mia vita da lì in poi: tutto ciò che prima aveva un significato, uno scopo e una ragione di esistere, si era trasformato in una decrepita versione di come doveva essere la mia esistenza. Il mio mondo, una volta pieno ed effervescente, era diventato simile a una fotocopia sfocata, grigia e incolore, a cui si aggiungevano pensieri di vendetta e odio alimentati dalla disperazione.

Mi voltai verso il comodino cercando la lampada da tavolo. Non volevo nemmeno sapere che ore fossero, la luce mi sarebbe servita soltanto per altri scopi. Quando la stanza venne fiocamente illuminata, mi girai verso la parte del letto dove le lenzuola giacevano intatte, l'esatto opposto di come era la mia, dove sembrava che fosse ancora in corso una battaglia. Trovai ciò che stavo cercando sotto il cuscino. Con dita tremanti, presi l'articolo di giornale. I bordi erano rovinati, la carta ingiallita, alcuni caratteri erano sbavati dalle lacrime che rendevano difficile la lettura, ma non importava perché ormai conoscevo il testo a memoria. In quei paragrafi era stato scritto ciò che sarebbe rimasto per sempre inalterato, come se le parole fossero state tatuate nel mio cervello.

Neue Zürcher Zeitung

Amin Zaad, portavoce del Nightclub Allure, ha annunciato attraverso i Social la chiusura del locale a causa della violenta lite avvenuta mercoledì scorso.

"Possono chiudere le nostre porte, ma non possono prendere i nostri ricordi", dice il post del locale. "Se ancora non ne siete a conoscenza, dopo un'aspra battaglia giudiziaria, l'Allure chiude i battenti. Non preoccupatevi, torneremo presto e sarà ancora meglio."

Urich Ulmer, responsabile dell'ufficio del procuratore distrettuale della Confederazione, ha rilasciato un'intervista in cui affermava che la città di Zurigo ha intenzione di portare avanti una causa contro i fratelli Kurti, attuali proprietari del locale. L'ufficio ha anche fatto richiesta per uno sfratto imminente poiché i fratelli gemelli, Enis e Sire Kurti, trentacinque anni, devono rispondere a diverse accuse per traffico di stupefacenti, criminalità organizzata, violenza e altri reati gravi in Germania.

La polizia di Zurigo prosegue l'indagine dopo il ritrovamento di alcuni panetti di droga pari a un valore di oltre centomila Franchi nascosti in una intercapedine nel locale.

La comunità resta ancora in attesa di ulteriori informazioni sulle due giovani donne di origine musulmana trovate incatenate in cantina nei sotterranei della discoteca e di altri due corpi privi di vita: si tratta di un uomo, non ancora identificato, e di Hanspeter Hägli, cinquantotto anni, contabile di Marthalen.

Il sindaco, Corine Mauch, ha promesso di gestire la situazione con il "pugno di ferro".

Un portavoce della signora Mauch ha dichiarato inoltre che, durante il fine settimana, il sindaco ha indetto una riunione di emergenza. "Non abbiamo intenzione di lasciare che casi di tale gravità restino impuniti."

I ricordi di quella notte non avevano mai smesso di assalirmi. Dove avevo sbagliato? Perché, quando Sire Kurti era tornato indietro, non mi ero subito attivato per trovare Sophie invece che seguirlo, come lui stesso mi aveva suggerito, dato che il Dungeon era pronto? Perché, una volta entrato in quella maledetta stanza, mi ero lasciato cogliere impreparato dai suoi uomini come un fottuto pivellino? Com'era stato possibile che non mi fossi reso conto che i fratelli fossero gemelli omozigoti? Che mi avessero distratto con quella stupida tecnica?

Dopo che la polizia era intervenuta, impiegammo giorni per raccogliere le prove e dare un senso a quanto accadde quella notte e riuscimmo a farlo solo grazie alle dichiarazioni incrociate e alle copie dei rapporti che Hansen, il capo dell'Agenzia, riuscì a ottenere direttamente dalla polizia di Zurigo. La rissa era stata il piano "B" del mio collega Laz, quando Gerard, il contatto che avevo all'Allure, lo aveva avvertito che non riusciva più a trovarmi. Al mio migliore amico non restò altro da fare che agire come pianificato se le cose fossero andate storte: si era introdotto nel locale attraverso l'entrata del personale e, quando era arrivato in una delle sale, aveva dato il via alla lite scatenando l'inferno. Nel frattempo, Timo, il nostro uomo piazzato all'esterno, aveva avvertito la polizia tramite una denuncia anonima. Grazie al suo racconto scoprimmo che dopo una ventina di minuti, l'intero isolato si era trasformato in un pandemonio: decine di veicoli della polizia, due elicotteri di testate giornalistiche, ambulanze, centinaia di curiosi e reporter che cercavano in modo frenetico di ottenere qualche informazione su quanto stesse accadendo.

Quando la polizia, finalmente, riuscì a interdire il locale e a iniziare le perquisizioni, erano trascorse oltre tre ore dall'ultima volta che avevo visto Sophie. Gli uomini di Sire avevano architettato tutto alla perfezione: venni trovato privo di sensi e rinchiuso in una delle stanze. La scena che montarono era quella di un cocainomane che aveva esagerato con l'ennesima dose. Ero senza documenti e non mi lasciarono nemmeno cercare Laz o Timo per avere informazioni e dire loro cosa fosse successo, quindi venni arrestato come un civile per detenzione illegale di stupefacenti.

Dal rapporto della polizia, scoprimmo che le testimonianze ufficiali di Faizah Tefka e Amena Samal furono raccolte solo settantadue ore dopo l'inizio ufficiale delle indagini, così come il ritrovamento dei due cadaveri nei sotterranei. Le forze dell'ordine ebbero bisogno di altri tre interi giorni per perlustrare i sotterranei del locale che, come dedali, si intrecciavano nel sottosuolo, collegando addirittura il palazzo con altre due costruzioni adiacenti.

Nel frattempo ero stato costretto ad aspettare, prima in ospedale per fare degli accertamenti e poi come indiziato in una sala per gli interrogatori della polizia di Zurigo. In quelle ore, avevo rischiato di impazzire senza notizie, aspettando l'arrivo di un avvocato che chiarisse la mia situazione mentre le due ragazze venivano portate in ospedale. Amena dovette subire un intervento e Faizah, ancora in stato di shock, era stata sedata. Quando si svegliò e fu in grado di parlare, erano già trascorse più di venti ore dalla scomparsa di Sophie. Fu proprio lei a fornire le prime informazioni riguardanti l'agente speciale Nowack, quando chiese di parlare con la poliziotta che l'aveva salvata. Gli agenti impiegarono almeno altre otto ore per collegare tutti i fatti e capire che dovevano contattare Hansen, che aveva già condiviso la notizia della scomparsa di un suo agente.

Trascorsero cinque lunghissimi giorni quando venni chiamato a testimoniare e riconobbi le sue scarpe, ritrovate dentro una delle sale, e la medaglietta che era appartenuta a mia nonna ancora attaccata ai brandelli del suo collier, che conteneva un *tracker*, il dispositivo di tracciamento. Quello venne trovato al terzo piano interrato di un parcheggio di uno dei palazzi accanto all'Allure. Furono entrambi etichettati come prove quando la polizia iniziò, infine, l'indagine per la donna scomparsa.

Anche se tutti mi assicuravano il contrario, sapevo che fu la mia irresponsabilità ad aver regalato tutto quel tempo ai fratelli Kurti. Entrambi erano stati indiziati, ma il sequestro di persona era soltanto un altro crimine che si aggiungeva alla già lunga lista di reati che avevano compiuto negli anni. Lo smacco finale lo subimmo quando l'avvocato dei fratelli stipulò un accordo con il giudice, permettendo loro la libertà vigilata fino all'inizio del processo.

La mia disperazione mi aveva spinto a prendere un appuntamento per parlare con Sire, che accettò di ricevermi in uno dei suoi bordelli. Temendo di compiere qualche pazzia, come ucciderlo a mani nude, chiesi a Laz di accompagnarmi e lo trovammo seduto dietro a una scrivania nel suo fottuto ufficio, mentre fumava un sigaro come se fosse stato il padrone del mondo. Le mie domande ottennero solo risposte colme di scherno, risate e frasi ambigue, fino a quando cedetti all'impulso di cancellare per sempre il suo stupido ghigno e mi avventai su di lui con l'intenzione di aiutarlo a rinfrescarsi la memoria. Ci vollero Laz e altri due uomini della sicurezza per evitare che gli rompessi tutte le ossa che aveva in corpo. Quella sera commisi un errore, ma la disperazione non conosceva né mezze misure né buone maniere. Avevo varcato quella linea che, anni prima, avevo giurato di non oltrepassare mai, comportandomi esattamente come loro: un criminale. Quella bravata mi costò quasi il posto di lavoro e, se non fosse stato per l'intervento diretto di Hansen, sarei finito dritto in prigione. Invece, avevo dovuto porgere a Sire Kurti una richiesta formale di scuse e lo dovetti anche risarcire per avergli rotto il naso.

Purtroppo, quello non fu altro che l'ennesimo buco nell'acqua e, mentre continuavamo a sbatterci, come se fossimo chiusi in una stanza buia, senza ottenere nessun dato concreto, il tempo continuò a scorrere inesorabile. I giorni divennero settimane, poi mesi e l'indagine arrivò a uno stallo. A nulla servì l'influenza di Peter Hansen, le ricerche che avevamo condotto o l'intervento del capitano Gerber. La polizia della città di Berna aveva fatto tutto il possibile, così come la Fedpol, e come facemmo anche noi. Ma non fu sufficiente.

La mia Sophie era svanita nel nulla, senza lasciare traccia.

Uno dei fattori più importanti, che giocò contro di noi nel corso delle ricerche, fu che lei non scomparve mentre si trovava in servizio, difatti, quella maledetta sera, era solo una civile, per quel motivo il suo caso, anche con tutta la pressione che avevamo esercitato sin dal principio, finì insieme a quello di migliaia di altre donne che, ogni anno, scomparivano in Europa.

Anonima… l'agente speciale Sophie Nowack, la donna che mi aveva riportato alla vita e a cui avevo dato il mio amore, era diventata anonima.

Da nove mesi, quattro giorni e alcune ore quella consapevolezza continuava a squarciarmi il cuore, lasciando pezzi sparsi ovunque.

Cosa le era capitato? Dove si trovava? Perché non riuscivamo a scovare nemmeno il più piccolo indizio su dove fosse? E infine, la domanda che nessuno di noi, io per primo, aveva il coraggio di porsi, quella di cui non volevamo conoscere la risposta: la mia Sophie era ancora viva?

I suoi amici, la sua famiglia, i suoi colleghi, tutti noi eravamo annientati, ma nemmeno la nostra disperazione, le preghiere, le lacrime, il dolore furono d'aiuto. Eravamo tutti concordi su un fatto, però, al quale ci aggrappavamo ogni giorno, così come alla speranza: se c'era qualcuno che poteva farcela, era lei. Ma farcela contro cosa? Contro chi? E, soprattutto, a quale prezzo?

Ciononostante, la cosa peggiore erano i ricordi che, senza sosta, continuavano a girarmi in testa come il ronzio delle mosche in una stanza silenziosa. Insopportabili e ossessivi, mi facevano inesorabilmente scivolare verso l'antro nero della pazzia. Sapevo che avrebbero continuato a tormentarmi per tutta la vita, macchiando ogni singolo ricordo che avevo di lei, di noi. La mia psiche sconvolta era incapace di aggrapparsi ai bei momenti e di sradicare quelli orribili che, al contrario, sarebbero rimasti per sempre nella mia mente, vividi e con una crudeltà infinita.

Domande senza risposta continuavano a dilaniarmi: perché, quella sera, aveva dato il frustino a Sire piuttosto che a me? Perché aveva deciso di affrontarlo da sola? Come mai avevo avuto l'impressione che il suo bacio fosse una sorta di addio? Forse non si fidava di me? Magari aveva avuto paura o una qualche sorta di premonizione, che l'avevano indotta ad agire in quel modo.

O forse era soltanto la neurosi derivante dalla devastazione che stavo vivendo. Una sensazione perpetua. Terrificante. Continua.

Come accadeva sempre, mi alzai dal letto perché i maledetti pensieri minacciavano di soffocarmi. Iniziai a camminare dentro la stanza e, presto, mi accorsi di avere le mani strette a pugno, le unghie conficcate nei palmi. Sentivo i muscoli contratti e il respiro uscire così pesante che sembrava che mi avessero stretto i polmoni in una morsa. Allungai un braccio sul petto e mi massaggiai la spalla provando ad alleviare il malessere.

Pensavo di conoscere il dolore, di essere un suo amico "di lunga data". Ciò che avevo provato quando scoprii la morte di Alina, la sorella del mio migliore amico, mi aveva lasciato devastato. Nel momento in cui la vita mi aveva portato via Lara ero rimasto sconvolto e quando, nei mesi precedenti, la morte mi aveva sottratto anche mio padre, subii un altro colpo dritto al cuore. Malgrado tutto, però, non conoscevo una sola parola che avrebbe potuto descrivere come mi sentivo in quel momento. Era il "non sapere" che mi dilaniava l'anima, il non essere riuscito a trovarla, il non avere nemmeno una tomba su cui poter piangere, era tutto ciò che mi faceva sentire un concentrato di rabbia e dolore.

Mia nonna mi aveva insegnato la perseveranza, bisognava resistere sempre, perché la giustizia, prima o poi, sarebbe arrivata. Mi aveva anche detto che quella maledetta mediaglietta era un portafortuna. Senza dubbio, si era ingannata in entrambi i casi.

Il respiro divenne sempre più corto. Stavo arrivando a un punto di non ritorno che conoscevo abbastanza bene ormai. Sapevo cosa sarebbe successo entro pochi minuti e non volevo spaventare Marlin che dormiva al piano di sotto. Il poverino era ormai così vecchio che non riusciva più a salire le scale, ma in un momento come quello, era meglio che rimanesse nella sua cuccia in soggiorno. Senza accendere la luce, entrai in bagno e chiusi la porta. Era la terza che cambiavo negli ultimi mesi. Sentii i muscoli tendersi fino allo spasmo, le mani che si aprivano e si stringevano a pugno. In seguito toccava al respiro pesante che non riuscivo più a controllare.

Intrappolato in quell'incubo a occhi aperti, mi lasciai andare…

Aprii la porta adagio soltanto per poterla richiudere con tutta la forza che avevo in corpo. Scrocchiai il collo quando udii il forte tonfo. Pensai a quei due bastardi, i fratelli Kurti, strinsi gli occhi e sentii il corpo come se fosse una molla in procinto di scattare. Serrai le mani e sferrai un colpo alla porta come se fossero due martelli. Una, due, tre, quattro volte sempre più forte. Scaricai tutto il dolore e la furia contro il legno perché sapevo che nient'altro avrebbe potuto placarla. Quando tutto fu di nuovo silenzioso… andai in frantumi. Non sapevo se piangere, urlare, spaccare tutto o crollare, il corpo tremava per la forza di tutto ciò che restava represso dentro di me. Ogni volta che credevo di aver toccato il fondo, mi veniva puntualmente presentato un nuovo dirupo, più alto, più ripido, da cui poter cadere ancora.

Quante sconfitte può sopportare una persona prima di gettare la spugna? Perché sta iniziando a sembrare che qualsiasi cosa faccia abbia soltanto da perdere, neanche una magra, fottuta consolazione...

Ero così devastato e arrabbiato perché il mio cuore continuava a battere, ancora e ancora, ricordandomi tutti i battiti che lei non avrebbe mai più sentito.

Accesi la luce. Sentivo le mani pulsare mentre mi svestivo, la gola secca, il cuore vuoto. Mi avvicinai al box doccia e aprii il rubinetto. Mi appoggiai alla parete con le mani, la testa incassata tra le spalle, tremando e ansimando furioso fino a quando, a poco a poco, la temperatura dell'acqua iniziò a scaldarsi. Poi mi voltai, lasciando che le fitte gocce mi cadessero sul viso. Quel luogo mi ricordava lei; ogni cosa mi ricordava Sophie.

C'era stato un prima di lei e c'era stato anche un durante. Ma, per qualche ragione, non avevo mai pensato che non ci sarebbe mai stato un dopo.

Ma c'era, e ne facevo parte.

Lei, comunque, ci sarebbe stata per sempre.

Mio Dio, aiutami...

Mi manchi, Sophie... mi manchi così tanto. Io... non so più come andare avanti...

In qualche modo, quel rituale mi faceva sentire meno inutile, meno patetico. Era più facile convincermi che non stavo piangendo disperato quando le lacrime venivano diluite e si mescolavano all'acqua.

Per parecchi minuti rimasi in attesa, aspettando che il dolore fuoriuscisse attraverso il pianto. Come sempre non accadde. Alla fine, sconfitto, mi lavai e iniziai a prepararmi per un'altra lunga, misera, giornata.

Senza di lei...

Avevo appena indossato i boxer e stavo iniziando ad asciugarmi i capelli quando udii lo squillo. Il mio telefono non aveva mai suonato a quell'ora portando buone notizie. Venni assalito dalla disperazione e sentii il pavimento ondeggiare sotto i piedi, mentre gettavo l'asciugamano per terra e correvo verso il comodino. Il cuore sembrò fermarsi nel petto quando lessi il nome, il dito tremò quando premetti il pulsante per rispondere, ogni terminazione nervosa sembrava essere sull'attenti.

«Timo, va tutto bene?»

Parlava così in fretta che non riuscivo a capire, ma c'era qualcosa di viscerale nella sua voce che mi fece rizzare i peli dietro al collo.

«Rallenta» gli ordinai.

Fece un enorme sospiro. «L'hanno trovata, Kieran... l'hanno trovata.»

Non riconobbi il tono della sua voce, non solo perché parlava in fretta, ma anche perché stava piangendo. Non avevo mai percepito così tanta intensità in lui, non avrebbe dovuto sentirsi sollevato? Potevo sentire la verità, come un'ombra oscura, pronta in agguato sotto la superficie. Il panico si accumulò nel petto, lambendo quel poco che restava dell'anima, minacciando di sfinirmi da un momento all'altro. Premetti il pugno contro le labbra, con forza. Le ossa spingevano contro i denti e non mi resi conto di indietreggiare finché la schiena urtò la parete. Le gambe cedettero e mi ritrovai per terra.

Hanno trovato il suo corpo?

Timo continuò a parlare a raffica e provai, attraverso i suoi singhiozzi, a dare un senso alle parole che le sinapsi sparavano nel mio cervello, per raccogliere i pensieri e metterli insieme in un ordine logico, dandogli un senso.

«… battuta d'arresto… trafficante… Europol e polizia brasiliana… esercito…»

Il suo discorso proseguì in modo disorganizzato, le frasi confuse. «… insieme ad altre donne… un'azienda agricola, una *fazenda*… in mezzo al nulla… portata in ospedale… clinica…»

«Che cosa significa?» La mia voce invece era a malapena un sussurro. Aprii la bocca per respirare, perché d'un tratto mi parve di non riuscire a incamerare abbastanza aria per restare lucido. *È ancora viva! Oh, mio Dio. Grazie!*

Le parole si susseguirono veloci. *Ospedale… clinica…* Deglutii a fatica, mentre ogni parola si conficcava dentro di me come lame affilate. Cominciai a scuotere la testa in segno di rifiuto. «Non è possibile, l'abbiamo cercata ovunque. Ho controllato personalmente tutti gli ospedali… no, no… aspetta Timo…» a ogni parola la mia voce si alzava, scontrandosi con la sua. «Dov'è Sophie? Come sta?»

Presi un altro respiro profondo, anticipando la sua risposta.

«Si trova in Brasile, nell'ospedale psichiatrico in una cazzo d'isola e non lo sappiamo come sta!»

Il respiro riemerse solo molto tempo dopo, la mente svuotata, la gola arsa per lo sforzo. Con la voce ridotta a un rauco sibilo e il fiato spezzato, gli chiesi: «Com'è possibile che sia finita laggiù?»

Non avrei dovuto porgli la domanda, perché sapevo la risposta. Persone come i fratelli Kurti avevano agganci ovunque. Molto probabilmente l'avevano fatta uscire dall'Europa quella sera stessa perché sapevano che l'avremmo cercata, il che significava che conoscevano la vera identità di Sophie. Quel pensiero mi riempì di un tale orrore che per un istante non riuscii a muovermi, nemmeno a parlare. Sentii come se il sangue si stesse gelando, come se le mie vene potessero frantumarsi come vetro al minimo compimento di un passo. Shock, disperazione e rabbia vibrarono dentro di me.

«Ricordi quando ti ho parlato dei suoi nemici...» Non finì la frase, era come se avesse paura che, pronunciando quelle poche parole, la sua premonizione si sarebbe avverata.

I fratelli Kurti sapevano che fosse un'agente...

«Aspetta» fu tutto quello che riuscii a pronunciare. Mi sentii sopraffare dal panico. Lo stomaco si attorcigliò, come se fossi dentro a uno dei miei incubi. Mi alzai in fretta, ero scioccato dal fatto che quell'informazione facesse più male di tutto il dolore che avevo sperimentato nel corso degli incubi. Non credevo che potesse esistere qualcosa di peggiore di quegli orrendi sogni. Iniziai a camminare in modo frenetico nella stanza, cercando di riprendere fiato, ma non riuscivo. La consapevolezza, il dolore, la disperazione, la rabbia erano lì come schegge impazzite che esplodevano attorno a me, ero al centro di un bombardamento di emozioni agghiaccianti. Non sapevo se ero abbastanza forte da affrontare quel tipo di devastazione da solo.

Ospedale psichiatrico in un'isola...

Afferrai la lampada accanto al letto e la scagliai con forza contro il muro. La vidi andare in frantumi, e avrei voluto avere la soddisfazione di vedere le mie emozioni rompersi allo stesso modo. Ma era molto peggio, perché non potevo vedere o toccare la parte di me che era a pezzi e non ero sicuro che avrei potuto sopportare quello che stavo per apprendere.

Sentii il corpo scuotersi, come se qualcuno mi avesse afferrato per le spalle e mi stesse strattonando con forza, i ricordi meravigliosi che avevamo avuto, furono sostituiti da quelli che avevo disperatamente cercato di dimenticare, ma soprattutto dalla consapevolezza di ciò che avrei dovuto affrontare da lì in poi. Mi sentivo come se fossi scollegato dal mio stesso essere. Parti di me si muovevano senza che il mio cervello ne avesse consapevolezza. E poi c'erano le lacrime, il tipo di pianto che avevo sperimentato solo negli incubi. Quelli che facevano così male che non mi permettevano nemmeno di emettere un solo suono.

«Kieran...» mi chiamò Timo.

Aprii la bocca per rispondere, ma non uscì niente, non avevo più la forza di continuare a combattere. Era come se un'ondata di dolore più intenso di quelle che avevo già sperimentato si fosse abbattuta su di me annientando tutto. Una sensazione indescrivibile. Pensavo di sapere come reagire di fronte a una situazione terrificante, ma mi sbagliavo. Il mio corpo venne travolto da un uragano a cui non seppi dare un nome. Iniziò dalla testa e mi accartocciai su me stesso, fino alle dita dei piedi. Mi sentivo come se le vite di tutti quelli che amavano Sophie fossero appese a quel momento, e fu travolgente.

Papà… se solo tu fossi qui… vorrei che non mi avessi lasciato…

Aspettai che il mio cuore ricominciasse a battere, che il controllo del mio corpo tornasse. Ero scollegato dal mondo, non sapevo chi lo controllasse, io non di certo. Poi udii la voce autoritaria di Hansen, come se giungesse da un luogo lontano. «Kieran!» Una sola parola.

Fu lui, il mio mentore, il mio grande amico a portarmi con i piedi di nuovo per terra, quando pronunciò la frase successiva.

«Sophie ha bisogno di te…»

Ci scambiammo qualche parola e non dovette aggiungere altro. Ero tornato in me.

Chiusi la chiamata e mi preparai per andare all'Agenzia, cercando di lasciare alle spalle gli ultimi nove mesi di sopravvivenza, di incubi, pronto per accogliere il futuro.

Giurai a me stesso che sarei andato fino all'inferno per riportarla a casa, per riportarla da me e solo allora, forse, avrei potuto concedermi il lusso di provare a perdonarmi.

2. PRONTO ALLA BATTAGLIA

Erano da poco passate le sette del mattino, ma l'aeroporto Hague sembrava brulicare di vita. Ero circondato da uomini che indossavano completi eleganti come il mio, con i cellulari già attaccati all'orecchio, intenti a camminare incuranti di chiunque gli passasse accanto. Ognuno era chiuso nella propria bolla, concentrato solo sul mondo che gli dava da vivere e non potevo biasimarli. Mentre raggiungevo in fretta l'area dello sbarco, sistemai meglio la mia fidata borsa Messenger sulla spalla e mi ritrovai a pensare a quante volte avessi fatto lo stesso tragitto da quando lavoravo con Peter Hansen all'Agenzia. Ero stato proprio come loro: perso tra riunioni, meeting, eventi, corsi di aggiornamenti… quanti anni erano trascorsi senza curarmi della mia stessa vita? Quasi dieci, eppure mai quegli asettici corridoi con i loro infiniti pannelli grigi mi erano sembrati così lunghi, quasi infiniti.

Era proprio quella l'impressione che avevo avuto negli ultimi giorni: il tempo intorno a me sembrava essersi fermato, per poi ripartire con una lentezza esasperante, si dilungava all'infinito proprio in momenti simili, in cui l'attesa, le inutili riunioni, la stessa a cui mi stavo recando, le stupide videochiamate e la stramaledetta burocrazia sembravano lottare contro di me. Mi strofinai il mento con stizza, inutile dire che ne detestavo ogni istante, ogni respiro, ogni singolo battito di cuore che mi separava da lei.

Dalla notte in cui ricevetti la telefonata di Timo, tutto ciò che avevo pianificato con tanta cura per il recupero di Sophie mi si era ritorto contro, come se qualcuno si divertisse a mettermi i bastoni tra le ruote. Soltanto le prime riunioni, quelle fatte con la squadra dell'Agenzia, avevano a tutti gli effetti portato alcuni risultati.

Gli altri meeting? Sprechi di tempo, di energia, momenti di rabbia, di frustrazione assoluta che avrei voluto soltanto dimenticare. Hansen mi aveva subito avvertito, le cose si sarebbero complicate. Era ovvio, l'agente speciale Sophie Nowack apparteneva al governo svizzero e all'Europol. Nonostante le prove parlassero da sole, non avevo voluto dargli retta. Come avrei potuto fare? Chi aveva davvero a cuore le sorti di Sophie?

Nessuno tranne me…

Il pensiero mi faceva bruciare lentamente di furia, mi sentivo sempre più simile a un fiammifero lasciato acceso accanto a un barile di gasolio.

Era per quel motivo che mi stavo recando a "L'Aia" per prendere parte all'ennesima riunione che speravo potesse darmi alcune risposte e, soprattutto, mi fornisse dei permessi e mezzi necessari per andare a riprenderla. Non avevo più intenzione di aspettare e non mi interessava nemmeno il prezzo che avrei dovuto pagare.

La mia carriera: fatto.

La mia sanità mentale: non era un problema, l'avevo già smarrita negli ultimi mesi.

La mia vita: senza di lei niente aveva più importanza.

Ormai per me le cose erano diventate piuttosto elementari, sarei andato in quel cazzo di paese e l'avrei riportata a casa o, in alternativa, in qualunque luogo fosse stata al sicuro. Semplice, cristallino. Passo e chiudo.

Le poche informazioni che Hansen aveva ricevuto su Sophie gli erano state fornite da un collega che aveva agganci nei piani alti dell'Europol. Come accadeva spesso in casi del genere, c'era sempre qualcuno di un rango superiore che deteneva il potere. In quel caso, le informazioni. E fu proprio da quel qualcuno, anzi da quel bastardo maledetto, che ricevemmo briciole di notizie frammentarie, senza la conferma se fossero vere o meno. A ogni "forse", "eventualmente", "presunto" o stronzate simili la mia mente diventava sempre un po' più incline alla violenza.

Ero stanco di dover sottostare alle regole di qualche inutile burocrate e il solo pensiero di lei, da sola dall'altra parte del mondo, dispersa, ferita, senza punti di riferimento mi soffocava di dolore.

Da quel poco che avevo saputo, i genitori di Sophie erano partiti il giorno successivo alla notizia della sua ricomparsa ed erano tornati senza di lei e, peggio ancora, gli era stato vietato di raccontare ciò che avevano visto. Erano stati avvertiti, e potevo scommettere sempre dallo stesso bastardo, di non rivelare nessuna informazione sulla loro figlia o chissà cosa sarebbe potuto capitare. Inoltre, quando Hansen li aveva contattati gli avevano spiegato che qualsiasi richiesta doveva essere prontamente inoltrata all'Europol.

L'unica informazione considerata di dominio pubblico e condivisa dal responsabile del caso, l'agente senior Markus Kubris, era che l'agente speciale Sophie Nowack era stata trovata in Brasile dopo essere stata rapita mentre si trovava in vacanza, quindi in veste di civile. La parlantina ufficiale proseguiva con un "bla, bla, bla" rispetto al fatto che l'agente fosse ancora in prognosi riservata e sarebbe rientrata in Svizzera quando le sue condizioni lo avrebbero reso possibile.

Qualsiasi tentativo di recupero mi era scivolato dalle mani quando avevo scoperto che era finita in un ospedale psichiatrico gestito dall'esercito brasiliano. In mezzo a una fottuta isola!

Non potevo nemmeno avanzare l'ipotesi di andare da lei come un turista qualunque perché i permessi per l'accesso all'isola erano in mano ai militari. Nel corso di quei giorni mi ero occupato di scoprire tutto ciò che potevo sul luogo in cui si trovava. Il che non era molto, considerata la segretezza con cui il governo brasiliano trattava l'argomento. Per la maggior parte delle persone, l'isola di Fernando di Noronha era un paradiso ecologico, aperta soltanto a un numero limitato e controllato di scienziati e pochissimi turisti che potevano visitarla solo in determinati periodi dell'anno. Da quanto avevo appreso, insieme e soprattutto grazie alle capacità informatiche di Timo, uno dei migliori amici di Sophie e mio grande collega, era che, alla fine della seconda grande guerra, il governo brasiliano aveva creato un Distaccamento di Guerra sull'isola dopo aver stretto un'alleanza con il governo statunitense. L'arcipelago, situato a circa 350 chilometri dalla costa brasiliana, si estendeva per 18 chilometri quadrati e contava una struttura adibita a carcere politico seppur inattivo. L'intera area era stata ceduta alla Marina degli Stati Uniti che aveva installato una Base di Supporto con circa trecento uomini. Il vecchio carcere fu così trasformato in un ospedale per i soldati feriti.

Quando la guerra finì il governo americano ritirò le sue truppe, lasciando la struttura come ringraziamento all'esercito brasiliano che lo convertì in ospedale psichiatrico.

La domanda che tutti noi ci ponemmo fu come mai Sophie fosse finita proprio su quell'isola. Chi diavolo l'aveva portata in quel buco così lontano da tutti?

Quello era l'altro motivo per cui mi trovavo a L'Aia, intento a camminare per quei corridoi grigi accanto ad Hansen, diretto a una riunione che speravo fosse risolutiva e potesse infine fornirci le risposte che stavamo disperatamente attendendo, nonché il via libera per andare a prenderla.

Guardai di sottecchi il mio capo, già al telefono, con la speranza di cogliere qualche informazione sul suo stato d'animo. Come sempre l'espressione severa non rivelava nulla, le labbra premute tra loro in una linea stretta che correva parallela alle pieghe della fronte mentre ascoltava ciò che il suo interlocutore gli stava dicendo. Oltre al suo incarico di responsabile dell'Agenzia, Hansen lavorava anche come consulente al SIC, il Servizio di Informazioni della Confederazione. Con i suoi capelli brizzolati e l'altezza pari alla mia, appena superiore al metro e ottanta, sembrava un business man, ma nonostante l'aspetto signorile, il suo sguardo era quello di un poliziotto: diretto, indagatore e fin troppo schietto. La sua fama lo precedeva ed ero consapevole che avesse messo a dura prova tutti i suoi contatti per riuscire a farci partecipare a quella riunione che, a tutti gli effetti, era catalogata come Top Secret.

Speravo soltanto che alla sera potessimo tornare a casa con buone notizie. Era orribile sentirsi con le mani legate, per me una battaglia ancora più ardua, visto che non ero famoso per la mia pazienza.

Camminando a passo spedito attraversammo l'area ritiro dei bagagli e la superammo senza fermarci più del dovuto, procedendo spediti verso l'uscita. Dato il vociferare all'interno del terminal non riuscivo a udire quello che Hansen stava dicendo, ma con la coda dell'occhio vedevo la sua espressione tesa, di certo non d'aiuto alla mia calma interiore, ormai pressoché inesistente.

Per fortuna, non trovammo ingorghi per uscire dall'area di sbarco e conoscendo bene l'aeroporto puntammo subito le porte scorrevoli, diretti verso la zona di sosta dei taxi.

Una decina di minuti più tardi eravamo già seduti nella vettura che ci avrebbe portato alla sede dell'Europol. Dopo aver comunicato la nostra destinazione al gentile conducente, Hansen si voltò verso di me mantenendo la voce bassa per tenere privata la nostra conversazione. «Ho ricevuto una mail con il riassunto della riunione di oggi. Te la sto inoltrando, leggila e fammi sapere cosa ne pensi.»

La sua voce aveva un'inflessione che, ormai, conoscevo abbastanza bene, perciò intuii che da quelle informazioni non sarebbe uscito nulla di buono. In effetti, come se mi avesse letto nel pensiero, puntualizzò: «Me l'hanno appena spedita. Non capisco come mai Sutter, il segretario del direttore Clark, agisca in questo modo.» Restò un attimo in silenzio prima di borbottare a bassa voce qualcosa che somigliava tanto a: «che coglione.»

Decisi che sarebbe stato meglio non esprimere il mio parere ad alta voce, perciò aprii la giacca del completo e presi il cellulare per controllare ciò che mi aveva inoltrato.

Nella casella di posta in arrivo trovai subito il documento: Agenda della riunione - caso Sophie Nowack.

Misi da parte la fitta al cuore che mi procurò leggere il suo nome come se fosse stata soltanto parte di un'indagine e, peggio ancora, nei panni di una vittima.

- Situazione attuale con il governo brasiliano: eventuale risarcimento dei danni alla polizia della città di Manaus e ai tre poliziotti coinvolti nel caso;
- Discussione dell'approccio per il recupero dell'agente in base al rapporto stilato da Dino Vanderhole: agente di supporto - caso 55421/22 narcotrafficante Ionel Sorin;
- Reintegrazione dell'agente: pro e contro;
- Intervento di Andreas Bolten: Direttore generale Maxifarma Medical Supplies e del dottore Sigfried Petrulin: Senior Development Maxifarma Medical Supplies;

La lista continuava snocciolando un sommario di ciò di cui avremmo discusso. I miei occhi sorvolarono le restanti parole senza porre molta attenzione per concentrarsi sui nomi dei partecipanti.

Vice-direttore Europol Robert Clark

Capitano Spervi, forze speciali della città di Zurigo (CH) Unità Diamant

Capitano Gerber, forze speciali della città di Berna (CH) Unità Enzian

Direttore Hansen - Board of Directors SIC (CH) / Agenzia

Vice direttore Heizmann - primo tenente del battaglione Grenadier (CH) / Agenzia

«Il tuo parere?»

La domanda di Hansen mi strappò dai miei pensieri. Volsi l'attenzione al suo indice che batteva ritmato sugli ultimi due nomi presenti sullo schermo del suo cellulare, aperto nella stessa mail che mi aveva inoltrato. «Secondo te, come mai Bolten e Petrulin saranno presenti a questo meeting?»

«Non lo so…» quella storia mi piaceva sempre meno. La Maxifarma era una leader tra le multinazionali chimiche e farmaceutiche nel territorio elvetico e non avevo la minima idea di quale sarebbe potuto essere il loro interesse nel caso di Sophie. Tuttavia, di una cosa ero certo: loro partecipavano soltanto quando c'era una, seppur minima, possibilità di ricavare soldi… o, addirittura, cavie umane.

Hansen puntò lo sguardo fuori dal finestrino in direzione dei grattacieli che sorgevano in lontananza, verso il centro della città. «Tanto tra qualche minuto ne scopriremo di più.»

«Peter…»

Quando si voltò, lo guardai negli occhi, la voce non lasciava spazio a eventuali discussioni. «Voglio essere io ad andare a prenderla.» Peter Hansen era un grande uomo, una persona che rispettavo, tuttavia nemmeno lui sarebbe riuscito a farmi cambiare idea.

Era molto probabile che ne fosse conscio perché emise un sospiro rassegnato prima di rispondermi. «Lo so, Kieran, ma prima vorrei chiederti una cosa.» Il suo sguardo mi trafisse, ma non vacillai.

Per qualche secondo si limitò a fissarmi come se stesse valutando le parole successive. «La tua necessità di partecipare a questa missione deriva da una qualche sorta di colpa ingiustificata oppure…» fece un'altra pausa prima di aggiungere: «sei spinto da qualche motivo personale anche per la tua insistenza nell'essere qui oggi?»

Fu il mio turno di guardare fuori dal finestrino. «Entrambe le cose» risposi senza preamboli.

«Sei consapevole che stiamo andando incontro a una battaglia davvero difficile.»

Annuii anche se non era proprio una domanda.

«Allora, dovrai fidarti di me.»

«Lo so, signore» aggiunsi contrariato senza voltarmi.

Ci fu uno sbuffo seguito da una risatina che mi costrinse a guardarlo.

«Sono anni che non ti rivolgi a me chiamandomi "signore". Tuo padre aveva ragione…»

Lasciò volutamente la frase in sospeso. A volte dimenticavo che erano stati amici per anni, prima che mio padre morisse. Sentii il cuore stringersi ripensando a lui. *Mi manchi, papà, tanto…*

«Tuo padre diceva sempre che quando volevi qualcosa sapevi con esattezza come ottenerla. Sei un brav'uomo, Kieran Heizmann. Tuo padre sarebbe orgoglioso di te.»

Mi limitai ad annuire mentre provavo ad allentare un po' il nodo della cravatta che mi serrava la gola, anche se sapevo che non era colpa del tessuto.

Facemmo il resto del tragitto in silenzio. In testa avevo ancora l'ultima conversazione avuta con Sara, la miglior amica di Sophie, nonché una delle sue prime terapeute. Se c'era qualcuno che conosceva i dettagli più celati della vita della donna che amavo, era proprio lei. Insieme a Timo, figlio adottivo di Hansen, avevano conosciuto Sophie durante gli anni dell'Università. Mi aveva contattato proprio per parlarmi dei suoi timori sulle condizioni dell'amica.

«Devo aggiornarti su alcuni aspetti che riguardano Sophie e non credo che sarà qualcosa di tuo gradimento.»

Prima ancora che fossi riuscito a prepararmi aveva iniziato: «La sua personalità può essere paragonata a un'infinita serie di scatole cinesi, quelle che si sovrappongono una dentro all'altra. La sua mente le ripropone in continuazione un rapporto ambiguo e multidirezionale tra fantasia e realtà. Sapevi che le era stata diagnosticata una schizofrenia paranoide a soli diciotto anni?»

Come succedeva spesso quando parlava dell'amica, non mi lasciava nemmeno il tempo per rispondere. «Ho conosciuto Sophie proprio in quel periodo e ti posso assicurare che assistere al suicidio della sua migliore amica le ha procurato un trauma che l'ha segnata per il resto della vita. Non è mai riuscita a riprendersi del tutto, Kieran. Tramite la sua cartella clinica inviatami dal suo attuale terapeuta, il dottor Fustermann, ho scoperto che ha fatto uso di alcune medicine, soprattutto antipsicotici che le aveva prescritto, nel modo sbagliato, cambiando i dosaggi, addirittura anche interrompendo in modo irresponsabile la loro assunzione. Le missioni a cui ha partecipato, gli psicopatici che ha dovuto praticamente affrontare da sola, hanno aggravato la sua condizione. Tutto ciò che accade nella sua testa... non può essere fermato. Soltanto con la giusta terapia e l'ausilio di farmaci specifici, le sue allucinazioni possono essere contenute.»

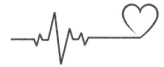

Così come Sara, anch'io ero all'oscuro di tanti dettagli che condizionavano gli atteggiamenti di Sophie. Fu soltanto dopo le parole della sua migliore amica che riuscii a capire i modi bizzarri che certe volte aveva. Ricordavo alla perfezione, come se fossero accadute ieri, tutte le volte che io o qualche altro agente le avevamo salvato la vita per un pelo, la sua irascibilità, la prepotenza nei confronti dei colleghi, che facevano uscire tutti, me compreso, dai gangheri. Diamine, durante la nostra prima missione insieme aveva sparato alla gomma dell'auto in cui mi trovavo solo per non farsi inseguire.

Durante quella conversazione Sara, che si sentiva colpevole quasi quanto me, aveva elencato i sintomi della schizofrenia paranoide. Per un breve momento chiusi gli occhi e ricordai il suo sguardo angosciato, le mani che tremavano mentre alzava le dita a ogni parola: ansia, rabbia, sospetto o diffidenza ingiustificati, tendenza a polemizzare le decisioni dei superiori.

Le parole di Sara mi ronzarono in mente ancora una volta: «*Sophie ha sempre agito in questo modo, senza trattenersi, come una macchina da corsa lanciata a tutta velocità, anche senza avere una destinazione precisa. Ha sempre vissuto la sua vita senza freni inibitori, con totale abbandono e senza esclusione di colpi. Non ha mai avuto paura di superare i limiti o di avvicinarsi troppo a essi, ma soprattutto non ha mai avuto paura di pestare i piedi a chi, secondo lei, lo meritava, fossero stati dei superiori o dei criminali. In effetti, ho sempre avuto l'impressione che cercasse lo scontro, anche se sapeva che questo le avrebbe causato, il più delle volte, soltanto problemi. Tutti noi abbiamo sempre sospettato del suo complesso "dell'eroe" soprattutto sul lavoro, ma non ci siamo mai fermati ad analizzare gli istinti suicidi che la sua personalità ha sviluppato. Insomma, Sophie stessa si considera una sorta di giustiziere suicida.*»

A qualcun altro quella frase sarebbe potuta suonare strana, ma con quelle poche parole, Sara, era riuscita a racchiudere la vera essenza di Sophie.

Nonostante tutto, sia io che Sara non potevamo ignorare quanto fosse cambiata negli ultimi mesi. Ne avevamo discusso a lungo e, seguendo gli appunti del dottor Fustermann, avevamo scoperto che si stava impegnando molto per riprendere in mano le redini della propria vita.

Quanto tempo avevo potuto godere della nuova Sophie? Soltanto pochi mesi. Mesi. Cos'erano, nel vasto panorama della mia vita, le settimane, gli attimi rubati, le notti trascorse insieme, l'ansia per la sua sorte, le ore infinite in ospedale, le conversazioni, i momenti in cui aveva provato ad aprirsi mostrandomi la donna meravigliosa che viveva dentro la guerriera d'acciaio? I capelli castani ramati, gli occhi verdi che esprimevano le emozioni come non avevo mai visto prima, tutto quello era solo un'infinitesima parte, una piccola pennellata lasciata sulla tela della mia vita.

E non era abbastanza… non lo sarebbe mai stato.

Trassi un profondo respiro. Non potevo perderla. Né io, né Sara, né Timo, tantomeno i suoi genitori o le persone che amavano quella donna così perfetta in ogni sua imperfezione. Sara voleva andare a prenderla, così come Timo, ma sapevo che se non mi fossi fatto avanti, l'Europol l'avrebbe inghiottita viva. Sarei stato dannato in eterno se fossi rimasto seduto a guardare quella strage.

I miei pensieri si spezzarono quando il taxi si fermò davanti al più imponente dei quattro palazzi di cemento e vetro dell'Europol. Con un organico di oltre mille persone, l'agenzia dell'Unione europea contro il crimine, ricopriva un ruolo di massima importanza nel mantenere la sicurezza in tutti gli Stati membri.

Dopo aver pagato la corsa al tassista, scendemmo con le nostre valigette, ci inoltrammo nello spazio arioso del pian terreno e fummo subito travolti dalla normale routine di sicurezza: controllo dei documenti al bancone dell'accettazione, borse sottoposte ai raggi X e, in seguito, la perquisizione. Una quindicina di minuti dopo eravamo diretti al secondo piano, conosciuto come la zona sicura.

«Abbiamo ancora qualche minuto a disposizione» mi fece notare Hansen mentre, con un movimento slanciato del braccio, tirava su il polsino della camicia e controllava l'ora. «Vuoi prendere un caffè? Magari mangiare un panino? Non ho idea di quanto tempo durerà la riunione.»

«No, sto bene, grazie.» Neanche se avessi voluto sarei riuscito a ingoiare qualcosa. Sembrava che sul mio stomaco si fosse seduto un elefante. «Però, se desideri prendere qualcosa, Peter, ti accompagno volentieri.»

Scosse la testa, dalla sua espressione capii di non essere il solo a lottare contro la tensione. Mentre camminavamo diretti alla torre degli ascensori situata al centro dell'edificio, incrociammo una scolaresca in gita. I ragazzini dovevano avere all'incirca una decina d'anni. Osservai per qualche istante i loro occhi curiosi e attenti mentre la professoressa recitava: «La funzione primaria dell'Europol, che ha intrapreso la sua attività alla fine del ventesimo secolo, è quella di fungere da centro per lo scambio di informazioni tra oltre settecento agenzie mondiali.» Mentre si muovevano con lentezza da una parte all'altra dell'enorme corridoio, i bambini spostavano i loro sguardi tra l'insegnante e le bandiere degli Stati membri, posizionate dentro alle aste allineate sulla parete. La professoressa proseguì con la spiegazione. «Inoltre, in questi edifici vengono gestite varie banche dati contenenti decine di milioni di informazioni relative ai criminali e ai loro reati. Qui lavorano i poliziotti che coordinano le operazioni contro lo spaccio di stupefacenti, bande che trafficano esseri umani e terroristi. Ora stiamo per recarci...»

La sua voce si perse nel mormorio generale mentre ci allontanavamo. Nonostante la serietà del lavoro svolto nell'edificio, almeno per quanto riguardava quel piano, si respirava un'atmosfera rilassata e amichevole.

Purtroppo sapevo che la sensazione non sarebbe durata a lungo. Appena giungemmo al secondo piano ci fu un controllo supplementare dei nostri documenti d'identità. L'accesso alla cosiddetta "zona sicura" era possibile solo tramite uno scanner per l'impronta del palmo della mano. Dovemmo, dunque, fermarci e aspettare che l'assistente del vice direttore Clark venisse ad accompagnarci alla sala delle conferenze. Mentre lo seguimmo, notai che alcune delle grosse finestre in vetro delle sale erano oscurate, a indicare lo svolgimento di riunioni riservate.

Dopo un paio di minuti, il giovane assistente si fermò davanti a una delle innumerevoli porte nere e bussò. Aspettò paziente, al contrario di quanto avrei fatto io, che qualcuno dall'interno ci desse il permesso per farci passare e, dopo averla aperta, si mise da parte per farci accedere. Hansen andò per primo e lo seguii senza remore o timori, sentendo un attimo dopo la porta chiudersi alle mie spalle.

«Buongiorno, signori» ci salutò il vice direttore Clark con un sorriso di circostanza, mentre si avvicinava per stringerci la mano. Mi sarei aspettato di vedere un uomo più maturo al comando dell'Europol, non un cinquantenne, anche se il suo sguardo attento non si perdeva il minimo dettaglio.

Appoggiammo le borse su una lunga console nera che correva parallela alla parete per tutta la sua lunghezza. Dopodiché ci furono le presentazioni e qualcuno ci indicò dove prendere posto nel grande tavolo ovale. Mi ritrovai seduto tra Bolten, il direttore della Maxifarma, e il dottore Petrulin, il medico che rappresentava la sua azienda. Hansen, invece, prese posto davanti a me, tra il capitano Spervi, dell'Unità Diamant, e Gerber, il capitano dell'Unità Enzian, ossia il diretto superiore di Sophie. Il vice direttore dell'Europol prese posto a capotavola e, dopo aver premuto un pulsante per oscurare la finestra che si affacciava sul corridoio, diede inizio alla riunione.

Mentre ringraziava tutti i presenti per essere venuti, lo schermo che avevo davanti si illuminò e apparve il logo dell'Europol.

«Dunque, signori, oggi siamo qui per parlare del caso Sophie Nowack. Vorrei iniziare con un piccolo riassunto della carriera dell'agente speciale e per farlo passerei la parola al suo diretto superiore, il capitano Gerber.»

Il capitano, un uomo robusto sulla sessantina, annuì e non perse tempo. «L'agente Nowack ha collaborato con me sin dall'inizio della sua carriera nelle forze dell'ordine.»

Mentre proseguiva esponendo la vita professionale di Sophie, la sua scheda operativa apparve sullo schermo. Quando vidi la sua foto, fu come se qualcuno mi avesse infilzato con un taglierino il petto. Provai a fare un respiro profondo, ma sembrava che l'aria non riuscisse ad arrivare ai polmoni.

Respira, Kieran, concentrati solo sul respiro…

Tutto ciò che avrei voluto fare era allungare il braccio e toccare il suo viso sullo schermo. Il tempo sembrò fermarsi, il cuore rallentò tra un battito e l'altro, tra un istante di vita e quello successivo. La fotografia, una di quelle in formato tessera, era vecchia di almeno una decina d'anni. I suoi capelli erano raccolti in una coda alta e potevo vedere una parte della divisa blu della polizia. Speravo solo che il capitano Gerber avesse scelto apposta quella foto per far breccia tra i presenti. Il magnetismo nel suo sguardo, la forza con cui quegli occhi verdi fissavano la camera era qualcosa di impressionante ma, allo stesso tempo, lasciava intravedere tra le screziature delle iridi un luccichio di vulnerabilità appena accennata. Nessun trucco, nessun ornamento, nessun sotterfugio che celasse la sua vera identità e, un'altra volta, non c'era niente in quella foto che potesse rivelare chi fosse veramente la giovane donna. Non mi passò inosservato che tutti gli uomini, incluso Hansen, avevano lo sguardo fisso sullo schermo del computer come se fossero ammaliati. Non era la sua bellezza, era il fatto che la foto rivelasse tutto su di lei e, allo stesso tempo, non dicesse niente di concreto. Dall'altra parte del tavolo, il capitano Spervi sussurrò: «Il camaleonte.»

Fissai l'uomo provando a capire qualcosa in più dal suo sguardo impenetrabile. Sembrava un misto tra ammirazione e astio. L'aveva chiamata proprio con il soprannome che poi avrebbe preso nel corso della sua carriera. Così come Asso o Joker.

Il capitano Gerber proseguì il riassunto raccontando del suo lavoro alla polizia di Berna, poi continuò elencando i suoi studi, fino ad arrivare alle sue mansioni come agente infiltrato e, infine, le vittorie che aveva ottenuto durante la sua giovane carriera.

«È innegabile che l'agente Nowack, nell'arco di pochi mesi, ha acciuffato due tra i criminali più ricercati d'Europa.» La sua immagine venne sostituita dalle fotografie segnaletiche di un uomo e di una donna: Jessica Edosom-wan, la trafficante nigeriana di donne, e Jason Mervin Derek, un pericoloso latitante, che per anni era stato ricercato dall'Europol.

Mi era impossibile dimenticare quella missione, l'avevo aiutata a chiudere quel caso. Ero stato poi il responsabile scelto per stilare il rapporto. Potevo ancora ricordare quanto avessi dubitato di lei, avevamo discusso proprio della fiducia, dell'importanza del lavoro di squadra. Mentre ricordavo alcuni momenti passati, nella mente le immagini si susseguivano come una pellicola riprodotta ad alta velocità. Noi due al cimitero, seduti davanti alla tomba della sua migliore amica. Ripensai alle parole che le avevo rivolto: «*So quanto possa essere difficile perdere qualcuno… dobbiamo sentire il dolore, abbracciarlo. Questo è il vero dono, l'eredità che ci hanno lasciato.*»

La mia mente si spostò a un'altra missione. La notte in cui la trovai nell'interrato di una baita, credevo che sarebbe morta tra le mie braccia. Era stato il mio sangue a salvarla quella sera. Ricordavo ancora la sua reticenza quando l'avevo abbracciata all'ospedale, quando le avevo detto di non lasciarsi consumare da quello stile di vita.

«*Che cosa stai evitando, Sophie? Da cosa stai scappando?*»

«*Sono spaventata a morte…*»

«Signor Heizmann.»

«Sì» risposi in automatico. Sbattei in fretta le palpebre provando a mettere a fuoco gli uomini, tornando al presente, sperando che nessuno si fosse accorto che la mia mente si era allontanata da quella stanza per diversi minuti. Ogni volta che si trattava di Sophie, il mio cuore prendeva il sopravvento e la mente veniva eclissata dal ricordo dei suoi occhi profondi e ipnotizzanti.

Fu il vice direttore Clark a prendere parola. «Vorremmo conoscere il tuo parere. L'agente Nowack deve o non deve essere recuperata e, successivamente, essere sottoposta a una valutazione con gli esperti dell'Europol?»

Che diamine di domanda è mai questa? Forse la mia espressione aveva rivelato ciò che pensavo perché per qualche istante notai il suo sguardo stupito, prima di riuscire a rispondere: «Certo che merita di essere recuperata, signore.»

Con la coda dell'occhio notai l'espressione del capitano Spervi scurirsi. Prima che potesse dire qualcosa aggiunsi: «Ho lavorato a fianco dell'agente Nowack per quattro missioni, sia in modo diretto che indiretto, e posso affermare con assoluta certezza che è un poliziotto estremamente affidabile.»

Soltanto in quel momento capii il motivo per cui Hansen non obiettò quando gli chiesi di accompagnarlo a quella riunione.

Eravamo in due, anzi tre con il capitano Gerber, a patteggiare per Sophie e da quanto potevo vedere dalle espressioni irritate, Clark e il capitano Spervi erano contro. Se non avessi preso parte sarebbero stati tre contro due.

La guerra era appena stata dichiarata e avevo tutte le intenzioni di vincerla. In un modo o nell'altro.

3. RICORDI

Il silenzio nella stanza sembrò protrarsi all'infinito prima che il vicedirettore Clark intervenisse. «Poiché hai lavorato con lei in diverse missioni e ci stai fornendo il tuo benestare, vorrei anche sapere quale sarebbe la tua opinione sull'eventuale integrazione dell'agente Nowack come operativo. I pro e i contro, agente Heizmann.»

Come avrei potuto rispondere a quella domanda in modo coerente? Era ovvio che tutto sarebbe dipeso dalle condizioni in cui l'avessimo trovata. Non avevo nessuna intenzione di espormi in una situazione in cui qualsiasi cosa avessi detto sarebbe stata quella sbagliata.

Azzardai a dare un'occhiata ad Hansen, ma aveva la testa chinata e si stava premendo la base del naso come se gli stesse venendo un mal di testa, uno di quelli tremendi.

Era ora di mettere in atto il piano B, inoltre avevo ancora parecchi aspetti sul recupero di Sophie che non mi erano ancora chiari.

Scelsi le parole con estrema cautela. «Credo che prima di esprimere un parere imparziale, dovrei conoscere i dettagli su come l'agente Nowack è stata trovata.»

Rischiai un'altra occhiata veloce ad Hansen e lo vidi annuire in modo impercettibile prima di spostare l'attenzione sul vicedirettore.

Approfittando dell'opportunità, presi il cellulare che avevo posato sul tavolo, visto che non ci avevano permesso nemmeno di aprire i nostri portatili, e continuai: «Vorrei avere qualche chiarimento in più rispetto al suo caso, se fosse possibile…»

Provai a non sputare l'ultima parola come se avessi mangiato qualcosa di sgradevole, le apparenze erano tutto in situazioni così scottanti.

Il vicedirettore si raddrizzò sulla sedia pronto a controbattere con qualcosa che immaginavo sarebbe suonato come "si tratta di informazioni riservate".

Tuttavia, prima che potesse dire qualcosa, Hansen intervenne con voce glaciale: «Mi sembra una richiesta ragionevole, vicedirettore Clark.»

Ci fu un lungo momento di silenzio teso prima che l'altro sbottasse: «Molto bene. Per cortesia prima posi il suo telefono sul tavolo, agente Heizmann.»

Appena feci quanto richiesto, senza nascondere la stizza schiacciò un tasto sul portatile che aveva davanti a sé e sugli schermi comparve un rapporto. Mi chinai in avanti pronto a leggere ogni dettaglio, ma prima che potessi farlo, il bastardo premette un altro tasto e lo schermo divenne di nuovo nero.

Fu il mio turno di rivolgergli uno sguardo mortale.

Con un sorrisetto compiaciuto si schiarì la voce. «Dunque, sul rapporto che l'osservatore dell'Europol ha compilato al rientro dalla missione, il collega Dino Vanderhole ha menzionato che l'agente Sophie Nowack è stata recuperata insieme ad altre tre donne, due brasiliane e una di nazionalità tedesca, Anja Hedinger, nello scantinato di un'azienda agricola in una località sconosciuta all'interno della Foresta Amazzonica. Poiché è stata rinvenuta in uno stato di semi incoscienza, è stata trasportata in aereo all'ospedale della città di Manaus per degli accertamenti dove è rimasta in convalescenza per tre settimane.»

Tre settimane? Che cosa le hanno fatto quei maledetti bastardi?!

Mi rimproverai subito. *Basta, Kieran!* Lasciarsi andare ai sentimenti in quel momento non sarebbe stato d'aiuto per Sophie, così mi concentrai sulle parole del vicedirettore, nonostante fossi consapevole di aver perso una parte del discorso.

«… è scappata dal reparto di degenza tra le tre e le quattro di mattina, stando alle informazioni fornite dall'infermiera di turno.»

Si aggiustò gli occhiali avvicinandosi allo schermo. «Sul rapporto è riportato che è rimasta latitante per una settimana, fino a quando la polizia della città di Manaus l'ha fermata per puro caso per un controllo dei documenti.»

Fece scorrere il dito sul trackpad del suo portatile, si aggiustò di nuovo gli occhiali e riprese a parlare: «Sul verbale compilato dall'agente responsabile della sua cattura, è riportato che in un primo momento ha provato a scappare, poi ha posto resistenza all'arresto, ferendo tre poliziotti, infine quando sono riusciti a prenderla è stata nuovamente ricoverata. Nel verbale il poliziotto ha affermato che si è ferita da sola.»

Mi voltai di nuovo verso di lui, il cervello che lavorava frenetico attraverso gli eventi, cercando di formulare una domanda, un'ulteriore richiesta di informazioni, ma era come se avessi paura di ciò che avrei potuto scoprire.

Il silenzio calò nella stanza. Con la coda dell'occhio notai che il dottore approfittò del momento per versarsi dell'acqua da una delle bottiglie posate in mezzo al tavolo. Nel frattempo, lottavo contro il mostro intrappolato nel mio torace. Stava scavando, graffiando, ficcando i suoi lunghi artigli nel tentativo di uscire allo scoperto. Tutti i poliziotti presenti a quella riunione erano al corrente della violenza di certi colleghi del terzo mondo. Diamine, non dovevamo nemmeno andare così lontano, bastava guardare per qualche minuto il telegiornale o leggere le notizie sul Web. Gli esempi erano lampanti.

Il vicedirettore assunse un'aria mortificata quando parlò. «Da quanto scritto sul rapporto, prima di farla ricoverare all'ospedale psichiatrico nell'isola, la polizia ha preso le sue impronte.»

«E hanno impiegato più di due mesi per inserirla nel database?!» La voce del capitano dell'Enzian, il superiore di Sophie, fendette l'aria come un coltello affilato, senza che riuscisse a nascondere l'incredulità, la rabbia che vibrava a ogni parola.

In quel frangente, il vicedirettore ebbe almeno la decenza di sembrare mortificato. «Purtroppo, capitano Gerber, è a conoscenza di come funziona la burocrazia. L'Europol è responsabile per la sicurezza negli Stati membri, non abbiamo un database di impronte a livello globale. Nemmeno la CIA o l'FBI negli Stati Uniti ne sono in possesso. Tantomeno l'Interpol.» Gli sfuggì un respiro furente prima di aggiungere: «Il nostro contatto con le forze dell'ordine dei paesi dell'America Latina riguarda soltanto casi specifici, come la cattura di Ionel Sorin. Come anche lei ben sa, l'Europol non applica nessun tipo di misure coercitive nello svolgimento dei suoi compiti. Sono di competenza esclusiva delle polizie nazionali pertinenti. L'agente Nowack è stata ritrovata solo perché avevamo esteso un'allerta alla CIA e la polizia brasiliana lavora spesso in stretta collaborazione con l'Intelligence americana per quanto riguarda il narcotraffico nel nord del paese.»

Prima che qualcuno potesse intervenire, Clark proseguì: «Quello che abbiamo tra le mani è un problema assai complesso. L'agente Nowack è stata indagata dalla polizia brasiliana per violenza con l'aggravante della minaccia contro tre diversi ufficiali di polizia, senza contare la resistenza all'arresto. Il governo brasiliano ha avanzato la richiesta che l'agente sconti la sua pena sull'isola, con una reclusione che potrebbe variare da sei mesi fino a cinque anni.»

Sapevo che Sophie non era ufficialmente in missione quando era sparita, stava indagando per conto proprio sul presunto rapimento di alcune ragazze appartenenti alla comunità musulmana. Tuttavia era sempre un'agente della polizia svizzera, aveva preso parte a diverse indagini per conto dell'Europol, diamine aveva tolto dalla circolazione due tra i criminali più ricercati in Europa. Quel particolare doveva pur valere qualcosa. Non potevano lasciarla in quel luogo dimenticato da Dio a scontare la sua pena. Davanti a me Hansen prese la parola.

«Come possiamo risolvere questa situazione senza creare un incidente diplomatico tra le forze dell'ordine dei due paesi?»

Il capitano Gerber lo incalzò, guardando il vicedirettore e avanzando un'ipotesi: «Non potremmo presentare una domanda di estradizione?»

Sapevo, eccome se lo sapevo, come sarebbe andata a finire quella storia, in un solo modo: odioso e burocratico. Proseguire per vie legali equivaleva a dire che il suo caso sarebbe passato nelle mani di un procuratore generale, che avrebbe dovuto raccogliere tutta la documentazione, poi la decisione sarebbe spettata alla Corte d'Appello, dove avremmo dovuto aspettare almeno sei mesi per avere un primo parere.

Chi si sarebbe occupato di lei, della donna che giaceva in quell'ospedale, per tutto quel tempo?

Mi affrettai a prendere la parola: «Vorrei propormi come agente di supporto per andare in Brasile e indagare sulla situazione dell'agente Nowack. Mi metto a vostra disposizione, vicedirettore Clark.»

Il capitano Spervi scattò sulla sedia come una molla mentre gonfiava il petto come un piccione. «Stavo pensando proprio alla stessa cosa, agente Heizmann.» Mi guardò con un sorrisetto viscido che non ricambiai. Mi vennero in mente le parole che Hansen mi aveva rivolto mentre eravamo in aereo, sul fatto che Sophie, nel corso della sua carriera, si era procurata parecchi nemici.

«Dobbiamo sempre tenere a mente che l'agente Nowack si è creata tanti rivali tra i criminali, quanto tra coloro che avrebbero dovuto essere i suoi alleati nella lotta contro il male.»

Il vicedirettore si alzò e iniziò a camminare, mentre si grattava il mento pensieroso. «Non possiamo correre il rischio di scatenare un qualsiasi tipo di conflitto con la polizia brasiliana.»

Hansen lo incalzò. «Tuttavia, Robert, dobbiamo assicurarci che il nostro agente riceva un trattamento equo. E se Sophie dovrà scontare la sua pena, che lo faccia qui, nel suo paese.»

Non mi passò inosservato il fatto che Hansen si fosse rivolto a lui usando il suo nome di battesimo.

«Ne terrò conto, Peter» rispose un po' seccato il vicedirettore.

Capii che eravamo giunti al limite, non avremmo potuto spingerci oltre contro un uomo come lui, con il potere di bloccare o avallare tutto. Il segreto, in casi simili, era proporre l'idea in modo da far credere che fosse venuta a lui. Non avevo più tempo da perdere, potevano restare a parlare all'infinito di una questione che per me era già risolta: sarei andato a prenderla, non c'erano altre alternative. Avevo già in mente un piano: io, lei e un'isola sconosciuta nei Caraibi per il resto della nostra vita. Non mi importava niente dei mezzi, tutto ciò che volevo era averla tra le mie braccia, il prima possibile.

Il direttore della Maxifarma, rimasto in silenzio fino a quel momento, con un'espressione a dir poco annoiata, si raddrizzò sulla sedia. Era come se stesse aspettando l'occasione per fare la sua prima mossa. Dal suo atteggiamento, dallo sguardo prepotente, ero certo che non avrebbe aggiunto niente che avrebbe potuto essere utile a Sophie.

«Se posso permettermi, vicedirettore Clark» iniziò con un tono formale. Senza aspettare il consenso continuò: «Il motivo per cui abbiamo richiesto di partecipare a questa riunione è avere la possibilità di offrire una soluzione alternativa al caso dell'agente Nowack.»

La sua bocca si allargò in un ghigno soddisfatto prima di voltarsi nella mia direzione. Il suo sguardo disinteressato mi sorvolò per posarsi scaltro sull'uomo che era seduto al mio fianco.

«Dottor Petrulin, vorresti fare gli onori e spiegare ai cavalieri il motivo per cui ci troviamo qui oggi?»

Il dottore, sentendosi chiamare in causa, non deluse le aspettative e prese la parola, con quell'atteggiamento saccente che soltanto i dottori sembravano avere.

«Innanzitutto, buongiorno signori…» ci fu un mormorio di saluti a seguito delle sue parole.

«Sono il responsabile di un progetto alla Maxifarma che va avanti ormai da una decina d'anni. Al mio laboratorio, con un gruppo di ricercatori, sto sviluppando uno stupefacente in grado di lenire gli effetti primari del DSPT, il disturbo da stress post-traumatico.»

Lo scienziato proseguì tirando in ballo uno degli eventi più comuni tra il personale delle forze dell'ordine e coloro che lavoravano in prima linea nella lotta contro il crimine. Riuscivo a immaginarlo seduto tranquillamente nel suo studio, con il suo camice bianco, come i suoi capelli, a parlare di vita e morte come se fosse stato un Dio.

«Come sappiamo, l'esposizione di un individuo a uno o più eventi traumatici, catastrofici o violenti può lasciare strascichi irreversibili. Nel caso degli uomini e delle donne appartenenti alle forze dell'ordine, l'evidente compromissione del corretto funzionamento in ambito professionale deve essere valutata con particolare attenzione prima che avvenga il reinserimento nelle normali attività.»

Intrecciò le mani sul tavolo con tranquillità prima di proseguire. «Ormai siamo arrivati alla sperimentazione finale e stiamo studiando un caso molto simile a quello dell'agente Nowack. In effetti, il soggetto della nostra ricerca altro non è che una delle donne, una cittadina di origini tedesche per la precisione, che è stata recuperata insieme all'agente speciale Nowack nella giungla Amazzonica.»

Sentii i peli della nuca rizzarsi. Avevo sempre un buon intuito per quanto riguardava le persone, in quella sala c'erano tre uomini che avevano a cuore il futuro di Sophie e gli altri avevano come unica preoccupazione soltanto soldi o potere.

«Dai nostri studi,» proseguì il dottore, «sappiamo che la somministrazione di psicofarmaci si prefigge l'obiettivo di attenuare i sintomi psichiatrici quali ansia, terrore, sbalzi significativi dell'umore o quelli ancora più drastici, come i tentativi di suicidio che spesso affliggono il paziente nelle fasi acute della malattia. Le molecole a cui si ricorre più di frequente in questi casi sono gli antidepressivi di seconda generazione, quali la paroxetina e la sertralina. Al momento, questi sono considerati gli interventi più efficaci per il trattamento del DSPT.»

Ci fu un'altra pausa e poi continuò con voce appena più blanda: «Siamo orgogliosi di poter affermare che due terzi dei malati affetti da questa patologia possono guarire del tutto entro qualche anno di terapia e questo ci porta un immenso sollievo.»

Lo guardai senza riuscire a nascondere lo scetticismo. Se in qualche modo si sentiva davvero confortato, di certo non lo stava dimostrando. Lo percepivo più simile a un robot privo di emozioni. Il dottore fece un'altra breve e strategica pausa prima di continuare: «Nonostante tutte le vittorie conquistate, come personale qualificato a salvare vite umane, il nostro principale interesse si rivolge a quel terzo di pazienti che non riesce a superare il trauma subito e di conseguenza a essere reintegrato in una vita che la nostra società considera normale.»

Come se avessero recitato alla perfezione il proprio ruolo, nel momento in cui il dottore fece l'interruzione seguente, il direttore della Maxifarma intervenne, con una voce suadente simile a quella di un attore.

«Vorrei proporvi una situazione del tutto ipotetica, possiamo chiamarla un breve esercizio mentale.»

Mentre il vicedirettore Clark prendeva posto a capotavola, fu la volta del grande capo del colosso farmaceutico ad alzarsi. Anche se non era alto più di un metro e sessanta ed era verso la settantina, l'aura di potere che gravitava attorno a lui era impressionante. Non era un caso che la sua industria farmaceutica portasse avanti un affare milionario.

Una sola frase e il piccolo genio megalomane aveva l'attenzione di tutti.

«Pensate a un trauma, come se l'aveste subito voi stessi» il suo sguardo si posò su ognuno dei presenti prima di proseguire. «Il dolore insormontabile, ad esempio, di aver perso un figlio…»

Sentii la saliva asciugarsi nella bocca. Quell'uomo sapeva esattamente cosa stava facendo, alla parola figlio il suo sguardo si era posato su Hansen, che aveva perso la figlia, suicidatasi quando era solo un'adolescente. Quell'evento aveva distrutto la sua famiglia, che non si era mai più del tutto ripresa.

Guardai l'uomo che oltre a essere il mio mentore, era anche un grande amico, una sorta di secondo padre. Provò a mantenere la postura eretta, ma era come se secondo dopo secondo, parola dopo parola, si stesse accasciando sulla sedia. La testa china, le spalle basse, e potevo scommettere che le sue mani fossero strette a pugno, proprio come le mie. Lo sguardo vacuo, fisso sullo schermo davanti a sé, come se si fosse perso tra quegli orribili ricordi.

Il dottore fece il giro del tavolo e proseguì fino ad arrivare alle spalle di Hansen, proprio davanti a me.

«Pensiamo alla sofferenza atroce di aver perso un familiare, magari un padre, un grande amico o, ancora, aver subito in prima persona un abuso, qualcosa di così orribile da non poterne nemmeno parlare. La nostra mente non può di certo sopportarlo a lungo.»

Finendo la frase concentrò lo sguardo su di me, i suoi occhi glaciali mi scrutarono fino a scuotermi l'anima. Il silenzio sembrò addensare l'aria mentre, contro ogni volontà, riflettevo sulle sue parole. Mi entrarono dentro come se fossero avvolte da un cattivo presagio. Anche la mia situazione non era diversa. Immagini di Alina, la sorella del mio migliore amico, morta quando ero poco più di un ragazzo, la scomparsa di Sophie e tutti i fallimenti contro cui avevo combattuto nella vita e, ancora, la morte di mia madre, quella prematura di mio padre. Venni avvolto da una sensazione ormai familiare, amara e piena di angoscia. Mi costringeva, minacciosa, facendomi tremare nel profondo. Un groviglio di emozioni che si accatastavano nella mente, sensazioni che spaziavano dal rancore all'odio e a tutte le zone grigie intermedie. Come poter scordare il dolore, fisico o emotivo, così profondo da sentirlo scuotere fino all'anima? Il mio sguardo incrociò quello di Hansen: eravamo due uomini sconfitti, consapevoli che il peggio dovesse ancora arrivare.

Fottuto bastardo!

Il dottore riprese a camminare a passi lenti nella sala, tornando tranquillo al proprio posto.

Tuttavia, non potevo negare il potere che quell'uomo aveva tra le mani, l'innata capacità di giocare con la mente delle persone. Il capitano Gerber sembrava abbattuto come lo eravamo noi, Spervi invece guardava il piccolo megalomane come se si fosse appena imbattuto nella sua star cinematografica preferita. Ero sicuro che appena la riunione fosse finita, la piccola serpe gli sarebbe corsa dietro per chiedergli l'autografo. Ricordavo con precisione il capitano dell'unità Diamant, era difficile dimenticare un atteggiamento presuntuoso come il suo. Ci eravamo conosciuti proprio durante uno dei casi in cui Sophie aveva lavorato. Era grazie a quel bastardo che lei era stata retrocessa e messa a lavorare per mesi dietro a una scrivania.

Tornai in me appena in tempo per udire il dottore che, con voce melodiosa, quasi ipnotica, continuava con le sue teorie: «Questo evento traumatico vi ha scosso nel profondo, fino alle fondamenta delle vostre anime. Da un giorno all'altro, senza nessun preavviso, la vostra esistenza è stata capovolta trasformandosi in un incubo a occhi aperti. Non riuscite più a dormire, a mangiare e tantomeno a proseguire con la vostra vita. L'esperienza di eventi violenti può causare una paura incontrollata che si fissa nella memoria, influenzandola per sempre. Intensità, durata e tendenza a ripetersi degli attacchi di panico dipendono dal modo in cui il ricordo è elaborato dai meccanismi della memoria. Quello che offre la Maxifarma è un medicinale in grado di farvi scordare l'angoscia, la sofferenza, il dolore» fece una pausa teatrale prima di aggiungere: «un farmaco capace di obliare il passato.»

Sugli schermi apparve la confezione di un medicinale. «Signori, vi presento l'Oblivalium, che tra i componenti principali ha il propranololo, un betabloccante che, associato a un potente psicofarmaco, agisce direttamente sulla dopamina e la serotonina, entrambe neurotrasmettitori, ossia messaggeri chimici che regolano alcune tra le più importanti funzioni corporee come l'umore e il sonno. Inoltre, agisce in modo tempestivo sull'ippocampo, la struttura cerebrale responsabile della memoria esplicita, di quella semantica ed episodica. Questo farmaco si è dimostrato molto promettente ed è dotato di un'efficacia particolare soprattutto nei pazienti affetti da schizofrenia.»

Il bastardo ha messo le mani sulla cartella clinica di Sophie, altrimenti come avrebbe fatto a sapere che lei è affetta da questa malattia? Significa che lui è al corrente di tutta la sua vita, della clinica in cui è stata ricoverata dopo la morte di Stefanie, degli anni di terapia e dei farmaci che ha preso.

Tutto ciò che sapevo sulla vita della donna che amavo, ogni singola informazione che avevo appreso grazie e con Sara, tutto quanto iniziò a volteggiare impazzito nella mia mente prima di incastrarsi, pezzo dopo pezzo, con una rivelazione tanto terrificante quanto assoluta. Avrei dovuto sapere quali erano le intenzioni di Petrulin e di Bolten, visto che uno dei primi e più importanti principi tattici del controllo mentale non rilevato era trovare una vittima su cui esercitare un'influenza subliminale.

Cristo Santissimo, Sophie è la cavia perfetta per questo esperimento. Ecco perché hanno voluto partecipare alla riunione...

Avendo bisogno di fare qualcosa per non mostrargli quanto le sue parole mi avessero scosso, presi la bottiglia d'acqua che era al centro del tavolo e mi versai da bere, provando a non far tremare le mani, sfruttando quel momento per raccogliere i pensieri e trovare un modo per ripristinare la compostezza.

Ignaro della battaglia disperata che mi stava assalendo cuore e mente, il direttore della casa farmaceutica proseguì la sua spiegazione. Lo ascoltai con attenzione alternando lo sguardo tra lui e lo schermo del computer, dove l'immagine della scatola era scomparsa e al suo posto vedevo una specie di foglio illustrativo del medicinale. Cercai in fretta gli effetti collaterali, gli occhi che correvano veloci sullo schermo.

Se Sophie deciderà di assumere questa roba, cosa potrebbe accadere a lei e... a noi?

Dove sono elencati gli effetti indesiderati? Continuai a cercarli, leggendo in modo frenetico.

In sottofondo sentivo la voce del direttore della casa farmaceutica che continuava la presentazione. «Dobbiamo portare il paziente in uno stato di coma farmacologico, in seguito somministrare...»

Una fiala due volte al giorno... 120 fiale in ogni scatola, quindi per una durata di due mesi... per quanto tempo dovrà prendere questa porcheria?

Sophie prenderebbe mai un medicinale del genere? Non c'era nemmeno bisogno di rispondere a quella domanda, ero quasi sicuro al cento per cento che avrebbe accolto quella possibilità. La conoscevo abbastanza bene da sapere che, in fondo, era l'unica cosa che aveva desiderato per tutta la vita. Dimenticare... il passato. Dimenticare se stessa.

Continuai a leggere.

Sedazione profonda, cancellazione della memoria a breve e a lungo termine...

Dove sono quei dannati effetti collaterali?

Come se potesse scorgere i miei pensieri, il direttore fece scorrere in fretta il mouse fino alla fine del foglio illustrativo, fermandosi proprio nella parte che stavo cercando. Era ancora in bianco.

Insomma, vogliono farle prendere un farmaco ancora in fase di sperimentazione e che magari la trasformerà in un automa, come se fosse una povera cavia da laboratorio?

Accanto a me, Bolten, il direttore della casa farmaceutica, si sedette, rispondendo allo sguardo assassino che gli rivolsi con un sorriso che non raggiunse i suoi occhi. L'indignazione mi fece digrignare la mascella e stringere i pugni. Ero pronto all'attacco.

Fissai l'uomo, chiedendomi cosa sarebbe accaduto se avessi mandato lo stronzo a farsi fottere o peggio ancora, gli avessi messo le mani addosso. Purtroppo non potevo permettermi nessuna delle alternative, pur allettanti che fossero.

Alla mia sinistra, il dottore prese la parola. «Quello che abbiamo intenzione di fare è mandare uno dei nostri esperti per valutare la situazione e, in caso di esito positivo, proporre all'agente speciale Nowack la possibilità di offrirsi come volontaria per il trattamento con l'Oblivalium.»

La riunione andò avanti con ulteriori accertamenti. Nonostante tutti i miei tentativi di restare concentrato per mantenere un distacco emotivo richiesto dal mio ruolo, non riuscivo a smettere di pensare a ciò che avevo appena appreso. Quella discussione era stupida e puramente retorica, perché la verità era che, di quel medicinale e del suo effetto su Sophie, che fosse a lungo o a breve termine, nessuno poteva dare una risposta concreta. La consapevolezza scese su di me in modo orribile come una manciata di terra gettata su una bara. Quella della donna che amavo.

Se Sophie avesse assunto quella medicina, quali sarebbero potuti essere gli effetti collaterali su di lei? Cosa ne sarebbe stato di quei piccoli fugaci, meravigliosi momenti che avevamo condiviso? Sarebbero stati sufficienti per farle prendere la decisione giusta? Tutto l'amore che potevo offrirle sarebbe bastato ad aiutarla a riprendersi, a ritrovare la serenità?

Cosa ne sarebbe stato di lei? Di me?

Di noi?

4. DISPERAZIONE

Qualche giorno più tardi...

Respirando a fatica, con il cuore che batteva contro le costole come un tamburo, provai a mantenere il controllo mentre uscivo dall'ufficio di Hansen e chiudevo la porta alle mie spalle. Il modo in cui mi aveva fissato mentre era ancora seduto dall'altra parte della scrivania lo avrei ricordato per tutta la vita. Le immagini, le parole non dette, le sensazioni messe in evidenza dal suo sguardo, apprensivo e scocciato al contempo, si riversarono su di me come una serie di colpi ben assestati.

«Abbiamo le mani legate, Kieran. Non possiamo più fare niente, ormai. Fai un favore a entrambi e resta lontano da questo caso. Penso che sarebbe meglio se ti prendessi una pausa, qualche settimana di ferie, fino a quando questa situazione non si sarà risolta... puoi farlo per me?»

Erano trascorsi altri due giorni dalla maledetta riunione all'Europol e la scintilla di speranza che continuavo a nutrire era stata brutalmente spenta quella mattina, nel momento in cui mi sedetti dietro la scrivania per controllare le e-mail.

Respira, Kieran... soltanto respira.

Non riuscivo a capacitarmi di quanto avevo appreso, e dopo aver letto le parole del vicedirettore Clark, con il cuore che mi batteva incontrollato nel petto e il sudore che si era trasformato in ghiaccio lungo la schiena, mi ero fiondato nell'ufficio di Hansen. Mi accorsi troppo tardi che avevo a malapena bussato e, soprattutto, avevo interrotto un'importante conversazione.

Mi appoggiai di peso alla parete mentre mi strofinavo il viso e digrignavo i denti per la rabbia, la frustrazione e tante altre emozioni a cui non volevo nemmeno dare un nome. *Cristo Santo, a cosa diavolo stavo pensando per irrompere nel suo ufficio in questo modo? Un uragano avrebbe fatto meno danni!*

A quelle parole mi resi conto che da molto tempo la mia mente si era sconnessa dalla logica. *Sono nove mesi che non riesco nemmeno a ragionare in modo coerente.* Era la pura verità, quindi, pur vergognandomi, decisi di attenermi a essa.

Il grande capo dell'Agenzia si era spaventato a morte a causa della mia irruzione e aveva dovuto terminare in fretta la chiamata in cui era impegnato, balbettando delle scuse poco convincenti. Il peggio era che, nel momento in cui avevo provato a giustificare le mie azioni, le parole si erano incastrate in gola e, per un breve istante, temetti di ripetere una delle scene che mi accadevano spesso mentre ero sotto la doccia, nei momenti in cui perdevo ogni briciola del poco senno che mi era rimasto.

Cristo Santissimo, sono un agente, un uomo addestrato a reggere la pressione, non posso lasciarmi condizionare così dalle emozioni…

Mi ricordai quando, tanti anni prima, lessi un articolo di uno psicologo che spiegava la "crisi della disperazione" e di come i soggetti coinvolti fossero così angosciati da compiere gesti irresponsabili e risultare spesso noncuranti della propria incolumità.

A quanto pare, sono diventato un potenziale paziente.

Prima ancora che potessi sedermi, Hansen, raccogliendo tutta la sua pazienza, mi spiegò che era già stato aggiornato direttamente dal vicedirettore.

«*Lo so, Kieran, ho ricevuto anch'io la stessa e-mail. Sarà il dottor Petrulin ad andare in Brasile e hanno scelto il capitano dell'unità Dìamant come supporto.*»

Mentre ascoltavo le sue parole che confermavano la mia condanna, mi sentii come un naufrago nell'oscurità senza fine dell'oceano. *Come avrà fatto quel bastardo di Spervi a prendere il mio posto? Il mio, di diritto!*

Con rammarico crescente ricordai la riunione all'Europol, dove, inerme, avevo guardato quegli uomini decidere il destino di Sophie. Quel giorno avevo creduto che le cose non avrebbero potuto complicarsi ancora, ma era ovvio che mi fossi sbagliato. Di brutto.

Prima che la signora Fuchs, la segretaria di Hansen, mi vedesse in quello stato, mi allontanai dalla parete e presi a camminare senza avere nemmeno una destinazione. Udii Laz, il mio migliore amico e collega, rivolgermi un saluto quando passai davanti al suo ufficio. L'ex-marine era un afroamericano senza peli sulla lingua, con un atteggiamento professionale che sembrava essere incorporato nel suo DNA e uno spiccato senso dell'umorismo, un connubio che aveva sempre avuto il potere di calmare i miei nervi logori. Ormai, più niente sembrava riuscire a placare il mio animo, quindi alzai appena la mano senza guardarlo, non avevo forza di fare altro. Di sicuro la mia reazione non l'avrebbe stupito, erano mesi che mi comportavo in modo irascibile. Dopo una manciata di passi mi resi conto che ero diretto alla mia postazione, ma non potevo tornare lì, sarei impazzito se fossi rimasto rinchiuso in uno spazio angusto. Puntai gli occhi stanchi verso la scala che si trovava in fondo al corridoio, avrei potuto fare una camminata, ma a ogni passo che facevo sembrava che le gambe affondassero sempre di più in un pantano lugubre e maleodorante.

Alla fine, sentendomi sconfitto, mi fermai in mezzo al corridoio, la testa incassata nelle spalle. La situazione era precipitata, sfuggita del tutto al mio controllo e odiavo il modo in cui mi stavo sentendo.

Come un animale braccato, messo all'angolo…

Abbassai lo sguardo sulle mie mani strette a pugno e le costrinsi a rilassarsi. La mia ultima speranza risiedeva in Timo, ma sapevo che ciò che stavo per fare andava contro tutti i miei principi etici e morali. Dovevo parlargli, ma non potevo andare da lui nello stato in cui mi trovavo, ripresi perciò a camminare intento a fare una deviazione e fermarmi in bagno per cercare di ricompormi. Appena chiusi la porta, mi avvicinai al lavandino, aprii il rubinetto e per un momento lasciai scorrere l'acqua fino a quando non divenne gelida. Usando entrambe le mani la spruzzai in viso e continuai a farlo strofinandomi con energia.

Mi maledissi perché mi ero convinto del potere di Hansen, avevo davvero creduto che la sua volontà avrebbe prevalso su quella degli altri. Avevo solo illuso me stesso.

Cazzo!

Mi accorsi dell'acqua ancora aperta e, uscendo da quel maledetto flashback, sentii le dita intirizzite per il freddo. Senza guardarmi allo specchio asciugai le mani e poi il viso mentre riflettevo sugli eventi delle ultime ore.

Cosa avrei dovuto aspettare ancora? È chiaro che ha fatto tutto ciò che fosse in suo potere.

Lo sapevo bene, avevo analizzato il quadro generale più e più volte, fino allo sfinimento, da ogni punto di vista, senza riuscire a trovare un modo di aggirare la situazione che si era creata. Mi sentivo come un naufrago che, dopo essere sopravvissuto alla tragedia ed essere rimasto in mare per chissà quanto tempo, aveva avvistato un'isola e si era lasciato trasportare dalla corrente solo per morire sfracellato sugli scogli.

«Maledizione!» *Non posso morire nell'attesa, diamine!*

Il grande capo dell'Agenzia aveva provato a fare qualche telefonata, anche dopo la riunione, ma il vicedirettore Clark aveva espresso un ordine perentorio che ci aveva legato le mani dietro la schiena.

Quel burocrate del cazzo non ha idea di con chi ha a che fare.

Che fossi maledetto se avessi lasciato qualcun altro andarla a prendere. Peggio ancora, uno di loro due. Questo implicava di ricaricare le armi e, come il soldato che ero, partire per la battaglia; anche se tutte le probabilità di uscirne vincitore erano contro di me, non avevo comunque scelta.

Consapevole del compito che avrei dovuto portare a termine, uscii dal bagno e mi diressi con passi decisi da Timo. Bussai e appena entrai iniziai a parlare, senza dargli il tempo di fare niente. Vomitai tutte le parole, la rabbia, le frasi sconnesse che io stesso faticavo a comprendere, lasciai che tutto il groviglio di emozioni che provavo uscisse di getto. Mi parve che fosse passata un'eternità quando mi fermai per respirare e lo trovai che mi fissava con un'espressione perplessa e preoccupata. Almeno aveva colto l'ultima parte del mio caotico discorso. «Stai scherzando, vero? Cosa intendi di preciso con un documento falso?»

«Shh, abbassa la voce!» Chiusi in fretta la porta prima che Laz potesse ascoltare la nostra conversazione.

Aspettai ancora qualche secondo, soltanto per essere certo che non avrebbe fatto irruzione e poi ritornai all'attacco, mettendo tutta la mia inesistente convinzione nel tono di voce. «So che potrebbe sembrare una pazzia, però prima di dare il tuo parere ascolta il mio piano.»

«No» tagliò corto con un'inflessione disperata nella voce che non era da lui, «non è una pazzia, Kieran. Le cosiddette follie sono… che ne so…» alzò una mano con enfasi, affettando l'aria, «passare la notte a giocare a Dungeons and Dragons, noleggiare un jet soltanto per fare una serata a Dubai come ha fatto il mio amico Jilian o far arrabbiare mia madre. Queste sono pazzie. Ciò che vuoi fare tu, invece, è una cosa diversa: si chiama suicidio.» Puntualizzò deciso mentre si alzava e iniziava a camminare avanti e indietro nella stanza. Più che altro era intento a scavare una trincea con i piedi e non sembrava intento a fermarsi.

Provai a mettere da parte quanto affetto nutrissi per quel ragazzo che era stato adottato ancora in fasce da Hansen e sua moglie e mi concentrai per qualche istante a osservarlo con uno sguardo critico. Ero sicuro che non avrebbe fatto i salti di gioia per la mia idea, tuttavia non mi aspettavo una reazione del genere. Ero convinto che avrebbe fatto qualsiasi cosa per Sophie. Lo guardai dritto in faccia… improvvisamente conscio che stavo per compiere un errore che mi sarebbe costato la carriera. Forse il più grande sbaglio della mia vita.

E riuscivo a pensare solo a Sophie.

Forse Timo ha ragione…

Strinsi gli occhi, ma tutto ciò che vidi fu lei. Era tutto ciò che il mio corpo stanco percepiva. Al di là del lavoro, al di là del bene e del male, del giusto e dello sbagliato.

No, non può aver ragione, assolutamente no! È stato un errore mio coinvolgerlo, una pessima idea.

Mi sentii di nuovo un paziente perfetto per la teoria di quello psicologo: non facevo che compiere atti stupidi, senza riflettere, come se la mia testa fosse in qualche modo già accanto a Sophie.

Sono tutte azioni disperate, proprio come questa.

Non volendo darmi per vinto, riprovai ancora. «So che in passato sei entrato in possesso di alcune informazioni non proprio lecite,» buttai lì la frase, prima di fare una pausa strategica. I suoi passi si arrestarono di botto e i suoi occhi si strinsero, così continuai: «mettiamola così… per conto di Sophie.»

Non dovevo nemmeno scendere nello specifico, infatti lo sguardo glaciale che mi rivolse mi confermò che sarebbe stato meglio se avessi tenuto le successive parole solo per me.

Il tono cupo della sua voce rispecchiò il suo umore. «Sai cosa provo per lei, Kieran. La amo come se fosse mia sorella, ma in questo caso, anche se mi rincresce dirlo, dobbiamo restare fedeli al protocollo.» Si fermò davanti a me, le braccia incrociate sul petto. «Sta di fatto che non voglio avere guai con l'Europol, lo stesso dovrebbe valere anche per te. Dammi retta, Kieran, tu non vuoi avere problemi con il vicedirettore Clark» precisò sempre con lo stesso tono stressato, gli occhi castani sgranati come due monete.

Come faceva sempre quando era nervoso, andò spedito verso il frigorifero posizionato in un angolo della stanza mentre proseguiva: «Non possiamo riportarla da soli in Svizzera o in qualunque altra parte d'Europa. Nel momento in cui varcherà la zona di controllo dei passaporti, ci sarà un battaglione ad attenderla. Pensaci, Kieran! Il vicedirettore è incazzato nero con lei.»

Si fermò davanti al frigo e si voltò. «Vuoi qualcosa da bere?» Mi chiese seccato.

Il cuore stava per esplodermi nel petto, a malapena riuscivo a respirare, così scossi la testa provando invano a nascondere la mia frustrazione. Mi lasciai cadere di peso sulla sedia di fianco alla sua, mentre afferrava una bibita energetica e chiudeva l'anta del frigo con più forza del dovuto. Attorno a me i diversi monitor su cui trascorreva le sue giornate continuavano a lavorare mostrando che la vita proseguiva.

Non era così per me, la mia vita si era fermata nel momento in cui Sophie aveva varcato quella maledetta porta per poi sparire senza lasciare traccia: oltre nove mesi, che erano rimasti impressi in ogni cellula del mio corpo, contaminando ogni singola parte della mia anima. Per sempre…

Per qualche istante restammo avvolti dal silenzio, rotto soltanto dal ronzio dei server incassati negli armadi alle mie spalle.

«Non abbiamo altre alternative, Timo.» Avrei voluto che evitasse di guardarmi con quegli occhi enormi che sembravano troppo grandi per il suo viso, non avevo bisogno che qualcuno mi ricordasse che non sapevo più dove sbattere la testa. «Clark manderà Spervi e il dottore la settimana prossima in Brasile, non posso restare con le mani in mano ad aspettare che la portino indietro.»

Come cazzo farò? Impazzirò senza notizie!

Timo, che aveva lo sguardo fisso sulla finestra, scosse la testa prima di voltarsi verso di me. «Non posso farlo, Kieran. Un conto è cercare alcune informazioni nel Darknet, ma ciò che mi stai chiedendo va molto oltre…» fece una pausa, «è contro la legge.»

Ero già consapevole che la mia idea avrebbe potuto costarmi non solo il posto di lavoro, il titolo di primo tenente del battaglione dei Grenadier, ma anche la libertà. La falsificazione di documenti era un reato grave, punita con delle pene piuttosto severe in Svizzera. Ciononostante, il piano che avevo in mente era fattibile, indubbiamente disperato, ma proprio per quello realizzabile.

Lasciai cadere la testa all'indietro e sospirai. «Mi serve soltanto un documento semplice, come una carta d'identità. Non intendo qualcosa di più elaborato, non ti sto chiedendo un passaporto o qualcosa del genere.»

Mi rispose con una domanda accompagnata da un'espressione sconcertata che non ispirava molta fiducia. «E come farai tu, oh grande genio, a uscire dalla Svizzera con un volo intercontinentale usando solo una carta d'identità?»

Gli risposi con un sorriso enigmatico. «Lascia che ti spieghi dall'inizio ciò che ho in mente…»

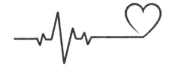

Due giorni dopo…

L'aeroporto di São Paulo sembrava più che altro un mercato dentro a un capannone enorme. Tirando in fretta il trolley schivai alcune ragazzine che correvano dietro a un'enorme comitiva di persone mentre spingevano un carrello pieno di valigie e, allo stesso tempo, facevano un filmato. Sembrava che i passeggeri fossero divisi in due gruppi: quelli che erano arrivati in largo anticipo prima che il proprio volo partisse e che camminavano a passo di lumaca imbambolati guardando ogni dettaglio del luogo e quelli, come il sottoscritto, che dovevano correre a perdifiato schivando gli altri o avrebbero perso la coincidenza. Un'occhiata veloce all'orologio e allungai il passo, non intendevo perdere il volo successivo che sarebbe partito in meno di due ore e, come avevo immaginato, il *gate* era dall'altra parte rispetto al punto in cui mi trovavo.

Organizzare quel viaggio era stata un'impresa, ma niente e nessuno avrebbe potuto abbattermi. Era stato proprio Hansen, in modo inconsapevole, a fornirmi l'idea di base per il piano. Seguendo il suo consiglio avevo chiesto un periodo di ferie e avevo impiegato due giorni per riuscire a trovare un volo per il Brasile che non fosse pieno, inoltre avevo dovuto accontentarmi di uno scalo a São Paulo perché tutti gli aeroporti più vicini al Nord del paese non avevano più voli. Come accadeva ogni volta in cui si aveva fretta, ebbi l'impressione che la mia vita, lenta ed esasperata per gli ultimi nove mesi, avesse deciso di accelerare come un treno che stava per deragliare. Spervi e il dottor Petrulin sarebbero arrivati sull'isola dopo appena cinque giorni. Tutto ciò che avrei dovuto fare era portare via Sophie prima del loro sbarco.

Dalla sera in cui avevo parlato con Timo mi sembrava di nuotare contro corrente: tutto ciò che avevo organizzato e pianificato nei minimi dettagli era andato in fumo dopo la riunione all'Europol. Tuttavia, non ero un uomo che si arrendeva alla prima difficoltà, perciò avevo continuato a lottare, ed eccomi lì. Avrei voluto congratularmi con me stesso, magari con qualche pacca mentale sulla spalla, ma sapevo che il peggio doveva ancora arrivare.

Scocciato, girai intorno alla calca di persone che si era formata davanti allo sportello di una compagnia aerea locale e mi diressi verso il fondo dell'aeroporto, in direzione della zona d'imbarco dei voli nazionali.

Alla fine, ero riuscito a procurarmi una carta d'identità da solo. Speravo soltanto che la polizia della città di Manaus non si accorgesse della truffa, anche se era palese che fosse contraffatta. Ciò che feci fu piuttosto semplice: dopo aver lasciato la Svizzera con il mio passaporto ero entrato in Brasile con un visto da turista. Nel frattempo, per non destare sospetti, avevo letto su un sito di amanti della pesca sportiva che avrebbero fatto il consueto raduno annuale nei giorni successivi nel Nord del paese. Dopo aver recuperato una delle vecchie canne da pesca di mio padre, attraverso il loro sito avevo acquistato un biglietto per Manaus, apposta per l'incontro. La mia nuova identità mi sarebbe tornata utile per l'evento, ma soprattutto quando mi sarei presentato al *VII Comar - Comando Aéreo Amazônico*, la base aerea dell'esercito. Poiché non avevo nessuna intenzione di finire in qualche prigione sperduta dall'altra parte del mondo, non facevo che pregare che le forze dell'ordine della base militare non avessero una procedura di controllo molto rigida.

Quando finalmente superai i controlli, ebbi tempo di prendere al volo un caffè e ingoiare un toast, visto che stavano già annunciando il mio volo.

Mi aspettavano altre cinque ore di viaggio per raggiungere la mia seconda destinazione e, nel momento in cui mi misi seduto su un'altra scomoda poltrona, mi addormentai di sasso, prima ancora che la hostess iniziasse a spiegare le procedure di sicurezza.

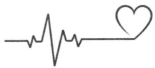

L'aeroporto di Manaus era ancora più caotico di quello di São Paulo, ma per fortuna era anche molto più piccolo. Appena mi allontanai dall'area di imbarco mi fermai in un negozio di pelletteria e acquistai un borsone che sarebbe tornato utile ai miei piani. Avrei voluto proseguire subito il viaggio, ma dovetti mettere da parte la mia smania perché l'aereo militare sarebbe partito soltanto il mattino seguente. Non potevo permettermi di perderlo perché partiva solo ogni due giorni con destinazione la base dell'isola di Fernando de Noronha. Mi dovetti accontentare, quindi, di prendere un taxi che mi portasse in albergo. Mentre ero per strada, chiesi all'autista di transitare davanti alla base del *Comando Aéreo Amazônico* per poter fare un sopralluogo.

Il simpatico signore, con un inglese che capii a stento, mi chiese se fossi diretto all'albergo della base. Quando gli risposi di no, mi fece un sorriso d'intesa e si immise nel traffico fischiettando una canzone trasmessa alla radio. Una ventina di minuti più tardi uscì da un'autostrada e prese una stradina secondaria che costeggiava la riva del fiume Negro. Prima della partenza e durante il volo sopra l'oceano Atlantico, avevo memorizzato tutti i dettagli che mi sarebbero potuti tornare utili, ma volevo vedere con i miei occhi con chi avrei avuto a che fare in quella missione.

Per qualche istante mi lasciai distrarre dal paesaggio. Il fiume scorreva in fretta con le sue acque agitate e torbide da cui derivava il suo nome. Sulla linea dell'orizzonte alcune nuvole grigie si stavano già addensando e promettevano un temporale entro fine giornata. Speravo che l'acquazzone potesse portare un po' di frescura, visto il caldo soffocante. Nemmeno l'aria condizionata della macchina riusciva a vincere l'umidità che faceva appiccicare i vestiti alla pelle.

La base militare occupava un'area di quasi quattro chilometri quadrati, accessibile soltanto in parte. La mia prima intenzione era quella di chiedere all'autista di fare un secondo giro per cogliere ulteriori dettagli visto che l'intera zona era circondata da alte mura e, secondo Google Earth, nella parte posteriore avrei trovato solo una fitta foresta. Purtroppo molto presto mi accorsi che, per fare ciò che volevo, l'autista sarebbe dovuto tornare indietro e transitare sulla stessa strada. Dovetti quindi abbandonare la mia idea: era meglio non destare sospetti nei militari che sostavano come sentinelle sulle mura.

Circa mezz'ora più tardi il tassista mi lasciò davanti all'albergo. Prima di pagargli la corsa, ne richiesi un'altra per il giorno seguente mentre lo informavo che avrebbe dovuto portarmi alla base. «Per cortesia, la aspetto qui domani mattina alle sette.»

Annuendo l'autista prese un taccuino dal vano portaoggetti per appuntarsi la mia richiesta. «A che ora dovrei portarla indietro, signore?»

«Non ce ne sarà bisogno, sarà una corsa di sola andata…»

Lo ringraziai e gli lasciai anche una buona mancia e, qualche minuto dopo, stavo già varcando le porte del *Novotel Manaus* e venivo accolto da una ventata di aria gelida che mi fece accapponare la pelle. Per fortuna il bancone dell'accoglienza era abbastanza tranquillo e, dopo aver fatto il check-in, venni informato anche degli orari del ristorante, della palestra e della piscina. Avevo ancora lo stomaco sottosopra, ma mi costrinsi lo stesso a mangiare qualcosa di leggero.

Durante il pomeriggio avevo intenzione di riposare per controbilanciare il fuso orario e poi ammazzare un po' il tempo, magari facendo qualche vasca o uscendo per una corsa, tutto pur di non impazzire fino al giorno successivo. Complice l'aria condizionata della stanza e il pranzo davvero delizioso, quando mi stesi sul letto, prima ancora che la testa toccasse il cuscino, mi ero già addormentato.

Mi svegliai diverse ore dopo in una stanza totalmente buia, ricoperto da un sottile strato di sudore mentre ansimavo cercando di respirare. Mi sedetti di scatto sul letto, provando a orientarmi e con una mano gettai da parte le coperte che si erano aggrovigliate intorno al mio corpo come se volessero stritolarmi, mentre con l'altra cercavo a tentoni il comodino.

«Cazzo…» sbuffai quando urtai il cellulare gettandolo per terra. Riuscivo ancora a sentire la voce di Sophie che mi chiamava dal fondo di un pozzo.

«Aiutami, Kieran…» L'eco cavernoso si propagò fino all'anima. Nel corso della mia carriera avevo sentito le persone urlare di dolore, di sorpresa, di paura e di rabbia, ma non avrei mai dimenticato il suono del suo urlo e il modo in cui mi aveva fatto destare da un sonno profondo. Non aveva semplicemente paura. Era terrorizzata. Soppressi un brivido mentre mi alzavo per prendere il cellulare che era finito dall'altra parte della stanza. Senza volerlo, quando lo raccolsi, toccai lo schermo che si accese mostrandomi le ultime notifiche. Stavo decidendo se andare a fare o meno una doccia visto che tornare a letto ormai era fuori discussione, quando vidi un messaggio.

Ciao Kieran, dove sei?
Ti ricordi che avevamo deciso di cenare insieme? Sono preoccupata.
Ti ho già chiamato due volte. Richiamami. Bacio.

Cazzo… mi sono dimenticato di Lara!

Il suo messaggio era di cinque ore prima. *Scheisse, merda!* Mi ero del tutto scordato di lei. Senza indugiare oltre premetti il tasto di chiamata.

Qualche secondo dopo la sua voce melodiosa riempì il silenzio. «Agente Kieran Heizmann, spero che lei abbia una buona scusa…»

Sorrisi, era impossibile non farlo con lei. «Eh… a dire la verità ho una scusa e ti assicuro che non è nemmeno fasulla.»

Per un momento la sua risata argentina mi riempì il cuore di gioia. Dopo la nostra rottura eravamo rimasti in contatto e, ogni tanto, quando era in città mi chiamava per andare a mangiare insieme oppure a teatro, erano attività che facevano le persone quando erano anime affini. Gli ultimi mesi erano stati davvero pesanti e, dopo la morte di mio padre, le cose si erano complicate ancora di più. Lara mi era rimasta accanto e le sarei stato per sempre grato per il conforto che mi aveva offerto in quei momenti difficili.

«Scusami, Lara, ma ho dovuto fare un viaggio improvviso per lavoro.»

«Lavoro, lavoro, lavoro…» mi canzonò, «non hai visto le mie chiamate? I messaggi? Avresti potuto avvisarmi. Mi sono preoccupata da morire. Senza considerare che mi ero preparata apposta per te. Hai visto le foto in cui indosso quel vestito che ti piace da morire?»

Spesso tralasciavo i suoi messaggi, visto che aveva l'abitudine di mandarne in quantità industriale, che tra l'altro includevano anche parecchie foto: la sua nuova gattina Pipì, i luoghi in cui era stata, ma anche alcune foto sue, scattate nei vernissage a cui prendeva parte come ospite. Spesso mi mandava anche qualche nuova musica per gli allenamenti, visto che nutrivamo la stessa passione per la corsa e ancora un sacco di quegli adesivi buffi che soltanto le donne sembravano sapere dove trovare. Le chiesi ancora una volta scusa e quello sembrò placare gli animi, considerando che non era mai successo nulla del genere tra di noi. Iniziammo a chiacchierare mentre mi alzavo e mi preparavo per fare una doccia. Lo sguardo cadde sulla sveglia elettronica accanto al letto.

Cazzo, sono le tre di notte…

Mentre rovistavo nella valigia e cercavo i vestiti continuammo a parlare.

«Dove sei? A Davos? Non è un po' presto per iniziare le riunioni del prossimo Forum Mondiale?»

Fu il mio turno di mettermi a ridere. «In verità sono un po' più lontano.»

L'ascoltai mentre chiudeva un'anta e la immaginai nella cucina super moderna del suo nuovo appartamento. «Ahh è vero, mi avevi accennato a una di quelle riunioni noiose o qualcosa del genere, giusto? Adesso mi ricordo, dovevi andare all'Europol.»

«Questo era qualche giorno fa, Lara.»

Sbottò con qualcosa che somigliò a un "mhmm" ancora un po' contrariato.

«Sono dovuto partire per una sorta di…» *di cosa?* Non le avevo accennato nulla del recupero di Sophie, tantomeno di noi due. Quante meno persone ne fossero a conoscenza, meglio sarebbe stato per tutti. Non potevo nemmeno dirle che era qualcosa di personale, perché avrebbe subito voluto sapere di cosa si trattasse.

Invece di finire la frase, usai la solita scusa nei casi di emergenza, quella che intendeva spostare l'attenzione dell'interlocutore da un'altra parte. «Allora, com'è andata la chiamata con il curatore della mostra d'arte, il signor Pavel, giusto?»

Per fortuna quello sembrò distrarla e in meno di un secondo aveva già iniziato a raccontarmi ogni cosa di quella conversazione. La udii trafficare in cucina e il cuore si strinse per il senso di colpa. Avrei dovuto essere lì per portarla a cena e godere della sua compagnia.

Mentre parlava mi avvicinai alla finestra e scostai la tenda oscurante. Fuori era ancora notte fonda e, poiché ero al sedicesimo piano dell'albergo, riuscivo ad avere una visione completa della baia e del fiume Negro.

«… vorrebbe includere alcune delle mie poesie in una recita nel corso di una sorta di gala al museo.»

Spero che tu possa sentirmi, Sophie. Ho attraversato l'Atlantico, ma sarei andato fino alla fine del mondo pur di riportarti a casa. Sto arrivando, piccola. Non mollare…

In sottofondo sentivo la voce di Lara, ma capivo a malapena le sue parole. Mi accorsi troppo tardi che la linea era rimasta muta da chissà quanto tempo.

«Lara?»

«Mi stai ascoltando, Kieran?»

La risposta mi venne in automatico. «Sì, certo.»

«Allora, vorresti venire con me all'evento?»

Se non dovrò vivere come un fuggitivo in qualche isola sperduta dei Caraibi… «Se riesco a far quadrare i miei impegni, ti accompagnerò volentieri.»

«Ti ringrazio tantissimo.» Il sollievo nella sua voce era evidente e ciò mi incuriosì, ma prima che potessi chiederle qualcosa in più, mi anticipò: «Il curatore del museo è un tipo un po' viscido, ma sono sicura che con la tua stazza e l'espressione arrabbiata che a volte hai, lo farai stare alla larga. Possiamo sempre dire che sei il mio compagno.»

Per scusarmi di aver perso gli ultimi cinque, forse dieci minuti di conversazione, provai ad assecondarla mentre mollavo la tenda, prendevo i vestiti con il necessaire e mi spostavo in bagno.

Chiacchierammo ancora per un paio di minuti e, prima di chiudere la chiamata, le dissi: «Mandami il prima possibile tutte le informazioni sul gala e proverò a organizzarmi, va bene?»

«Grazie mille, Kieran. Sei un amico anzi, un uomo fantastico.»

«Figurati, per te qualsiasi cosa, tesoro. Avvertimi per tempo, così potrò provare allo specchio le espressioni che incutono più timore. Sai com'è, ho un intero repertorio da cui attingere.»

Ci salutammo e mentre chiudevo la chiamata mi sentii in qualche modo sollevato.

Quello stato di tranquillità e buon umore sembrò durare per tutta la durata della doccia, fin quando non piegai i capi che avevo indossato durante il viaggio e li misi nello scompartimento per i vestiti sporchi del trolley, che avrei lasciato nel deposito dell'albergo. In quel momento il mio sguardo si posò su una piccola borsa nera da palestra che avevo messo sul fondo della valigia.

I vestiti di Sophie…

Sara me li aveva portati qualche giorno prima quando ci eravamo incontrati e l'avevo messa al corrente con la versione "standard" del piano. Mi aveva anche detto che, dopo la scomparsa di Sophie, il padrone dell'appartamento in cui viveva aveva chiesto indietro le chiavi. Sara e la sua amica Zahira avevano raccolto in alcune scatole le poche cose che Sophie possedeva e le avevano portate nella cantina del loro appartamento. Purtroppo, con molto rammarico, aveva dovuto donare i mobili a un rifugio per donne in difficoltà, dove Zahira lavorava come volontaria, visto che non avevano posto per poterli conservare.

Come se stessi custodendo un tesoro, aprii lo zaino e presi la prima maglietta che trovai. Sentii le mani tremare mentre avvicinavo il tessuto al viso e l'annusavo. La gola si chiuse quando mi resi conto che quasi non riuscivo più a sentire il suo odore. Feci un paio di passi indietro e mi lasciai cadere sul letto. Non sapevo bene perché mi stessi torturando in quella maniera.

Il peggio è ormai passato, andrò a prenderla e, insieme, metteremo fine a questo maledetto incubo.

Allora perché non riuscivo a togliermi quel peso dal cuore, perché quelle parole sembravano vuote e prive di significato?

La verità era che non avrei avuto nessuna buona notizia da dire a Sophie quando l'avessi incontrata. Non aveva più un lavoro, una casa, la sua vita era stata stravolta, le poche cose che le appartenevano erano chiuse in alcune scatole dentro la cantina della sua migliore amica. Avevo con me un passaporto di uno dei suoi alias, che mi era stato dato da Sara, ma non ero sicuro se sarei stato in grado di farla rientrare in Svizzera. Avevo provato a indagare senza attirare troppo l'attenzione, ma non ero riuscito a scoprire quale livello di importanza il vicedirettore Clark avesse attribuito al caso. Se quel bastardo di Bolten, il proprietario della Maxifarma, avesse svolto bene il suo compito,

Sophie non sarebbe più potuta tornare a casa o entrare in uno dei paesi della Comunità Europea. Diamine, lo stesso valeva anche per me, soprattutto dopo che mi fossi imbarcato su quell'aereo diretto all'isola di Fernando de Noronha.

Il peggio è davvero passato? Non ne sono così sicuro...

Alcuni ricordi di noi due mi tornarono in mente. Non sapevo nemmeno cosa rappresentassimo l'uno per l'altra, eravamo stati insieme per così poco tempo... non avevo nemmeno avuto tempo di riflettere davvero sulla profondità dei miei sentimenti, tanto meno capire se ciò che nutriva nei miei confronti fosse reciproco.

Mi ha detto che mi amava... ma dopo tutto ciò che ha vissuto e affrontato quale sarà la conoscenza di Sophie dell'amore tra un uomo e una donna?

Le avevo risposto che avrei potuto innamorarmi di lei, e una parte di me vuole ancora crederlo, ma chi sarà la donna che sto per riportare a casa? La mia Sophie o un'emerita sconosciuta?

Eravamo soltanto due anime che vivevano a rilento e che si erano sfiorate prima che ognuna riprendesse la propria strada o esisteva davvero un legame profondo tra di noi? Forse era stato il senso di colpa che pesava sulle mie spalle a farmi impegnare così tanto in quella missione?

Nonostante tutti i dubbi che mi assalivano senza pietà, ero sicuro dell'amore che provavano le persone che la stavano aspettando dall'altra parte del mondo e che l'avrebbero raggiunta ovunque fossimo finiti. Sempre se avessimo deciso di restare insieme, perché di una cosa ero certo: ero disposto ad affrontare il mondo per lei, aprire le porte dell'inferno e fiondarmici dentro pronto a correre qualsiasi rischio, ma la verità era che non avevo la minima idea della persona che avrei trovato in quel letto di ospedale.

E quella consapevolezza mi terrorizzava.

5. IL CAPITANO DELL EUROPOL

La carta d'identità contraffatta che ero riuscito a procurarmi sembrava bruciare dentro il portafoglio, mentre l'autista attraversava l'ingresso ad arco del *VII Comar - Comando Aéreo Amazônico*.

Erano da poco passate le sette e mezza del mattino e la base brulicava già di vita. Avrei dovuto ringraziare di cuore il tassista perché, senza nemmeno rendersene conto, con il suo fare simpatico e allegro, mi aveva fatto evitare il primo controllo dei documenti. Avevo già impugnato la carta d'identità contraffatta, quasi nel panico a causa della comparsa di alcune goccioline di sudore sulla fronte che avrebbero potuto tradirmi, quando il soldato di guardia al cancello, predisposto per il primo controllo, dopo aver riconosciuto l'uomo alla guida gli aveva fatto cenno di proseguire.

La fortuna sta forse girando dalla nostra parte, Sophie? Meglio non dirlo troppo forte…

Seduto sul sedile posteriore, strinsi ancora più forte quel misero pezzetto di carta e salutai il soldato con uno sguardo neutrale e un cenno secco della testa, mentre il nervosismo cedeva il passo alla gioia. *Evvai!* Speravo soltanto che la mia fortuna potesse proseguire per il resto di quel viaggio. Una vocina, dentro di me, mi avvertì che, considerando la pazzia che stavo per compiere, ne avrei avuto un gran bisogno.

Senza smettere di fischiettare allegro, l'autista proseguì a passo d'uomo seguendo la strada interna e dopo aver oltrepassato un battaglione di reclute, che stava facendo jogging vicino all'area di parcheggio, puntò a destra per lasciarmi davanti all'entrata della caserma. Nel frattempo stavo ispezionando l'area e fu in quell'istante che, a una cinquantina di metri di distanza, vidi l'Hangar e l'aereo militare fermo davanti al capannone. *Bingo!*

Mi sporsi tra i due sedili e indicai un punto in avanti. «Può lasciarmi alla fine della strada, davanti all'Hangar, grazie.»

L'autista annuì spostandosi verso la grossa area di parcheggio adiacente alla pista. Pagai la corsa lasciandogli un'altra buona mancia e, dopo un ulteriore controllo della zona, scesi e presi il borsone dal bagagliaio. Un paio di reclute erano indaffarate a caricare nell'aereo della merce che era stata portata fin lì da un furgone bianco. Accanto a loro scorsi un ufficiale con una cartellina rigida tra le mani che, con aria svogliata, controllava il lavoro svolto.

Ostentando una tranquillità che ero ben lungi dal possedere, issai il borsone sulla spalla e chiusi il bagagliaio dando due colpetti alla carrozzeria per comunicare al tassista che poteva partire.

Qualche secondo dopo l'auto si allontanò sulla strada polverosa e mi lasciò da solo davanti alla pista di decollo. Senza titubare, come se avessi tutto il diritto di trovarmi lì, mi diressi verso l'ufficiale per parlargli.

«Buongiorno,» dissi spostando lo sguardo verso il taschino della divisa mimetica, «sergente Ramos. Questo è l'aereo che va a Fernando di Noronha?»

Non gli diedi scelta: mi avvicinai già con la mano tesa, costringendolo a stringerla in un saluto. Il suo sguardo saettò dubbioso da una parte all'altra.

Ottimo, un soldato alle prime armi.

«Sì, signore» balbettò sentendomi parlare in un'altra lingua.

«Ottimo, ottimo,» gli diedi una breve pacca sulla spalla, «se non ti dispiace, aspetterò dentro il velivolo.»

L'ultima cosa che mi serviva era che qualcuno dalla base vedesse un estraneo vicino all'aereo. Senza aspettare una risposta mi voltai già puntando verso la scaletta accanto al portellone di carico aperto.

«Mi scusi, signore...»

Cazzo! Rallentai l'andatura e lo guardai da sopra la spalla. «Sì?»

«Lei sarebbe?»

Gli lanciai uno sguardo stranito, un mix perfetto tra il sorpreso e il seccato. «Non ti hanno avvertito, sergente?»

Quasi mi fece pena quando i suoi occhi impauriti volarono alla cartella di sughero che stringeva tra le mani e iniziarono a leggere mentre sfogliava in modo frenetico i diversi fogli che vi erano attaccati.

Senza perdere tempo aggiunsi: «Devo recarmi sull'isola. Sono atteso all'ospedale psichiatrico.»

I gesti si fermarono e le sopracciglia scattarono in alto, proprio mentre la sua bocca iniziò a balbettare delle parole incomprensibili. Sinceramente non udii nemmeno cosa stesse cercando di dire perché ero concentrato a osservare la sua mano che, dopo aver lasciato perdere i fogli, si stava spostando verso il cellulare attaccato al cinturone di fianco alla pistola. Sentii il sangue gelarsi nelle vene.

Ah no, che non lo farai...

In due passi tornai da lui. Estrassi il portafoglio dalla tasca dei jeans e, con un gesto seccato, presi la carta d'identità falsa. L'avevo messa apposta dentro una custodia di plastica nera che avevo comprato online in un negozio di costumi. Sopra, in grosse lettere bianche, c'era scritto "Europol."

«Chiedo scusa, non mi sono presentato.» Aprii la custodia e la girai verso di lui. Accompagnai i suoi occhi che correvano veloci mentre leggeva e appena notai che aveva finito, senza lasciargli tempo per controllarla una seconda volta, la chiusi con un colpo secco infilando nuovamente il portafoglio nella tasca dei jeans.

Il ragazzo spostò l'attenzione verso la cartella che aveva in mano. «Non capisco, signore…» iniziò di nuovo a frugare tra i fogli scuotendo la testa.

I due soldati che stavano caricando l'aereo si fermarono aspettando che l'ufficiale si liberasse. Dovevo muovermi o, molto presto, qualcuno della base avrebbe notato che stava accadendo qualcosa di insolito. Era fondamentale dargli un aiuto, prima che la situazione si complicasse.

«Lo so…» scossi la testa, «le informazioni ci mettono un po' ad arrivare.» Mi guardò speranzoso, così mantenni un tono di voce rassicurante e continuai: «Sarei dovuto partire la prossima settimana con il dottor Petrulin, ma c'è stato un cambio di programma.»

«Ahh…» aggiunse senza molta convinzione, «forse dovrei chiedere al capitano Moises.»

Guardai i due ragazzi che erano fermi a qualche metro da noi e alzai le spalle con quello che sperai sembrasse un atteggiamento disinteressato. «Se proprio devi…» con il mento indicai i soldati in attesa, «credo che le reclute abbiano fretta o perderanno la loro pausa,» aggiunsi, sperando che facessero davvero una pausa prima di pranzo.

Come risposta i due uomini annuirono entusiasti, mentre spostavano l'attenzione tra il loro superiore e le scatole che dovevano ancora caricare. Il sergente titubò ancora, incerto sul da farsi, con lo sguardo che si spostava da me alla base in lontananza, come se si aspettasse che qualcuno gli venisse in aiuto. Con un gesto noncurante voltai appena il polso e guardai l'orologio.

«Il tempo stringe, sergente…» ponderai con voce neutrale.

Lo vidi sollevare le sopracciglia scure prima di lanciarmi un'occhiata apprensiva. «Sì, signore, lei ha perfettamente ragione,» mi stupì con un tono di scuse, «può imbarcarsi. Partiremo appena l'aereo sarà carico.»

«Molto bene.» Provai a non far trasparire il sollievo che sentivo. Mi voltai, ma fui costretto a fermarmi dopo appena due passi. «Signore…»

Feci un profondo respiro prima di voltarmi. «Sì, sergente?»

«Può sedersi accanto al pilota, anziché sui sedili del vano merci, capitano Spervi.»

Annuii senza rispondere, non riuscivo nemmeno a riprendere fiato.

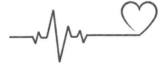

Dopo un viaggio di oltre quattro ore, che mi sembrarono quattrocento, e uno scalo di altre lunghissime tre per mangiare, fare rifornimento e prelevare alcuni ufficiali dalla BAFZ, la *base Aérea de Fortaleza*, l'aereo proseguì il viaggio. All'arrivo mancava poco più di un'ora e il pilota, il comandante Ferraz, era un uomo molto loquace, soprattutto dopo aver bevuto quello che, dall'odore del suo alito, immaginai essere uno o più bicchieri di *cachaça*, la grappa locale.

Dopo aver scoperto che non ero mai stato sull'isola, iniziò a raccontarmi alcuni dettagli del luogo mentre con lo sguardo spaziavo da un finestrino all'altro provando a scorgerla nel vasto oceano. Nella testa avevo soltanto una frase che si ripeteva senza sosta come un giradischi inceppato. *Sto arrivando, Sophie...*

«L'isola si estende all'incirca per quattordici chilometri quadrati. In questo periodo dell'anno i turisti e gli scienziati che studiano la fauna e la flora sono pressoché inesistenti, visto che in Brasile siamo in autunno.»

Quando lo guardai dubbioso si mise a ridere. «Eh sì, lo so, venticinque gradi per noi sono normali, ma non preoccuparti perché sull'isola c'è sempre un venticello fresco che arriva dall'oceano.»

Lasciai che mi raccontasse ancora qualcosa, ma poiché non mi trovavo lì per fare il turista, usando un po' di tatto, portai la conversazione dove volevo.

Il pilota, senza perdere l'entusiasmo, continuò il suo racconto: «Ah, sì lei ha ragione. Durante la Seconda Guerra Mondiale l'isola fu occupata dai soldati americani. Poi, durante la guerra fredda, l'esercito brasiliano ne riprese possesso e Fernando di Noronha fu amministrata dalle forze armate fino al 1988, quando divenne di nuovo una prigione politica.»

Annuii come se fossi interessato al racconto, prima di chiedere ciò che davvero mi premeva sapere. «E cosa ne hanno fatto dell'ospedale?»

«Ah già, l'ospedale è stato costruito insieme alla prigione sulla Collina del Pico, il punto più alto dell'isola. Una leggenda, o forse una storia con un fondo di verità, racconta che i detenuti più indisciplinati avessero di sovente degli incidenti sul versante Nord della collina che, guarda caso, è proprio quello in cui si trova un dirupo di circa duecento metri che finisce sugli speroni di roccia nella baia sottostante.» Fece una pausa con una risatina come se trovasse l'argomento divertente.

Lo fissai senza batter ciglio, così continuò schiarendosi la gola: «Dunque, la popolazione locale racconta che ancora oggi, nelle serate di luna piena, si possono udire le urla degli uomini e delle donne che sono caduti dal precipizio.»

Finì la storia con un altro sorrisetto stupido prima di chiedere: «Che cosa la porta sull'isola, capitano Spervi? Se posso domandare, ovviamente.»

Non avevo nessuna intenzione di rispondergli, tuttavia non volevo nemmeno destare sospetti, perciò parlai piano, provando a non tradirmi con il tono della voce.

«Sto andando a prendere una…» non riuscivo a chiamarla prigioniera, alla fine aggiunsi soltanto: «detenuta.»

Il suo sorriso si allargò. «Non mi dica che è stato assegnato a quella puttana. La nostra ospite preferita!»

Calmati, Kieran, il figlio di puttana ti serve. Guardai fuori dal finestrino verso l'immensità dell'oceano che ci circondava, mentre pregavo Dio di darmi la forza di arrivare a destinazione senza prima ucciderlo a mani nude. L'avrei fatto volentieri, purtroppo però mi serviva per pilotare l'aereo.

Del tutto ignaro dei miei pensieri, continuò: «Le consiglio di fare attenzione, capitano Spervi. Ho avuto modo di verificare di persona quanto sia tosta!»

Mi voltai verso di lui e limitandomi a fissarlo, ciò che vide bastò a far spegnere il fottuto sorrisetto sulle sue maledette labbra. Forse era l'aura mortale che mi circondava a fargli capire che era meglio non scherzare troppo con il sottoscritto. Per fortuna, confuse il mio atteggiamento con un'offesa alla mia mascolinità. In fretta staccò una delle mani dalla cloche e, senza darmi modo di controbattere, aggiunse: «Mi scusi, capitano, non volevo in nessun modo offenderla, è soltanto che l'ho portata io laggiù. Insomma, sono sempre io a pilotare questa bellezza.» Diede un colpetto alla fusoliera prima di continuare, anche se del tutto inconsapevole, a darmi notizie terribili. «Per portarla sull'isola sono stati costretti a sedarla. Da quanto mi hanno raccontato ha aggredito tre poliziotti, due in modo piuttosto serio, prima che la gonfiassero per bene.»

Per fortuna dovette spostare la sua attenzione alla cloche per dare una leggera sterzata verso destra. La rabbia continuò a bollire dentro di me come una pentola a pressione. Il capitano continuò il racconto. «Ho sentito dire che lei era una sorta di agente segreto, è vero?»

Risposi mentre mi costringevo a guardare altrove. «Esatto.» Risposi a denti stretti.

Emise un fischio basso prima di aggiungere: «Spero che le daranno quel che si merita quando arriverà in patria, che finisca in qualche prigione dove possa subir-»

Mi voltai piano verso di lui. «Quanto tempo manca all'arrivo, capitano?» Parlai a bassa voce con un tono calmo, mentre sentivo i sensi acuirsi come se mi stessi preparando alla battaglia. Non me ne fregò niente dello sguardo impaurito che mi rivolse quando se ne accorse. Se avesse detto una sola parola di più su Sophie l'avrei ucciso. *Dammi la forza di non fargli del male!*

Si schiarì la gola un po' costernato prima di dire: «Dunque, possiamo già vedere l'isola. Eccola.»

Indicò una macchiolina nera davanti a noi. Continuai a fissarla per il resto del viaggio perché temevo di non riuscire più a controllare la mia rabbia.

Mezz'ora più tardi l'aereo iniziò la discesa e, per un breve momento, mi lasciai ammaliare dalla bellezza di quel luogo e dall'immenso azzurro dell'oceano.

Il capitano scambiò qualche comunicazione con la torre di controllo dell'aeroporto e iniziò le procedure per l'atterraggio. A mano a mano che ci avvicinavamo alla pista, tenevo gli occhi fissi per cogliere tutti i dettagli, ogni particolare della topografia dell'isola e di quelle circostanti, visto che poteva essere significativo. Anche se non riuscivo ancora a scorgere l'ospedale, puntai lo sguardo verso la parte più alta dell'arcipelago.

Sto arrivando, Sophie, ti porterò via da questo maledetto luogo…

Una ventina di minuti più tardi il velivolo si fermò vicino all'entrata del piccolo aeroporto.

C'era già un vecchio pick-up ad attendere i soldati e un piccolo camion che aspettava la merce. Dopo aver ringraziato controvoglia il capitano e aver confermato il volo di ritorno, approfittai del mezzo per prendere un passaggio fino alla parte della base riservata agli alloggi. Non avevo idea dove si sarebbero sistemati il vero capitano Spervi e il dottore, ma quello era di sicuro un buon momento per scoprirlo.

Aiutai i soldati a caricare sul camion le scatole, alcune che contenevano viveri, altre medicinali e una ventina di minuti dopo, mi ritrovai seduto sulla parte aperta del pick-up insieme ai ragazzi.

La vecchia automobile percorse l'unica strada asfaltata dell'isola. Con l'intenzione di distrarmi osservai la lussuriosa vegetazione che mi circondava, i villaggi dei pescatori, e mi concentrai sui profumi dei rigogliosi fiori selvatici che scorgevo sul ciglio della strada. Inutile dire che quella misera distrazione non funzionò e per il resto del tragitto dovetti lottare contro la voglia di andare subito a prenderla. Non potevo nemmeno noleggiare un'auto perché, stando ai loro racconti, i pochi veicoli erano destinati alle autorità militari e l'unica agenzia di noleggio auto che aveva sede nell'isola era chiusa per la stagione.

Dovevo pazientare ancora, sarebbe stato troppo rischioso farmi vedere subito e, soprattutto, era essenziale nascondere l'ansia che mi montava dentro come un cavallo lanciato al galoppo. L'aereo con cui ero atterrato sarebbe ritornato sull'isola da lì a un paio di giorni, quindi non sarebbe stato saggio tenerla con me, considerando che non sapevo nemmeno quali fossero le sue condizioni.

Almeno un sopralluogo posso farlo…

Se qualcuno dell'ospedale avesse chiamato l'Europol per avere una conferma sarei stato in guai peggiori di quelli in cui mi trovavo già. Avrei anche potuto provare a inculcarmi tutta la saggezza che volevo, ma a quel punto non sarebbe servita a nulla. *Scheisse, che merda!*

Era una bellissima giornata di sole e, per un istante troppo breve, mi sentii come un personaggio del film Jurassic Park, soprattutto quando la macchina costeggiò le rovine di uno dei primi insediamenti umani, prima di imboccare una stradina secondaria. In lontananza, scorsi le prime villette dove alloggiavano gli ufficiali e, qualche momento dopo, l'autista si fermò informandomi che dovevo presentarmi all'amministrazione della base militare.

Era ora di calarmi nei panni del capitano Spervi. Saltai giù dal pick-up issando il borsone sulla spalla e mi inoltrai nella stradina a ciottoli. Seguendo i cartelli per l'ufficio arrivai a una casetta prefabbricata in legno. Senza titubare bussai alla porta ottenendo subito il via libera. *Lo spettacolo deve continuare…*

Per fortuna a ricevermi fu un soldato che non sembrava avere più di vent'anni, che scattò in piedi da dietro una scrivania vedendomi entrare e rimase addirittura a bocca aperta quando gli mostrai il documento.

I suoi occhi scuri si strinsero. «Cap- capitano Sper- vi…» balbettò mentre alzava il viso e mi fissava, «pensavamo sarebbe arrivato soltanto tra una settimana, più o meno.»

«Ne sono consapevole, ci sono stati dei cambiamenti» usai la stessa scusa che avevo adoperato con l'altro ufficiale e lo liquidai con un cenno della mano. Per immedesimarmi alla perfezione nel ruolo feci un vistoso sbadiglio mentre mi controllava il documento e, per fortuna, quel gesto gli fece accelerare la procedura. Per un momento, pensai di essere come Sophie quando si calava nei panni di uno dei suoi alias, ma poi mi ricordai che era impossibile eguagliare l'Asso, lei era semplicemente unica. Bastò soltanto quel pensiero a farmi sentire come se il cuore fosse stato stretto da una tenaglia rovente. Firmai con un ghirigoro illeggibile un foglio che estrasse da un vecchio schedario in metallo, poi aspettai ancora che aprisse la finestra per chiamare un altro soldato che mi avrebbe accompagnato fino al mio alloggio.

Quindi non fu una sorpresa, quando una manciata di minuti più tardi, la recluta che mi accompagnava si fermò davanti a una casetta prefabbricata che somigliava a quella da cui era appena uscito e a un'altra trentina che vedevo spuntare qua e là nell'ampia foresta tropicale.

«Spero che vada bene per lei, capitano» mi disse mentre apriva la porta senza aver nemmeno infilato la chiave nella toppa.

Mi guardai intorno nel piccolo e spartano soggiorno mentre lasciavo cadere il borsone per terra.

«Andrà benissimo, ti ringrazio.» Avrei dovuto lasciare che se ne andasse, non avrei dovuto nemmeno pensare di domandargli...

«Ci sarebbe qualcuno disponibile ad accompagnarmi all'ospedale psichiatrico?»

«Adesso?» Il ragazzo non riuscì a nascondere il suo stupore.

Quando si diceva una bugia era essenziale non scendere mai troppo nei dettagli, quindi fu ciò che feci. «Devo parlare al più presto con il responsabile,» mi voltai e lo fissai accigliato, «è un problema, soldato?»

«No, assoluta- assolutamente no, signore» balbettò subito. «Chiedo subito il permesso per accompagnarla io stesso.»

«Ottimo, lo faccia.» Lo liquidai con un gesto della mano. Mi dispiaceva essere arrogante, ma immaginai che Spervi si sarebbe comportato proprio in quel modo.

Appena udii la porta chiudersi alle mie spalle mi affrettai a fare un primo sopralluogo. Per fortuna la casetta era davvero piccola e, dopo aver aperto le due porte situate in fondo al corridoio, che davano su una camera spoglia con un letto matrimoniale e un piccolo bagno, mi ritrovai di nuovo in soggiorno. In un angolo c'era un cucinotto e, ad abbellire l'ambiente, c'era solo un divano che sembrava uscito da una pellicola degli anni sessanta. In effetti, tutto in quell'alloggio sembrava seguire lo stesso stile: dai pensili in formica arancione della cucina, al divano spropositatamente grande e quindi infilato a forza tra il tavolo quadrato e la finestra che si affacciava su una piccola veranda. Era come se qualcuno, a un certo punto, si fosse reso conto che impegnarsi troppo per abbellire o modernizzare quelle quattro pareti sarebbe stata una totale perdita di tempo.

Avevo appena posato il borsone sopra il letto e tolto la sacca con i vestiti di Sophie dal fondo, quando udii qualcuno bussare alla porta.

«Entri pure.»

«Eccomi, signore, la posso accompagnare io. Sono a sua disposizione.»

Tornai in soggiorno e trovai lo stesso soldato di prima. Era ora di farmi un primo alleato. «Ottimo, soldato Ruben. Mi piacciono i tuoi modi spiccati,» gli dissi con un mezzo sorriso dopo aver letto il nome sulla targhetta che portava appesa al petto, «allora direi che possiamo andare.»

Senza attendere la sua risposta, uscii in veranda e mi diressi verso una jeep Suzuki verde militare parcheggiata dall'altra parte della strada davanti all'ennesima casetta prefabbricata.

Aprii lo sportello ed entrai portando con me una cartella nera di plastica con quelli che avrebbero dovuto essere dei documenti, ma che in realtà erano soltanto fogli in bianco. L'apparenza era tutto in casi del genere. Qualche istante dopo il ragazzo salì dalla parte del guidatore e partimmo. Invece di percorrere la stradina da cui ero venuto, quando arrivò all'incrocio alla fine della base, andò dall'altra parte mentre diceva: «Devo prendere questa strada perché l'entrata principale dell'ospedale si trova sull'altro versante della montagna.»

Per una decina di minuti guidò schivando massi grossi quanto la Jeep in una stradina troppo stretta per essere percorribile da ambo i lati, mentre costeggiavamo la collina salendo verso la vetta. Alla mia destra, tra le rocce che affioravano, potevo vedere la vegetazione tipica dell'isola: un misto di foresta tropicale e atlantica. Alla mia sinistra, invece, il colore vibrante si estendeva attraverso i prati in fiore, fino ad arrivare alle scogliere, dove diventava bruscamente rossastro e argilloso, lasciando posto al dirupo che si gettava a capofitto nel mare. Qua e là scorsi alcune aree di sosta che, scommettevo, sarebbero state prese d'assalto dai turisti durante l'alta stagione. In quel momento, però, i piazzali in terra battuta che davano sullo strapiombo erano vuoti. Avrei voluto essere dell'umore giusto per apprezzare quel paesaggio poiché era davvero mozzafiato.

Purtroppo la mia mente era altrove, in un luogo molto più oscuro di quella bella giornata. Avrei voluto godere dei raggi del sole che mi arrivavano sul capo attraverso il tettuccio aperto o il venticello tiepido che mi scompigliava i capelli.

Per un istante pensai a come sarebbe stato bello se avessi potuto trovarmi in un luogo come quello in compagnia di Sophie, magari durante una vacanza. Poter fare una camminata spensierata in uno dei diversi sentieri che vedevo scendere dalla collina, nuotare nelle acque trasparenti dell'oceano o, ancora, sdraiarsi uno accanto all'altra sulle piccole dune di sabbia bianca che intravedevo ogni tanto, a mano a mano che il soldato percorreva le varie curve. Purtroppo in quel luogo non c'era nulla per me, soltanto una persona che non sapeva nemmeno che mi trovavo lì per salvarla.

Quanto era rischioso ciò che stavo per fare?

Quanto era cambiata Sophie durante quei mesi di cattività?

Mi ricordai il pacco che Sara mi aveva consegnato insieme ai vestiti di Sophie.

«Non puoi sapere chi troverai in quell'ospedale, Kieran. Porta questo con te come precauzione, potrebbe servirti.»

Insieme alle nostre cose giaceva una scatola…

«Questo è un sonnifero, a base di temazepam» mi disse Sara mentre metteva dentro la scatola il blister con le capsule morbide bicolori.

«La manterrà sedata, in caso di necessità puoi fargielo assumere fino a due volte al giorno. Se lo diluisci in qualche bibita dolce non lo noterà nemmeno. Qui dentro ne hai per una decina di giorni. Ti ho scritto tutto quanto anche in un messaggio. Così non correrai il rischio di sbagliare.»

«Siamo arrivati, capitano.»

Sbattei le palpebre guardandomi attorno un po' spaesato. Chissà per quanto tempo ero rimasto perso tra i miei pensieri.

Ringraziai il soldato mentre prendevo la cartella dal sedile e scendevo davanti a un'aiuola decorata con piante secche e morenti.

Lo udii pronunciare qualcosa alle mie spalle relativo a ciò che mi sarei dovuto aspettare e poi un'altra frase, ma non gli prestai più attenzione.

«Sì, sì, va bene.» Incapace di aggiungere altro a causa delle emozioni che mi attraversavano, camminai fino alla base della scalinata di pietra. Con la coda dell'occhio, notai una gallina magra come uno stecco e una dozzina di pulcini che stavano massacrando uno scarafaggio che aveva osato sconfinare sulla loro strada. Non mi passò inosservato come la natura, a volte, potesse essere crudele e spietata.

Proprio come gli esseri umani.

Mi fermai alla base della scalinata e tutto ciò che riuscivo a pensare era che al di là di quelle porte l'avrei finalmente vista. Dopo un paio di respiri profondi, percepii i miei sensi acuirsi: potevo sentire il fruscio del vento tra gli alberi, il crepitio delle foglie dei pioppi piantati lì attorno, il richiamo di un uccello dalla cima del vecchio palazzo rettangolare a tre piani.

L'antico e nostalgico casolare aveva visto di certo giorni migliori. La vernice, che un giorno era stata di un bianco splendente, era ormai diventata un grigio slavato. In diverse aree, inoltre, il colore era sparito, lasciando posto a mattoni rossicci che ormai si stavano sgretolando in mucchietti di terra sparsi tra l'erbaccia che cresceva rigogliosa tra cumuli di terra incolta. Un altro scarafaggio, grosso quasi quanto il palmo della mia mano, camminava indisturbato tra le foglie secche, la corazza marrone che brillava sotto il sole. Un po' schifato spostai lo sguardo altrove e, mentre salivo i sei gradini che conducevano alle doppie porte di legno, notai le sbarre arrugginite saldate alle quindici finestre che avevo contato, in seguito le nuovissime telecamere piazzate in punti strategici. Un promemoria della vera funzione di quel luogo.

Questo posto è... è...

Non riuscivo nemmeno a trovare le parole per descriverlo. Speravo soltanto che all'interno le cose fossero migliori, ma non nutrivo molte speranze.

Radunando tutto il coraggio possibile, mi diressi verso una delle porte che aprii per ritrovarmi davanti un lungo corridoio di mattonelle rosse dall'aspetto usurato che rifletteva l'interno senz'anima.

I miei peggiori timori furono confermati e, per un istante, chiusi gli occhi ignorando l'istantaneo sbalzo di temperatura che mi fece venire la pelle d'oca lungo le braccia e le gambe. «Gesù Cristo» mormorai mentre mi spostavo di lato e strofinavo il palmo della mano contro lo sterno. Non riuscivo a muovere nemmeno un altro passo mentre la porta si chiudeva alle mie spalle con un tonfo piatto.

Le prime cose che notai in fondo al corridoio furono un atrio dove una scalinata a chiocciola saliva verso i piani superiori e le telecamere, più piccole e discrete, ma posizionate ovunque. Il tempo intorno a me sembrò fermarsi quando un vecchio orologio a pendolo davanti alla scala batté le sei.

Dom… dom… dom…

L'ultimo tocco sembrò echeggiare fino alle fondamenta dell'ospedale, proprio come faceva il mio cuore nel petto. Rimasi ad aspettare che qualcuno uscisse da una delle decine di porte che vedevo davanti a me e, nel frattempo, provavo a cogliere un rumore, delle voci, diamine mi sarei accontentato anche di un sussurro che rompesse quel silenzio assordante. Com'era possibile che un ospedale fosse così vuoto e inquietante?

Di certo, non mi aspettavo di vedere un gran movimento considerando che il piccolo parcheggio, dove il soldato mi aveva lasciato, era vuoto, ma non avrei mai pensato di essere la sola persona in quel luogo spettrale.

Mossi i primi passi verso una flebile luce, qualcuno doveva esserci per forza. Lo potevo intuire dall'odore stantio del tessuto delle sedie della piccola sala d'attesa che avevo appena intravisto da una delle porte mezze aperte e, a mano a mano che mi addentravo nel ventre dell'edificio, l'odore non sembrava quello tipico di un vecchio palazzo inabitato. Era qualcosa che purtroppo riconobbi subito: la puzza di morte e di malattia che, con scarso successo, qualcuno aveva provato a mascherare tramite l'utilizzo di una grande quantità di disinfettante.

Continuai a camminare verso la fine del corridoio, provando a impostare un passo deciso. Ero fin troppo consapevole del ronzio dei lunghi tubi di luci bianche sopra la mia testa mentre percorrevo l'ingresso diretto verso la scala che, come nel più classico dei film dell'orrore, presagiva la mia fine. Decisi di provare a richiamare l'attenzione di qualche addetto e, così, feci in modo che il mio passo rimbombasse sulle vecchie mattonelle rosse.

Oltrepassai le prime due soglie lasciate aperte e pensai se fosse il caso di annunciarmi o meno, quando a una ventina di metri dal punto in cui mi trovavo, una porta si aprì e ne uscì un'infermiera tarchiata che aveva tra le braccia una pila di cartelle color verde acqua.

Percependo la mia presenza, il suo sguardo attento si posò all'istante su di me, e i suoi passi si arrestarono all'improvviso, facendole quasi cadere il cappellino bianco che aveva in testa.

«Buon pomeriggio» la salutai educatamente in inglese.

«Salve.» Almeno mi rispose, ma non impedì al suo cipiglio diffidente di assottigliarsi mentre mi avvicinavo.

«Sono venuto per una paziente.»

«A quest'ora?» Mi rispose annoiata, mentre con la mano libera si sistemava il cappello. La sua divisa bianca e rossa somigliava a quella di una crocerossina degli anni sessanta e, per un istante, mi sentii come se fossi finito in una sorta di tunnel del tempo.

«Le chiedo scusa, infermiera Maria de Jesus» aggiunsi spostando lo sguardo dal suo cartellino al viso paffuto ancora corrucciato.

Con le labbra tirate in una linea sottilissima aggiunse: «Abbiamo degli orari di visita rigidamente definiti e limitati ad alcune decine di minuti al giorno.» Si spostò da una parte, come se intendesse coprire con le spalle larghe la scalinata di pietra che vedevo in fondo al corridoio. Se aveva intenzione di intimorirmi si era sbagliata di grosso.

Non avevo sorvolato l'oceano dopo aver vissuto per nove mesi all'inferno solo per essere fermato da un'infermiera, anche se la sua stazza poteva essere considerata intimidatoria. Difatti, era molto probabile che sarebbe stata una valida avversaria, potevo scommettere un mese di stipendio che aveva avuto una formazione militare, ma per fortuna la vita mi aveva insegnato l'arte della diplomazia, oltre a quella di saper fare pressione al momento opportuno. «Capisco la sua reticenza…» annuii in modo neutrale.

Divaricai le gambe e imitai la sua posizione, incrociando le braccia al petto per ostentare ancora più sicurezza, mentre stringevo la cartella tra le dita. «Sarò breve. Devo soltanto scambiare due parole con l'agente Sophie Nowack per accertarmi che sia al corrente del suo imminente viaggio.»

Il suo viso si trasformò in qualcosa di vagamente sorpreso prima di tramutarsi in un ghigno malefico. «Ahh, lei deve essere l'agente Spervi, ma la paziente sarebbe dovuta partire soltanto la prossima settimana.»

Per fortuna sapevo quando era il momento di tagliare corto e introdurre la sottile arte di fare pressione. «C'è stato un cambio dei piani» aggiunsi secco e perentorio.

Lei aprì la bocca per controbattere, ma la anticipai. «Immagino che lei sia molto indaffarata e non ci impiegheremo molto,» girai il palmo della mano invitandola a muoversi, «possiamo…»

Senza avere altra scelta, borbottò qualcosa nella sua lingua mentre mi dava la schiena e si dirigeva verso la larga scala, mio grande obiettivo.

Mi affrettai a seguirla mentre mi preparavo a raccogliere alcune informazioni. «Come mai questo ospedale è così silenzioso?»

«Sono tutti al refettorio, è ora di cena» rispose secca, «e in questo piano sono già tutti andati via. Qui si trovano gli uffici amministrativi.»

«Spero che abbiate già preparato i documenti che devo firmare per le dimissioni della paziente.»

Per tutta risposta si limitò a guardarmi in modo glaciale da sopra la spalla senza aggiungere altro.

La seguii salendo la scala a chiocciola; le pietre grigie fosche del pavimento erano usurate al punto di diventare leggermente deformate. Non osavo immaginare quante persone avessero calpestato quei gradini. Una volta giunti al secondo piano, l'infermiera si arrestò per togliere un mazzo con una decina di chiavi da una cintura attaccata al grembiule. Quella fu la prima porta. Da lì in poi ne contai altre cinque, tutte chiuse, scandite da pareti che originariamente erano state bianche. Ogni angolo era decorato da una telecamera e da alcune macchie d'umidità che scendevano dal soffitto, creando strani arabeschi su ciò che restava della vernice. I corridoi erano abbelliti soltanto da spifferi freddi, carrelli sgangherati di metallo e da porte grigie come quelle delle celle con piccole finestre quadrate con vetri quasi del tutto opachi. La maggior parte delle camere era vuota, ma in una, attraverso i sottili fili bianchi del vetro stratificato, potei scorgere una donna anziana. I miei piedi rallentarono da soli: la signora mi dava la schiena e si trovava in piedi, intenta a fissare un angolo della stanza spoglia. In una mano aveva un oggetto che sembrava uno straccio e ogni tanto scuoteva la testa, come se stesse avendo una fitta conversazione con esso. Impiegai qualche secondo per accorgermi che, in verità, si trattava di una bambola di pezza senza la testa. La signora era così incurvata da sembrare più che altro uno scheletro vestito con un lungo camice color verde acqua, con i lunghi capelli grigi che le scendevano flosci sulla schiena. Per terra, c'era soltanto un materasso singolo che occupava metà della stanza, accanto un lavandino e, in un angolo, un vaso sanitario. Nessun altro mobile, nemmeno una sedia o qualche effetto personale, nulla che potesse ricordarle che un giorno era stata un essere umano.

L'infermiera iniziò a borbottare qualcosa sui ritmi di lavoro con le labbra serrate in una linea sottile e decisa. Per un istante fui felice di trovarmi in un luogo dove l'espressione di orrore che non riuscivo più a nascondere fosse degna di attenzione.

«... la routine dei pazienti non dovrebbe essere interrotta...» Affrettai il passo provando a capirla, dovevo almeno fingere di farlo, e ignorai il suo tono acido mentre proseguiva: «La sveglia suona alle sei del mattino, la somministrazione della terapia è alle sei e trenta, colazione alle otto, poi qualche ora di svago in refettorio o in cortile per quelli che non sono pericolosi.»

A mano a mano che ci addentravamo, gli odori che si mischiavano e venivano rimessi in circolo dall'aria condizionata iniziarono a cambiare: disinfettante, iodio, detersivo per il bucato, alimenti vari e di coprimaterassi di plastica presenti in ogni stanza riscaldati dal calore di un corpo trattato come un reietto. Quel miscuglio, unito alla sua voce, mi fece venire la nausea.

Davanti a me l'infermiera continuò trascinando le parole con un tono monotono. «Alle undici e trenta abbiamo il pranzo, la cena è verso le diciassette e trenta e alle ventuno, dopo un po' di televisione e la somministrazione dei medicinali, tutti a letto.»

Le sue ciabatte di gomma squittivano sul pavimento, provai a distrarmi contando i suoi passi.

Uno, due, tre... quando arrivai a venti ci ritrovammo finalmente davanti a un'altra doppia porta chiusa. Mi avvicinai e, attraverso uno dei due vetri, notai una decina di persone sedute su alcune panche poste vicino a lunghi tavoli di plastica grigia spessa e usurata. Erano del tutto privi di vita proprio come le pareti e il soffitto piastrellato. All'estremità dei tavoli c'erano due infermieri davvero imponenti che, stando in piedi, osservavano i pazienti mangiare. C'era soltanto un'altra donna e non era lei. Il mio sguardo corse frenetico per il resto dell'ambiente cercandola. In un angolo scorsi una seconda donna, ma era anziana e stava spingendo un carrello che conteneva piatti e bicchieri di plastica colorata, come quelli usati dai bambini. Nel frattempo, l'infermiera aprì la porta e domandò qualcosa che immaginai fosse dove si trovava Sophie. Uno degli infermieri le rispose e lei emise un suono di rimprovero con la lingua, prima di chiudere la porta e voltarsi verso di me.

«La paziente non è scesa per la cena.»

Non aggiunse altro mentre girava sui tacchi e tornava sui suoi passi. «Sarà nella sua stanza o al-»

Non la stavo più ascoltando. «Dove si trova l'agente Nowack?» Domandai con voce tagliente, mentre il panico mi stava facendo attorcigliare lo stomaco. «Le camere sono tutte vuote» le feci notare indicando con la mano le piccole finestre.

Rallentò appena prima di voltarsi, con la testa inclinata di lato. Mi colpì il tono della sua voce, tetro e menefreghista, come se sapesse qualcosa di ovvio che per me, però, non lo era per niente. «Perché la paziente si trova al secondo piano, nel reparto *"furiosos"*» tradusse la parola con un ghigno, anche se avevo compreso benissimo cosa intendesse.

La seguii ancora mentre borbottava qualcosa che nemmeno ascoltai. Da quanto avevo appreso da quella piccola anteprima, tutto di quel luogo avreb- be fatto invidia ai film di Alfred Hitchcock: la realtà era molto più brutta di quanto mi aspettassi.

Dopo una decina di minuti intollerabili, arrivammo a un'altra scalinata che ci avrebbe condotti al secondo piano. All'arrivo, l'infermiera sbloccò una porta facendo suonare un cicalino e mi ritrovai in una sorta di sala di svago. Appena entrammo il suo sguardo corse da una parte all'altra del salone fino a soffermarsi su un infermiere di colore con la testa rasata. L'uomo, che somi- gliava più a una guardia di sicurezza che a un operatore sanitario, la salutò con un cenno della testa senza dire una sola parola. Oltre a lui non c'era nes- suno in quel posto desolato e anche l'arredamento, come ogni cosa in quel dannato ospedale, aveva un aspetto stanco e logoro. Da quanto potevo notare, sembrava che niente all'interno di quelle pareti fosse stato cambiato da quan- do l'ospedale era stato costruito. In un angolo disegnato da due finestre rigo- rosamente sbarrate c'erano un vecchio televisore di almeno trent'anni e due divani lunghi neri di finta pelle ma, con gli anni, il tessuto si era screpolato e rovinato in vari punti. Tre tavoli quadrati con sedie spaiate erano in mezzo al salone e sopra a esse erano sparpagliate alcune riviste malandate e un mazzo di carte da gioco. Quella che un tempo era stata una carta da parati decorata con fiori pendeva da una delle pareti staccata e raggrinzita come se fosse pelle bruciacchiata dal sole. Gli unici tocchi di colore provenivano da una libreria rosa sbilenca dove una ventina di libri erano in bella mostra sotto diversi strati di polvere e dalle lucine rosse delle telecamere di sorveglianza. Quel luogo poteva mancare di vita, ma di certo non di sicurezza.

Costrinsi le gambe a seguire l'infermiera mentre attraversava il salone diretta verso un'altra porta. Altri dieci metri e l'avrei oltrepassata. Provai a mantenere il respiro lento e regolare, ma a ogni passo che facevo era come se le mie gambe pesassero un quintale e mi stessero facendo affondare nel pavi- mento di mattonelle, come se mi stessi trascinando attraverso un pantano. Forse mi stavano avvertendo che avrei dovuto prepararmi all'impatto di ciò a cui stavo per assistere, pronto a scoprire che all'inferno non c'era mai fine e Sophie lo stava vivendo sulla sua pelle.

Un misto di speranza e disperazione mi vorticavano dentro come un uragano, mescolandosi a ricordi dolci e amari a cui mi ero aggrappato con tutta la mia forza negli ultimi mesi. Provai ad allontanarli, ma ce n'erano così tanti di lei, di noi che, per un motivo o per l'altro, erano venuti in mio soccor- so in quei momenti in cui credevo non ce l'avrei fatta, proprio come quello; finché le mie promesse non si erano infrante e tutto... ogni cosa era andata in pezzi. *Sto impazzendo limitandomi solo a camminare tra queste pareti spoglie, consapevole che potrò andarmene... in qualsiasi momento posso voltarmi e uscire, ma lei... lei è intrappolata in questo maledetto luogo da mesi, come una qualsiasi crepa di questo fottuto muro!*

Saperla lì, a qualche passo da me, mi mandava in bestia e, allo stesso tempo, risucchiava ogni briciola di speranza che con fatica avevo cercato di mantenere viva. La desolazione che percepivo ormai mi era entrata dentro fino alle ossa, attraverso quel fetore unico che mi circondava, qualcosa di dolciastro e nauseante che non avrei mai più dimenticato.

Forse si trattava dell'odore della paura e della disperazione.

6. DEVASTAZIONE

L'infermiera si fermò davanti all'ennesima porta grigia di un'asettica cella. Notai subito, come se avessi ricevuto un pugno ben assestato allo stomaco, che il piccolo sportellino di metallo da cui in ogni momento si poteva sbirciare dentro era chiuso.

La donna mi dava la schiena e quando borbottò qualcosa non provai nemmeno ad ascoltarla, ero molto più interessato a osservare ogni suo movimento mentre prendeva il mazzo di chiavi dalla cintura. Appena la porta sarebbe stata aperta, avrei dovuto attingere a tutta la mia forza di volontà per non spingerla da parte, fiondarmi dentro di quel cubicolo, prendere Sophie tra le braccia e correre via senza guardarmi più indietro. Tutto ciò che avevo pianificato mi tornò in testa.

Concentrati su Sophie, lei non sospetta nemmeno che tu sia qui, non sai in quale condizioni si trovi, preparati, Kieran.

Il momento è arrivato...

Era tutto lì, nella mia mente confusa e frastornata, che vorticava incontrollabile e potente come un uragano. Come potevo non pensare a quella maledetta sera quando era sparita nel nulla? Noi due insieme, la morte, la vita, le notti insonni, la speranza, il dolore, venne tutto a galla... come se le emozioni intendessero restare per sempre con me, un peso pronto a farmi sprofondare nell'oceano più profondo. Ero ancora in piedi in mezzo a quel dannato corridoio, in quel luogo squallido, accanto a quell'infermiera senz'anima, ad aspettare che quella porta si aprisse per poterla finalmente vedere. Desideravo tenerla tra le braccia e non mi sarei accontentato di un misero momento, dopotutto avevo vissuto oltre duecentosettanta giorni di devastazione, di tortura e sgomento puro senza i suoi occhi a salvarmi. Senza sapere cosa le fosse successo, se fosse ancora viva. Il fatto di non sapere...

Era stata mia, e solo mia, per pochi giorni e poi... dopo un battito di ciglia, era svanita nel nulla. Anche se per poco, eravamo stati un noi, ma ora, in quel luogo dimenticato da Dio e quasi del tutto privo della bontà degli esseri umani, la bufera cresceva, portando via la luce, lasciando soltanto un vuoto infinito dietro di sé. Passato e presente si mescolarono in una danza macabra fatta di ricordi, alcuni felici e altri orribili, di ciò che avevo desiderato per noi e del grigio unto e sporco della porta che continuava a tenermi distante da lei. Sarei rimasto in quel corridoio ad aspettarla per sempre, anche se le mattonelle si fossero aperte mostrandomi il baratro dell'inferno.

Il rumore di un chiavistello che grattava contro la ruggine mi riportò al presente. Sobbalzai raddrizzando di scatto la schiena quando la donna batté una mano sullo stipite di metallo, costringendo il mio sguardo a seguirla.

La porta era già mezza aperta, ma non riuscivo a vedere dentro perché l'infermiera bloccava la visuale con la sua stazza. Il mio cuore sembrava un martello pneumatico fuori controllo pronto a esplodere mentre mi avvicinavo alle sue spalle.

Tum... Tum... Tum... un rumore assordante: dal petto alle orecchie, dalle orecchie al petto.

«Alzati, agente Nowack» iniziò l'infermiera con una voce cantilenante, ferma ancora sotto lo stipite, senza muovere un solo passo. «Vostra signoria ha visite. Un bellissimo uomo è qui con me, venuto apposta per vederla. È il capitano...»

Il nome di Spervi, che le sarebbe sfuggito dalle labbra da un momento all'altro mi fece irrigidire, mentre si voltava e mi strizzava l'occhio in un modo che mi fece accapponare la pelle. *Muoviti, Kieran, che cazzo stai facendo!?*

Mi avvicinai con passo deciso, stando ben attento a non farmi scorgere da Sophie, e parlai in modo che solo l'infermiera mi potesse udire.

«Da questo momento in poi me ne occupo io.»

La donna sussultò, forse a causa del tono irascibile o perché non si era nemmeno accorta che mi fossi avvicinato. Mi spostai ancora, sempre standole dietro, con l'intenzione di arrivare dall'altra parte della porta, ma non feci nemmeno due passi che la sua mano mi agguantò con una morsa decisa l'avambraccio. La sua voce era appena più alta di un sussurro.

«La paziente è sedata, ma se vuole posso far arrivare un collega per sicurezza.»

Mi bastò un'occhiata alla sua mano per far sì che la ritirasse come se l'avessi scottata. Con lo stesso sguardo cupo e di ghiaccio la guardai. «Ti sembro per caso il tipo di uomo che ha bisogno di protezione?»

«No, cer- certo che no, mi scu-»

Mi stavo giocando il tutto per tutto e di una sola cosa ero certo: non avrei perso. Con la voce venata d'acciaio continuai: «Pretendo un po' di privacy con l'agente Nowack. Ti concedo due minuti per spegnere la telecamera di questa stanza o farò rapporto all'Europol sulle condizioni pietose di questo stramaledetto "ospedale".» Mimai le virgolette in aria.

L'infermiera indietreggiò come se l'avessi schiaffeggiata. Il suo sguardo mandava lampi nella mia direzione mentre annuiva malvolentieri. «D'accordo, ma avrà solo cinque minuti per interagire con l'agente Nowack.»

Le risposi con lo stesso tono, mentre retrocedeva di un altro passo. Incrociai le braccia al petto e guardai l'orologio. «Quando sono arrivato, hai detto che le visite durano dieci minuti.» Usai apposta un tono informale, non si meritava nemmeno il mio rispetto.

Un sorrisetto strafottente sorse sulle sue labbra. «Nella norma è così, ma lei è decisamente fuori orario.»

Prima che potessi aggiungere altro, come mandarla a farsi fottere, mi diede la schiena e si allontanò diretta verso la sala svago.

Appena la vidi sparire mi spostai di lato e aprii il vano della porta.

Un gemito mi sfuggì dalle labbra non appena la vidi. Rimasi senza muovermi e senza parlare per un tempo indefinito mentre mi sentivo affondare. Non riuscivo a trovare una sola parola, eppure ne avevo pensate tante da quando era scomparsa, tutte le volte in cui avevo urlato e spaccato qualcosa, inveendo contro il maledetto destino. Nemmeno in quegli istanti in cui avevo creduto che il dolore mi avrebbe ucciso o tutte le volte in cui avevo pensato che non ce l'avrei fatta, mai e poi mai mi ero sentito così perso.

Sophie aveva gli occhi chiusi, distesa in posizione fetale sopra un materasso adagiato a terra. Le gambe e le braccia spuntavano dal camice color verde acqua come bastoni ed erano così pallide da sembrare quasi bluastre nella fioca luce artificiale. I capelli più lunghi dell'ultima volta in cui l'avevo vista le coprivano parte del viso, ma potevo vedere lo stesso che il suo occhio sinistro era in via di guarigione, anche se, fino a qualche giorno prima, doveva essere ancora gonfio e nero di lividi. Gli zigomi alti spuntavano dalla pelle sottile, donando al suo viso scarno un aspetto quasi scheletrico, aggravato dalle labbra bluastre e screpolate. Sul sopracciglio svettava un taglio che non si era del tutto rimarginato, la pelle rotta aveva richiesto almeno quattro punti di sutura. La pelle diafana e delicata era cosparsa di lividi di diverse tonalità.

Cosa ti hanno fatto, piccola?

Il dolore mi attraversò, alimentando la rabbia come il vento avrebbe fatto con il fuoco e pensai a quanto avrebbe goduto un bastardo come Spervi a vederla ridotta in quello stato. Avrei voluto soltanto varcare con un balzo quei pochi metri che ci separavano, ma dovevo agire con prudenza o avrei mandato tutto a monte. Sembrava che dormisse, ma se avesse avuto una reazione inaspettata alla mia presenza, come avrei dovuto comportarmi?

Ti porterò via da qui, Sophie, te lo giuro. Resisti…

Senza fare rumore entrai, chiudendo la porta alle mie spalle e finsi di controllare i documenti nella cartella fin quando mi accorsi che la maledetta luce della telecamera si era spenta.

Non saprei dire come riuscii a compiere quei pochi passi, mollai la cartella per terra e mi ritrovai a premere il viso sulla sua testa esanime e, ancora una volta, non riuscii a trovare le parole. Ciò che le mie labbra produssero furono dei gemiti, quelli senz'altro. Rumori disperati che sembravano echeggiare come urla cavernose dentro di me, assolutamente sì. C'era tanto nel mio silenzio, ma ero incapace di trovare una parola vera e propria che potesse descrivere ciò che stavo provando.

Il suo corpo era abbandonato tra le mie braccia e se non fosse stato per i brevi respiri che ogni tanto le scuotevano il petto, avrei giurato che fosse morta. La sua cella era colma di devastazione. Per un istante scordai tutto quello che stavo rischiando e la strinsi a me, nel frattempo ringraziavo Dio di avermela fatta ritrovare ancora viva. Purtroppo ogni secondo che scorreva era contro di noi, così radunai le forze, feci un respiro che non riuscì a farmi stare meglio, perché i polmoni sembravano stretti da una tenaglia rovente, e le parlai: «Sophie? Mi senti, tesoro?» Accarezzai i suoi capelli.

Per un momento non ottenni nessuna reazione, baciai la sua fronte e temetti il peggio, poi il suo corpo rabbrividì, anche se fu soltanto un lieve sussulto.

Forza, torna da me, per favore... andiamocene via di qua.

Infine, dopo quella che mi sembrò un'eternità, aprì leggermente gli occhi e sbatté le palpebre.

Un secondo. Sbatté di nuovo le palpebre. Un altro secondo.

I suoi occhi verdi, un tempo scintillanti e pieni di luce, erano ormai vitrei e incastonati in profondità nei lineamenti pallidi, come le ultime disperate barriere tra gli estranei che cercavano di ferirla e la sua anima. Quando alzò lo sguardo mi fissò con un'espressione perplessa, che si trasformò in stupita, come se avesse udito una voce conosciuta in un luogo ignoto, come se avesse viaggiato per migliaia di chilometri attraversando lande innominabili prima di vedere un volto conosciuto e familiare. Qualcuno di cui sapeva di potersi fidare.

Strinsi gli occhi e deglutii lottando contro il nodo alla gola che rischiava di soffocarmi, prima di osservare il suo petto sollevarsi appena sotto il camice verde acqua. Quando parlò la sua voce fu irriconoscibile. «Sei davvero tu, Kieran?» Mi chiese in un mormorio impastato.

Mi limitai ad annuire perché non mi fidavo della voce, non in quel momento. Mi serviva un istante, forse mi sarebbe servita una vita intera per ricompormi, ma ciò che bastava sapere alla mia mente stremata era che lei era finalmente lì, tra le mie braccia. Posò il palmo tremante sul mio cuore e sentii il suo viso affondare nel petto. Ero pronto per accoglierla, per portarla via da lì e ricomporre con lei ogni briciola di quell'anima che sembrava persa in balia del vento.

Cazzo... il nodo alla gola continuò a stringere e stringere, implacabile. Provai a trasformare gli ansimi disperati in respiri normali mentre la cullavo contro di me, minuscola, sepolta nella mia angoscia. Asciugai una sola lacrima che le scese sulla guancia e seppi che stava ascoltando il mio cuore. Restammo lì, soltanto noi due, come in una vecchia immagine scattata da una macchina fotografica in bianco e nero, in grado di cogliere le nostre anime unite per sempre.

Ci guardammo senza parlare e nei nostri occhi si susseguirono i minuti e le ore, i giorni e i mesi, distanze intercontinentali e divisioni oceaniche. Ciò che scorgemmo fu un buco nero ben peggiore del dolore, un'enorme voragine, una devastazione dettata dai nostri cuori.

La mia voce uscì come un mormorio, come se articolare le parole fosse un'impresa titanica. «Resisti, ti porterò via da questo inferno.»

Annuì soltanto mentre mi accarezzava l'avambraccio con cui la tenevo stretta. Il suo braccio era come un bastone, le dita lunghe, fredde e tremanti sembravano fin troppo fragili mentre tracciava la linea dell'osso, slittando sulla pelle, verso il polso. Avrei dovuto dirle che non avrei potuto portarla via in quel momento o avrebbero sospettato che qualcosa non andasse. Inoltre, dovevo andarmene e tornare il mattino seguente.

Come avrei potuto sopportarlo? In un solo istante la nostra vita era ripresa e in un solo istante sarebbe finita.

Cristo Santo, come farò a lasciarla qui…

A spaventarmi fu soprattutto la sua reazione apatica. Sentii un dolore acuto come se il cuore si stesse sbriciolando nel petto. La sua assenza di vitalità mi costrinse a stringerla più forte. «Sophie» sussurrai, «Dio, Sophie.»

Sentivo la ragione scivolare via a ogni respiro e restai immobile desiderando soltanto di potermi alzare e portarla via con me. Anche sprofondare insieme a lei negli abissi era un'opzione più accettabile che lasciarla lì da sola.

«Tornerò a prenderti domani mattina. Te lo prometto, Sophie…» smisi di parlare, lottando per respirare in modo normale.

Tenni il suo corpo abbandonato al sicuro nel mio abbraccio, stringendola più forte a me, serrando gli occhi contro l'emozione che minacciava di farmi crollare. Non potevo, non dovevo farlo, almeno non davanti a lei. Sophie aveva bisogno della mia forza ed era quello che avevo intenzione di darle, a ogni costo. Chiusi gli occhi e immaginai il suo profumo di caprifogli in un bosco selvatico, che mi saturava i sensi, sovrapponendosi a quello metallico e nauseabondo della disperazione che impregnava l'aria. Lanciai uno sguardo alla telecamera ancora spenta, da un momento all'altro quella maledetta luce rossa si sarebbe accesa e, se ci avesse ripreso in quel modo, sarebbe tutto finito. Non potevo mettere a rischio ogni cosa per alcuni minuti in più con lei. Anche se li desideravo più di ogni altra cosa al mondo. Dovevo allontanarmi.

Devo andare… che merda, scheisse!

Usando tutta la delicatezza che possedevo, mi allontanai e la posai sul materasso. I suoi occhi si chiusero di nuovo quando le asciugai la guancia umida.

«Ci vediamo domani, va bene?»

Attese un secondo di troppo prima di annuire, il che mi fece presupporre che non stesse affatto bene. Trovai una coperta marrone sottile, arrotolata ai piedi del letto e la coprii. Prima di alzarmi, le baciai la fronte, presi la cartella e quando uscii dalla camera lasciai tra quelle pareti ogni battito del mio cuore nella speranza che potesse far battere con più intensità anche il suo.

Vidi l'infermiera nella sala ricreazione mentre chiacchierava con un inserviente che stava pulendo il pavimento. Le andai incontro senza perdere tempo.

«Voglio l'agente Nowack pronta domani mattina alle otto in punto. Preparate anche tutti i documenti che dovrò firmare.»

L'infermiera, che stava ridendo per qualcosa che l'altra le aveva detto, si raddrizzò udendo il tono di comando nella mia voce. Mi lanciò un'occhiata stizzita e la sua bocca si storse in una smorfia, ma fu abbastanza furba da non rispondere.

«Certo capitano, come desidera» rispose con voce melliflua.

Che stronza malefica... «E vedete di diminuire il dosaggio del sedativo che le state somministrando. Come potrò portarla via se non si regge nemmeno in piedi?»

Finii la frase con un "grazie" che uscì strozzato dalla gola. Senza indugiare oltre mi voltai e proseguii verso la scala.

Non seppi nemmeno come arrivai fuori dal casolare. Ruben, il soldato, mi stava ancora aspettando appoggiato alla Suzuki. Quando mi vide uscire fece un salto, buttando per terra la sigaretta che stava fumando e calpestandola con gli stivali prima di avvicinarsi.

«È pronto per andare via, signore?»

«Puoi andare, tornerò a piedi.»

«Ha bisogno di un momento da solo, signore?»

Non mi basterebbe un momento, un'ora, una vita forse... «Sì, grazie» gli risposi, deglutendo con difficoltà. In apparenza le due parole sembravano adeguate, all'altezza della situazione, persino accettabili, qualcosa di cui avevo un disperato bisogno per convincermi a mettere un piede davanti all'altro e riuscire ad allontanarmi da lei.

Lo sguardo del soldato, però, saettò tra me e la linea dell'orizzonte dove vedevo il sole spargere gli ultimi raggi nell'oceano. «Tra poco farà buio, signore.»

Mi voltai senza prestargli ulteriore attenzione e ripresi a camminare. «Non preoccuparti per me. Lascia solo la macchina davanti al mio alloggio. Ne avrò bisogno domani mattina presto.»

«Certo, signore…» aggiunse ancora qualcos'altro, ma non gli stavo più prestando attenzione. Imboccai la stradina di ghiaia che scendeva a valle con la camminata sconfitta di un soldato che era andato in battaglia, credendo che sarebbe stata una conquista facile, ma che ne era uscito strisciando dopo aver perso tutte le armi e per poco anche la vita. Qualche istante dopo il ragazzo mi passò accanto rivolgendomi uno sguardo preoccupato che ignorai del tutto. Ero intento a lottare contro il dolore che veniva fuori a getti, mi sentivo come le onde dell'oceano che sbattevano contro gli scogli a oltre cento metri sotto di me. Il vento fresco della sera che stava avanzando mi attraversò come un sibilo sinistro.

Quello che provavo per Sophie era qualcosa che non era radicato solo nel profondo della mia anima, era anche inciso nelle ossa e impresso in ogni fibra del mio essere.

Quella sera non ci sarebbe stata alcuna speranza per me. Né un sorriso, un pasto, un letto o una doccia che avrebbero potuto darmi conforto. Non ci sarebbe stato nulla fino a quando lei sarebbe stata rinchiusa tra quelle quattro mura. Tutto ciò che avevo sospettato, tutte le mie paure, ogni cosa si era avverata con una ricchezza di particolari crudele e spietata.

Avevo nutrito quella speranza per mesi, l'avevo desiderata più di ogni respiro, l'avevo agognata. Pensavo, anzi ero certo, di essere pronto per fronteggiare quel momento, ma la verità era che non avevo idea di come affrontarlo. Mi sentivo con il cuore spezzato, disintegrato dalla verità schiacciante di quanto poco fosse rimasto della Sophie che conoscevo. La diramazione del mio dolore partiva dal centro, sanguinando fuori dal petto linfa vitale, riempiendo i polmoni e rendendo impossibile respirare.

Continuai a scendere, diretto verso la valle e quando arrivai all'alloggio a me destinato era ormai notte fonda. La stradina in terra battuta era illuminata soltanto da alcuni lampioncini radi che emanavano una luce giallastra nell'oscurità persistente. Entrai nella casetta, mi cambiai e uscii per fare una corsa. Misi gli auricolari, alzai la musica a tutto volume e mentre pompava nelle orecchie pregai che il frastuono bastasse a zittire i pensieri. Presi la strada statale, l'unica asfaltata, e la percorsi fino all'altro lato dell'isola prima di tornare indietro. Durante il ritorno fui investito da un acquazzone. Continuai a correre, le falcate sempre più decise e veloci, come se intendessi scappare dal dolore, dalle lacrime, ma erano costantemente lì, più svelti di me. Quando arrivai allo chalet le prime luci dell'alba di un nuovo giorno stavano schiarendo il cielo.

I miei passi rallentarono, salii i gradini riuscendo a malapena a mettere un piede davanti all'altro. Infilai la chiave nella serratura e la girai, spalancando la porta per poi appoggiarmi al legno finché non si chiuse. Sentii la schiena scivolare e mi ritrovai seduto per terra, le ginocchia strette al petto, la testa avvolta tra le mani. Provai a inspirare una boccata d'aria, ma era puro dolore, prima di deglutire e strofinarmi il palmo della mano sul viso umido.

Cristo Santo, cosa posso fare?

Altri minuti passarono e l'unica cosa che riuscivo a percepire era la stanchezza che gravava su di me come un gigantesco macigno, la sentivo così tanto pesante che avevo paura di sprofondare a terra. Radunando le ultime forze mi alzai, feci una doccia veloce, lavai i vestiti da corsa bagnati, mangiai controvoglia un panino al formaggio e un po' di frutta che qualcuno aveva lasciato sul tavolo sopra un piattino, impostai la sveglia e mi lasciai cadere sul divano pregando che il sonno mi portasse via. Lo fece ma, come accaduto negli ultimi nove mesi, a tenermi compagnia furono soltanto le sue urla e lo sguardo verde mare che mi mostravano tutta la devastazione che si agitava dietro la fragile guerriera dalla corazza d'acciaio che un tempo era stata.

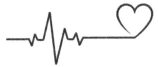

Alle otto meno dieci mi trovavo davanti all'ospedale con la borsa contenente un cambio di vestiti per Sophie pronta sulla spalla. Rispetto al giorno precedente l'atmosfera sembrava avere un po' più di vita. Nel parcheggio davanti al vecchio casolare contai ben tre macchine e provai a prenderlo come un segno positivo. Appena varcai le doppie porte mi diressi a passo spedito verso un rumore prodotto da qualcuno che stava digitando sulla tastiera.

Poiché la porta era mezza aperta, bussai sullo stipite e appena una voce femminile mi diede il permesso per entrare, non esitai. Mi ritrovai davanti una signora di circa sessant'anni seduta dietro a una scrivania. Con un cenno della mano mi chiese di aspettare mentre finiva una telefonata. Rimasi in piedi, provando a distrarmi, ma l'ufficio era una replica dell'ospedale: anche in quella stanza l'orribile carta da parati color marrone e pesca slavata si stava staccando negli angoli. Notai con sconcerto una pianta finta adagiata senza cura sopra lo schedario e due stampe ad acquerello che pendevano storte nella parete opposta; forse, la loro intenzione era di far assomigliare il luogo a un ufficio accogliente, anche se chiunque, a causa dell'odore, avrebbe capito dove si trovava. Volsi lo sguardo alla finestra alle sue spalle da cui potevo scorgere in lontananza l'oceano e mi concentrai, sperando che quell'azzurro infinito potesse in qualche modo placare almeno parte dell'ansia. Invece, mi ritrovai a fissare le scogliere. Le rocce frastagliate rivolte verso il cielo creavano un'immagine inquietante che serviva solo a ricordarmi che ero completamente solo, e che stavo andando verso l'ignoto pur di salvarla.

Resta calmo, Kieran. Come puoi vedere la signora davanti a te sta agendo in modo piuttosto normale, non nutre alcun sospetto. Stai per firmare le dimissioni di Sophie, tra qualche minuto andrai via da questo maledetto posto con lei e domani prenderete un aereo e sbarcherete nel continente. Da lì in poi si vola…

Nella teoria tutto sembrava perfetto… ma verso dove saremmo volati?

Era quella la domanda più complicata. *Soltanto una delle tante.* Quando mi ero imbarcato per l'isola non ero sicuro delle condizioni in cui avrei trovato Sophie, ma di certo non avrei mai pensato di trovarla in quello stato. Avrei dovuto renderla di nuovo cosciente, almeno in parte, prima di metterla al corrente della situazione.

Cristo Santo, da dove inizierò? Dalla sua situazione con l'Europol, dal suo lavoro, dal suo appartamento o dalla sua salute? Dovrei iniziare parlando delle sue condizioni, senz'altro è il fatto più importante. Tutto il resto può aspettare.

Ancora una volta quel dolore sordo all'esterno mi fece chiudere il pugno e strofinarlo all'altezza del petto.

«… gnor Spervi, mi sta ascoltando?»

«Come, prego?» Sbattei le palpebre tornando a concentrarmi sulla signora che si trovava già in piedi a meno di due metri da me con una cartella color crema in mano.

«Purtroppo, manca una firma nel documento, devo chiedere al direttore Bitencurt. Nel frattempo, vuole un caffè?»

«Sì, certo,» annuii senza porre ulteriore attenzione a quanto diceva, «va benissimo, la ringrazio.»

Spostò lo sguardo verso la borsa che avevo ancora sulla spalla. «Sono i vestiti della signorina Nowack?»

«Esatto.»

«Se vuole può darli a me, dirò all'infermiera di turno di portarli da lei.»

«Certo.» Annuii ancora, provando a non mostrare la mia euforia mentre le consegnavo il borsone.

«Arrivo subito. Si accomodi, prego.» Con un gesto della mano mi mostrò una delle due sedie di plastica davanti alla sua scrivania.

Mi sedetti nel momento in cui chiudeva la porta alle sue spalle, tolsi il cellulare dalla tasca dei jeans e iniziai a cercare qualcosa pur di distrarmi. La connessione internet non era protetta da una password e, per qualche minuto, risposi ad alcune e-mail di lavoro e ad altri messaggi. Scaricai due immagini di una spiaggia con le palme e le inviai a Lara, in risposta al suo messaggio in cui mi chiedeva come stavano le cose.

È stata un'altra dura giornata di lavoro <3

Stavo per inserire una di quelle emoji con l'occhiolino che tanto le piacevano, ma dalla fretta il dito toccò il cuoricino.

Cazzo...

Non avrei riscritto tutto il messaggio per conto di uno stupido emoji, così lo spedii com'era. Inviai le stesse immagini anche a Timo e a Laz, ma con parole diverse.

La Thailandia è davvero fantastica.

Speravo che la bugia reggesse per qualche altro giorno. Presto il vero Spervi sarebbe arrivato sull'isola ed ero sicuro che, dopo aver unito i puntini, una delle prime persone a cui avrebbero domandato spiegazioni sarebbe stato Hansen, il mio capo, nonché padre adottivo di Timo. Fu proprio per quel motivo che gli avevo spedito un messaggio come se mi trovassi da tutt'altra parte. Di sicuro gli agenti dell'Europol non erano stupidi e, dopo un controllo veloce, avrebbero rintracciato il mio passaporto e di conseguenza il volo in Brasile. Speravo solo di essere molto lontano quando ogni cosa fosse venuta a galla.

Vorresti forse dire quando la merda toccherà le pale del ventilatore?

Un leggero bussare alla porta mi strappò da quei cupi pensieri.

«Posso entrar, tenho permissão senhor?»

Qualche attimo dopo vidi un ragazzo che sembrava un giovane cadetto con un vassoio argentato in mano che varcava la soglia della porta. Dopo avermi salutato, posò sulla scrivania una tazzina di caffè e un bicchiere d'acqua.

Lo ringraziai e, dopo qualche secondo, uscì in silenzio lasciandomi di nuovo da solo con i miei problemi. Afferrai la tazza e mi concentrai sul calore che arrivava alle dita gelide mentre la muovevo in piccoli cerchi. Guardai il liquido marrone, lo portai quasi alle labbra ma poi cambiai idea, avrebbe soltanto fatto aumentare il bruciore che sembrava rodermi lo stomaco. Allontanai la tazzina e puntai invece il bicchiere d'acqua.

Forse, mangiare l'altra metà del panino questa mattina non è stato molto furbo.

L'acqua fresca scese come un balsamo nella gola, placando un po' della nausea. Posai il bicchiere sul tavolo ed ero pronto per tornare alle mie e-mail quando il mio sguardo si posò su una pila di cartelle posate al centro della scrivania.

Mi guardai alle spalle con noncuranza e poi verso la telecamera nell'angolo della stanza appena sopra la mia testa. Era puntata verso la porta. *Non dovrei, è troppo rischioso…*

Prima ancora di poter concludere il pensiero, mi alzai e mi diressi verso la finestra come se intendessi guardare il paesaggio. Appena fui certo di essere fuori dal raggio della telecamera, spostai l'attenzione sulle cartelle. Erano una mezza dozzina, tutte dello stesso color crema. Accanto a loro c'era un block notes con una pagina in bianco e un po' più avanti, vicino a un portatile chiuso, c'era una tazza di ceramica colorata con alcune matite dentro. Restando con la schiena rivolta alla telecamera mi sporsi in avanti in modo da coprire il più possibile la parte centrale della scrivania dove si trovavano le cartelle e strappai un foglio dal block notes. Poi mi spostai un po' di lato e presi una matita. Nel momento in cui tornai nella posizione in cui coprivo con la schiena la maggior parte delle cartelle, ne presi le prime quattro portandole al petto.

Mi voltai e feci altri quattro passi, arrivando quasi nell'angolo della stanza, tra la finestra e un vecchio schedario in metallo. Mi piazzai proprio dove potevo aprire e controllare le cartelle senza essere visto dalla telecamera.

Aprii la prima e mi ritrovai davanti alla foto segnaletica di un uomo. La scartai, mettendola in fondo alla pila che tenevo in mano.

La seconda mi mostrò la signora anziana che avevo visto il giorno precedente. Poiché dentro c'erano parecchi fogli li controllai velocemente, ma nessuno faceva riferimento a Sophie. La spostai in fondo come l'altra.

Mi restavano altre due cartelle. Aprii la terza e mi bloccai. Le due foto segnaletiche di Sophie, una scattata di fronte e una di profilo, mi strapparono un gemito di pura sofferenza.

Le immagini erano datate tre mesi prima. Tralasciai quella di profilo e mi focalizzai sulla seconda, dove il suo viso inespressivo era quasi irriconoscibile. Uno degli occhi era chiuso ed era così gonfio che sembrava che al suo posto, appena sottopelle, ci fosse una pallina da golf. Il suo viso era ricoperto dai lividi in diverse tonalità di colore che variavano dal giallognolo al grigio pesto, estendendosi su tutta la parte destra del suo viso pallido, ma la cosa più impressionante era lo sguardo assassino che l'unico occhio aperto rivolgeva a qualcuno che si trovava accanto a lei. Riuscivo, infatti, a vedere parte del braccio di un uomo che le teneva con forza il collo, costringendola a guardare verso l'obiettivo. Le dita che l'afferravano da sotto il mento erano strette in una morsa così ferrea che le sue labbra erano leggermente blu come se la stessero soffocando.

Se riuscirò a mettere le mani sul bastardo che l'ha ridotta così…

Con uno sforzo sovrumano accantonai l'odio che mi stava consumando e, togliendo il cellulare dalla tasca, appoggiai le cartelle aperte sul palmo dell'altra mano, aprii l'applicazione "TurboScan" e scannerizzai tutte le sue schede. Non sapevo nemmeno se quelle informazioni mi sarebbero tornate utili o se mi avrebbero dato una copia dei rapporti che scorgevo mentre sfogliavo i fascicoli, ma considerando che li avevo a portata di mano era meglio approfittarne. Il secondo e il terzo foglio erano copie dei verbali della polizia brasiliana del giorno in cui l'avevano arrestata. Erano tutti scritti in portoghese, ma qua e là riuscivo a capire alcune parole.

Extremamente perigosa…

Instinto assassino…

Potencialmente suicida…

Acertado DSPT… Disturbo da stress post traumatico…

In fondo al terzo foglio c'erano allegate le sue impronte. Alcune di loro erano solo parziali, danneggiate, come se la persona che le aveva fatte non fosse al corrente di quale tecnica usare o come se qualcuno, in qualche modo, le avesse cancellate direttamente dalla sua pelle.

Negli ultimi fogli c'erano altri rapporti, stilati quando era stata trovata in mezzo alla giungla. Mentre scorrevo in fretta le diverse testimonianze trovai quella dell'osservatore dell'Europol, il signor Dino Vanderhole. E poi c'erano altre foto…

Che, forse, avrei fatto meglio a non vedere...

Il luogo dove l'avevano trovata, il buco in cui era stata sepolta viva con le altre donne. Altre foto: cadaveri in decomposizione e donne vive che sembravano reietti umani, lei, praticamente irriconoscibile, e un'altra donna dai capelli chiari, che venivano portate in braccio da alcuni uomini in divise mimetiche. Altre erano foto segnaletiche scattate mentre era in ospedale. Le ecchimosi, tante, troppe, lungo tutto il corpo, segni di frustate sulle gambe, sulle spalle.

Ohh Dio la sua schiena… e altri che… la nausea mi portò il sapore della bile dalla gola fino alle labbra.

Cazzo… chiusi la cartella con uno scatto secco, non ce la facevo più. Era come se qualcuno avesse prosciugato l'aria nella stanza. Aprii la bocca provando a incanalare almeno un soffio, ma non riuscivo a respirare.

La matita che era infilata in mezzo al fascicolo mi sfuggì, cadendo a terra. Soltanto quando mi abbassai per raccoglierla mi accorsi quanto stessi tremando.

Nel momento in cui stavo per alzarmi udii la porta che veniva aperta.

«Capitano Sper-» la signora si bloccò a metà strada vedendomi dall'altra parte della scrivania, proprio vicino alla sua poltrona.

«Le domando scusa…» le mostrai la matita e il foglio di carta, «dovevo prendere un appunto». Il suo sguardo si spostò sulle cartelle che stavo già rimettendo al loro posto, «mi serviva un appoggio per scrivere,» aggiunsi con un tono di voce convincente mentre, con un movimento fluido, facevo scivolare il telefono nella tasca.

Se per caso non credette alle mie parole, non mostrò alcun scetticismo. Il suo viso tornò a essere affabile mentre diceva: «Se le serve ancora, la prenda pure.» Mi offrì la matita che stavo mettendo a posto.

«No, no, ho già preso nota di quello che mi serviva, la ringrazio.»

«Dunque, ho una buona notizia per lei.»

Lasciai uscire piano il fiato che avevo trattenuto. «Molto bene» iniziai con un tono neutrale mentre tornavo al mio posto.

«L'agente Nowack sta facendo una doccia, poi si preparerà e, tra un'ora al massimo, sarà pronta per essere dimessa.»

«Perfetto.» Mi feci avanti sperando che si spostasse dalla porta. Poiché non si mosse, mi preparai al "però".

Lei non deluse le mie aspettative. «Purtroppo, il direttore Bitencurt, che è anche un chirurgo, è stato chiamato d'urgenza dall'altra parte dell'isola per un incidente con un pescatore e dovrò aspettare il suo ritorno per fargli firmare i documenti. Se lei vuole tornare nel pomerigg…»

Non finì nemmeno la frase che stavo già rifiutando, sperando di non essere troppo categorico.

«Come vuole» annuì mansueta mentre mi passava accanto prendendo il suo posto dietro la scrivania.

Prima che potesse aggiungere altro la avvertì. «Allora, aspetterò in macchina.»

«Non sono sicura dell'ora in cui tornerà il direttore» rispose sulla difensiva.

Incontrai i suoi occhi senza cedere. «Non ho fretta» ribadii deciso.

«Come desidera» puntualizzò in modo neutrale, l'attenzione già rivolta al suo lavoro.

Provando a mantenere l'ansia sotto controllo, la salutai e mi diressi verso il parcheggio.

La prima mezz'ora la trascorsi rispondendo ad altre e-mail, anche se il messaggio automatico che avevo impostato diceva a tutti che ero in ferie. Dopodiché mi dedicai ai messaggi, rispondendo sia a Lara sia a Laz, che mi mandava una foto di Marlin mentre dormiva spaparanzato sul letto insieme a una delle sue figlie. Quell'immagine mi portò un sorriso sulle labbra e una piacevole sensazione che durò un'altra decina di minuti. La seconda ora la passai su Google cercando l'isola migliore dei Caraibi in cui poter vivere e provando a distrarmi con i pulcini che beccavano il terreno a qualche metro dalla Jeep. Quando tutto quello divenne insopportabile, scesi dall'auto e iniziai a camminare davanti al casolare, contando le crepe sulle pareti mentre sentivo l'aria fresca sulla pelle.

Il sole era già alto in cielo quando, a un centinaio di metri, notai finalmente un'altra Suzuki simile a quella che stavo usando, avvicinarsi veloce e alzando una nuvola di polvere nella stradina di ghiaia.

Nel momento in cui l'auto si fermò, un uomo seduto sul sedile posteriore, che riconobbi come uno degli infermieri che avevo visto nella sala di ricreazione il giorno prima, scavalcò la lamiera e poi aiutò un uomo anziano a scendere.

Il dottore alla guida, un uomo grande e imponente, di età avanzata, ma che sembrava ancora forte e abile, vedendomi avvicinare mi parlò mentre scendeva: «Capitano Spervi, sarò subito da lei.» Feci a malapena in tempo ad annuire che stavano già portando il pover'uomo dentro l'ospedale. Notai che aveva un asciugamano chiaro arrotolato attorno alla mano, inzuppato di sangue che gocciolava lasciando una scia rossastra dietro di lui.

Per quanto mi rincrescesse, non c'era nulla che potessi fare, sia per quel poveraccio, sia per Sophie. Ripresi a camminare e se la situazione non fosse cambiata al più presto, di quel passo, avrei scavato una trincea davanti al vecchio casolare. Gli scarafaggi continuarono la loro passeggiata entrando e uscendo dalle crepe delle pareti, così mi fermai a osservare un ragno con un corpo grosso quasi quanto un uovo, poco prima che la gallina e i pulcini lo trovassero per farne il pranzo. Incapace di restare fermo a causa dell'ansia che mi stava pian piano divorando, continuai a cercare in modo quasi ossessivo qualsiasi cosa che potesse distrarmi. Poiché non trovai nulla, camminai verso l'altro lato del parcheggio fino a una decina di metri dal dirupo e mi fermai per qualche momento lasciando vagare lo sguardo. Davanti a me il verde vibrante si estendeva sui cespugli bassi, in mezzo ai piccoli e colorati fiori selvatici, e si allungava fino all'inizio della scogliera, dove moriva bruscamente in mezzo alle pietre scure e rossastre, diventando friabile e argilloso.

Mi avvicinai cogliendo il sapore salmastro sulle labbra, mentre la brezza mi scompigliava i capelli sul viso fino a scorgere un sentiero che scendeva tortuoso fino a un golfo, circondato da onde che si infrangevano con tutta la loro potenza sugli scogli e creando una schiuma bianca. Provai a perdermi in quel monotono ciclo, ma non funzionò, perciò molto presto mi ritrovai a tornare sui miei passi fino ad arrivare, ancora una volta, davanti al casolare. I minuti passarono, il sole divenne ancora più alto in cielo, le nuvole si addensarono sulla linea dell'orizzonte, la leggera brezza calò e…

La doppia porta si aprì.

Mi voltai di scatto pronto a fiondarmi verso la scalinata quando, all'improvviso, la vidi, lo sguardo basso e sottomesso, gli occhi rivolti a terra.

I miei passi si arrestarono di colpo ed ebbi bisogno di tutta la forza di volontà per riprendere a camminare con un'andatura che sembrasse tranquilla. Deglutii con forza e le mie labbra si aprirono per lo shock, mentre lottavo per tenere sotto controllo la tempesta di emozioni che infuriava dentro di me. Alla sua sinistra c'era il dottore e, dall'altro lato, un'infermeria che non riconobbi. I due le erano vicino ma non abbastanza da toccarla, il loro atteggiamento era protettivo, ma se ce ne fosse stato bisogno sarebbero stati pronti a sostenerla.

O magari fermarla nel caso volesse scappare?

Mi conoscevo abbastanza bene da sapere che non sarei riuscito a sopportare la distanza tra di noi se le fossi arrivato troppo vicino, perciò evitai addirittura di guardarla. Mi concentrai sul semplice atto di infilare il cellulare nella tasca, costringendo le dita a restare aperte, a mantenere una cadenza tranquilla a ogni passo, il viso privo di qualsiasi espressione. A essere chiunque tranne che me stesso.

Fu una delle cose più ardue che dovetti fare nella vita.

Salii i gradini. *Cinque…*

Respira, Kieran. Quattro, tre… «Capitano, ecco la documentazione dell'agente Nowack.» La voce dell'uomo sembrò provenire da molto lontano.

Due, uno… non guardarla… Mi focalizzai sul dottore che si fece avanti porgendomi una cartella color crema simile a quella che avevo guardato qualche ora prima.

«Grazie, dottor Bitencurt.» Non riconobbi nemmeno la mia voce mentre prendevo la borsa che mi porgeva l'infermiera e poi la cartella.

La donna passò l'avambraccio sotto quello di Sophie e iniziò a scendere la scala conducendola verso la macchina. Qualche attimo dopo mi sarebbe proprio passata accanto. La mascella mi faceva male mentre sentivo i molari continuare a stringersi. La mia salvezza venne dal dottore che, con un cenno della testa, mi chiamò in disparte.

Abbassò la voce per mantenere privata la nostra conversazione. «L'abbiamo sedata in modo leggero, ecco le sue medicine.» Mi diede una busta di plastica che conteneva tre barattoli trasparenti con all'interno delle capsule colorate. Appena la presi, il dottore proseguì: «Abbiamo scelto un modello classico di terapia. Dentro la sua cartella clinica troverà tutte le spiegazioni su come medicarla. Basterà seguire le istruzioni e riuscirà a portarla a destinazione senza problemi. Abbiamo calibrato il dosaggio in modo da renderla mansueta, tuttavia, appena rientrata in patria, dovrà essere portata al più presto da un collega psichiatra.»

Fece una pausa e quando riuscii a rispondere con un rapido movimento della testa aggiunse serio: «La paziente non può smettere di assumere queste medicine, almeno fin quando non saranno sostituite da altre. Se in qualche modo le sue emozioni verranno amplificate, le sue difese psicologiche crolleranno e andrà fuori controllo.»

Mi voltai pronto ad allontanarmi, ma la sua voce mi fece fermare. «Spero che vada tutto bene con il progetto della Maxifarma, davvero interessante la teoria del collega, il dottor Petrulin.»

Per un attimo non riuscii a ragionare, tutto ciò che sentii fu la rabbia ribollire nera, violenta e fin troppo familiare nel petto. La tensione continuò ad accumularsi, le mura scricchiolarono, la mia corazza stava per sgretolarsi e molto presto la furia sarebbe venuta fuori in un tornado incontrollabile.

Concentrati!

Mi voltai lentamente mentre annuivo in risposta, non mi fidavo nemmeno della voce. Aspettò ancora un momento ma, quando non aggiunsi altro, mi porse la mano che lottai con tutto me stesso per non stritolare e poi, inconsapevole del rischio che stava correndo, rientrò nel casolare.

L'infermiera e Sophie si trovavano già qualche metro davanti a me, ma camminavano piano, perciò mi affrettai a seguirle e, così facendo, mi presi qualche secondo per osservarla. Sophie indossava uno dei pantaloncini jeans che Sara le aveva messo come cambio e una camicia a maniche corte di cotone dai colori pastello e tenui. Il modo in cui trascinava i piedi infilati nelle infradito di paglia mi ricordò un'immagine che avevo visto in un documentario di una ragazzina anoressica che entrava in una clinica di recupero.

Sophie… il suo nome mi venne strappato dal petto come un avvertimento. Rabbrividii. Perché mi sentivo come se fossi arrivato da lei troppo tardi?

Lascia perdere, smettila con questi pensieri, stai diventando paranoico…

Era troppo tardi, per tutto. Il rumore delle piccole pietre sotto le mie scarpe si trasformò in vetro rotto. Era lo stesso suono dei battiti del mio cuore. Per un istante distolsi lo sguardo da lei, dal mio senso di colpa, e lo diressi verso l'oceano immenso e implacabile. L'acqua si infrangeva in continuazione contro le pareti rocciose come se stesse punendo gli scogli. Una leggera foschia stava risalendo, formando una nebbia lungo la spiaggia che scorgevo in lontananza. Cercai di aggrapparmi a quelle immagini, a quel paesaggio meraviglioso, feroce e allo stesso tempo inquietante, ma esse continuarono a svanire nel mio subconscio, disintegrandosi come quel vecchio ospedale che teneva imprigionati i suoi pazienti tra le mura screpolate, sotto la coltre di nuvole basse. Mi costrinsi a mantenere la calma, strinsi i denti con tutta la forza e conficcai le dita nei palmi mentre chiudevo le mani a pugno. Non avrei salvato solo lei, avrei salvato entrambi.

Non è ancora tardi. Mi rimproverai. *La salverò... la salverò...* lo ripetei ancora e ancora, più deciso, come per convincere me stesso. Avevo bisogno che lei stesse bene. *Ho dannatamente bisogno che stia bene...*

Fui tentato di aiutarla a salire sulla Jeep, ma vedendo che l'infermiera si era fatta avanti mi diressi dalla parte del guidatore e salii, dopo aver messo la borsa e la cartella nel sedile posteriore e in seguito, portafoglio e cellulare dentro il cruscotto. Le mie dita stringevano il volante così forte che mi sembrava che le ossa potessero rompersi sotto la pressione.

Rilassati, Kieran... ordinai a me stesso.

Dopo ventiquattr'ore in cui ero giunto sull'isola la stavo finalmente per portare altrove. Quello era tutto ciò che importava.

Sperai solo che stessi facendo la cosa giusta. A volte, mi domandavo se la strada per l'inferno non fosse lastricata di buone intenzioni come le mie. Se così non fosse stato, sarei stato pronto a lottare? Per lei, per me, per noi?

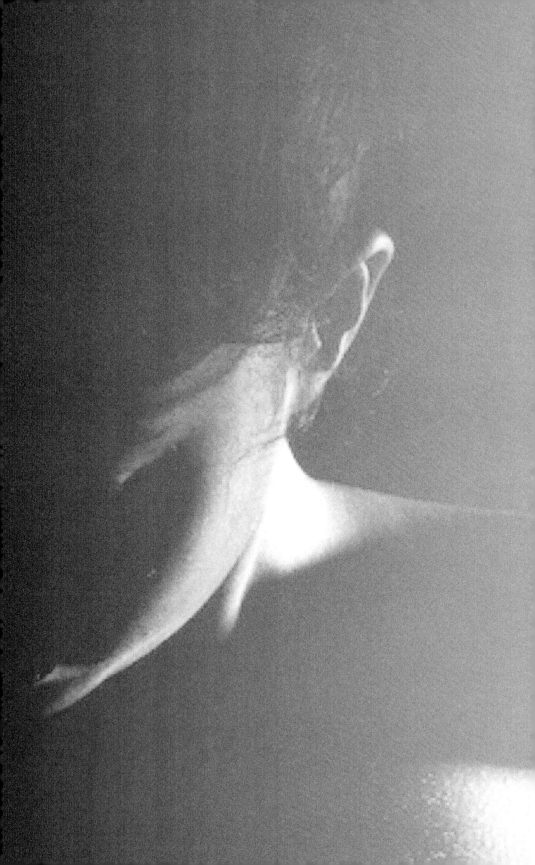

7. INCONTRI

Accesi la macchina e partii senza guardarmi indietro. Avrei voluto sfondare con il piede l'acceleratore e sparire il prima possibile, invece mantenni una velocità accettabile per non destare alcun sospetto. Imboccai la stradina che scendeva a valle con il cuore in gola. Appena il casolare sparì dallo specchietto retrovisore, allungai un braccio verso il suo sedile, infilando la mano tra le sue che erano strette in una morsa ferrea e le accarezzai le dita rigide e fredde.

Modulai la voce per farla suonare calma, ma la verità era che volevo nasconderle che stavo tremando. «Andrà tutto bene, vedrai...» non potevo finire quella frase, non con cognizione di causa, pertanto sentii la gola chiudersi e mi ritrovai a lottare solo per riuscire a far arrivare abbastanza ossigeno ai polmoni.

Costeggiai il dirupo mantenendo sempre una velocità contenuta e costante. Avevo così tante domande, ma il solo pensiero di esprimerle mi procurava delle fitte al petto da non riuscire quasi a respirare.

Cazzo!

Di una cosa era sicuro, anzi l'unica: non avrei fatto il primo passo, perché non intendevo in nessun modo metterla a disagio.

Ripensai alla nostra ultima serata trascorsa insieme, mesi prima, ciò che le dissi. *«Tutto questo finirà presto e poi potremo stare insieme come si deve...»*

La sua vulnerabilità quando mi aveva domandato: *«Me lo prometti?»*

Le ho fatto una promessa...

Intendevo mantenere la mia parola: ero arrivato fin lì per salvarla, non per darle un passaggio verso l'ennesimo baratro in cui precipitare. Sarebbe stata lei ad aprire le danze e, nel frattempo, avrei pregato che fosse lei stessa o, in alternativa, Dio, a indicarmi come avrei dovuto procedere.

Turbato dai miei stessi pensieri, le lanciai un'occhiata quasi impaurito da una sua ipotetica reazione. Il silenzio non era mai stato nostro nemico, ma in quel momento...

Quella situazione era orribile, eravamo stati colleghi di lavoro, poi eravamo diventati amici e, in qualche modo, eravamo finiti a scaldarci il cuore come amanti, ma in quell'istante non eravamo nulla di tutto ciò. Sembravamo due estranei che si erano ritrovati per puro caso dentro una macchina. Il nostro legame, così forte e profondo non esisteva più. Non eravamo più nulla.

Che cazzo devo fare?

La mia apprensione schizzò alle stelle e, con la coda dell'occhio, mi ritrovai a controllare ogni suo movimento provando a capire il suo stato d'ani mo, già con l'intenzione di decidere le mie mosse in anticipo. Mi sentivo come se stessi giocando una partita a scacchi a occhi bendati e dovevo capire i movimenti del mio avversario attraverso il suono delle pedine che venivano spostate sulla scacchiera.

Parla con me, Sophie, sono qui, proprio accanto a te...

Non accadde nulla. In un primo momento tenne la testa bassa, gli occhi chiusi e sembrava che stesse sonnecchiando poi, una volta ingranata una nuova marcia e tornato dalle sue dita per una carezza, finì per alzare il capo fino a toccare il poggiatesta. Rimase lì ferma, con le palpebre serrate, facendo solo dei profondi respiri come se volesse incanalare più aria possibile dentro di sé.

Continuai il nostro viaggio e, molto presto, realizzai che non avrei potuto portarla dentro alla base militare mentre era in quello stato. Inoltre, dovevo ancora capire come avrei fatto a nascondere che rivederla mi aveva scatenato nel cuore qualcosa che somigliava a un geyser a causa del senso di colpa. Non intendevo nemmeno mostrarle la profondità di quei sentimenti, così intensi da arrivare fino alle ossa ogni volta che la guardavo. Nonostante il mio dilemma, un fatto era chiaro: avrei dovuto metterla al corrente o, almeno, anticiparle come avrebbe dovuto comportarsi fino al giorno seguente, quando speravo saremmo finiti lontani da occhi e orecchie indiscreti. Le casette alla base erano troppo vicine le une alle altre e non potevo rischiare che qualcuno udisse la nostra conversazione.

Dove possiamo parlare? Ah, forse ho trovato il luogo ideale!

Mentre la mia attenzione continuava a essere concentrata sulla stradina che scendeva alla valle, mi ricordai la sera precedente, quando ero andato a correre e circa a metà strada, sulla statale, avevo visto un cartello che indicava un sentiero per raggiungere una cascata. Quando arrivai a valle andai in quella direzione, sperando che con la bassa stagione avessimo potuto trovare un po' di privacy.

«Ti porto in un luogo in cui potremmo parlare, va bene?» Le domandai con uno sguardo veloce per essere sicuro che mi avesse udito prima di tornare a guardare verso la strada. Per un istante temetti che non avrei più ascoltato il suono della sua voce.

«Va bene.» Le sue labbra si mossero appena.

Una decina di minuti più tardi uscii dalla strada principale e mi inoltrai nel sentiero sterrato con le chiome degli alberi che si chiudevano ancora di più. Fummo circondati dalla natura, quasi come se intendesse proteggerci: due piccoli animali in cerca di un rifugio, seppur labile, per rimetterci in sesto. Dovetti ridurre ancora la velocità e, dopo alcuni scossoni e pozzanghere che sembravano dei veri e propri laghi, arrivai in un piccolo piazzale di sosta in terra battuta. Finimmo in una specie di radura con gli uccelli che canticchiavano e l'inconfondibile rumore dell'acqua che scrosciava non tanto distante. Inaspettatamente, però, Sophie sollevò la testa di scatto e aprì gli occhi guardandosi attorno. «Puoi fermarti?» Domandò con un tono spaventato.

Il mio cuore quasi saltò fuori dal petto. «Cosa c'è che non va?» Le chiesi subito mentre mi guardavo attorno. Era la prima volta che parlava in modo lucido ed ero così stupito che frenai di colpo, facendo slittare l'auto sulla ghiaia.

Come risposta scosse la testa. «Niente. Ho solo bisogno di stare qui per qualche minuto.»

I nostri sguardi si cercarono prima di allontanarsi ancora, come quelli di due estranei. Provai a nascondere l'apprensione con un sorriso e un tono neutrale che suonò fasullo pure alle mie orecchie. «Certo, cerchiamo solo un parcheggio.» Per fortuna il piccolo spiazzo che stavo ispezionando era vuoto, così accelerai e mi diressi verso un cartello rettangolare che segnalava l'inizio del percorso verso la cascata. Le chiome degli alberi erano così folte da creare un cappello naturale in cui dimorava un'ombra fresca e gradevole. Dovetti distogliere l'attenzione da quel piccolo paradiso perché, non appena spensi la macchina, Sophie aprì lo sportello scendendo quasi al volo.

«Dove stai andando?» Le chiesi preoccupato mentre toglievo la chiave dall'iniezione. Si girò verso di me, i suoi occhi verdi, della stessa tonalità delle foglie degli alberi, erano così turbati da sembrare smeraldo liquido e il viso era contratto da un'emozione che non riuscivo a decifrare. Non le domandai se stesse bene, perché era chiaro che non fosse così.

«Devo solo fare una cosa.» Chiuse lo sportello e, senza guardarmi o, per quanto poteva valere, aspettarmi, si immerse in quel mondo selvaggio. Lo fece con una perfetta imitazione della vecchia agente Sophie Nowack, ignorandomi come se non fossi stato presente, dirigendosi verso l'inizio del sentiero. Lo sguardo mi cadde sui suoi piedi infilati in delle infradito di paglia, che si muovevano con passi veloci e continui, fin troppo svelti per qualcuno che, pochi istanti prima, sembrava mezzo addormentato e sotto l'effetto di tranquillanti.

Che cazzo stai per combinare, Sophie?

Mi affrettai a seguirla quasi correndo, non mi preoccupai nemmeno di chiudere lo sportello, mentre mi domandavo se la scena all'uscita dell'ospedale non fosse stata soltanto una delle sue recite più riuscite. Alla fine dei conti lei era l'impareggiabile Asso, il Camaleonte. Mi ricordai del cellulare e del portafoglio che, nella foga di seguirla, avevo dimenticato in macchina. *Merda!*

Irritato mi strofinai il viso con stizza mentre allungavo il passo fino a rimanere pochi centimetri dietro a lei, pronto a placcarla se ce ne fosse stato bisogno. «Ehi, aspettami…» Non volevo avvicinarmi troppo o toccarla, avevo paura che si spaventasse o che reagisse in un modo che non avrei saputo gestire, eppure non volevo che se ne andasse da sola in quel modo imprudente. Desideravo lasciarle il suo spazio, ma avrebbe potuto perdersi, scappare, sparire, farsi o farmi del male o, ancora peggio, mettere in atto qualcosa di davvero stupido come togliersi la vita…

Scheisse, che merda!

L'adrenalina schizzò alle stelle. Mantenendo sempre una certa distanza la chiamai ancora, con un tono più deciso, ma continuò a ignorarmi. Alcuni minuti dopo fummo inghiottiti da una fitta boscaglia. Il cinguettio dei passeri ci accompagnò mentre scendevamo attraverso un sentiero stretto e sterrato. L'odore delle foglie cadute e dell'acqua fangosa aleggiavano nell'aria immobile. Lei proseguì imperterrita, come se avesse un piano molto chiaro in mente, puntando in direzione della cascata che vedevo già a una trentina di metri di distanza.

Accelerai il passo. «Sophie…» tirai appena la sua maglietta. *Ora si volta e mi morde o mi colpisce, ma che diamine devo fare?*

Si fermò di colpo e le finii quasi addosso. Si voltò e i nostri sguardi si scontrarono. Inspirai in modo instabile, l'aria sembrava fermarsi in gola, graffiarmi, prima di sparire senza raggiungere i polmoni. Quando avevamo lavorato insieme, ero quasi sempre in grado di decifrare le sue espressioni, di prevedere le sue mosse. Non capitava sempre, ma era stata proprio l'aura di mistero che gravitava attorno a lei ad attirarmi come una calamita. Quel particolare e la vulnerabilità appena accennata. Eppure, cosa vedevo in quel momento? Il suo volto era impassibile, come una statua. Era tesa? Arrabbiata? Sollevata? O soltanto confusa, come lo ero io? Non ne avevo la minima idea, tranne per il fatto che mi stesse fissando come se avesse bisogno di vedermi per ricordarsi che mi trovavo davvero di fronte a lei. O forse voleva assicurarsi che fossi davvero l'uomo che dicevo di essere. *Cosa vedono i tuoi occhi, Sophie? Riesci a sentirmi? Sono qui, accanto a te…*

«Ti ho chiesto di concedermi solo un attimo» insistette con una nota di ribellione nella voce, prima di voltarsi e riprendere a camminare come se stessimo facendo una gita turistica e intendessi rovinarle l'intera avventura.

Del tutto frastornato non mi restò che seguirla. Le cose si complicarono ancora di più quando, giunta alla cascata, si lasciò cadere di peso sulle ginocchia in prossimità del laghetto cristallino formato dall'acqua che precipitava dalle rocce.

Ingoiai un gemito perché non era possibile che non avesse sentito dolore. L'intera riva era cosparsa da pietre di diverse dimensioni, appuntite o meno, che venivano lambite dalle piccole onde formate dalla potenza dell'acqua che cadeva dalla cascata. Basito, mi avvicinai piano mentre infilava le mani a mo' di conca nell'acqua cristallina e se le passava sul viso come se si stesse lavando. Sembrava essere caduta in trance, in una specie di rituale sacro solo a lei, in cui ripeté lo stesso movimento per ben cinque volte. Un paio di volte si fermò per guardare il cielo indaco o per passarsi le mani tra i capelli, stanca, sfinita.

Quando parve soddisfatta si sedette sui talloni, facendo dei profondi respiri. Le arrivai accanto con l'intenzione di accovacciarmi, ma si alzò con un balzo prendendomi alla sprovvista.

Ci guardammo, eravamo vicini, abbastanza, ma ancora troppo poco. «Grazie per avermi portata qui.» I suoi occhi si spostarono appena sulla mia schiena prima di tornare da me. Lo sguardo vigile, attento.

Mi ritrovai di nuovo a fissarla, non riuscivo a smettere. Non me ne fregava niente della cascata, dell'acqua fresca o dello stupendo paesaggio che ci circondava. Ciò che mi interessava, più di ogni altra cosa al mondo, era quella donna che mi stava davanti. Il modo con cui l'acqua gocciolava tra le sue labbra, inzuppando la camicetta chiara, mi inebriava i sensi. Per Dio, ero soltanto un uomo che per nove mesi aveva potuto solo sognarla.

E vorrei tenerti accanto per continuare a farlo tutta la vita.

I nervi mi fecero battere il cuore in modo sfrenato. Ogni cosa che la riguardava mi toccava nel profondo... la sua voce, la sua storia, la vulnerabilità che si sforzava di nascondere. Tutto quanto. La volevo in modo insano. Volevo il pacchetto completo. «Vieni qui» forse parlai in modo troppo burbero perché non acconsentì, facendo un passo indietro, con espressione guardinga. Mi maledissi mentre la raggiungevo. «Ho solo bisogno di tenerti stretta tra le braccia per un istante, okay?»

Sentii le sue convinzioni vacillare quando annuì e, senza pensarci troppo, prima che cambiasse idea, la portai a me. Le sue braccia rimasero lungo il corpo e la sua reticenza mi colpì come un mazza, ma decisi di ignorarla, almeno per il momento. Sentendo che il poco controllo che mi ero imposto stava per svanire, chiusi gli occhi e l'abbracciai forte. Soltanto quello: lei, piccola, vulnerabile, e le mie braccia, l'unico porto sicuro in cui avrei voluto che si gettasse. Per un breve istante mi ricordai le immagini che avevo visto nella sua cartella e mi domandai come una persona così minuta potesse possedere tutta quella forza, perché non credevo che sarei riuscito a farcela se avessi vissuto quell'inferno al suo posto. Subito dopo, mi venne in mente la prima volta in cui l'avevo tenuta stretta, era ai tempi del caso *Margherite Weber*. Quella sera, mentre la salvavo sulle sponde di un lago molto diverso da quello che avevamo davanti, mi ero ritrovato a pormi la stessa domanda su di lei. Gli anni erano passati e avevo imparato che l'agente speciale Sophie Nowack era una donna che esulava la mia comprensione.

Mi sono trovato accanto a Sophie per parecchi gironi dell'Inferno in cui lei è riuscita a sopravvivere sempre da sola, perciò se c'è qualcuno che può farcela è di certo lei.

Strinsi gli occhi e, tenendola con estrema cura, depositai un bacio tra i suoi capelli. Sotto l'odore di quell'orribile ospedale, il suo lieve profumo mi avvolse come una coperta calda in una notte fredda.

Ce l'hai fatta, Sophie... avrei voluto urlarlo ai quattro venti ma, al contrario, restai con le labbra sigillate e i sentimenti imbottigliati, aspettando la sua prossima mossa. Almeno per me non esisteva altro in quel momento, ma sapevo che per lei non era lo stesso: avrebbe dovuto combattere duramente e armata fino ai denti per non soccombere ai ricordi e all'oscurità del passato. In quell'istante avevo soltanto due certezze a cui potevo aggrapparmi: la prima era che l'adoravo e la seconda era il rumore del mio cuore che si spezzava, prima di ricomporsi e spezzarsi di nuovo, mentre imploravo lo stesso Dio che l'aveva creata di concederci una seconda possibilità, di donarci altri momenti, un giorno, un anno, una vita in più.

Per poterla amare come meritava. *Per favore...*

Avevo ancora gli occhi stretti, intento a lottare contro nove mesi di dolore e della sua mancanza, ero perso tra i pensieri quando la sentii parlare contro il mio petto. «Sono stanca, posso sedermi per un po'?»

«Certo, tutto quello che desideri.» Sentii le braccia crollare accanto al corpo, quando si districò allontanandosi.

Ancora una volta fui invaso dalla consapevolezza che non avevo la minima idea di come avrei dovuto comportarmi. Mi fissò per un battito di ciglia e poi mi diede la schiena in modo che non potessi guardarla in volto.

Forse ha bisogno di un attimo per radunare i pensieri.

Decisi dunque che sarebbe stato meglio lasciarla qualche minuto da sola, visto che non mi aveva invitato a sedermi con lei.

Ha detto in modo chiaro: posso sedermi, non possiamo sederci...

Provai a convincermi del significato di quelle semplici parole, mentre lei restava ferma in piedi, indecisa su quale posto fosse migliore per incanalare la pace che sembrava rievocare nella natura. Fece due passi, lo sguardo fisso sulla cascata e, dopo un po', si sedette sulle piccole pietre sul bordo della piscina naturale, tirò su le ginocchia abbracciandole e vi appoggiò il mento sopra. Feci qualche passo indietro e le lasciai il tempo che voleva.

Restai così a guardare quegli stramaledetti sassi per circa un quarto d'ora, in cui non mosse un muscolo e non disse nulla, così decisi di avvicinarmi. Provando a non disturbarla, mi sedetti con tranquillità accanto a lei.

Nonostante il mondo continuasse a muoversi attorno a noi, restammo fermi e in silenzio di fronte alla cascata, alta poco più di un paio di metri, con l'acqua trasparente che zampillava nella piscina. In un'altra occasione, in un'altra vita, avrei goduto del panorama, magari l'avrei presa in braccio facendola ridere e l'avrei invitata a nuotare con me in quella meravigliosa pozza d'acqua naturale. Invece, il silenzio fu la nostra scelta, come due estranei continuammo a guardare dritto davanti a noi, nascondendo addirittura i nostri respiri.

Con la coda dell'occhio, percepii l'esatto momento in cui abbassò lo sguardo e raccolse un piccolo fiore giallo dalle pietre. Mentre lo fissava, lo faceva rotolare tra le dita e mi ritrovai a guardare ogni suo movimento. Anche se era seduta sotto il sole potevo notare come la sua pelle, anche quella del viso, fosse così pallida da farla somigliare a un fantasma.

Inspirò in modo lento e controllato prima di rilasciare l'aria. «Volevo solo essere sicura di non star sognando, ma ancora non ne sono certa.»

Non ebbi nemmeno il tempo di assimilare ciò che aveva detto che, spostando lo sguardo verso la cascata, aggiunse: «Non ho intenzione di raccontarti nulla di ciò che mi hanno fatto. Né oggi, né mai.»

Puntualizzò con fermezza l'ultima parola e la conoscevo abbastanza a fondo da sapere che non sarebbe servito a nulla insistere. Lo stesso valeva anche per la sua reazione: non ci sarebbero state lacrime, urla o pianti pieni di sofferenza, invece con tutta la fierezza che mi sarei potuto aspettare da lei, le sue labbra tremarono appena quando provò a deglutire, ma non emise alcun suono.

Perché non può sfogarsi e liberarsi dal dolore? Perché deve sempre essere così dura con se stessa?

Quelle domande e un altro migliaio erano sulla punta della lingua, ma dovetti ignorarle. Scesero nella gola come acido e arrivarono fino in fondo bruciando tutto al loro passaggio. Chiusi gli occhi perché la sua voce era già abbastanza tormentata. Guardarla e vedere l'agonia sul suo viso mentre parlava rendeva impossibile agire senza perdere il controllo.

Le restai accanto in silenzio pensando che l'agente speciale Sophie Nowack non si era mai limitata a vivere la sua vita, ma affogava in essa. Forse aveva bisogno di qualcuno che portasse il peso delle sue scelte, della sua colpa sulle spalle? Aprii la bocca con l'intenzione di parlare, senza sapere nemmeno cosa le avrei detto.

Perché l'hai fatto? Perché hai voluto mettere, di nuovo, a rischio la tua vita? Perché hai scelto di affrontare quel mostro da sola? A proposito, hai un'idea di come ho vissuto gli ultimi nove mesi? Con il cuore a pezzi, pensando a te in ogni momento. Ogni. Fottuto. Minuto. Non c'era pace, non c'erano giorni o notti, soltanto l'angoscia e la disperazione che mi annientavano l'anima, minavano le mie speranze. Erano sempre con me... tu eri sempre con me.

E la colpa, Sophie? La senti anche tu? Perché io la sento. Ogni. Dannato. Giorno. Sono stati i mesi peggiori della mia vita, Sophie. Dei momenti orribili, ognuno più terrifican-

te dell'altro. Cazzo! Sento ancora il dolore dello squarcio che la tua scomparsa ha lasciato nel mio petto ogni volta che respiro. Ogni. Cazzo. Di. Volta.

Anche quando non c'eri, continuavi a tenere tra le mani il mio cuore e adesso siamo qui e lo stai ancora tenendo. Ti prego, non restituirmelo...

Le parole non dette rimasero sospese nell'aria, posandosi tra di noi come qualcosa di sgradevole.

Come se potesse leggere ogni mio pensiero mi fissò e notai un bagliore, una specie di lampo in una notte buia. Qualcosa di subdolo mi sbirciò da dietro i suoi occhi, dalla curva sbagliata delle sue labbra. Durò soltanto per un battito di ciglia, ma fu sufficiente per far morire le mie parole prima ancora che le potessi pronunciare. Tutto ciò che riuscii a dire fu una frase inutile che uscì strozzata dal mio petto. «Non sei costretta a raccontarmi niente, faremo come vuoi, Sophie.»

Annuendo volse lo sguardo altrove e restammo in silenzio per alcuni minuti, ma ero abbastanza attento da notare gli altri segnali che non erano evidenti. Non mi sfuggì il leggero tremore della mano, la mascella serrata, l'aria irascibile. I soliti segni di stress.

Continuai a far finta di nulla, ma quando si scostò di lato allontanandosi e, senza emettere un suono, iniziò a togliere con l'unghia alcuni sassolini che si erano conficcati sulle ginocchia lasciando al loro posto dei buchi rossi sanguinolenti, decisi che era arrivato il momento di andare via. Dovevo ancora scoprire come darle le medicine, non avevo avuto un minuto per leggere le indicazioni scritte dal dottore. Inoltre, non avevo mangiato quasi nulla dal mattino e, che lei lo volesse o meno, prima o poi avremmo dovuto parlare. Forse non del suo passato, ma di sicuro a rispetto del nostro disastroso futuro.

Senza lasciarle scelta mi alzai. «Andiamo a mangiare, sto morendo di fame.» Provai ad aggiungere un tono spensierato alla voce, ma venni preso del tutto alla sprovvista quando, dopo essersi alzata, si mise in punta di piedi facendo scorrere le sue dita lungo il mio zigomo, poi i polpastrelli sulle mie labbra. Per tutto il tempo continuò a fissarmi come se stesse cercando di capire se fossi reale o meno. Rimasi immobile, senza fiato, senza parole e prima che potessi muovere un singolo muscolo, depositò un bacio sulla mia guancia, per poi scostarsi e guardarmi. «Grazie» sussurrò.

La sua bocca sfiorò soltanto la mia pelle, ma fu così intenso che mi sembrò di non poter più respirare.

Speranzoso la osservai allontanarsi, ma subito dopo il mio cuore si spaccò in mille piccoli frammenti quando non percepii nessun cambiamento nella sua espressione.

Dai, fatti coraggio, lei ha solo bisogno di un po' di tempo...

Per fortuna, quando arrivammo alla macchina il portafoglio e il cellulare erano ancora lì. Nel tragitto verso le villette della base militare mi ricordai che uno dei soldati, quando ero arrivato, mi aveva mostrato un luogo sul ciglio della strada dove si poteva ordinare da mangiare. Era un piccolo ristorante che apriva solo durante la stagione ma, stando alle sue parole, la moglie del pescatore aveva sempre qualche piatto pronto per gli ufficiali e gli abitanti dell'isola.

Grazie al mio senso dell'orientamento, ben sviluppato dall'addestramento nell'esercito, non fu difficile trovarlo. Mentre parcheggiavo all'ombra di un grosso avocado e prendevo il portafoglio dal cruscotto, chiesi a Sophie se voleva accompagnarmi dentro e sedersi nella veranda mentre aspettavamo i piatti. Mi rispose solo scuotendo la testa che aveva di nuovo appoggiato indietro sul sedile, gli occhi serrati come due morse. Ancora una volta, mi sentii del tutto spaesato dalla sua apatica reazione. Un'innata foga mi trafisse il cuore, soffocandomi. I sentimenti che si scatenavano nel mio petto erano quasi più di quanto potessi sopportare.

Maledette medicine!

«Cosa ti piacerebbe mangiare? In questa stagione hanno soltanto pesce, ma potrei chiedere se per caso hanno il salmone che ti piace tanto.»

Magari, un ricordo dal passato potrebbe essere utile...

Non aprì nemmeno gli occhi e mi guadagnai un'alzata sonnolenta di spalle. Decisi così di lasciarla tranquilla in macchina, tanto sarei riuscito a tenerla sotto controllo mentre ordinavo i piatti.

Ero già fuori dall'auto pronto a chiudere lo sportello quando il cellulare, che avevo dimenticato sul vano portaoggetti, iniziò a suonare. Mi sporsi dentro per prenderlo, ma lei fu più reattiva. Sconcertato la guardai, agile come una pantera, mentre faceva un balzo in avanti e velocissima lo prendeva. Per un secondo, soltanto un battito di ciglia, la fissai mentre teneva l'apparecchio in mano, lo sguardo fisso sullo schermo prima di voltarsi e, senza dire una parola, passarmelo. Quando i nostri sguardi si incontrarono, i suoi occhi erano pieni di centinaia di sentimenti a cui non sapevo, o forse non volevo, dare un nome.

Il cellulare lampeggiò di nuovo e fu soltanto un secondo in più, ma ero sicuro che avesse letto il nome di Lara e visto l'immagine di noi due, uno accanto all'altro, durante uno dei suoi vernissage. *Maledetto tempismo. Cazzo!*

In fretta premetti il pulsante per rifiutare la chiamata, ma poiché non avevo messo l'apparecchio proprio davanti a me, il dispositivo disattivò il lettore di retina richiedendo la password.

«Non rispondi?» La sua voce suonò incredibilmente soave nel silenzio che ci circondava, mentre premevo i tasti senza alzare lo sguardo.

«Lo farò più tardi.» *Perché sono così nervoso? Non ho fatto nulla di sbagliato.*

Senza aggiungere altro tornò a quella che sembrava essere ormai la sua posizione preferita mentre mi allontanavo dalla macchina.

Una ventina di minuti più tardi poggiai ai piedi del sedile posteriore un contenitore rettangolare di metallo con due filetti di pesce, di cui non ero riuscito a capire il nome, e qualcosa come due chili di patate cotte con burro e prezzemolo che sarebbero riuscite a sfamare l'intero esercito dell'isola.

Ci rimettemmo in viaggio, l'aria attorno a noi era densa di umidità e prometteva pioggia. Sopra le cime degli alberi, verso ovest, nuvole nere portavano già i primi fulmini sull'oceano. A metà strada Sophie, che aveva la testa appoggiata alla sbarra laterale di metallo, si addormentò davvero. Diminuii ancora la velocità per evitare che le buche e gli sbalzi della strada sterrata la svegliassero, ma soprattutto perché desideravo guardarla.

Anche se avevamo ancora una lunga, anzi lunghissima strada davanti a noi, le mie emozioni erano così contrastanti che non riuscivo a capirle. Provai a lasciare da parte quelle negative e, con tutto me stesso, mi aggrappai a quelle positive. Forse funzionò perché qualche istante dopo mi ritrovai con l'accenno di un sorriso tra le labbra: era qualcosa che non accadeva da oltre nove mesi. Avrei voluto fermare la macchina e abbracciarla, portarla in una delle tante spiagge deserte e fare l'amore con lei mentre le onde dell'oceano lambivano i nostri corpi. Volevo disperatamente rassicurarla, magari promettendole che sarebbe andato tutto bene, che il peggio era ormai passato.

Un giorno… un giorno…

Aggrappato a quei pensieri positivi, come avrebbe fatto un naufrago con un salvagente in mezzo al vasto oceano, imboccai la stradina che conduceva alla base e, qualche minuto dopo, parcheggiai la jeep davanti alla villetta di legno.

Poiché Sophie dormiva ancora, scaricai tutte le cose dall'auto lasciandole davanti alla porta mentre non la perdevo d'occhio. Avrei dovuto svegliarla per farla entrare, ma dopo essermi assicurato che non ci fosse nessuno nei paraggi, la sollevai con delicatezza tra le braccia e la portai dentro. Una delle cose che più mi impressionò in quei pochi passi che ci separavano dalla camera da letto fu quanto fosse dimagrita, sembrava non pesare nulla, il che mi ricordò che avrei dovuto assicurarmi che mangiasse.

Quel dilemma durò fino a quando non la deposi sul letto e la coprì con una copertina sottile che trovai nel piccolo armadio. Nel momento in cui la poggiai sul materasso si mise diretta su un fianco, finendo in posizione fetale. Decisi quindi di lasciarla dormire per qualche ora prima di farla tornare a una realtà che, di sicuro, avrebbe detestato.

Senza far rumore chiusi gli infissi di legno della porta finestra, poi raccolsi tutte le cose che avevo lasciato accanto alla porta d'entrata e misi tutto sul tavolino del soggiorno. Presi una scopa che avevo visto dietro la porta del bagno e uscii facendo il giro della villetta fino a quando non trovai la porta finestra della stanza. Sistemai la scopa per terra a quarantacinque gradi e infilai la punta del manico nell'angolo della maniglia facendo in modo che la base fosse bloccata sul pavimento di ceramica. In quel modo, se per caso lei avesse provato a scappare, la scopa avrebbe impedito alla porta di aprirsi.

Sto davvero diventando nevrotico… ma la prudenza non è mai troppa. Soprattutto con lei.

Smisi di rimproverarmi mentre afferravo le ultime cose e rientravo. Iniziai a mangiare la mia porzione di pesce e patate in solitudine, dopo aver messo la sua nel frigorifero. Controllai anche se sul portatile e il cellulare ci fossero delle novità, ma a parte una nuova chiamata di Lara, a cui risposi con un messaggio, non trovai altro. Anche al lavoro sembrava che le cose fossero piuttosto tranquille, le menzogne sulla mia vacanza stavano procedendo senza intoppi, così mi rilassai un attimo e, nel frattempo, divorai il pranzo mentre controllavo online se la Maxifarma avesse annunciato qualcosa riguardo al loro progetto. Trovai soltanto un articolo di giornale di qualche mese prima in cui Andreas Bolten, il proprietario del colosso farmaceutico, concedeva un'intervista sul nuovo farmaco, già considerato da molti come una vera e propria rivoluzione della medicina. L'articolo, infatti, si intitolava:

La pillola per dimenticare
Dopo la clamorosa discussione per la clonazione del DNA
arriva il medicinale per i casi estremi di DSPT
Verità o una nuova trovata pubblicitaria?

Continuai a leggere l'articolo e, verso la conclusione, il reporter scrisse che stavano già sperimentando il medicinale su alcuni volontari affetti da svariati disturbi post-traumatici. Le ultime righe dell'articolo facevano riferimento a un soldato e a due donne affette da quelli che venivano considerati "traumi incurabili".

Pensai alla Sophie che dormiva sola nella camera da letto. Il senso di colpa arrivò potente, facendomi affondare sulla sedia. *Forse, è proprio quello di cui ha bisogno e io non le permetterò di avere accesso alla cura. Quanto sono egoista?*

Presi la sua cartella e cercai le immagini che avevano scattato il giorno del suo recupero nella foresta. Evitando di guardarla, spostai la mia attenzione sulla donna bionda che era con lei, mentre provavo a immaginare se fosse la stessa persona a cui si riferiva l'articolo.

Ha senso scegliere due persone che sono state recuperate insieme o no? Si può generalizzare in questo modo o la Maxifarma sta puntando a qualcosa di più clamoroso?

Mentre riflettevo ancora sull'argomento presi il block notes che avevo nella cartella e mi appuntai l'orario delle sue medicine. Scartai i primi due fogli in cui avevo già preso appunti e, controllando la ricetta lasciata dal dottore, scrissi la nota in stampatello su un foglio bianco. Era più semplice di quanto mi aspettassi.

Appena si sveglia dovrò farle mangiare qualcosa e darle la pastiglia rossa e bianca e quella con l'involucro morbido. Le altre due le prenderà domani mattina. Perfetto!

Il mio sguardo cadde sulla sua cartella clinica dove lessi i risultati degli esami che le avevano fatto. Tirai un sospiro di sollievo e, di sicuro, era il primo in quel viaggio.

Trigliceridemia, glicemia, emocromo, HIV, anticorpi anti-epatite C, epatite B, sifilide… e la lista andava avanti.

Almeno, tutto sommato, gode di buona salute.

Decisi infine di approfondire i dettagli in un altro momento, non ero ancora pronto a ciò che avrei appreso da quelle pagine. Conoscevo bene i rapporti scritti da poliziotti e dal personale ospedaliero: si concentravano sui fatti e li esponevano senza badare ai sentimenti. Meglio rimandare a quando avrei avuto più coraggio, poiché se lo volessi o meno quel momento sarebbe arrivato, prima o poi.

Ogni tanto andavo da lei, per controllarla, e vedevo la sua testa e le sue labbra muoversi a piccoli scatti, ma a parte quello sembrava tranquilla. Giunse il tramonto, accesi una piccola lampada posizionata accanto al divano e decisi di fare una doccia veloce per ammazzare il tempo. Dopo averla controllata ancora una volta, presi ciò che mi serviva e mi diressi in bagno lasciando la porta semiaperta.

Fu la doccia più veloce della mia vita, era probabile che le gocce non fossero neanche entrate in contatto con il mio corpo, avevo una paura folle che, in qualche modo, una volta tornato in camera lei fosse sparita.

Cristo Santo, devo convincermi a parlare con lei, spiegarle la situazione, scoprire se potrò fidarmi oppure no. Non posso continuare ad andare avanti così. Come farò? A un certo punto dovrò per forza dormire o lasciarla da sola.

Dopo aver indossato un paio di pantaloncini cargo verdi e una maglietta bianca, mi ritrovai seduto sul divano con il cellulare tra le mani. Avrei voluto sdraiarmi accanto a lei, prenderla tra le braccia, cullarla.

Fare l'amore con lei…

Realizzare quel desiderio, avrebbe o no significato approfittarmi della situazione?

Mi strofinai il viso con stizza, la ricrescita della barba mi grattò le mani mentre sbuffavo contrariato. Presi l'unico cuscino che abbelliva l'orrendo divano, lo posai vicino al bracciolo e mi distesi, incrociando le caviglie e mettendomi più comodo. Guardai l'orologio, desiderando di avere il potere di spostare in avanti le lancette fino ad arrivare al giorno dopo.

No, non così poco perché sarò costretto a prendere altre decisioni scottanti. Facciamo un salto di una settimana, anzi di un mese…

Sentii lo stomaco aggrovigliarsi. Avevo il brutto presentimento che parecchi domani sarebbero stati peggiori di quella giornata che volgeva al termine.

Se affonderò un'altra volta, non ne uscirò mai più. Non riuscirò a riprendermi se la perderò una seconda volta…

Smettila, Kieran, devi pensare positivo. Ormai lei è qui con te…

Ci stavo provando con tutto me stesso, ma l'intera situazione mi aveva stremato e mi sentivo come se potessi scivolare in stato comatoso da un momento all'altro. Per qualche minuto mi concentrai, cercando nella memoria soltanto i bei momenti che avevamo condiviso. Ci conoscevamo da parecchio tempo, come colleghi, certe volte come avversari, ma non come persone, come amanti. Tuttavia, quei pochi attimi che avevamo condiviso prima che me la portassero via, erano come un fuoco che avvampava sulla pelle… sentii l'eccitazione tendersi contro i pantaloncini mentre i ricordi affioravano.

Noi due nella doccia…

«Coraggio, Kieran Heizmann, fatti avanti… togliamoci lo sfizio.»

…

«Smettila, Sophie!»

La sua camicia bagnata che veniva gettata al suolo, producendo un rumore simile a uno schiaffo. La sua bellezza fiera, il sorriso disarmante.

…

«Proprio come pensavo…»

«… dannata donna!»

…

«Wow, agente Heizmann, non sei uno che va tanto per il sottile.»

…

«… Voglio sentirti…»

127

Con quei lussuriosi momenti che mi tenevano compagnia, sentii le palpebre diventare sempre più pesanti e finii per cadere in un sonno esausto in cui mi arrendevo a lei.

Fu il suono stridulo del suo urlo a svegliarmi. Sembrava che fossero passati solo pochi minuti da quando avevo chiuso gli occhi e mi ci vollero un paio di secondi per orientarmi, prima che urlasse di nuovo, ancora più forte.

Cazzo!

Mi catapultai su dal divano e finii per sbattere lo stinco sull'angolo del fottuto tavolino. Non provai alcun dolore mentre l'adrenalina alimentava il corpo, portando tutti i sensi alla massima attenzione. Accesi la luce del bagno e, un po' zoppicando e un po' correndo, irruppi nella camera. Vidi Sophie seduta sul letto, la sua testa scattò verso di me appena entrai, i suoi occhi impazziti dal terrore mi fecero stringere il cuore.

Come se non mi avesse nemmeno riconosciuto, aprì la bocca per urlare di nuovo.

«Sophie, sono io, sono Kieran.» Mi affrettai a dire prima che svegliasse tutta l'isola.

Le sue parole sconnesse, alcune in una lingua che non avevo mai udito prima, uscivano come un torrente in piena. *Cosa sta succedendo?!*

Appena mi misi seduto accanto a lei si lanciò su di me, facendomi quasi perdere l'equilibrio, salendo a cavalcioni sulle mie gambe e cingendomi il collo con le braccia.

«Ehi, piccola, sono io» la tranquillizzai una volta ripreso stabilità, prima di stringerla, accarezzandole i capelli.

Sussurrò ancora e ancora parole senza senso, mentre si aggrappava sempre più forte a me, come se volesse entrarmi dentro, tremando come una foglia in balia del vento.

«Va tutto bene. Va tutto bene. Ci sono io con te, adesso» mormorai più volte, mentre pregavo che non avesse notato quanto la mia voce si fosse incrinata. Era pietrificata, si sta spezzando tra le mie braccia.

«Sophie, sei al sicuro. Ti giuro che sei al sicuro» continuai a ripetere e alla fine, tra le sue balbuzie riuscii a capire una parola.

«Il buio» sussurrò contro il mio collo. «Odio… buio» mormorò altre parole sconnesse e poi aggiunse: «Perché… scuro…?»

Oh, grazie al cazzo.

Mentre mi stringeva avevo già immaginato una sorta di crisi ed ero pronto al peggio, ma mi rilassai alle sue parole. Tenendo un braccio intorno a lei, mi chinai verso il comodino accanto al letto e accesi l'abat-jour.

«Così va meglio?» Le chiesi mentre mi spostavo indietro portandola con me e mi appoggiavo con la schiena alla parete dietro il letto, il suo viso seppellito nel mio collo. Continuai a cullarla accarezzandole i capelli, poi la schiena dove, attraverso la maglietta sottile, potevo sentire gli orribili rilievi frastagliati sulla pelle.

Cristo Santo, sono segni di…

All'improvviso mi sentii grato per le sue cicatrici… perché mi ricordavano che sarebbe potuta andare molto peggio. Durante quei lunghi mesi qualcuno avrebbe potuto portarla per sempre via da me e non avrei mai più potuto tenerla tra le braccia. *Con me, per sempre…*

Continuai ad accarezzarla mentre le mormoravo parole confortanti e dopo un po' i singhiozzi cessarono e lei infilò una mano tra di noi, posandola all'altezza del mio cuore e la lasciò lì, per un tempo che mi parve infinito. Finalmente si calmò e ringraziai il cielo quando la sentii rilassarsi contro il mio corpo.

Si era tranquillizzata nella sicurezza del mio abbraccio. Avrei potuto salvarla, avrei potuto salvare quella stupenda, coraggiosa donna. Avrei potuto salvare entrambi…

«Scusa, non volevo spaventarti» sussurrò mentre si allontanava quanto le bastava per scostarsi i capelli dal viso. Mi fissò con gli occhi cerchiati di rosso, la pelle arrossata e ricoperta da una leggera patina di sudore.

La gola mi sembrò sempre più stretta e irritata, pungente per il rimorso. «Stavo dormendo sul divano e, quando ti ho sentita urlare, mi sono preoccupato...» le parole si affievolirono fino a sparire nel silenzio quando le sue dita mi toccarono le labbra zittendomi, lo sguardo fisso sulla mia bocca mentre i polpastrelli scorrevano delicati sulla pelle. Lento, come se fosse un sogno, girò la mano in modo che il dorso delle nocche toccasse le mie labbra.

Mi si bloccò il respiro in gola e, a fatica, riuscii a reprimere un gemito che stava nascendo. *Ti prego, non guardarmi così...*

Era incredibile il potere che quella donna aveva su di me, come un suo solo gesto potesse privarmi del controllo e, sebbene ci fosse una parte di me che sapeva che dovevo allontanarmi il prima possibile, un'altra parte, molto più maschile ed egoista, desiderava solo portare avanti ciò che i miei pensieri avevano già immaginato.

Iniziai a far uscire piano il respiro che avevo trattenuto, ma scelse proprio quel momento per alzare le lunghe ciglia e fissarmi. Una delle mie mani trovò il suo fianco e il suo petto mi sfiorò mentre si chinava su di me.

Sentivo il suo respiro sulla pelle e notai le sue pupille dilatate dal desiderio. Si morse il labbro e trattenni un gemito quando mi sentii inebriare dal suo profumo femminile che avevo potuto soltanto sognare negli ultimi mesi.

Posò lo sguardo sulle mie labbra, non disse una parola, nulla, solo il desiderio che arrivò implacabile bruciando ogni atomo del mio corpo come lava, facendo avvampare la fame che era stata lì, apatica per mesi, diventata all'improvviso avida. Lo sentiva anche lei?

Era abbastanza vicina da vedere l'alzarsi e l'abbassarsi del mio petto dal respiro sempre più affannoso. Per qualche assurdo motivo non riuscivo più a parlare o a ragionare, nemmeno respirare era più alla mia portata, per quanto potesse contare. Sapevo che stabilire un contatto visivo con lei sarebbe stato un errore, ma lo feci lo stesso, percependo l'impatto del suo sguardo fino alle ossa. Un dolore dolce e sensuale che si conficcò dietro lo sterno e mi fece sentire decisamente eccitato e più inquieto di quanto non mi fossi sentito da molto, troppo tempo. Il bisogno e il desiderio avvamparono caldi e profondi, puntando dritto all'inguine e per un istante riuscii solo a pensare che volevo il suo corpo più vicino al mio. La mia bocca contro la sua. La morbidezza della sua pelle e delle sue curve sotto le mie mani. E poi, come una secchiata di acqua fredda in faccia arrivò la consapevolezza.

Lei non starà pensando in…

Ero un uomo e avevo tra le braccia la donna che per nove mesi avevo creduto morta, che in qualche modo possedeva il mio cuore, eppure le circostanze erano a dir poco sbagliate. Non mi aspettavo una reazione del genere da parte sua, ancora meno quando prese il mio viso tra le mani e, guardandomi negli occhi, con voce decisa disse solo: «Fottimi, Kieran.»

8. SCONTRI

Erano anni, ormai, che mi sentivo succube dell'incredibile abilità di Sophie nel trovare, sempre al momento opportuno, i miei punti deboli e usarli per fare leva su di me. Nel bene o nel male, nella tristezza o nell'allegria, nella rabbia o come in quel preciso momento, nella lussuria.

L'inaspettata intensità della sua presenza mi costrinse a chiudere gli occhi con forza. Sentii il desiderio e la paura di farla mia colpirmi sotto la pelle così forte da farmi mancare il fiato.

Non cederò. Non cederò, per il suo bene, non lo farò. Scossi la testa, volevo allontanare le sue parole, ma non mi avrebbero mai abbandonato.

Fottimi, Kieran, fottimi...

«Sophie, per favore...» a malapena udii la mia stessa voce sopra il frastuono che stava facendo il mio cuore. Avrei voluto dirle altro, renderla partecipe della mia angoscia, ma non riuscii a seguire nessuno dei miei intenti. Ero stordito, inabile, del tutto alla sua mercé. Rimasi così, impotente, seduto su quel letto, mentre lei si aggrappava a me senza che potessi fare niente per oppormi. Il suo corpo tremava contro il mio, al ritmo della sua voce melodiosa che ansimava con l'ardore di una sirena che ammaliava. Un sussurro, una penitenza, una disperata richiesta. «Shh, non parlare, shh...»

Sophie aveva sempre avuto un modo molto personale di usare le parole, quindi ero sicuro che quella litania non fosse per me. Era, soprattutto, per consolare se stessa, forse era per entrambi, ma di sicuro non solo per me.

Si mosse con la destrezza di uno stratega che, come unico obiettivo, voleva vincere la guerra. Come un fiero condottiero, si avventò sul mio collo, scese poi sulla clavicola riempiendomi di morsi, mentre le mani, incapaci di stare ferme, cercavano di strappare la maglietta. Come se quei semplici gesti non fossero già sufficienti a mandarmi in estasi, inarcò la schiena offrendomi i seni coperti solo dal sottile tessuto della camicetta. Nonostante provassi a resistere con tutto me stesso, mi sorpresi a cercare di sfiorare la sua pelle. Avevo più che mai bisogno della sua morbidezza, del suo profumo... della mia donna. Con quei pensieri in testa e solo lei negli occhi, la razionalità scivolò via a ogni battito di cuore, finché non mi ritrovai ad ansimare sussurrando il suo nome, volendo sempre di più.

Sentii ogni desiderio, ogni emozione contro il mio petto, prepotenti, aggrovigliati in una matassa senza fine con l'intento di farmi impazzire. La desideravo così tanto da stare male, ma temevo ancora di più cosa sarebbe successo se l'avessi assecondata, se l'avessi sdraiata su quel letto e avessi finito per esaudire ciò che mi stava pregando di fare.

Era tutto sbagliato, ma lo eravamo stati anche noi, sin dalla prima volta in cui eravamo stati insieme. Eppure, non avevo mai percepito qualcosa di così giusto nella mia vita, di così perfetto, come avere lei tra le mie braccia pronta per essere amata; e nient'altro.

Cercai di ricompormi e tra i gemiti le dissi: «Non possiamo farlo...», ma non mi ascoltò nemmeno, «non voglio farlo, Sophie» riprovai, usando le ultime forze che mi erano rimaste per imprimere un tono più duro nella voce.

L'avevo delusa così tanto che lasciò cadere nel vuoto le braccia che, fino a un istante prima erano accanto alla mia testa, poi si sporse all'indietro quel tanto per allontanare i suoi seni perfetti dal mio viso. Si sedette sui talloni, senza però scendere dalle mie gambe, e fui testimone di tutto il dolore che il mio rifiuto le aveva causato. Ancora una volta, soccombetti alla forte fitta di dolore che mi colpì dritta al petto, fu così atroce che quasi mi fece piegare in due.

Cristo Santo, se stavo facendo ciò che era giusto, perché diamine mi sentivo così male?

Come risposta non disse nulla. Si limitò a fissarmi, aspettando la mia prossima mossa. Avrei voluto poter chiudere gli occhi e scappare dal suo sguardo, ma avevo perso quel diritto perché ero l'artefice della sofferenza a cui avevo condannato entrambi. Rimasi, quindi, a osservare il fuoco della rabbia che consumava ogni fibra del suo essere, come un soldato che avanzava verso il nemico in prima linea.

Infine aprì la bocca come per parlare ma non emise alcun suono. La gola le tremò quando provò a deglutire. Solo nel momento in cui le sue labbra si chiusero emise un piccolo e flebile guaito. Dopo un'eternità, finalmente, parlò, la voce era appena udibile. «Perché non mi vuoi? Io voglio solo dimenticare... aiutami, Kieran.»

Mi raddrizzai pronto a spiegare le mie motivazioni, ma lei mi fissò con uno sguardo implorante.

La fragilità nella sua voce mi sorprese così tanto che ogni tentativo di convincerla mi parve inutile, quasi offensivo.

Le sue iridi verdi mi trafissero, penetrando fino all'anima. «Per favore, ti prego...» insistette. «Portami via, Kieran, portami ovunque, basta soltanto che sia lontano da me stessa.»

La potenza delle sue parole e l'espressione tormentata del suo viso mi sommersero come l'alta marea. Feci un profondo respiro e, per la prima volta, mi resi conto di quanto avrebbero potuto essere profonde le sue ferite emotive. Era stata molto chiara quando eravamo alla cascata: non si sarebbe mai confidata con me, né avrebbe mai cercato la mia spalla su cui piangere. *Cosa devo aspettarmi?*

Come se avesse fiutato il mio attimo di debolezza si fece avanti di nuovo, riducendo lo spazio tra di noi. La consapevolezza del suo corpo così vicino, del suo profumo, mi investì appieno, come diamine avrei fatto a resisterle? Sophie si inarcò verso la mia erezione, frizionando il bacino e il controllo, già appeso a un filo, vacillò ancora una volta. La frustrazione bruciò dritto all'inguine mentre mi premevo contro di lei, ma quel contatto non faceva altro che farmela desiderare ancora di più.

Dovevo allontanarmi, farla ragionare perché quello che mi stava chiedendo non era ciò di cui aveva davvero bisogno. La storia della Maxifarma era fuori questione, ma un aiuto professionale le avrebbe sicuramente giovato, magari dal dottor Fustermann che era da diverso tempo il suo terapeuta. Una notte di sesso, invece, non avrebbe risolto niente. Con quel pensiero fisso in mente, le circondai con cautela i polsi non appena cercò di appoggiare i palmi caldi sulle mie guance. La guardai senza vacillare.

«Non farlo…» pronunciai quelle parole con un forte peso sul petto, furono tra le più difficili di tutta la mia vita. Suonarono calme tra i rumori dei nostri respiri affannati, molto meno rumorosi del mio cuore che batteva come se stesse per uscire dal petto.

Mi rispose scuotendo con decisione la testa e strinse le cosce attorno a me, rifiutando di obbedire alla mia richiesta. «Per favore…» insistette, senza accennare ad arrendersi.

Mi spostai con il busto all'indietro mentre provava a liberarsi. Nel frattempo i suoi occhi disperati cercavano i miei, era il suo modo per rinchiudermi in un paradiso dorato, ma le negai quella possibilità rimanendo impassibile.

«Per favore, Kieran. Non negarti.» La sua voce tremò, così come lei.

Cristo Santo, cosa dovrei fare?

Quando la fissai, sentii il respiro mozzarsi perché attraverso la flebile luce dell'abat-jour il suo sguardo mi apparve come quello di una ragazzina confusa e disorientata. «Non è il momento adatto, Sophie. Non stai bene, piccola.»

Per favore, prova a capire…

Continuai a guardarla con il petto gonfio di lacrime, fino a scorgere, nascosta nel profondo, una tigre ingabbiata contro la sua volontà, un felino in cerca di una via di fuga, di sentirsi vivo e ancora cosciente, padrone del proprio destino.

Capii che c'era soltanto un modo per farle accettare ciò che stavo cercando di dirle. Mi avrebbe ucciso, ma non c'era altra soluzione, dovevo correre il rischio per forza. La fissai a lungo con uno sguardo duro, fino a quando smise di opporsi. Nel momento in cui parlai, lo feci con un tono di voce autoritario e il petto stretto in una morsa di ghiaccio. «Non provarci, Sophie. Ho detto di no!» Le ultime parole mi uscirono come se lo sterno stesse per frantumarsi.

Mi guardò come se le avessi dato uno schiaffo in pieno viso e il suo dolore si espanse fino a raggiungere il mio.

La vidi afflosciarsi come un fiore calpestato, le uniche parole che mi rivolse furono poche e sibilline: «Va bene allora…» nessun "parliamone", neanche un "perché", nulla che potesse lasciar aperta una porta al dialogo.

Provai ad abbracciarla perché volevo soltanto regalarle un po' di conforto, ma ormai era troppo tardi. Come il vento in una gelida mattina d'inverno, una barriera densa di disperazione si era di nuovo innalzata tra di noi e lei si arrese, abbandonando il suo posto sulle mie gambe e accasciandosi sul materasso.

Il mio petto sembrò schiacciarsi sotto un blocco di cemento mentre fissavo la sua vulnerabilità. *Che diamine devo fare?*

Chiusi gli occhi e li strinsi forte, cercando di non provare nulla, di non soffrire, di non amare. *Cazzo!*

Era ovvio che non avrebbe funzionato, ero così arrabbiato con me stesso che mi alzai di scatto. Fissai per qualche secondo il soffitto della camera, mentre mi strofinavo con forza la nuca. Non ero sicuro di riuscire a guardarla ancora, ma poi mi rassegnai: Sophie era sempre più rannicchiata su se stessa, accartocciata come un foglio di carta che era andato a fuoco. La guardai rotolare di lato sul materasso e finire un'altra volta nella stessa posizione fetale in cui l'avevo vista dormire poco prima, abbracciò le ginocchia e vi seppellì la testa in mezzo.

Il suo trauma era come un veleno. Si era insinuato nel suo corpo, nella sua mente e continuava a persistere, infliggendo altri danni, altra distruzione in un circolo vizioso e senza fine.

Cosa cazzo devo fare? Strinsi i denti fino a farli scricchiolare e lasciai che dalla bocca uscisse una litania di parolacce pronunciata a bassa voce. Mi serviva qualche istante per metabolizzare il dolore, il senso di colpa che provavo, o sarei morto in quella maledetta camera, così presi la coperta che era finita ai piedi del letto e la coprii. Sophie non mosse nemmeno un muscolo.

Prima di lasciarla sola, mi voltai soltanto per vederla trasformarsi un'altra volta nell'essere apatico che avevo portato via da quel luogo infernale.

Sentendo il peso della sconfitta come un'incudine sulle spalle, arrivai in soggiorno inseguito da quei maledetti, infidi pensieri che sembravano fiatarmi sul collo.

Sara, Timo, Hansen e Laz avevano ragione: sapevano di cosa stavano parlando. Ero convinto che la voglia disperata di salvarla sarebbe bastata per affrontare ogni sfida, ma ero in errore, un grosso anzi, gigantesco errore: non ero preparato a quello. Per quanto tenessi a lei, e soltanto Dio sapeva quanto profondi fossero i miei sentimenti, non avevo la minima idea di come aiutarla.

Scossi la testa provando a tenere a bada il mio senso di colpa perché non mi stava aiutando, al contrario quella sensazione insopportabile equivaleva a scavarmi la fossa da solo e non era il caso di accumulare altra terra.

Più contrariato che mai, iniziai a camminare come una belva in soggiorno, avanti e indietro, mi sentivo come un leone in gabbia. Incrociai le braccia al petto e sbuffai imbestialito. *Non posso andare lì e fare sesso con lei… in che modo potrebbe essere d'aiuto?*

Arrivai a ridosso della parete, mi voltai e ripresi a camminare. *Che diavolo aveva in mente quando mi ha chiesto di… di… cazzo, non riesco nemmeno a pronunciare quella parola, di fotterla? Il modo in cui è uscita dalla sua bocca…*

«Cazzo!» Sbottai sottovoce. Mi massaggiai la mascella provando ad allentare la tensione, la stringevo talmente forte che mi stava facendo pulsare tutta la testa.

Perché si è riferita a se stessa come se fosse una semplice puttana?

Altri otto passi, evitai il fottuto tavolino per un soffio e finii davanti all'altra parete. *Lo so perché mi ha parlato così, ma è assurdo. Al di là di ciò che può esserle accaduto in questi mesi, non è di certo una sgualdrina…*

Sentii di nuovo il rumore dei miei passi che si trasformava in vetro rotto e i battiti accelerati del mio cuore, ancora in subbuglio per l'improvviso risveglio e l'incontro ravvicinato con lei.

Mi sentivo frustrato, arrabbiato, devastato. Guardai il soffitto. *Scheisse!*

Mi voltai e ripresi a camminare. *Non posso, non posso andare lì e… e scoparla come un bastardo senza cuore.*

Per un breve momento, che mi parve addirittura un po' folle, deviai i pensieri ai miei capi da palestra che avevo lavato quella mattina prima di recarmi all'ospedale e che stavano asciugando stesi su un filo fuori dalla casetta. *Potrei uscire per fare una corsa… in questo istante mi sarebbe di grande, anzi, di immenso aiuto.*

Scossi la testa con forza, non l'avrei mai lasciata da sola in quello stato. Continuai a muovermi, fino a quando i miei passi si arrestarono colpiti da un barlume di speranza.

Non voglio scoparla, ciò che voglio è…

Mi bastarono solo poche falcate per raggiungere di nuovo la camera da letto. Sophie era ancora rannicchiata nella medesima posizione in cui l'avevo lasciata. *Ce la puoi fare, Kieran, è tutta una questione di fiducia. In te, in lei, in voi due.*

Avevo sempre saputo che quella donna chiamava ed eccitava la mia natura più oscura, a dispetto di qualsiasi autocontrollo, ma mai avrei usato il mio desiderio per farle del male o per procurarle qualche danno.

A costo di pagarne le conseguenze, mi avvicinai a lei con un sospiro bloccato in gola. «Sophie,» senza aspettare una risposta, aggiunsi: «alzati.»

Dai, piccola, per favore, torna da me... ti scongiuro, Sophie.

Nonostante il mio invito non si mosse e, per un istante, credetti di averla persa per sempre. Poi, il tono di comando appena accennato nella voce catturò la sua attenzione. Quando spostò indietro la testa, ancora appoggiata alle ginocchia, per guardarmi con un'espressione stranita, tornai a respirare.

Stesi la mano fino a sfiorarle la guancia, la sentii tremare appena.

«Vieni» le dissi a metà tra un'esortazione e un ordine. Sembrò funzionare perché si sedette sul materasso e si spostò in avanti intenta ad appoggiare la sua mano nella mia.

Fiducia...

Percepii in modo chiaro uno spasmo nel braccio che rispecchiava tutta la sua indecisione, fino a quando qualcosa la convinse perché si mosse incerta verso di me. «Kieran?»

Annuii mentre l'aiutavo ad alzarsi e, quando la sua testa mi arrivò all'altezza dello sterno e la vidi così piccola, pensai che ciò che stavo per fare fosse una pazzia. Il suo corpo si avvicinò al mio e fui attraversato da una scossa elettrica. Il piacere mi avvolse all'istante, irresistibile. L'odore della sua femminilità penetrò ogni resistenza rimasta. Ignorando tutti gli avvertimenti e i segnali che la ragione mi stava urlando contro, accantonai tutto e lasciai che ciò che nutrivo per lei venisse a galla.

Le lasciai la mano per alzarle il mento con due dita in modo da avere la sua attenzione.

Sussurrai: «Io non ti fotterò, Sophie...»

Ignorai il brivido che la percorse a causa della brutalità delle mie parole e spostai lo sguardo al suo petto. Sollevai appena le mani, toccai il primo bottone della camicia e lo aprii.

Per la prima volta notai l'effetto che avevo su di lei: i suoi polmoni sembravano sforzarsi tanto quanto i miei soltanto per prendere nuova aria. Non spostai l'attenzione da ciò che stavo facendo e sapevo che i suoi occhi non avevano abbandonato il mio viso.

«Non ti scoperò o qualcosa del genere...» sussurrai ancora e, intanto, spostavo le dita verso il secondo bottone. Rimasi in silenzio un attimo soltanto per udire un respiro tremante fuoriuscire dalle sue labbra.

Quando il secondo bottone si liberò, passai al terzo, ma prima di aprirlo, la fissai e potei giurare che la paura letta nei suoi occhi fosse la stessa che albergava nei miei.

«Ciò che farò…»

Aprii un altro bottone e mi persi ad ammirare una porzione di pelle chiara che brillava come argento nella luce tenue dell'abat-jour.

«Sarà adorare ogni centimetro del tuo corpo…»

Le mie dita, troppo zelanti, fecero saltare i due bottoni successivi senza preavviso e i nostri sguardi rimasero agganciati fino a quando non arrivai all'ultimo. Annaspai, imprecando mentalmente quando mi resi conto di non riuscire a controllare il tremore alle mani. Quando, infine, anche l'ultimo bottone si arrese, abbassai lo sguardo sulla camicia non del tutto aperta come un mantello indossato per protezione. Sotto l'ombelico intravidi solo un lembo di pelle ma la mia bocca si asciugò lo stesso.

Leccai le labbra prima di continuare: «Non devi avere paura…»

Sollevai piano entrambe le mani sulla parte superiore della camicia e la vidi serrare gli occhi per l'attesa. Mi fermai, ma quando non si mosse, la pregai: «Guardami, piccola…»

Per favore, resta come me…

Le sue labbra tremarono e, a ogni istante, divenne sempre più difficile trattenere le lacrime. Era il momento peggiore per commuovermi, ma a mie spese avevo già capito che certi sentimenti esulavano dalla ragione.

I suoi respiri divennero sempre più rumorosi, così come il gemito che mi sfuggì non appena la camicia, ormai inutile, espose il suo corpo magro e in parte sfregiato. La vista delle cicatrici mi raggelò: segni rossastri lasciati da una frusta o dalla lama di un coltello ben affilato, inflitti per far soffrire e non per uccidere. Alcuni erano rotondi simili a bruciature, e altri marchi infidi provocati da chissà quanti bastardi psicopatici e senza scrupoli.

Alcuni di essi erano ormai quasi invisibili, mentre altri, come quello che partiva da sotto i seni e scendeva con linee frastagliate e parallele verso il pube, erano più evidenti. Non erano l'opera di un bastardo dilettante, ma l'azione violenta di un maniaco e in seguito di qualcuno con una discreta conoscenza medica che aveva provato a suturare i tagli e, potevo anche scommettere, a fermare un'emorragia.

Il pavimento sembrò muoversi, ma la sensazione di dondolio fu così reale che per un istante credetti di cadere. Piantai i piedi al terreno, come se intendessi ancorarmi a esso e continuai con il cuore che si riempiva di tenerezza, di orgoglio, di…

«Ciò che farò, mia bellissima Sophie, sarà amarti come meriti di essere amata.»

Mentre lo dicevo, senza smettere di guardarla, feci scivolare piano la camicia a terra e le sfiorai apposta entrambe le mani sperando di sciogliere la sua rigidità. Nonostante i miei sforzi le sue palpebre rimasero serrate. Le avevo promesso che sarei stato io a prendermi cura di lei e intendevo farlo, fino in fondo.

Rabbrividì quando le sussurrai all'orecchio: «Amami questa notte, Sophie. Sono io ad avere bisogno di te.»

Forse ne abbiamo bisogno entrambi.

La sfiorai con delicatezza con i polpastrelli iniziando dalle dita, una a una, per poi soffermarmi sui polsi dove sentii il suo cuore battere. Forte, costante, mio...

Nel frattempo, non smettevo di guardarla, di adorarla, e rimasi incantato a fissare una prima lacrima scivolare sulla sua guancia. La sua pelle venne percorsa da brividi, mentre continuavo quella piacevole tortura accarezzandole le braccia. Mi accorsi che non aveva ancora aperto gli occhi, così mi avvicinai fino ad appoggiare delicatamente la fronte contro la sua. I nostri respiri stavano danzando allo stesso ritmo.

«Resta con me, va bene? Concedimi la possibilità di mostrarti ciò che il mio cuore prova per te.»

Aspettai fino a quando annuì, poi feci scorrere i palmi sul suo ventre e raggiunsi la parte superiore dei suoi pantaloncini di jeans, aprendo il primo bottone. Era così magra che le mie dita si infilarono senza problemi tra il tessuto e la pelle. La sua fronte era ancora appoggiata alla mia e sentii il suo respiro veloce infrangersi sulle mie labbra. Non potevo vederla, ma avevo la sensazione che i suoi occhi fossero spalancati e lo sguardo fosse diretto alle mie mani intente ad abbassare la cerniera. Le sue braccia mi circondavano quasi del tutto il collo e nessuna sensazione sarebbe stata più appagante come averla così vicino. Quando riuscii ad aprire la zip, con estrema delicatezza feci scivolare le mani tra il tessuto e i suoi fianchi per farle capire che non mi importava niente delle cicatrici. Ero sempre più impaziente di averla, ma le avevo promesso che mi sarei preso cura di lei, così con entrambe le mani afferrai il pantaloncino e lo abbassai lentamente, seguendo il tessuto che scivolava lungo le sue gambe. Mi sentii euforico quando mantenne le mani tremanti sulle mie spalle concedendomi la sua totale fiducia, il suo amore.

Lo senti anche tu, Sophie? Mostramelo, piccola, fammi vedere la portata della tua passione.

«Così, Sophie, sentimi mentre ti adoro.» Il suo sussulto si trasformò in un gemito, mentre con il respiro lambivo il suo corpo e con la bocca sfioravo la pelle frastagliata fino a mettermi in ginocchio. Mi fermai solo quando, con le labbra, raggiunsi il suo stomaco. Per un momento pensai a come le cicatrici fossero un emblema del suo coraggio, del suo stesso essere.

Avevo sempre saputo del pericolo che correva con il lavoro che aveva scelto di fare e avrei mentito se avessi detto che quella sua fissa, il suo beffarsi del destino, essere sempre fuori contesto, come se fosse al di sopra della normalità, della vita stessa, non mi spaventasse a morte. Il fatto che avesse sempre puntato alla meta, senza mai titubare, quella ostinata mancanza ad ascoltare gli altri o a farsi aiutare. Tuttavia, sapevo comunque che quella era Sophie Nowack, nella sua vera essenza, senza veli, e chiederle di rinunciarvi equivaleva a imporle di abbandonare se stessa.

Intanto, il pantaloncino arrivò ai suoi piedi con una lentezza disarmante, tutto in lei andava adorato e assaporato. In silenzio, alzai la testa e la guardai, ancora inginocchiato. Avevo deciso di mettermi in quella posizione per pregarla, per dimostrare che ero e sarei sempre stato pronto a venerarla. Non mi importava quanti segni avesse sul corpo, era una guerriera che aveva attraversato l'inferno ed era sopravvissuta indossando soltanto la sua armatura fatta di pelle e coraggio.

I suoi occhi mi fissarono e la vidi irrigidirsi. «Non voglio che tu provi pena per me, Kieran» mi disse, mentre sfilava un piede alla volta dai pantaloncini ormai abbandonati a terra. Non volevo che mi fraintendesse, eppure non potevo rimangiarmi ciò che aveva visto, ciò che aveva percepito nei miei occhi.

Alzai lo sguardo verso di lei e quel semplice contatto bastò a farmi capire, in modo fin troppo tangibile, la portata dei suoi sentimenti. «Non è la prima volta che vedo delle cicatrici, Sophie.»

«Ma è la prima volta che vedi le mie» distolse lo sguardo, non era più la mia guerriera, bensì una donna messa a nudo con quei segni che considerava deturpanti. «Le odio.»

Il contrasto tra la donna e l'agente delle forze speciali mi colpì in modo brutale attraverso la sofferenza che il suo volto mostrava. Mentre osservavo le emozioni scorrere sui suoi lineamenti, sentii aumentare dentro di me un feroce istinto di protezione. Anche se le cicatrici avevano contaminato il suo corpo e la sua anima, volevo che sapesse che non l'avrebbero mai sminuita davanti ai miei occhi né come poliziotto né come donna. «Non c'è nulla di cui vergognarsi, piccola. Questi segni raccontano la storia di una donna piena di coraggio e di forza di volontà» le dissi gentilmente, mentre mi rimettevo in piedi.

Avevo dimenticato quanto potesse essere splendida Sophie in tutta la sua essenza. Sentii il bisogno urgente e tormentato di divenire un tutt'uno con lei e, per la prima volta in tutti quei mesi, mi rifiutai di considerare qualsiasi opzione legata al buon senso. Volevo essere puro istinto. Mi tuffai in lei senza nemmeno prendere in considerazione che stavo per avventurarmi oltre il punto di non ritorno. Le circondai il viso con entrambe le mani e la guardai con tutta l'intensità di cui il mio cuore era capace. «Io, questa notte, ti amerò come meriti, Sophie Nowack.»

Sempre e per sempre, fino alla fine del tempo, se lo vorrai. Amerò ogni parte del tuo cuore, del tuo meraviglioso, mutilato, sopravvissuto cuore. Se lei mi avesse lasciato, avrei comunque provato ad aiutarla a ritrovare il suo amore per la vita.

Avvicinai le mie labbra alle sue e aspettai che fosse lei a cercare per prima il contatto. Quando rimase a fissarmi come se intendesse leggere la mia anima, fu quasi impossibile nascondere la mia apprensione, ma doveva essere lei a indicarmi la strada, a portare quel bacio dove voleva, in una direzione che sapevo mi avrebbe fatto ribollire il sangue.

Sì, toccami...

Le lasciai esplorare il mio corpo, prima con dita tremanti, poi con i palmi aperti e caldi mentre infilava le piccole mani sotto la maglietta. Sfiorò ogni singolo dettaglio, forse ricordandosi i momenti passati insieme, giocherellando con i peli del petto e con i capezzoli, che si inturgidirono dal piacere.

«Ah» sospirai, mentre si mordeva il labbro inferiore, soffocando un sorriso tremulo.

«Non ci posso credere che ti sto toccando…» sussurrò e le sue dita si stesero sul mio ventre, solleticando l'elastico dei boxer come se stesse chiedendo il permesso per avventurarsi oltre.

Cazzo! Non toccarmi soltanto, prendimi… «Allora fallo. Sono tuo» mormorai contro l'angolo della sua bocca mentre il piacere scese lungo la schiena dritto all'inguine.

«Proprio così, Sophie. Toccami. Voglio che tu senta la voglia che ho di te.» Ero così duro e non desideravo altro che afferrarle la mano e avvolgerla intorno alla mia erezione. Probabilmente sarei esploso se l'avessi fatto, sembrava che il mio corpo fosse in fiamme, bramavo quella donna in modo completo.

Quando, infine, la sua lingua toccò la mia, fu come se mi avesse donato l'ossigeno. Ogni terminazione nervosa del mio corpo si attivò all'improvviso e, per un istante, il dolore e la paura per il futuro si sciolsero e restammo solo noi due, bocca contro bocca, cuore contro cuore, anima contro anima.

Abbi pazienza, Kieran. E respira. I tuoi polmoni hanno bisogno di aria. Tu hai bisogno di lei.

Con quella certezza nello spirito, rimasi immobile mentre lei mi toglieva i vestiti, circondati da un immenso silenzio rotto soltanto dal rimbombo prodotto dai nostri cuori. Quando tra di noi non rimase un lembo di stoffa, l'aiutai a stendersi sul letto, spingendola all'indietro per i fianchi con delicatezza finché solo i polpacci penzolarono dalla sponda. Mi inginocchiai di nuovo ai suoi piedi, infilandomi tra le sue gambe e le presi il piede destro. Depositai un tenero bacio all'interno della caviglia sperando che avesse il potere di accendere un fuoco in grado di attraversare il suo corpo come una miccia accesa. Mentre lasciavo altri piccoli baci sulla pelle morbida e all'interno del ginocchio, con le mani iniziai ad accarezzarla e molto presto il mio gioco preferito diventò solleticare le sue parti più sensibili. La vidi contorcersi con un sorriso appena accennato, gemere senza controllo e, quando provò ad avvicinare le ginocchia, misi il palmo aperto sulla parte bassa dell'addome per fermarla.

«Pazienza, piccola.»

«No» provò a protestare, ma le parole furono coperte da un gemito quando, con la bocca, mi insinuai all'interno della coscia. Si esibì in un suono basso e sensuale di puro piacere che mi spinse quasi oltre il limite.

Cazzo, devo resistere...

I nostri respiri si susseguirono come una dolce ed erotica melodia, così mantenni salda una delle mani sul suo stomaco, mentre con l'altra le separai le ginocchia. Salii piano su di lei, sfiorandola con i denti, esplorando ogni centimetro della pelle color avorio che mi stava svelando, impazzendo di piacere vedendola inarcare i fianchi, mentre si offriva a me senza remore. Quella visione fu sufficiente a mandare onde incontrollate di desiderio attraverso ogni fibra del mio corpo. Stava per uccidermi.

Potrei davvero morire così.

«Per favore» implorò, afferrando le lenzuola con entrambe le mani.

«Per favore cosa, piccola?»

Soffiai piano sul suo interno coscia e feci scivolare la mano che era sullo stomaco scorrendo delicatamente il dito lungo la linea del fianco fino al centro della sua femminilità.

Girò la testa di lato e ingoiai un gemito quando scesi su di lei con la bocca e mi concessi un attimo per divorare con gli occhi ogni centimetro del suo corpo. I seni. I fianchi. Le gambe. *Dio...* Con piccoli e delicati morsi esplorai la sua intimità anche con le dita, portandola al limite, fino a quando non si perse del tutto nel piacere e venne invocando gli dei, colei che per me era una dea da amare e proteggere.

Aspettai, senza fretta, accarezzandola fino a quando si calmò, solo a quel punto mi spostai salendo sopra di lei.

«Devo prendere un preservativo» sussurrai, accarezzando la sua fronte umida di sudore.

«Non ce n'è bisogno. Sono pulita e all'ospedale mi hanno detto che... cioè non credo che potrò...» fece una smorfia a ogni parola e la sua voce era così bassa che dovetti avvicinarmi per udirla. Non capii il resto delle parole, ma percepii un solo aggettivo che rese tutto più chiaro: sterile.

Le sue mani si aggrapparono a me con disperazione e potevo sentire la guerra che si scatenava dentro di lei. Si schiarì la gola e mi implorò: «Per favore, Kieran. Fammi dimenticare.» Ripeté quel desiderio più e più volte, mentre le sue labbra trovarono il punto più sensibile del mio collo, sfiorandolo, senza baciarlo, stuzzicandomi con la promessa del paradiso.

La sua risposta mandò in frantumi il resto della mia razionalità, della cautela che mi ero imposto e mi ritrovai fuori controllo. Avrei dovuto considerare ciò che aveva detto, ma lei era così squisita, così reattiva, che rimandai a dopo tutto ciò che avremmo dovuto affrontare. La sentii diventare sempre più morbida mentre la costringevo a sottomettersi con le labbra, sfidandola ad accettarmi. Con un piccolo gemito che mi percorse la spina dorsale, la sua bocca si aprì pronta per accogliermi. Non ricordai nemmeno di aver chiuso gli occhi, tutto ciò che il cervello registrò fu il suo corpo caldo, il suo profumo che invase i miei sensi. Ero così pronto e pulsante che avrei potuto godere da un momento all'altro. Per la prima volta dopo mesi, mi sentii vivo sul serio. Ero con lei, mi sentivo completo. In fiamme e del tutto fuori controllo.

Le mie mani le avvolsero la testa mentre mi muovevo, assaporando ogni suo delizioso centimetro: era così calda, morbida e perfetta sotto di me che rischiai davvero di perdere la ragione. La baciai con riverenza, come si meritava di essere baciata, riversando il cuore e l'anima nella sua bocca. Mi tenne incastrato con le gambe, le mani che scorrevano sulla mia schiena, le unghie che incidevano la sua passione sulla mia pelle. Aprii gli occhi e studiai il suo viso stravolto e bellissimo in preda alla passione, dalla mia gola uscì un suono primitivo, un ringhio a bassa voce. Attraverso le palpebre semiaperte notai le sue pupille: il più scuro, il più carnale degli orgasmi era in agguato.

Una delle sue mani scese tra di noi e mi afferrò il pene, massaggiandomi. L'eccitazione arrivò in un lampo e mi attraversò con la potenza di diversi colpi di martello, seguì il ritmo del tamburo che ormai avevo al posto del cuore. Rovesciai la testa all'indietro ed emisi un gemito roco di puro piacere. La mia erezione pulsò in risposta quando la sentì inarcarsi, implorandomi, volendo quel momento, chiedendo tutto l'amore che avevo da offrirle. Contro ogni buon senso, mi sciolsi in lei lasciandomi andare. In ogni bacio, in ogni spinta, in ogni gemito misi tutto ciò che ero disposto a donarle: il mio cuore, la mia anima, la mia stessa vita. Era tutto lì, nero su bianco, messo a nudo per lei. Le parole non avevano più importanza, mentre i nostri corpi diventavano un tutt'uno e i cuori si univano in un coro tanto antico quanto bello, come le onde dell'oceano. Furono i nostri gemiti e i movimenti a parlare per noi. Mi lasciai andare mentre portavo entrambi oltre l'orlo dell'estasi, nell'oscuro abisso del nostro futuro ignoto. Soltanto dopo averci regalato un orgasmo pieno e spossante, mi addormentai con lei stretta, protetta e al sicuro tra le braccia.

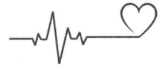

Fu il boato di un tuono a svegliarmi. Aprii gli occhi di scatto e attraverso la porta finestra aperta, notai il cielo notturno senza stelle che si stagliava contro una luna piena che creava ombre conturbanti nella natura. All'interno della stanza quelle stesse ombre sembravano muoversi, unendosi l'una all'altra, creando mani contorte che trascinavano le loro dita spezzate lungo le pareti buie.

Impiegai qualche istante per allontanare la fatica che sembrava consumare ogni fibra del mio essere, mentre il cervello registrava i primi indizi.

L'abat-jour spenta.

La porta finestra aperta...

Mentre il panico iniziava a insediarsi dentro di me, mi voltai su un fianco e tastai le lenzuola ormai fredde, cercandola nella semioscurità. Potevano essere passate ore, o forse solo pochi minuti, ma avevo un'unica certezza.

Lei se ne era andata...

9. LA FORZA DELLA NATURA

Ormai avevo perso il conto di quante volte mi ero svegliato in quello stesso modo: agitato, senza respiro, con il cuore che sembrava in procinto di essere strappato dal petto, avvolto da un'orribile sensazione di impotenza, come se, ancora una volta, fossi stato annientato dal fottuto destino.

Digrignai i denti. «Col cazzo!» Urlai infuriato mentre, con un balzo, scendevo dal letto, già intento a premere l'interruttore accanto alla porta.

Allungai un braccio davanti a me strizzando gli occhi per qualche istante, infastidito dalla luce improvvisa. «Sophie…» la chiamai disperato anche se sapevo che non mi avrebbe risposto. Il suo nome uscì come se mi fosse stato strappato direttamente dal petto.

Indossai in fretta un paio di mutande e dei jeans neri posati sopra una pila di vestiti nell'armadio. Gettai una rapida occhiata alla stanza per accertarmi dove fossero i suoi abiti e, quando ebbi la certezza che erano spariti, mi sentii inghiottire dal pavimento. Senza perdere altro tempo, mi fiondai nel corridoio e sbucai già senza fiato nel soggiorno. A tentoni trovai l'interruttore e accesi la luce nel momento in cui una ventata di aria fredda mi investiva in pieno. Ciò che vidi mi costrinse a fermarmi.

«Oh, Dio…» sussurrai al vuoto che mi circondava quando vidi la porta principale spalancata.

Un altro tuono ruggì nel cielo e la casetta di legno tremò allo stesso modo del mio corpo in preda al terrore. Ero circondato dal caos e, nonostante sapessi che non si trovava nemmeno lì, i miei occhi continuarono frenetici a cercarla.

Sembrava che un uragano fosse passato in salotto: la mia borsa Messenger era stata buttata in malo modo sul divano e tutto il suo contenuto era sparso un po' ovunque. La cartella clinica di Sophie era aperta sopra il tavolino, gli appunti e alcuni pennarelli erano stati buttati per terra e, a ogni nuova folata di vento, i fogli che erano stati strappati svolazzavano per tutta la stanza.

«Cazzo!» Sentii i piedi muoversi verso la porta principale, nonostante non avessi nemmeno idea da che parte iniziare la mia ricerca.

Quante ore ho dormito? Quanto tempo ha avuto per mettere sottosopra ogni cosa?

Avvertii una goccia di sudore freddo scendere sulla fronte mentre venivo un'altra volta avvolto da quell'orribile sensazione di impotenza. *Lascia perdere il casino, Kieran. La cosa più importante è scoprire dove cazzo è finita!*

In pochi passi raggiunsi la veranda che circondava la villetta. Il vento ululava senza controllo e, solo quando un tuono riuscì a sovrastare il rumore, mi resi conto di quanta pioggia stesse cadendo, gocce enormi che saturavano il terreno. Avrei voluto urlare il suo nome sopra il frastuono del temporale, ma non potevo correre il rischio di svegliare l'intero vicinato; stando al racconto del soldato Ruben, c'erano intere famiglie di ufficiali e non solo che vivevano nella base.

Tirai un breve respiro di sollievo quando scorsi l'ombra della Jeep ancora parcheggiata nello stesso posto in cui l'avevo lasciata al nostro arrivo.

Pensa, Kieran. Devo pensare come lei. Cosa avrei fatto se fossi stato al suo posto?

Strinsi i denti infuriato soprattutto con me stesso mentre iniziavo a camminare avanti e indietro nella veranda. Come avevo potuto lasciare che mi abbindolasse in quel modo? Certo, ero stanco morto, avevo ceduto al desiderio di stringerla di nuovo tra le braccia e, come un fottuto pivellino innamorato, avevo abbassato la guardia. Avrei dovuto sapere che, quando c'era di mezzo lei, mi sarei dovuto aspettare di tutto.

«Cazzo!» Come diamine avrei potuto prevedere il suo comportamento se, a conti fatti, non la conoscevo nemmeno così a fondo?

«Stupido cretino!» Imprecai contro me stesso visto che non potevo prendermi a pugni come avrei voluto. *Pensa, Kieran, e vedi di fare la cosa giusta!*

«Okay, okay.» Mi fermai un attimo per organizzare quell'accozzaglia di pensieri che infuriavano nella testa.

Magari ha lasciato qualche indizio dentro casa…

Tornai di corsa in soggiorno e, lottando contro l'istinto che mi urlava di correre fuori a cercarla, mi costrinsi a rallentare fino a fermarmi in mezzo alla stanza.

Chiusi gli occhi e feci un giro su me stesso, prima di riaprirli. Mi costrinsi a fare un profondo respiro, poi un altro. *Rifletti, cosa avrebbe fatto Sophie?*

Cercai di non soffermarmi sul caos che aveva lasciato dietro di sé per concentrarmi sulla ricerca di un indizio, mentre provavo a comprendere le sue motivazioni. La porta sbatté con violenza a causa del vento e sobbalzai preso alla sprovvista. Avevo i nervi a fior di pelle, il temporale non sembrava voler cessare e il rumore della pioggia sulle finestre e sul tetto non mi permetteva di pensare con la dovuta lucidità.

Scossi la testa con forza e lasciai vagare lo sguardo nella stanza ancora una volta, fino a quando notai i flaconi dei medicinali che avrebbe dovuto assumere. Ero sicuro di averli lasciati sopra il tavolo e non accanto al lavandino della cucina.

Di certo, l'ultima volta che li ho visti non erano vuoti!

I miei respiri si fecero ancora più veloci, frenetici, senza più nessun controllo. Sentii il sangue ruggire nelle orecchie quando mi accorsi che dal rubinetto stava ancora uscendo un filo d'acqua.

«Cristo Santo!» Il cuore sembrò fermarsi nel petto.

Lei non si sarà... non avrà pensato di togliersi... non riuscivo nemmeno a immaginare quella terribile possibilità. Con le gambe pesanti come il piombo, mi avvicinai al lavandino per chiudere l'acqua e fu allora che notai alcune capsule non del tutto sciolte in fondo alla vasca d'acciaio. Un sospiro di sollievo mi riempii il petto, molto probabilmente, conoscendo Sophie, aveva rovesciato tutte le pasticche dentro il lavandino e aveva aperto l'acqua per cercare di mascherare il misfatto.

La conosco davvero o mi sto solo illudendo?

Okay... okay, per il momento respira, Kieran. Almeno non ha provato a suicidarsi con le medicine.

Pensare a quell'eventualità era raccapricciante, mi faceva sentire come se il rimpianto e il senso di colpa si fossero trasformati in un animale furioso che mi artigliava gli organi. Potevo sentirlo scalciare e ringhiare, pronto a saltare fuori solo per divorarmi.

Non posso cedere. Chi penserà a lei? Devo resistere! Devo trovarla, ma dove sarà andata?

Mentre il cervello lavorava frenetico valutando le pressoché inesistenti opzioni, tornai verso il tavolo cercando il cellulare. La sera prima ero certo di averlo lasciato lì ma, quando non lo vidi, il dubbio calò pesante come la spada di Damocle sulla mia testa. Corsi subito nella camera da letto perché non riuscivo più a ricordare dove l'avessi lasciato. Buio totale.

Forse è sul comodino?

Lo cercai in fretta, mentre indossavo una felpa presa direttamente dal borsone e ne afferravo una anche per lei. Mi fermai ancora un attimo davanti alla porta del balcone per perlustrare l'intera area con lo sguardo, provando a cogliere un movimento, un indizio, qualsiasi cosa. L'oscurità che proveniva dall'esterno sembrò penetrare nella stanza, insidiandosi nel mio cuore fino a corrodere l'anima.

«Dove sei, Sophie?» Mormorai mentre chiudevo le due ante. *Perché avrebbe lasciato l'uscio aperto se non per lasciarmi un segnale? O, forse, per confondermi? Con entrambe le porte aperte non avrei saputo da che parte iniziare per cercarla. No, lei non avrebbe mai fatto questi stupidi giochetti con me. Non sono certo io il suo nemico! Oppure lei crede lo sia?*

Forse stava provando a dirmi qualcosa, l'unico problema era: che cosa?

Tornai in soggiorno e presi le chiavi del Suzuki, ma prima di partire mi concessi altri pochi secondi per trovare il cellulare, indispensabile nel caso ne avessi avuto bisogno per chiedere aiuto.

Ho trenta secondi per trovare il telefono o dovrò cavarmela senza.

Spostai l'attenzione al divano, dove sembrava che Sophie avesse concentrato tutti i suoi sforzi caotici per trasformare la stanza in una copia del disastro che provava dentro. Il portatile, che ero sicuro di aver lasciato sul tavolo, si trovava abbandonato accanto alla mia borsa.

Spostai i fogli e mi lasciai cadere sul divano mentre mi guardavo attorno, prendendo in considerazione l'ipotesi suggerita dalla logica: il cellulare era stato preso da lei. *Cosa avrei fatto se fossi stato al suo posto?*

Aprii il portatile con l'intenzione di avviare WhatsApp e provare a chiamarla o rintracciarla usando l'apposita applicazione che avevo installato nel cellulare. Feci scorrere il dito sul trackpad per riavviarlo e, appena digitai la password e lo schermo si illuminò, l'orologio all'angolo destro segnava le quattro e mezza del mattino passate da poco. Quei numeri non erano altro che un doloroso promemoria che, in quel preciso momento, Sophie era là fuori da qualche parte, completamente sola.

Stavo per cliccare sull'applicazione quando notai che alcune cartelle erano state spostate.

Non è possibile che lei sia riuscita a... no, rettifico, con Sophie tutto è possibile.

Pochi secondi dopo ero già entrato nelle impostazioni del sistema e stavo guardando a bocca aperta la cronologia delle ultime attività.

Ha violato il mio computer! Come cazzo è riuscita a scoprire la password?

Non avevo bisogno di soffermarmi troppo sulla risposta, ero stato un coglione. Anzi, un pivellino coglione! Davanti al ristorante, quando il mio cellulare aveva suonato, i suoi occhi da falco avevano colto tutto ciò di cui aveva bisogno.

Mi avrà visto digitare la password che è la stessa del computer. Cazzo!

Avrei dovuto immaginare che con lei nulla era davvero come sembrava. L'agente speciale Sophie Nowack aveva la perfezione come marchio di qualità ed era proprio quello il segreto della sua sopravvivenza nel corso di tutte le missioni folli a cui aveva partecipato.

Avrei voluto darmi un pugno in faccia o prendermi a calci, ma anche quello avrebbe dovuto aspettare. Mi costrinsi, piuttosto, a concentrarmi nello scorrere in fretta le ultime attività, guardando come un imbecille i documenti che aveva letto. Non solo aveva fatto una ricerca in internet sulla Maxifarma, ma aveva anche letto i rapporti della riunione con l'Europol. Sbigottito spostai l'attenzione sui documenti sparpagliati sopra il divano.

Ha letto anche il rapporto di Vanderhole, la proposta della Maxifarma, la sua cartella clinica e ancora tutto ciò che è successo con Sire Kurti, il bastardo che l'ha rapita.

Cazzo!

Con il passare dei secondi, il mio stomaco cominciò ad agitarsi sempre di più ormai succube dei nodi che si stavano formando a causa della tensione.

Avevo sottovalutato l'intelligenza e la perspicacia di quella donna. Ancora una volta, mi sorpresi a pensare se i momenti che avevamo condiviso prima, la sua apatia, ogni cosa, non fosse stata soltanto una messinscena per farmi credere ciò che voleva. Mi allontanai in fretta da quel baratro, avrei avuto tempo per caderci una volta che lei sarebbe stata al sicuro. Senza aspettare oltre, raccolsi i documenti sparpagliati per infilarli nella cartella fino a quando notai il cellulare finito tra le pieghe dei due cuscini del divano.

Lo sbloccai subito per controllare le ultime attività provando una fottuta paura di scoprire cos'altro avesse letto. Ormai sapevo che era troppo tardi per rimediare alla mia stupidità e lo stomaco non cessava di contorcersi ricordandomi quanto fossi stato superficiale e ingenuo. Come a confermare i miei peggiori sospetti, scoprii molto presto che aveva aperto WhatsApp alle tre e mezza di notte, quindi aveva più o meno un'ora di vantaggio. I nomi di Timo, Sara e Lara apparivano all'inizio della lista e potevo scommettere che aveva controllato ogni messaggio che avevo scambiato con loro.

Cristo Santo, avrà letto di sicuro i messaggi in cui Timo mi chiedeva se avevo preso le scatole con i suoi oggetti dalla cantina di Sara. Persino quelli che ho scambiato con lei e Zahira, le foto che hanno scattato di me e Lara durante il suo ultimo vernissage. Le nostre altre foto…

Ormai è al corrente di tutto ciò che è successo in questi ultimi nove mesi!

Ma ciò che ha scoperto, tuttavia, è fuori contesto, è contorto, non ha nessun senso logico soprattutto se non sa come stiano davvero le cose… Oh Sophie, perché hai tradito in questo modo la mia fiducia?! Perché non mi hai chiesto di parlare, invece che agire alle mie spalle?!

Purtroppo, dovetti accantonare anche quelle domande, era inutile sprofondare con esse in una voragine di dubbi e supposizioni. Altri minuti preziosi erano passati e non avevo ancora la minima idea di dove avrei potuto trovarla. Chiusi il portatile e mi affrettai a infilare le ultime cose nella borsa Messenger. Mi alzai, ma nella foga di farlo, la borsa mi sfuggì e cadde per terra.

«Cazzo!»

La scatolina di velluto con l'anello di fidanzamento appartenuto a mia madre finì sotto il divano e dovetti inginocchiarmi per raccoglierla. Avevo deciso di prenderlo all'ultimo minuto nella speranza che un giorno Sophie lo avrebbe indossato. Per un istante, che durò un battito del mio cuore pieno di angoscia, lo portai al petto, chiudendo gli occhi e rivedendo la scena che avevo immaginato quando l'avevo messo nella borsa: io e lei il giorno del nostro matrimonio, celebrato in una spiaggia deserta con la luce della luna a farci da testimone. Appena tornai alla mia terribile realtà non mi restò che soccombere di fronte alla tristezza, in quel momento non ero più sicuro di niente, tanto meno se il mio sogno a occhi aperti si sarebbe mai avverato.

Con un ultimo sforzo allontanai anche quei sentimenti mentre rimettevo la scatolina al suo posto. Stavo per alzarmi quando, tra gli oggetti lanciati a terra, vidi che il mio block notes era finito a un paio di metri da me, in parte nascosto sotto il cuscino. Quando lo raccolsi, notai che i fogli in cui avevo annotato gli orari dei voli e delle sue medicine erano spariti. Al loro posto era rimasto un foglio bianco, stavo per metterlo nella cartella quando un segno in bassorilievo attirò la mia attenzione. Incuriosito, mi sedetti di nuovo mentre lo inclinavo leggermente da una parte per metterlo in controluce. Era come se qualcuno avesse scritto qualcosa e poi avesse cerchiato le parole con così tanta forza da spingerle quasi attraverso la pagina.

In fretta voltai la pagina, presi una matita dalla borsa e la passai sopra il bassorilievo con delicatezza. Quando girai di nuovo il foglio per metterlo in controluce, fu come se il suo segreto stesse premendo per uscire mentre le parole si affrettavano a comparire attraverso la grafite grigia. Nel mezzo del cerchio apparve una domanda.

Anja, Anja, dove avevo già sentito quel nome? E, all'improvviso, ricordai. La riunione all'Europol, il progetto della Maxifarma. Anja Hedinger, la donna ricoverata insieme a Sophie, la seconda paziente scelta per il progetto del dottor Petrulin.

L'ospedale! Era lì che avrei dovuto cercarla.

Un bruciore gelido mi assalì la schiena e saltai dal divano come se avessi preso una scossa. Nell'istante successivo mi stavo già allontanando dal portico con la pioggia che mi pungeva il viso e i vestiti e una forte preoccupazione che mi seguiva, come un brutto presentimento di tutto ciò che sarebbe potuto accadere. Una manciata di minuti più tardi, non molti ma troppi per l'ansia che mi stava attanagliando le viscere, affondai il piede sull'acceleratore diretto verso il casolare sulla collina.

Il temporale cercava di rallentarmi e i tergicristalli mandati al massimo della velocità non riuscivano a spazzare via la pioggia torrenziale che scendeva come una cortina liquida. I fanali della Jeep non bastavano per fendere l'oscurità che mi circondava, così simile allo stato d'animo che mi massacrava dentro. A tratti, temetti davvero di non farcela e di finire per affondare in delle pozzanghere che sembravano dei veri e propri laghi, mentre guardavo l'acqua scura e i diversi detriti salire sempre di più fino quasi ad arrivare all'altezza dello sportello della macchina.

Ogni tanto, il rumore dello scroscio dell'acqua veniva interrotto da quello di un tuono. Era impressionante, avevo già visto parecchi temporali nella mia vita, ma non avevo mai assistito a nulla del genere. Era come se la natura avesse deciso di vendicarsi in modo spietato sugli abitanti dell'isola.

Mentre guidavo il più veloce possibile, nonostante il maltempo, e provavo a orientarmi, permisi ai miei pensieri febbrili di concentrarsi su ciò che Sara mi aveva detto a proposito di Sophie poco prima che partissi per il Brasile.

«Tutto ciò che accade nella sua testa... non può essere fermato.»

Cosa sarebbe potuto accadere nel caso in cui Sophie non avesse preso le sue medicine? Ancora una volta, l'ennesima in quella sera, mi maledissi perché mi ero lasciato andare ai sentimenti, avevo dato più valore ai momenti che stavamo vivendo insieme piuttosto che prendermi cura di lei, come, invece, mi ero ripromesso di fare.

«Maledizione!» Colpii il volante con entrambe le mani, facendo slittare le ruote posteriori nella fanghiglia. Ripresi il controllo della macchina appena in tempo per fare una sterzata improvvisa a destra, uscii dalla strada asfaltata e imboccai la stradina che conduceva all'ospedale. Sprezzante del pericolo, invece che tenere lo sguardo sull'asfalto, mi concentrai sull'oscurità che mi circondava sperando di trovarla. L'acqua che scendeva accanto alla macchina in direzione della valle era come un fiume in piena, gli alberi sembravano tremare vittime della rabbia del vento. Mantenni entrambe le mani salde sul volante e verso metà percorso tirai un sospiro di sollievo appena mi resi conto che la pioggia battente stava diminuendo di intensità. Almeno non correvo il rischio di venire trascinato dall'acqua e di finire nell'oceano.

Ero quasi arrivato all'entrata dell'ospedale quando il fanale sinistro della macchina illuminò una sagoma chiara. Il mio cuore saltò un battito perché ciò che vidi fu soltanto un lampo nell'oscurità. Voltai la testa di fretta, ma ormai era già sparita.

Colto dallo stupore più totale, mi fermai di colpo, pestando il freno con tutta la forza della disperazione che mi divorava e a causa di quel gesto imprudente dovetti lottare con lo sterzo per mantenermi vicino alla collina e impedire alla macchina di sbandare verso la scarpata.

Stavo sudando freddo quando il Suzuki si fermò di traverso e persi altri preziosi secondi quando rilasciai piano il freno per farlo retrocedere e, al contempo, raddrizzarlo. Poi accelerai di nuovo e mi infilai nel parcheggio dell'ospedale girando la macchina in modo che i fari puntassero verso il punto in cui avevo intravisto la sagoma.

L'avevo trovata! Isolata dal resto del mondo, circondata dalla tempesta che trasmetteva potenza e mistero, complice della forza del suo carattere: intenso e incontenibile. Sprigionava un'energia unica, come se i tuoni dessero voce a ciò che sembrava voler urlare, il vento attorno a lei rispecchiava l'impeto del suo cuore e i lampi che illuminavano il mare alle sue spalle sembravano parlare per lei. Abbassai gli abbaglianti per non accecarla, tirai il freno a mano e spensi il motore. Quando saltai fuori dall'auto le scarpe da ginnastica affondarono nella fanghiglia e, qualche secondo dopo, la pioggia fredda inzuppò di nuovo i miei vestiti, facendo penetrare l'aria umida e fredda fino alle ossa.

A una decina di metri da me, Sophie continuò a camminare come un leone in gabbia, come se non mi avesse nemmeno visto, più o meno come avevo fatto io nel soggiorno solo qualche momento prima. Quanto tempo era passato, mezz'ora? Un'ora? Dio, mi sembrava una vita.

Non riuscivo a calcolare quanto fosse distante il dirupo, ma con mio sommo orrore, molto presto percepii che si trovava appena dietro di lei, troppo vicino. A separarla dal salto c'era soltanto l'oscurità e duecento metri sotto si estendeva una minaccia fatale.

Gli scogli e l'oceano...

Ignara della mia presenza, completamente estraniata dalla realtà, come se fosse persa in un mondo tutto suo, continuò a camminare a testa bassa, indossando soltanto la stessa camicetta leggera di prima, i pantaloncini di jeans e con i piedi infilati in un paio di scarpe da ginnastica ormai logore dal fango. Ogni tanto gesticolava con le mani come se stesse avendo una fitta discussione con un essere invisibile che si trovava accanto a lei. Più che altro sembrava essere sull'orlo di una crisi e quella consapevolezza mi portò un'altra fitta di preoccupazione. Immaginai di parlarle per farle sapere che ero lì, magari schiarirmi la gola, ma ancor prima che potessi farlo, si girò dandomi la schiena e, usando la pianta del piede, prese a calci un tronco che era per terra a pochi passi da lei. Una, due, tre volte finché non riuscì a sradicarlo, mandandolo dritto verso l'oscurità dello strapiombo. Temendo di spaventarla e senza sapere quanto potesse essere vicina al bordo del dirupo, infilai le mani in tasca e impostai una voce tranquilla mentre facevo qualche passo verso di lei. In quel momento ero soltanto un amico che stava passando di lì per caso e che l'aveva riconosciuta. Provai, con scarso successo, ad accantonare da qualche parte del mio cervello la visione di quella figura pallida, fradicia, con i capelli appiccicati al viso e le labbra bluastre. Qualunque persona, guardandola, avrebbe visto la vulnerabilità, invece io conoscevo la guerriera che si nascondeva sotto quella fragile corazza. Quello era uno dei suoi segreti: mai sottovalutare il nemico.

È questo ciò che siamo?

«Ehi Sophie, sono io.» Aspettai un attimo per vedere la sua reazione. Passarono alcuni secondi e non si mosse, ma continuò a fissare il nulla in cui era stato inghiottito il tronco. Riprovai a parlarle con il cuore che batteva così forte da farmi girare la testa.

«Cosa stai facendo qui da sola?» Le chiesi in modo naturale mentre toglievo le mani dalle tasche per asciugare la pioggia dal viso, come se fare due chiacchiere con una persona completamente fuori di sé che camminava in mezzo alla tempesta, vicino a una scogliera, fosse la cosa più semplice al mondo.

In silenzio, si voltò e alzò lo sguardo verso di me. Non ero preparato a scorgere quell'espressione sul suo volto: i suoi occhi erano così accesi e feroci che sembrava impiegare ogni briciola del suo controllo per non saltarmi addosso. O, peggio ancora, per voltarsi e saltare verso l'abisso che sembrava richiamarla a sé.

«Ho visto che ti sei tenuto occupato negli ultimi mesi» disse con un tono neutrale, come se si stesse riferendo al clima, mentre mi facevo strada lungo il pendio. La sua rabbia era così palpabile che dovetti resistere all'impulso di fare un passo indietro.

Inaspettatamente, il vecchio e familiare dolore si agitò nel profondo del petto, mi resi conto, sull'orlo di quel precipizio, che era una ferita che forse non sarebbe mai guarita del tutto. *Sì, hai ragione, sono stato occupato a morire senza di te.*

Mi strofinai la nuca. «Nah… per niente.» Le lanciai uno sguardo come se non avessi idea di cosa stesse parlando, con un tono scherzoso che non ebbe nessuno degli effetti sperati perché con voce molto più seria, senza perdersi in repliche inutili, tagliò corto e partì all'attacco: «Perché non me l'hai detto, Kieran?»

Riprese a camminare in un modo furioso pestando per terra come se ce l'avesse a morte con qualcuno. Il sottoscritto.

Dovevo guadagnare tempo. «Che cosa avrei dovuto dirti?» Mi appoggiai a un alberello solitario e incrociai le braccia al petto per nascondere che stavo tremando di paura, e non per me.

Le sue mani si alzarono di scatto librandosi verso il cielo, era fuori di sé. «Per esempio che non possiedo più una casa, non ho più un lavoro, magari avresti potuto parlarmi della Maxifarma!» A ogni parola la sua voce saliva di tono, tuttavia stava bene attenta a non avvicinarsi troppo. «E visto che siamo in vena di confidenze tra amici,» rise in modo derisorio «potresti avermi detto qualcosa anche del sonnifero che ti ha dato Sara!» Finì la frase gesticolando furiosa.

Le donne! Ricordano tutto, cazzo.

Nessuna negazione avrebbe cambiato nulla della realtà, ma volevo anche che capisse che non le stavo nascondendo niente. «Stavo aspettando il momento più adatto per raccontarti tutto, Sophie. È solo questo il motivo per cui non te ne ho parlato. Tutto qua» risposi in modo tranquillo, come se stessi constatando l'ovvio.

Finalmente i suoi passi si arrestarono e si fermò a qualche metro da me. Il suo cambiamento fu scioccante, in un batter d'occhio la furia aveva ceduto posto a un tono di voce soave, persuasivo. Per un istante, mi sentii come un marinaio attirato da una sirena su degli scogli infidi che avrebbero mandato la mia nave in fondo al mare. «Stavi, forse, aspettando il momento giusto anche per raccontarmi di Lara?»

Scossi la testa, ma prima che potessi aggiungere qualcosa mi anticipò: «Nove mesi sono tanti per stare da solo, non è vero, Kieran?»

Mi lanciò un'occhiata tagliente che mi sfidava a rispondere. Risi perché aveva ragione, ma non per il motivo che stava immaginando. Infatti il suono che mi uscì dalla gola aveva un sapore amaro come il fiele. «Non sono stato da solo, ho avuto un sacco di demoni a tenermi compagnia.» Era quella la verità e decisi di farla uscire, fiera e maledetta com'era, non avevo nulla da nascondere.

Mi staccai dall'albero e iniziai ad avvicinarmi in modo furtivo. Impostando un tono di voce simile al suo, le chiesi: «Cosa stai facendo qui, Sophie?»

Un passo... ancora un altro, quando stavo per fare il terzo, lei urlò, gli occhi che lampeggiavano, pronta a un confronto immediato. «Non osare avvicinarti!»

Mi bloccai, non riuscivo nemmeno a respirare quando fece una lunga falcata all'indietro continuando a fissarmi come se il diavolo le fosse appena apparso davanti.

La mia mente lavorava frenetica pensando a ciò che avevo imparato sugli effetti della schizofrenia paranoide: ansia, rabbia, sospetto o diffidenza ingiustificati. Lei stava dimostrando di avere tutti i sintomi. Il senso di perdita mi sconvolse quando mi resi conto che non sarei riuscito a raggiungerla né in senso fisico né mentale. Anche se si trovava a meno di tre metri da me, la sentivo sfuggire un po' di più dalla mia presa a ogni secondo che passava. Tutto ciò che riuscivo a percepire era l'oscurità dentro e intorno a lei, un baratro che l'avrebbe volentieri inghiottita viva. La paura incrinò il suono della mia voce quando parlai: «Per favore, vieni verso di me così possiamo parlarne. Allontanati dal dirupo, Sophie.»

Non si mosse e potei giurare di vedere alcune pietre rotolare accanto ai suoi piedi e cadere dal bordo, precipitando per oltre duecento metri prima di tuffarsi nell'oceano sottostante.

«Come dici?» Si guardò alle spalle in fretta come se non si fosse nemmeno resa conto del pericolo che incombeva su di lei, ma nonostante la minaccia non mi accontentò, anzi restò ferma, studiandomi con gli occhi stretti prima di aggiungere: «No, Kieran, non verrò da te» puntualizzò con un tono di voce perentorio. «Prima voglio delle risposte e poi troverò Anja. Dopodiché, potremo parlare, ma prima pretendo di sapere. Dov'è lei, Kieran? O, forse, dovrei chiamarti capitano Spervi?»

Sputò il nome del numero uno dell'unità Diamant come se fosse qualcosa di velenoso.

Non avevo la minima idea di dove si trovasse Anja, ma sapevo per esperienza professionale che era fondamentale calmare le persone in situazioni di rischio, perciò, con voce pacata, proposi: «Non devi preoccuparti per Anja, è al sicuro.»

Un tuono rombò in lontananza coprendo in parte la sua risata. «Certo, come no» con il mento indicò l'ospedale alle mie spalle, la pioggia che le gocciolava dal mento. «Lei è al sicuro rinchiusa lì dentro, in quel luogo dove le chiavi vengono gettate via e i pazzi dimenticati, sostituiti da gusci vuoti, proprio come ero io, giusto? Oppure l'avete già portata alla sede della Maxifarma e ora siete venuti per me?»

Inferì arrabbiata, ma poi il tono della sua voce cambiò di nuovo, e una tristezza infinita si impadronì del mio cuore sentendola spezzarsi davanti ai miei occhi, senza che potessi fare nulla per aiutarla. «Com'è che mi hai detto una volta? Sul fatto che dobbiamo sentire il dolore, abbracciarlo. Avevi parlato di un dono, di eredità…» si portò la mano al petto come se fosse stata colpita da un proiettile. Il suo tronco si piegò in avanti e urlò: «Avevi parlato di fiducia, Kieran. Fiducia!»

Si stava facendo un'idea del tutto sbagliata del perché mi trovassi lì. «Per favore Sophie, allontaniamoci da questo posto e ti prometto che ti racconterò tutto. Ti ho portato una felpa asciutta.» Puntai il mento verso il Suzuki alle mie spalle. Non si mosse di un solo passo, così riprovai: «Non sono un tuo nemico e lo sai questo.»

Si erse fiera, mettendosi subito sulla difensiva. «Ah, no? Come posso esserne certa, Kieran? Come ti sentiresti tu se avessi scoperto tutto quello che ho appreso nelle ultime ore? Se avessi vissuto gli ultimi nove mesi come è successo a me? Lo sappiamo. Lo sappiamo bene entrambi. È per questo che sono qui, in piedi sulla soglia di un baratro, a cercare di recuperare la mia mente» il suo sguardo si spostò verso l'oscura immensità accanto a lei. «È stata in mare aperto per troppo tempo, assente da me, annaspando alla ricerca di fiato.»

«Tu non capisci» provai a spiegarle, ma più ci provavo e più sentivo che mi stava abbandonando. Mi serviva un attimo di tempo, proprio ciò che non avevo. Ma perché non voleva allontanarsi da quel maledetto dirupo?

Si voltò solo per fissarmi con uno sguardo vacuo. «No, certo che non capisco. E non hai idea di come ci si senta a vedere la propria vita spazzata via dalle persone che ami, dalle persone di cui dovresti fidarti.»

A ogni respiro il suo corpo sussultava, pronto a scattare, per infierire, annientare… stava perdendo il controllo. In effetti si infilò le mani tra i capelli fradici e urlò di nuovo. «Mi hai mentito, Kieran! Come hai potuto farlo?! Dov'è Anja?» Stava tremando così tanto che quasi non riusciva a parlare. Nei suoi occhi c'era un uragano che presto mi avrebbe inghiottito o lasciato in ginocchio, perso e solo tra i rottami.

«Sophie ascoltami…» riprovai sempre più disperato, tentando qualche passo fortuito verso di lei. Ignorandomi, mi pose un'altra inquietante domanda. «Riesci a udirli anche tu, Kieran?»

Oh, mio Dio… Mi guardai intorno sconcertato. «Udire chi, Sophie? Di chi stai parlando?»

«Di loro!» urlò a pieni polmoni. «Gli uomini e le donne che sono stati lanciati dal precipizio. Fate silenzio!» Gridò ancora una volta, più forte mentre si copriva le orecchie con entrambe le mani. Il suo corpo si piegò in avanti ed eravamo così vicini che avrei potuto fare un balzo e prenderla tra le braccia, ma non potevo rischiare: lei era estremamente agile e, in quel momento, del tutto fuori controllo. Volevo a tutti i costi credere che si trovasse in quel luogo soltanto per aiutare Anja, ma per quanto mi sforzassi di convincermene, non riuscivo a liberarmi dall'orribile sensazione che se Sophie avesse voluto entrare in quell'ospedale l'avrebbe già fatto. Ciò che mi terrorizzava di più era che fosse intenzionalmente sull'orlo di quel burrone.

La sua bocca si arricciò senza che potessi capire se si trattava di un sorriso, di un ringhio o un po' di entrambi. Sapevo, anzi lo sentivo nel profondo, che quell'espressione sgradevole era tutta per me. «Hai avuto tempo per avvertirli? Per fargli sapere dove fossi?»

Non si tirò indietro, limitandosi a fissarmi. Impiegai almeno un paio di secondi per capire cosa intendesse.

«Li hai chiamati perché mi venissero a prendere, Kieran?!» La sua voce era ormai roca e si incrinò sotto al suo urlo, era così arrabbiata anzi, infuriata che l'intero corpo tremava a ogni parola. I suoi occhi erano di un verde trasparente e pericoloso. Erano chiari e distanti, come un pozzo senza fondo. Ed era la cosa peggiore: permettevano a tutta l'oscurità della sua anima di venire a galla, straziandole il cuore. Di qualunque cosa si trattasse, la stava spezzando in un modo che non avevo mai visto fino ad allora.

Di chi cazzo sta parlando?

«Chi sono loro, Sophie? Di chi stai parlando?» Provai a farla ragionare, ma il panico si impossessò della mia voce, del mio cuore, della mia anima. L'ansia si aggirava intorno a me come una vipera in attesa di attaccare con il suo veleno paralizzante. La paura mi chiuse la gola, una morsa d'acciaio che mi strinse fino a strapparmi l'ultimo respiro e poi la percepii: l'orribile sensazione di perdere il controllo. La situazione mi era sfuggita del tutto di mano.

Ero ormai in preda a un terrore folle, impotente e costretto a guardarla disorientata e terrorizzata, mentre la pioggia cessava e il vento prendeva forza scompigliandomi i capelli sul mio viso. «Allontanati dal bordo, Sophie» implorai ancora. Il cuore mi pompava solo pura angoscia nelle vene. Ero così in preda al panico che le mie gambe stavano per cedere. «Per favore, allontanati da lì.»

Non mi sentì nemmeno, invece riprese a camminare con foga e una delle sue scarpe staccò un pezzo di scoglio che precipitò oltre il bordo, ma lei non se ne accorse. Il suo sguardo era fisso nel mio.

«Andrà tutto bene, Sophie. Te lo prometto» riprovai ancora allungando le braccia verso di lei. «Vieni da me, per favore. Lo sai che non ti farei mai del male. Ho sempre cercato di proteggerti.» *Ti prego, Dio, ti prego... aiutami. Aiutala!* Anche le parole tremavano, ma non sarei riuscito a tenere la voce ferma nemmeno se ci avessi provato con tutto me stesso. In quel momento la possibilità che Sophie continuasse a respirare dipendeva unicamente dalla mia prossima parola o mossa. Di punto in bianco i suoi occhi si spalancarono, alzò un braccio e in preda al panico indicò qualcosa alle mie spalle.

«Eccoli! Oddio, stanno arrivando!» La sua voce lacerò l'aria come un coltello annientando le mie suppliche, facendomi voltare d'istinto per vedere a chi si stesse riferendo. Le doppie porte dell'ospedale erano già aperte e, quando quattro, forse cinque, sagome varcarono la soglia, due grossi faretti installati sulle pareti vennero accesi e l'intero parcheggio e la zona dove ci trovavamo si illuminarono a giorno.

Fu soltanto un battito di ciglia, soltanto un misero, maledetto millesimo di secondo, ma quando mi voltai verso di lei, la mia Sophie non c'era più.

SECONDA PARTE

TIENIMI, KIERAN.
PERCHÉ HO QUESTI TERRIBILI...
INVADENTI... SOFFOCANTI PENSIERI.
TIENIMI, PER FAVORE.
PERCHÉ SE NON LO FARAI, SO CHE
PERDERÒ LA RAGIONE.
AMAMI, KIERAN. DIMOSTRALO, MA NON
CON LE PAROLE, BENSÌ CON I GESTI.
CON LA TUA ANIMA.

Sophie Nowack

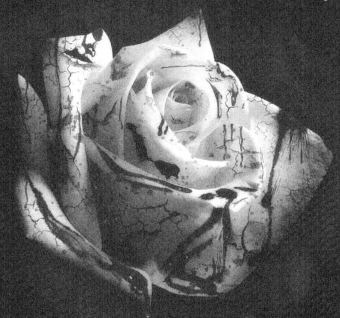

IN OBLIVIONEM EO
CADERE IN DIMENTICANZA

"Non c'è nulla da temere
Niente può privarci del nostro destino,
è un dono."

Dante Alighieri, Inferno

Il grande poeta italiano sapeva di sicuro il fatto suo, ma anche se le sue parole erano di intramontabile bellezza, una cosa mi era molto chiara: non era nato e vissuto nel ventunesimo secolo. Almeno per quanto mi riguardava, avevo imparato sin dalla più tenera età che avrei dovuto pagare il mio destino, pezzo per pezzo, fino all'ultimo stramaledetto centesimo.

Con le lacrime.
Con il sudore.
Con un immenso dolore.
Con tutto il sangue che avevo da versare.
Con tutto ciò che possedevo.
E lo avrei dovuto fare fino alla fine.
Fino alla vera fine.
Solo allora avrei saputo se ne fosse valsa la pena oppure no.

Feci un passo all'indietro e mi ritrovai in bilico sul baratro a guardare incantata quel vuoto che si estendeva per oltre duecento metri sotto i miei piedi. Le onde che si infrangevano sugli scogli sembrava che volessero distruggerli, ridurli a brandelli.

Un altro passo e sarebbe stata la fine… la mia vera fine.

NON SUM INSANUS
NON SONO INSANA

La voce di un uomo che non riconobbi mi arrivò alle orecchie come un'eco appartenuta a un luogo sconosciuto e lontano. Il suono mi entrò sottopelle come la sinfonia di un'orchestra con i suoi crescendo e diminuendo.

«Resta con me, piccola. Ti prego...»

Le sue parole uscirono con la potenza inarrestabile di un torrente, e la disperazione che esse contenevano era così tanta che i miei occhi si aprirono in modo del tutto involontario. Appena le mie palpebre si spalancarono, il mondo iniziò a oscillare, lo stomaco si contorse come una centrifuga a ogni respiro e i polmoni reclamavano aria che qualcuno sembrava stesse risucchiando via dal mio petto. Scappai da quella sensazione orribile serrando le palpebre con forza o avrei vomitato. Uno strano ronzio arrivò prepotente nelle mie orecchie come se fossi stata avvolta da uno sciame di api. Ero ferita, forse in modo piuttosto grave, ma quella non era una novità.

Che diamine mi è successo questa volta? Magari un colpo alla testa.

Molto presto le narici percepirono un odore fin troppo familiare: metallico, nauseante. Il mio corpo rabbrividì, in preda agli spasmi a causa del sentore di sangue.

Non voglio sentire, per favore, non più...

«Sophie...»

La sua voce mi richiamò, facendomi tornare indietro dal baratro, salvandomi dall'oscurità, ancora una volta. La sua vicinanza tentava in tutti i modi di darmi la forza di reagire, per riportarmi alla realtà, spronandomi a non cedere, ma la verità era che non ne potevo più. Se mi fossi sbagliata, se soltanto mi fossi resa conto di nuovo che percepivo la sua presenza solo quando chiudevo gli occhi, allora sarebbe stata la fine di ogni battaglia, poiché non li avrei riaperti mai più.

Il dolore fisico e quello mentale erano troppo da sopportare, era come avere uragani impazziti che vorticavano nella testa, ormai in procinto di esplodere. A ogni respiro il corpo implorava la mia resa, lo avrei persino accontentato se non avessi udito la sua voce, se non avessi sentito così vividi i ricordi delle ultime ore.

Sono veri? Non lo sono? Cosa è reale e cosa no?

Da dove erano apparse quelle immagini, quelle sensazioni, quegli odori? Una cascata, il calore della sua pelle, il sapore dei suoi baci. Dio, quanto mi era mancato tutto quello, quanto mi era mancato lui...

Tutto ciò che avevo sentito, colui che avevo amato, quanto tempo era trascorso? Un giorno, un mese? La cognizione del tempo, ormai, non aveva più nessuna importanza. Quello che stavo provando in quell'istante, quello sì che era davvero crudele. Il mio cuore lo aveva ricordato molto prima che lo facesse la mia mente.

Dovevo convincermi che si trattava solo di un sogno, un ultimo disperato tentativo del mio cervello di aggrapparsi a una realtà che non esisteva più.

Eppure… la sua voce, i suoi tocchi leggeri ma così disperati. Com'era possibile che me lo stessi solo immaginando? Com'era possibile che riuscissi a vedere il suo meraviglioso viso ancora una volta, udire il suono balsamico della sua voce? Era possibile farlo di nuovo, dopo che avevo trascorso mesi senza ricordarmelo sul serio?

Sei davvero tu, Kieran?

Con una folle paura di perderlo per sempre, mi ritrovai ancora una volta ad aprire gli occhi. Era lui, mi stava fissando e ciò che scorsi nei suoi occhi mi straziò il cuore. C'era tanta sofferenza, cruda e sincera, ed era tutto ciò che riuscivo a vedere. L'universo scelse proprio quell'istante per iniziare a vorticare come impazzito. Provai ad aggrapparmi alla sua voce che mi chiamava a sé, ma poi le stelle che vedevo alle sue spalle iniziarono a volteggiare frenetiche e, all'improvviso, il mondo si fece contorto, deformandosi. La sua voce aumentò di intensità fino a trasformarsi in grida disperate.

Era troppo da gestire.

Chiunque sarebbe crollato.

E fu ciò che feci.

Qualcuno mi inclinò la testa all'indietro per controllare una delle mie pupille. Una luce al neon apparve dall'alto lampeggiando come un faro e accecandomi.

Il dolore mi trafisse come la lama di un coltello. Aprii la bocca per urlare, ma non emisi nemmeno il più flebile dei suoni, a malapena riuscii a scorgere una sagoma sfocata che mi stava guardando da sopra con occhi scuri e vitrei. In qualche modo, mi ricordò una bambola rotta, piuttosto malconcia. Accanto a lui ne comparve un'altra poco dopo.

«Come sta?» Riconobbi la sua voce, ma non potevo lasciarmi ingannare, era passato tanto tempo dall'ultima volta in cui l'avevo visto, e solo il pensiero della sua presenza mi sembrava un miracolo. Quel genere di sorprese inaspettate non facevano più parte della mia vita. Tuttavia, la tentazione di conoscere se fosse reale o meno era troppa, così provai ad allungare la mano, desideravo soltanto toccarlo, avevo bisogno anche solo di sfiorarlo, sentire se la sua pelle era calda come la ricordavo, o se fosse stato un altro di quegli orribili scherzi della mia mente malata. Ogni sforzo di muovere il braccio, tuttavia, fu inutile, mi sentivo troppo debole, ma forse lui capì le mie intenzioni perché sentii che mi stringeva la mano in una morsa forte, possessiva, quasi disperata. I suoi lineamenti, anche se ancora annebbiati, sembravano un po' meno contorti. Era lì, accanto a me, e mi parlava, forse mi stava ponendo delle domande, ma la sua bocca sembrò muoversi all'infinito prima che riuscissi a capirlo.

«Sei al sicuro... riesci a sentirmi, tieni duro... Sophie... portando a casa.»

Casa...

Sospirai. Sembrava tutto così perfetto. Aprii la bocca per dare voce ai miei pensieri, ma la lingua sembrava essersi incollata al palato. Avrei voluto poterlo baciare, stringere, fino a quando non ci sarebbe stata più aria nei suoi polmoni... o nei miei. Ma ero così stanca. Provai a toccargli il petto per rassicurarlo, proprio nel punto in cui il suo cuore batteva con quel ritmo che tanto amavo, ma l'intero corpo era intorpidito e, a ogni piccolo movimento, pareva che migliaia di spille affondassero nella carne sempre più in profondità.

«Mi dispiace» confessò a bassa voce nel mio orecchio. «È... colpa mia. Avrei dovuto...»

Non riuscii più a sentirlo. Era come se mi trovassi su una giostra che si muoveva in modo folle, sentivo il corpo appesantirsi dopo ogni gemito. Dio, ero esausta. Quando avevo dormito l'ultima volta?

Il suo respiro tremolò sopra le mie labbra. «Non lasciarmi» mi implorò.

Non mi resi nemmeno conto che stessi per svenire finché le sue braccia non si chiusero attorno al mio corpo inerme. Il suo volto apparve davanti al mio, le fronti premute insieme.

«Non andartene, non farlo...» sussurrò disperato. La sensazione della sua mano calda sulla mia aumentò quando mi afferrò il palmo e con un pollice prese ad accarezzarmi il polso, un piccolo conforto in un mare di disperazione. Mi disse qualcosa, ma il suono mi arrivò in ritardo di un paio di secondi rispetto al movimento della sua bocca e non riuscii a capirne il senso. Lo sentii pronunciare il mio nome, lo fece di nuovo, un paio di volte, ma ero molto oltre il punto di non ritorno.

Il dolore si insinuò prepotente in tutte le ossa del corpo e fui contenta di tornare al calore protettivo dell'oblio...

«Ematoma intracranico, forte commozione cerebrale. La paziente non risponde agli stimoli...»

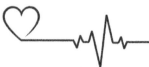

«È caduta da parecchi metri di altezza, fortuna vuole che sia atterrata sul sentiero che costeggia la collina piuttosto che sugli scogli in mare. È viva per puro miracolo.»

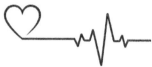

«Ohh Dio, secondo te potrà tornare ad avere una vita normale?»

Il suono di quella voce mi ricordava il profumo di biancheria pulita, di biscotti appena sfornati, di abbracci e coccole quando ero piccola e mi facevo male. *L'odore di casa...* prima che potessi afferrare quelle meravigliose sensazioni, esse svanirono e l'oscurità tornò a reclamare la parte di me che si era appena svegliata.

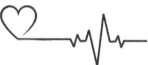

«Vieni a cena con me, piccola. Andiamo a fare una passeggiata sotto il sole. Potremmo portare Martin a giocare nel parco. Andiamo insieme al cinema. Vieni a fare l'amore con me, Sophie. Vieni, piccola, vieni. Torna a vivere, torna da noi... torna da me...»

È lui!

Sono qui, Kieran, non lasciarmi...

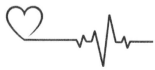

«Non sarà per caso malata come la nonna Novelle? Quella che si è-»
«Shh, zitta. Non è il momento di parlare di queste cose!»

Tra le palpebre semichiuse intravidi due signore, una intenta a nascondere il viso rugoso tra le mani, sconvolta. *Chi sono queste due persone? Non possono essere loro, giusto!? Che cazzo ci fanno qui le mie zie?! Perché è tutto così dannatamente confuso?*

«Quanto tempo ci vorrà ancora?»

Udii di nuovo una voce che mi ricordava casa, ma era più giovane rispetto alle altre. *Marie, mia sorella.*

Riuscivo ancora a ricordare la mia infanzia, come fosse avere un padre o una madre che si chinava su di me e mi dava il bacio della buonanotte? Non riuscivo più a evocare nessuno di quei ricordi, quel raggio di sole di cui tanto avevo bisogno.

Non riesco più a farlo…

Una voce femminile interruppe la mia quiete costringendomi a tornare alla realtà. Molto presto mi accorsi che la testa mi stava pulsando in modo folle e la bocca sembrava essere imbottita di cotone. Provai ad aprire gli occhi, ma la luce mi trafisse le pupille come un laser incandescente, provocandomi un'ondata di dolore così forte da offuscarmi persino la vista. Trattenendo a stento un gemito, sollevai la mano per proteggermi e scoprii che l'intera mano era avvolta da bende, da cui spuntava un tubicino trasparente.

Una flebo?

Sbattei le palpebre confusa, abbassai la mano e cercai di mettere a fuoco la figura sfocata che si trovava ai piedi del letto.

«Buon pomeriggio, signorina Nowack. Come si sente oggi?»

Ero ancora troppo stordita e non mi presi nemmeno la briga di rispondere. Se riusciva anche solo a vedere ciò che percepivo, la risposta era piuttosto evidente.

Se riesco a mettermi seduta, magari la pressione alla testa si attenuerà. Munita delle migliori intenzioni feci un tentativo, ma un attimo dopo qualcuno mi spinse di nuovo indietro. «Stia tranquilla, agente Nowack.»

Il tono tagliente della donna insinuò che non c'era spazio per una discussione. In qualche modo mi ricordò il capitano Gerber quando mi ordinava di lasciar perdere un caso e passare al successivo. Ovviamente, non era mai successo. Non ero mai stata brava a eseguire gli ordini, nemmeno se dati dal mio diretto superiore, quindi le sue parole mi irritarono e mi resero ancora più determinata ad alzarmi. Anzi, avrei discusso volentieri con lei se la mia testa non fosse stata decisa a ostacolarmi, con tutto quel dolore e quella confusione. *Cosa diavolo è successo?* I ricordi erano così ingarbugliati.

Avevo bisogno di sedermi, schiarire le idee e andarmene da quel luogo il prima possibile. Era essenziale tornare padrona di me stessa, perciò sbattei le palpebre per eliminare la nebbia che sembrava essersi impossessata del cervello. Riuscii a mettere a fuoco una donna dai capelli argentati, con occhi gentili e pelle color alabastro, che si trovava vicina a me. Sorrideva quando disse: «Sono Agatha, la sua infermiera. Mi faccia sentire il polso adesso che è sveglia.»

Un'occhiata al monitor accanto al letto mi confermò che mi trovavo in un ospedale. Un vago senso di confusione mi turbinò in testa. *Sono in un ospedale. Ma sarà la verità o soltanto un'altra maledetta illusione?*

Mentre l'infermiera controllava i miei parametri, chiusi gli occhi e mi concentrai su ciò che potevo percepire oltre alla vista poiché sembrava essere l'ultimo scherzo di cattivo gusto che il mio cervello mi stesse giocando.

Tutto aveva avuto inizio quando Kieran era riapparso dal nulla. Riuscivo a stento a credere che fosse stato proprio lui a portarmi fuori da quel manicomio che osavano chiamare ospedale. Alla prima opportunità, gli avevo addirittura chiesto di fermare la macchina, proprio nel momento in cui avevo udito lo scroscio dell'acqua. Ne avevo approfittato per lavarmi il viso nella cascata. Fu più forte di me, dovevo sentire la freschezza delle gocce sulla pelle per rendermi conto di essere finalmente all'aperto. Nessuno avrebbe potuto farmi sentire nello stesso modo in un sogno, giusto? O in un incubo, per quanto potesse contare. Infatti, mi era sembrato tutto così assurdamente reale, ma non potevo cedere perché i maledetti medicinali mi giocavano, uno dietro l'altro, dei brutti scherzi. Pensai a noi e al modo in cui mi aveva amato, alla devozione che avevo letto nei suoi occhi, alla delicatezza dei suoi movimenti. Più di ogni altra cosa, avrei voluto professare il mio amore per lui, ma come potevo farlo se non avevo più un cuore da donargli?

Tuttavia, all'apice del momento, mentre mi amava, avevo assorbito come mi aveva guardata e il suono spezzato della sua voce. Ogni parola pronunciata mi aveva travolta con la forza di un tornado. Durante quella perdita di controllo, avevo intravisto la vulnerabilità, l'amore che provava per me. L'avevo riconosciuto e sentito chiaramente, ma ormai ero molto lontana da tutto quell'ardore. Ero irraggiungibile.

Allora, è stato tutto invano?

Non volevo più fare quel genere di pensieri, il dolore era troppo forte. Restai invece con gli occhi chiusi, non era molto, ma era tutto ciò che avevo per confermare i miei sospetti. Il petto mi faceva male, la testa pulsava mentre lottavo per tenere a bada quelle immagini e altre, che erano rimaste imprigionate per mesi dentro di me. Era stato un sogno o un ricordo? Tutto era ancora così confuso, attorcigliato in lunghe e tortuose radici che viaggiavano fino in profondità. Provai ad ancorarmi al presente: riconobbi l'odore sterile dei medicinali, udii il cigolio delle scarpe gommose delle infermiere, i suoni prodotti dalle macchine, i mormorii provenienti dal corridoio.

Allora, è tutto vero… Cosa diavolo ci faccio in un ospedale?

Un barlume di speranza si accese nel mio spirito, ma prima ancora che potessi trovare una risposta, tutto intorno a me sembrò sparire come se fossi stata risucchiata da un gigantesco imbuto e venni di nuovo circondata dal nulla.

Quando mi risvegliai, era buio. Aprii piano gli occhi e trovai la stanza avvolta dalle ombre. Appena le pupille si abituarono alla mancanza di luce, mi resi conto di essere sempre in ospedale, ma in un altro letto, indossavo un pigiama e le lenzuola pulite avvolgevano il mio corpo. Sentivo la presenza di qualcuno con me, perciò senza fare movimenti bruschi, perlustrai la stanza. Iniziai con il soffitto, le pareti, le ombre e poi la figura nascosta nel buio seduta su una poltrona a un paio di metri di distanza. Aveva la testa china e stava lavorando su un portatile che teneva appoggiato sulle gambe. Prima di fare qualsiasi mossa, restai a guardarlo, provando a cogliere un qualsiasi segnale che potesse indicarmi se fosse davvero lì. Il tempo passò e non accadde nulla: lui continuò a digitare, l'espressione seria e concentrata, illuminata soltanto dalla piccola abat-jour posata sul tavolino accanto alla sua postazione. Ne approfittai per cogliere ulteriori dettagli e lo sguardo si fissò su una cravatta nera arrotolata con cura e posata sul tavolino accanto a un cellulare.

Come fa di solito… o faceva, perlomeno.

Restai a guardarlo. Sospirò, poi si prese un momento per aprire i polsini della camicia azzurra e, con gesti metodici, arrotolarli.

Quest'uomo ha degli avambracci incredibili…

Aprì un altro bottone all'altezza del colletto e vidi spuntare dei peli sul petto, mi ricordai subito che ne aveva la giusta quantità.

Sta succedendo davvero?

171

Rimasi nella stessa posizione, immobile perché, per Dio, non volevo restare delusa nello scoprire la verità, ossia che lui non c'era più, che era stato solo frutto della mia fottuta e disastrata immaginazione. Quando si trattava di Kieran Heizmann, mi sentivo sempre piuttosto effervescente. Nonostante tutte le mie buone intenzioni, orribili ricordi dei mesi precedenti si aggrovigliarono dentro di me come un filo spinato, squarciando la carne fino all'osso.

Chiusi gli occhi provando ad arginare il dolore ma, un momento dopo, il cellulare accanto alla cravatta vibrò e ne udii il rumore leggero come un cattivo presagio. In fretta, riaprii le palpebre. *No, non andartene,* urlai nella mia testa come un richiamo, ma lui non mi sentì. Prima che il dispositivo vibrasse una seconda volta, lo prese e guardò lo schermo. Quando riconobbe chi lo stava chiamando, il suo viso si illuminò grazie a un meraviglioso sorriso che mi fece sanguinare il cuore.

Dio, quanto mi sei mancato…

«Aspetta solo un attimo» sussurrò al suo interlocutore mentre si alzava. Mi passò accanto e nell'aria avvertii l'odore del suo dopobarba. Si poteva odorare qualcosa di così buono se non era realtà? Non credevo proprio.

Il suo sguardo era puntato dall'altra parte della stanza, verso una porta che immaginai portasse al corridoio, perciò non percepì che lo stavo fissando.

Dopo alcuni passi arrivò alla porta e l'aprì. La luce del corridoio illuminò il suo viso. Bevvi ogni secondo di quei movimenti come un assetato nel deserto in procinto di individuare un'oasi. Sembrava stanco, le occhiaie appena pronunciate sotto gli occhi, la barba più lunga di quanto ricordassi.

«Ciao, Lara. Come stai?»

La porta si chiuse alle sue spalle e non fui in grado di udire il resto della conversazione.

Sentii il cuore stringersi come se volesse nascondersi in qualche angolino del petto. Forse avrei dovuto raccoglierlo dal pavimento, ma era buio e non sarei riuscita a trovarlo. Lo sentii rotolare lontano da me, battere sempre più debole, si stava dissanguando, pulsava sempre più piano, abbandonato nell'oscurità.

Voglio tornare a dormire, per favore, voglio solo tornare nel buio… per sempre. Portami via…

Strinsi gli occhi con forza mentre ripetevo quella nenia nella mia testa. Una, due, cinque volte e nulla. Ero ancora lì, ancora sveglia; la porta si aprì e, prima di riflettere, mi voltai e i nostri sguardi si incontrarono.

Non riuscivo a vedere i suoi occhi perché la luce del corridoio era alle sue spalle, ma sapevo che se n'era accorto perché si bloccò a metà strada. Le sue spalle si tesero e sussultò.

«Sophie…»

La sua voce era spaventata, terrorizzata in realtà, e toccò un posto profondo dentro di me, un luogo nascosto, dove custodivo e proteggevo il mio amore per lui. Il luogo in cui si trovavano i miei sentimenti prima che tutto precipitasse. E fu proprio da lì che, a dispetto di tutte le previsioni, il mio cuore riprese a battere come se fosse stato riportato in vita e poi crebbe, crebbe, come se avesse intenzione di uscire dal petto e correre da lui. Non avevo mai osato sperare, nemmeno in un milione di anni, di poterlo rivedere, udire di nuovo il suono basso e armonioso della sua voce. Ma, forse, era davvero davanti a me e non riuscivo a smettere di fissarlo. Si spostò dall'uscio, entrando nella stanza e la porta si chiuse alle sue spalle con un leggero tonfo.

Lo seguii mentre si avvicinava piano fino a fermarsi accanto al letto che era appena inclinato.

Avevo così tanta paura di perderlo di nuovo che non chiusi nemmeno gli occhi quando accarezzò i miei capelli, prima che facesse scorrere con delicatezza le nocche sulla mia guancia. Sentii l'anima riaccendersi e volare da lui.

«Mi riconosci?»

I suoi occhi continuarono a sostenere i miei e io pronunciai quella che fu la parola più facile che avessi mai detto in vita mia.

«Sì.»

Sollevando la mano, mi scostò una lacrima con il pollice mentre il sollievo, il bisogno e mille altre emozioni mi attraversavano come un fiume in piena.

«Sei stata fortunata» la sua voce, poco più alta di un sussurro, tremò di nuovo e lo fece solo per me.

«Lo so» concordai con lui quando riuscii a ritrovare le parole che si erano perse dentro di me. Il suo bellissimo volto così stanco, così tirato, si avvicinò al mio. Venni sopraffatta dal bisogno di sentirlo. Allungai la mano e lo toccai, ringraziandolo con una delicata carezza delle mie dita tremanti. La benda era sparita e il braccialetto verde dell'ospedale mi scivolò finendo quasi sul gomito. Il mio braccio era così magro.

«Resta con me…» le sue parole aleggiarono nel silenzio. Mi aggrappai a lui, desiderando che abbassasse il suo corpo sul mio in modo da poterne sentire il peso. Forse, così facendo, avrei saputo se fosse reale o no. *Kieran, amore, abbracciami…*

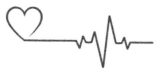

«Allora, sei pronta per tornare a casa?»
Casa…

Sara stava parlando in un modo così insolito per lei, che a ogni parola pronunciata con troppa allegria trasaliva come stranita dal suo stesso tono.

Gli ultimi giorni erano stati un continuo di informazioni, domande e volti, e non sapevo nemmeno quanto tempo fosse passato, forse perché, a causa delle medicine, avevo la tendenza a perdermi dentro me stessa. Lo psichiatra a cui ero stata affidata, al posto del dottor Fustermann che si trovava in ferie, mi aveva detto che era del tutto normale.

«La tua mente è un luogo straordinario, Sophie» mi assicurò più di una volta. *«Ricordalo sempre, è un dono, non una maledizione.»*

Forse lo era per lui. Per me, al contrario, non lo era affatto, poiché potevo avvertire la putrida verità in agguato appena sotto la superficie.

Ero ancora in ospedale, ma mi sentivo sempre più sola, mai davvero al sicuro, anche se non sapevo nemmeno da cosa mi sarei dovuta proteggere. L'uomo che amavo era spesso accanto a me, ma avrebbe potuto anche essere a un milione di chilometri di distanza o su un altro pianeta... perché non sapevo più di chi potevo davvero fidarmi. Qualcuno si stava divertendo a giocare con la mia mente, facendola diventare fragile, spezzata, invitandola ad arrendersi.

Spesso, mi veniva voglia di allungare la mano e toccarlo, di tranquillizzarlo, di abbracciarlo, solo per avere la certezza che si trovasse davvero accanto a me. Ma non lo facevo mai. C'era qualcosa che mi faceva desistere e finché non avessi scoperto di cosa si trattasse, avrei dovuto prendere le distanze da tutti. Era l'unico modo per arrivare alla verità e non impazzire del tutto.

Era per quel motivo che avevo scelto di non partecipare in modo diretto alle loro discussioni, ma li avevo sentiti parlare ogni volta che credevano che stessi dormendo. Era una tecnica eccellente che avevo adoperato dalla sera in cui avevo visto Kieran seduto accanto al letto per la prima volta. Tutti sembravano girare attorno a me come se fossi un pezzo di porcellana molto delicato. Mi stavano nascondendo delle cose, tacendo delle informazioni essenziali, nella speranza di risparmiarmi ulteriore dolore. Non riuscivo a capire perché tutti mi considerassero così fragile: ero sopravvissuta all'inferno per più di nove mesi, con poco più di un materassino da campeggio, un secchio e la giusta quantità di acqua e cibo per mantenermi in vita e abbastanza da farmi urlare di dolore. Dopo quello che avevo affrontato, non mi avrebbe spaventato più nulla.

Una volta, quando ero ancora una ragazzina, avevo visto un documentario riguardante un'ipotetica teoria sugli scarafaggi e la bomba atomica. Alcuni scienziati avevano avanzato l'ipotesi che, in caso di una catastrofe nucleare di proporzioni mondiali, gli unici sopravvissuti sarebbero stati proprio quei piccoli insetti. Mi sentivo in quel modo, proprio come uno scarafaggio dopo lo sgancio di una bomba atomica. Mi consideravo una sopravvissuta nel vero senso della parola.

Tuttavia, continuavano a insistere nel trattarmi come se fossi stata un'invalida, parlavano a bassa voce o, come stava facendo Sara in quel momento, come se non fosse accaduto nulla.

Come se dimenticare fosse stato davvero possibile…

Forse lo sarebbe stato, ma prima di prendere quella decisione, avevo alcuni conti in sospeso che intendevo sistemare, e solo dopo mi sarei fermata a riflettere se volevo dimenticare ogni cosa oppure no.

Avrei potuto lasciare il mio bagaglio alle spalle e ripartire da sola, come un'impronta in un manto di neve intatta, una tela bianca pronta per essere dipinta.

Dimenticare me stessa, la mia famiglia, i miei amici, dimenticare lui…

Tuttavia, mentre gli facevo credere che stessi dormendo, potevo udire tutto: i bisbigli preoccupati, i pianti, il tono disperato delle loro voci, la paura che, in tutti i modi, provavano a nascondere quando ero sveglia. Non mi sfuggiva nulla.

Ancorata a quel letto come una vecchia barca in balia della bassa marea, tra esami infiniti e dolorose riabilitazioni, a mano a mano che il tempo passava, realizzai che la cosa migliore sarebbe stata fargli credere ciò che volevano. Del resto, avevo fatto ricorso a quella tecnica parecchie volte. L'avevo scoperta quando avevo perso la mia migliore amica ed ero finita in un istituto psichiatrico. Una volta diventata poliziotta, avevo imparato ad affinare quella tecnica fino a portarla alla perfezione, anche grazie a una serie di simposi di criminologia avanzata che venivano offerte agli agenti dell'Europol in grado di distinguersi sul campo. Grazie a uno degli istruttori, il capo dell'Unità di Analisi Comportamentale, avevo imparato che, in certi casi, partire dalla verità era un trucco davvero prezioso. L'intera tecnica funzionava come un iceberg: la verità, ciò che poteva essere usata per convincere gli altri, sostava sopra la superficie, dove poteva essere vista e verificata con facilità. Invece, tutto il resto sarebbe dovuto restare sott'acqua, dove nessuno avrebbe mai pensato di guardare. Secondo il mio istruttore, utilizzando quella risorsa preziosa con cautela, si sarebbe stati in grado di convincere qualsiasi persona e, come un vero e proprio iceberg, affondare la nave di qualsiasi sospetto.

«Sophie?»

Mi voltai giusto in tempo per vedere la mia migliore amica osservarmi preoccupata. «Mi hai sentita? Ti ho chiesto se sei pronta per andare via.» Non ci avevo mai fatto caso prima: la sua voce aveva la stessa tenerezza di quella di mia madre.

Mi schiarii la gola e finalmente riuscii a impostare il sorriso che avevo migliorato in anni di pratica. «Certo, sono più che pronta.»

Aveva le lacrime agli occhi e sembrava a disagio proprio come mi sentivo io. Non volevo che si preoccupasse per me.

In fin dei conti, in quel letto di ospedale, avevo avuto tempo per tracciare una parte del piano che riguardava il mio futuro e non restava da fare altro che iniziare a metterlo in pratica.

HOMINIS EST ERRARE, INSIPIENTIS PERSEVERARE
È UMANO ERRARE, MA SOLO IL FOLLE PERSEVERA

Altri giorni trascorsero in modo più o meno confuso, sregolati per lo più, in certi momenti il tempo scorreva frenetico, in altri passava con una lentezza straziante. Eppure c'era una domanda che mi ponevo in continuazione: spesso ero circondata da tante persone, eppure come potevo continuare a sentirmi del tutto sola?

Quasi tutti coloro che conoscevo erano venuti a farmi visita, quelli più vicini al mio cuore rimanevano per parecchio tempo, come i miei genitori, Timo, Sara, Zahira e Kieran, mentre molti altri sembravano arrivare e scomparire in un batter d'occhio. Fra quelli c'era il capitano Gerber che era venuto a trovarmi con la scusa di sapere come stessi, ma in realtà voleva assicurarsi che avessi compreso di essere in "vacanza a tempo indeterminato". Era il suo modo gentile di informarmi che, in verità, ero stata sospesa fino a data da stabilirsi e che, forse, sarei rientrata solo dopo aver ricevuto il via libera dallo psichiatra. Non aveva usato proprio quelle parole, ma dagli sguardi furtivi che ogni tanto mi lanciava potevo intuire che c'erano scarse possibilità di tornare di nuovo operativa sul campo. Fu proprio per quel motivo che accantonai quelle informazioni in una parte remota del mio cervello, dove si trovava una vecchia scatola polverosa etichettata come "impensabile". Insieme al capitano era venuto anche l'agente Moses, con cui avevo condiviso un ufficio alla stazione di polizia per alcuni mesi. Era in pensione ormai e, dopo avermi salutato, si era messo in un angolo in compagnia del suo Sudoku, più interessato ai numeri che alla mia salute.

C'erano state anche altre visite "lampo", come quella di Laz e degli altri colleghi dell'Agenzia. Kieran era persino riuscito ad allietare una triste serata portando di nascosto Marlin, il cagnolino che per molti anni era appartenuto alla mia vicina. Era così vecchio che a malapena mi aveva riconosciuto e, dopo aver scodinzolato per un paio di volte, si era accoccolato sulla coperta posata sul divano e aveva dormito per tutto il tempo. Quando Kieran stava per andarsene, gli chiesi di non portarlo più. Fu uno degli addii più difficili, era impossibile non soffrire quando non si veniva nemmeno riconosciuti da un cane. Un dolore acuto mi lacerò il petto quando mi accorsi di non essergli mancata, forse avevo smesso di vivere nella sua mente diversi mesi prima. Forse non esistevo più...

Con grande sorpresa si erano presentate anche le mie zie, il che era alquanto insolito, considerato che prediligevano di più le feste come i matrimoni e i funerali a un'inutile visita in ospedale. Forse erano già venute, ma avevo l'impressione che l'ultima volta in cui le avevo viste fosse stato alla cerimonia di giuramento all'Accademia di polizia. Oltre a loro, erano apparsi anche altri parenti che non sapevo nemmeno di avere. Rispondevo a tutti come si sarebbero aspettati da una persona in convalescenza dopo un trauma. Li ringraziavo per la visita, raccontavo qualche menzogna del periodo in cui ero stata rinchiusa, dicendo che non rammentavo molto e, quando volevo che se ne andassero, fingevo di essere stanca. Un paio di sbadigli *et voilà*! Erano già in piedi accanto alla porta, sollevati di aver compiuto il loro dovere morale e pronti per tornare a casa con la coscienza a posto.

Nonostante quella strategia, in alcuni momenti erano presenti così tante persone da avere la sensazione che la stanza appartenesse a una neo mamma: fiori, cioccolatini, palloncini, festoni, occupavano ogni spazio libero. Ero sicura che se avessi frugato un po', sarei riuscita addirittura a trovare un paio di scarpine da neonato ancora impacchettate, un regalo che qualcuno aveva riciclato per sbaglio.

Con il passare del tempo, come mi aspettavo, le visite diminuirono. In fin dei conti, ognuno di loro aveva i propri impegni, la propria vita, ed ero l'unica a cui l'esistenza era stata messa "in pausa" per oltre nove mesi. Molto presto, decisi che era arrivato il momento di recuperare il tempo perduto, era essenziale che riprendessi in mano la mia vita.

Vidi arrivare il giorno delle mie dimissioni come rinchiusa in una bolla, una sorta di sogno a occhi aperti. Avevamo deciso che sarei rimasta a casa di Sara e Zahira, almeno in un primo momento. Le accontentai soltanto perché dai loro bisbigli, quando pensavano che stessi dormendo, avevo appreso che avevano rimandato per ben due volte una vacanza a causa mia e, se non fossero partite, avrebbero perso l'anticipo della caparra. Quel promemoria fu più che sufficiente: non avevo bisogno che un ulteriore senso di colpa mi pesasse sulle spalle, era quindi fondamentale riuscire a convincerle di stare bene.

Anche i miei genitori si erano offerti di ospitarmi, così come Kieran, che aveva discusso con loro, lasciando intendere in modo chiaro che sarei potuta restare a casa sua per tutto il tempo necessario. Non c'era nulla che desiderassi di più, ma sentivo anche in lui una sorta di reticenza, c'era qualcosa che lo preoccupava parecchio e, per quanto gli dimostrassi di essere pronta all'ascolto, era lui a non voler condividere con me ciò che lo angustiava. La verità era che una parte di me, quella spezzata, preferiva il buio alla luce e si sentiva del tutto sollevata dalla sua decisione. Se non mi avesse raccontato il suo segreto, non avrebbe mai potuto domandare niente del mio. Magari ero solo una codarda e quella era soltanto una via di fuga, ma dubitavo che sarebbe stato d'accordo con ciò che intendevo fare nel mio prossimo futuro.

Anche Timo si era proposto di ospitarmi, ma era chiaro che non poteva essere un'ipotesi fattibile, poiché viveva ancora in bilico tra la casa del padre e quella della madre. Quando glielo feci notare, non provò nemmeno a insistere, magari dicendomi che avremmo trovato una soluzione alternativa, e mentirei se dicessi che quel dettaglio non mi procurò ulteriore dolore. Tuttavia accantonai subito quella sgradevole sensazione perché sembrava felice come non l'avevo mai visto, siccome aveva intrapreso una relazione stabile con Annabelle, l'infermiera che avevo conosciuto durante la mia ultima missione.

Così, indossai la maschera più bella e promettente tra i miei alias e, in quella specie di palcoscenico improvvisato, dove ognuno di noi aveva una parte da recitare, rappresentai la mia alla perfezione: convinsi tutti che il mio recupero stava procedendo alla grande. I miei genitori tornarono alla loro vita sollevati, Timo alla sua nuova ragazza, Kieran ai suoi problemi e Sara e Zahira furono finalmente pronte a partire per le vacanze. Mi avevano addirittura lasciato la chiave dell'appartamento e il frigo così pieno da sfamare un'intera squadra di calcio.

La vita di tutte le persone che amo è andata avanti negli ultimi nove mesi, invece la mia sembra essere in stallo, o forse dovrei dire ferma a un bivio.

Continuavo a fermarmi incerta, guardando spaventata a destra, poi a sinistra, ma tutto ciò che vedevo era solo l'oscurità che sembrava serrarsi sempre di più attorno a me, ferma e intenta a intrappolarmi, asfissiarmi.

«Sei sicura che riuscirai a stare da sola?» Sussultai quando la voce di Sara mi strappò da quei pensieri lugubri. Per fortuna non notò quanto fossi scossa, poiché era intenta a lasciare la valigia accanto alla porta e poi venire verso di me per darmi un altro dei suoi abbracci strizza costole. Quante volte mi era stata posta la stessa domanda?

Sveglia, Sophie, stai rischiando troppo!

In fretta, le regalai il mio sorriso più convincente. «Certo che sono sicura» aggiunsi addirittura una risatina cospiratoria, «e poi, chi dice che resterò da sola tutto il tempo?»

Avere a che fare con due psicoterapeute in contemporanea non era un gioco da ragazzi. Infatti, mentre abbracciavo la mia migliore amica, sentivo gli occhi di Zahira trafiggermi da una parte all'altra come un laser.

Appena Sara mi lasciò andare, mi voltai verso la sua compagna e sospirai sollevata notando che aveva già aperto la porta dell'appartamento e spostava il peso da un piede all'altro, come se avesse fretta.

Benedetti aerei... pensai mentre la abbracciavo. Alla fine Sara si aggiunse a noi e, per qualche istante, chiusi gli occhi e provai a godere della sensazione di sentirmi amata ancora una volta.

Per tutti quei mesi in cui ero stata rinchiusa ero sicura che non avrei mai più provato un'emozione del genere. Avevo vissuto solo piccoli effimeri momenti con Anja quando il destino, anzi, sarebbe meglio dire le orge e le percosse ricevute avevano fatto incrociare le nostre strade, ma solo fino a quando il bastardo di Alvaro Melo si rese conto che stavamo sviluppando una sorta di legame. Da lì in poi ci aveva fatte allontanare sempre di più.

Bastò pensare a lui per far irrigidire ogni muscolo del mio corpo, finii per diventare tesa come una corda di violino. Chiusi le mani a pugno, la pelle formicolò, ero pronta a scattare.

Fottuto bastardo psicopatico. Sono felice che tu sia morto. L'unica pecca è che non sia stato per mano mia!

Il viso di Sara si materializzò davanti al mio con un cipiglio preoccupato. «Ehi, Soph, torna da noi. Va tutto bene?»

Non mi ero resa conto di aver trattenuto il respiro, come se lasciarlo andare avrebbe rischiato di svelare tutti i miei segreti. Dovevo prestare più attenzione, mi accadeva troppo spesso di estraniarmi, perdere il senso della realtà o, come avrebbe detto il mio psichiatra, soffrire di derealizzazione, una sorta di distacco, di estraneità nei confronti del mondo, sia esso rappresentato da persone, oggetti o tutto l'ambiente circostante.

«Va tutto bene, non preoccuparti.» Non mi sfuggì il rapido lampo di incertezza nei suoi occhi, così le regalai un altro sorriso convincente, poi conclusi con un'occhiata strategica e veloce all'orologio sopra la mensola in soggiorno *et voilà*, ancora una volta il gioco era fatto.

«Dobbiamo andare o perderemo il treno per l'aeroporto!» Esclamò agitata Zahira, quando percepì dove si fosse posato il mio sguardo.

«Hai ragione, un attimo solo!» Strillò Sara mentre correva ancora una volta in cucina. Ero sicura che fosse andata a controllare il foglio che aveva lasciato con tutti i numeri di telefono utili.

Zahira mi guardò in silenzio. Annuii soltanto, perché sapevo che, a quel punto, qualsiasi cosa avessi aggiunto l'avrebbe soltanto fatta innervosire di più.

Quando vidi la mia amica varcare la soglia della porta della cucina, mi spostai in modo naturale verso la porta d'entrata. Zahira si trovava già nel corridoio e la stava chiamando. «Sara, andiamo cara!»

Prima che si ricordasse qualcos'altro, le seguii fuori dall'appartamento. «Divertitevi e godetevi le Maldive anche per me. Non dimenticate di riempirmi di foto e di video, mi raccomando.»

Ci furono altri abbracci davanti all'ascensore, alcune lacrime e vacillamenti. Sarei stata una bugiarda se non avessi ammesso, almeno a me stessa, che una piccola parte di me desiderava partire con loro, ma non c'era posto per me in quella vacanza.

Forse nemmeno nella loro vita…

Le ragazze se ne andarono e sospirai desolata quando tornai nell'appartamento. Appena chiusi la porta, appoggiai la schiena al pannello di legno freddo e per qualche momento restai avvolta soltanto dal silenzio.

Chiusi gli occhi. «E adesso, agente speciale Sophie Nowack? Che cosa farai?» Chiesi a me stessa, anzi a nessuno.

Era fondamentale mantenere la calma e ricordare che, per fortuna, la maggior parte delle persone che mi circondava, come le mie due amiche, mi volevano bene. Purtroppo, era di altre persone che avrei dovuto preoccuparmi: dei bastardi e della feccia che, in qualche modo, sembrava gravitare intorno a me. Era con uno di essi che avevo un conto in sospeso, qualcosa che se non risolto non mi avrebbe mai più lasciato dormire serena. Era lui, il figlio di puttana che aveva dato inizio a tutto.

Sire Kurti, sto arrivando… e quando ti ritroverò…

Non vedevo l'ora di gettarmi a capofitto nel lavoro, tuttavia il signor Kurti, anche se aveva i giorni contati, avrebbe dovuto aspettare. La prima attività nella mia lista di impegni era vedere Anja, avvertirla su ciò che la Maxifarma intendeva fare con la sua memoria. Le poche informazioni scovate in rete e sul computer di Kieran furono sufficienti per farmi mettere in massima allerta.

Forse Anja lo sa già, oppure è troppo tardi…

Scartai subito la seconda possibilità, anche perché qualunque fosse la risposta, avevo bisogno di vederla, assicurarmi che stesse bene, informarla su cosa sarebbe successo se avesse iniziato quella terapia per dimenticare. Potevo scommettere che nessuno l'avesse avvertita di essere la prima cavia umana del progetto o degli effetti collaterali che erano ancora in fase di studio. Purtroppo, sapevamo entrambe che ciò che avevamo vissuto non sarebbe mai scomparso dai nostri ricordi, almeno non in modo naturale. Per noi il vecchio proverbio "il tempo è il miglior rimedio" suonava come una barzelletta di cattivo gusto. Nessuno avrebbe potuto dimenticare ciò che avevamo vissuto. Anja era rimasta prigioniera di quei bastardi per anni, quindi ciò che stavo affrontando era niente a confronto con il suo dolore. Il legame che avevo condiviso con lei era basato sulla sofferenza e sul sangue versato, ed era proprio il motivo per cui le avrei affidato la mia stessa vita senza pensarci due volte. Ed era anche la stessa ragione per cui dovevo incontrarla il prima possibile.

Era indispensabile quindi agire in fretta e trovarla prima che Heizmann o qualcun altro sospettasse qualcosa su ciò che stavo per fare. Quanto tempo avrei avuto a disposizione prima che quelli della Maxifarma mi avessero trovata? La verità era che dopo ciò che avevo passato, almeno per il momento, non avevo intenzione di fidarmi di nessuno.

Per fortuna, avevo a portata di mano tutto ciò che mi sarebbe potuto tornare utile in un'indagine.

Il mio portatile e i travestimenti dei miei alias sono in cantina. Ho ancora la macchina e l'appartamento a mia disposizione. Perfetto!

Tutto ciò che dovevo fare era convincere Heizmann che stavo rigando dritto, perché sapevo che mi avrebbe sorvegliata come un falco. Non che le sue attenzioni non mi piacessero, ma intendevo chiudere da sola i miei conti in sospeso e poi magari sarei riuscita a liberarmi dal peso che mi opprimeva e, di conseguenza, proseguire con la mia vita.

Mi posso fidare di te, Kieran Heizmann per quanto riguarda questa missione: sì o no? Per il momento la risposta è no.

Sapevo che sarebbe venuto a trovarmi dopo il lavoro, era ciò che aveva iniziato a fare da quando ero uscita dall'ospedale. Il più delle volte passava solo per un saluto, per vedere come stavo, tuttavia non si tratteneva molto ed era solito usare la scusa di non riuscire a sentirsi a suo agio se circondato da tre donne. Ogni volta, però, notavo che se ne andava solo dopo avermi vista prendere le medicine. Da quanto avevo appreso mentre mi trovavo in ospedale, stava avendo parecchi problemi per aver usato l'identità del capitano della Diamant per portarmi via da quel maledetto manicomio. Avevo già provato a proporgli il mio aiuto, magari avrei potuto parlare con Gerber, che era la controparte di Spervi nell'unità Enzian, ma ogni volta che toccavo l'argomento sembrava chiudersi come un riccio. C'era qualcosa di strano, di guardingo addirittura nel suo atteggiamento, ma Kieran era sempre stato un uomo difficile da leggere e interpretare.

Mi spostai alla finestra del soggiorno per guardare le ragazze attendere il pullman. Le salutai di nuovo fin quando non le vidi salire sul veicolo e sparire dalla mia vista. Quando stavo per voltarmi, notai alcuni vasi di gerani sul davanzale, i fiori ancora rigogliosi, ma la mia attenzione venne catturata da quattro vasetti davvero piccoli posizionati gli uni accanto agli altri.

Mi avvicinai e i miei occhi si riempirono di lacrime quando mi resi conto che erano vuoti.

I miei cactus…

Per qualche secondo rimasi a osservare la terra secca, alcune foglioline contorte si trovavano ancora lì, provando a convincermi che era una sciocchezza ciò che stavo sentendo, il dolore che stava scavando un buco nel mio cuore. Avevo comprato quelle piantine perché erano morenti e abbandonate ed ero riuscita a farle rivivere, ma a quanto pareva la vita era andata avanti per tutti tranne che per loro.

La vita e anche la morte… le mie cure non erano bastate a farle sopravvivere alla mia assenza.

Sospirai triste e mi resi conto che c'erano anche altri dettagli dentro l'appartamento di Sara a cui prima non avevo fatto caso: il plaid lilla sopra il divano, il paio extra di ciabatte accanto alla porta di ingresso, i nuovi tomi nella libreria, tante piccole cose erano cambiate durante la mia assenza. Un tempo quella casa era stata anche mia, ma in quel momento mi sentivo per quella che realmente ero: un'ospite. Ero conscia che fosse una sciocchezza dettata da un'altra delle mie piccole nevrosi, ma non riuscivo a scrollarmi di dosso ciò che provavo. Mi sentivo fuori posto, fuori luogo. Fuori dalla loro vita…

Fuori anche dalla mia…

Restai ancora per parecchi minuti ferma, martoriata da quei pensieri e soltanto molto tempo dopo sentii una piccola parvenza di emozione positiva: l'adrenalina. Mi lasciai invadere dall'euforia e andai di corsa in cantina a prendere il necessario per mettermi al lavoro. Ero pronta a calarmi nella mia nuova indagine, a essere ancora una volta l'Asso. Dopo soli tre viaggi ero riuscita a infilare nel guardaroba di Sara tutto l'occorrente per la mia prossima missione. Non avrei messo nulla nella stanza degli ospiti, una piccola precauzione nel caso Kieran avesse voluto controllare.

Avevo l'intero pomeriggio per prepararmi ed ero pronta a sfruttare ogni minuto a disposizione per fare una ricerca approfondita sulla Maxifarma e magari, con un po' di fortuna, sarei anche riuscita a rintracciare qualche vecchio informatore. Il povero Hanspeter non c'era più, ma ciò che intendevo fare avrebbe vendicato anche la sua morte. Un brivido di eccitazione mi attraversò, una nuova scarica di adrenalina mi solleticò persino la punta dei piedi, quel genere di sensazione che provavo quando era ora di entrare in azione.

Dio, come era bello tornare a essere attiva… ero sempre più convinta che fosse ciò di cui avevo bisogno: vivere il momento e lasciare andare il passato. Se fossi riuscita a concentrarmi solo sul presente, forse tutta la follia che si era accumulata dentro di me, prima o poi, si sarebbe dispersa.

La sera arrivò troppo in fretta e approfittai per scaldare un piatto di gulasch che mi aveva preparato mia madre e, dopo una doccia veloce, fui pronta per calarmi nei panni della paziente ligia in attesa di recupero e aspettare l'arrivo di Kieran.

Lo avevo avvertito che avrei lasciato la porta aperta, ma mi prese lo stesso alla sprovvista quando, con la coda dell'occhio, lo vidi mollare la borsa Messenger sopra il divano.

«Ehi, ciao» gli dissi mentre provavo a nascondere il nervosismo con un bel sorriso e, nel frattempo, facevo partire la lavastoviglie. Il suo volto cesellato portava i segni della stanchezza, la barba più pronunciata del solito lo faceva sembrare ancora più maturo, ancora più uomo, come se avesse avuto bisogno di aiuto per essere più sexy. Mentre si avvicinava alla cucina con i passi silenziosi di una pantera, non potei fare a meno di notare la morbida camicia grigia che abbracciava il suo petto massiccio, come la sua vita si restringeva nei pantaloni scuri di sartoria, come sembrasse snello ma, allo stesso tempo, il maschio che era: forte e potente. Le sensazioni mi travolsero. Incisive. Sconvolgenti. Proprio come lo era lui.

Dio, quell'uomo era uno strepitoso esemplare di pura mascolinità.

Piuttosto che rispondere o annunciarsi, magari con un saluto, continuò a venirmi incontro in silenzio con dei movimenti decisi, senza fermarsi, fino a quando il suo corpo e la sua bocca furono premuti ben saldi contro di me, regalandomi il bacio più erotico che avessi mai ricevuto.

Kieran Heizmann sapeva di certo come sorprendere una donna. Chiusi gli occhi quando si allontanò e il suo respiro veloce mi sfiorò la mascella.

«Dio, mi sei mancata…» il suo tono si ridusse a un sussurro roco tra le mie labbra.

Percepii la sua voglia come se avessi preso una scossa elettrica. Provai a piantare le unghie sui bordi del bancone dietro di me proprio mentre la sua presa si strinse sulle mie guance. Il suo corpo mi bloccò contro il mobile e lo sentii così pronto, che ebbi paura di sciogliermi e sprofondare tra le mattonelle. Erano così tante le cose di cui dovevamo ancora discutere, ma per qualche motivo il mio cervello voleva che restassi zitta in modo che continuasse a farmi impazzire.

Mi afferrò con le sue braccia forti stringendomi a sé e non mi restò che soccombere quando il calore che il suo corpo irradiava penetrò nel mio con una promessa di puro piacere. Sentii le sue mani, prima affondate sui fianchi, muoversi verso l'alto, sfiorando la curva del seno. Stava approfittando di ogni mia debolezza e avrei voluto ricambiare il gesto con la sua stessa prontezza, ma prima avevo bisogno di sapere se il suo corpo si muoveva ancora nello stesso modo. Se mi adorava come faceva prima: come se fossi una Dea.

Il mio cuore ebbe un sussulto quando le sue labbra sfiorarono la mia fronte, soffermandosi per diversi secondi. «Torna da me, Sophie…»

Sussurrò così piano che mi chiesi se l'avesse pronunciato davvero o se fosse stato solo frutto della mia immaginazione. Le sue parole sembrarono penetrare le pareti del mio petto facendo uscire tutta l'aria dai polmoni. Tamponai il brivido che si susseguì con un sospiro pesante mentre mi aggrappavo a lui cercando, attraverso i suoi occhi, di capire ciò che mi aveva appena confessato. Se l'avesse davvero fatto. Non trovai nessuna risposta, nulla, oltre la forza, il coraggio dell'uomo meraviglioso che era in piedi davanti a me.

Chiusi gli occhi, combattendo il richiamo sessuale, persa ancora nel significato di quella strana frase, ma il mio corpo mi tradì e non ci fu nulla che potessi fare per fermarlo. Avvolsi quindi le braccia intorno al suo collo quando, con un gesto fluido, mi sollevò, prendendomi in braccio con facilità. Tra baci frenetici, circondai le gambe intorno alla sua vita, le mie mani sprofondarono nei suoi capelli, mentre mi portava sul tavolo e mi stendeva, chinandosi su di me.

Le mie gambe si aprirono per accoglierlo quando si infilò in mezzo, approfondendo il bacio, divorandomi, come se fosse alla ricerca di qualcosa di inafferrabile, qualcosa di così vitale che sentii che avrebbe potuto morire se non l'avesse raggiunto. Sembrava quasi disperato e, per un momento, pensai di dirgli di rallentare, ma mentre formulavo quel pensiero, si allontanò appena e con una stoccata decisa mi portò a sé, le mani che mi afferrarono sotto le cosce mantenendomi salda, mentre si strofinava su di me. I miei pensieri evaporarono e restò solo il desiderio.

Ohh, mio... io... amo...

Sarei andata avanti come un cavallo a briglie sciolte se non fosse stato per il ronzio che iniziò a infastidirmi, risuonando in testa come i primi sintomi di un'altra fastidiosa emicrania. Mi preparai alle fitte di dolore, ma poi iniziarono i bisbigli che, pian piano, aumentarono d'intensità.

Salvami e io ti salverò...

Sta succedendo davvero? O la mia mente mi sta giocando un altro scherzo? A ogni modo, non mi interessa. Andatevene!

All'inizio le voci sembravano distanti e lontane, ma molto presto crebbero fino a diventare così forti che avrei voluto solo coprire le orecchie e scappare. Le urla trasmettevano una paura schiacciante e un panico così pieno di angoscia che potevo sentirne il dolore sulla mia pelle. Erano loro, le donne che si trovavano con me in quella fattoria, quelle che non ce l'avevano fatta. Erano presenti anche tutti coloro che si erano gettati da quel dirupo. E potevo udire anche la voce di Stefanie, che mi aveva tenuto compagnia per anni, così come quelle di tanti altri che non riuscivo, anzi non volevo nemmeno riconoscere.

Non riuscivo più a reagire, a sentire, a vedere la luce.

Salva me, salvati. Salvami.
Salvami e io ti salverò…

Sentivo il cuore battere sfrenato senza più nessun controllo, il sudore si diffuse come ghiaccio lungo la schiena.

È tutto nella mia testa… solo nella mia testa.

Mentre ripetevo quella frase con fervore, aprii gli occhi molto piano, ma tutto ciò che vidi fu l'oscurità. Alcuni brandelli di memoria tornarono all'improvviso. Ero ancora lì, legata, imbavagliata, lasciata a morire nella mia stessa agonia. Il sudore mi copriva il corpo. La puzza di escrementi riempiva l'aria. L'acqua che gocciolava da qualche punto indefinito, quel suono costante, mi faceva impazzire. Volevo aprire la bocca intorno al bavaglio per catturare alcune gocce, ma la lingua era così gonfia che temevo di soffocare.

Sentii qualcuno parlare vicino a me, la sua voce ovattata che mi tranquillizzava, mi riportava indietro. Non potevo lasciare che la mente percorresse quei corridoi oscuri, quelli delle mie stesse camere di tortura.

«Sophie, torna da me…»

Mi aggrappai alla forza che sentivo provenire da lui e mi ritrovai seduta sopra il tavolo tra le sue braccia, nella cucina di Sara.

La preoccupazione si insinuò nel suo sguardo come una nuvola di tempesta che oscurava il terreno sottostante. «Cosa c'è che non va?» Mi domandò in un modo fin troppo tranquillo, provando a nascondere, senza successo, la preoccupazione.

«Come dici?» Provai a dissimulare quanto mi sentissi persa. «Non è nulla.» Scossi la testa mentre ingoiavo il panico. I nostri occhi rimasero legati per un attimo e poi il suo sguardo cadde sulla mia bocca. Sapevo che qualsiasi cosa avessi detto sarebbe stata del tutto sbagliata. Decisi quindi di passare all'azione, perché certe volte le parole potevano essere davvero difficili da pronunciare. Sollevai la mano, premendo il palmo contro la sua guancia, lasciando che la barba mi solleticasse le dita. Mi sarebbe bastato soltanto il calore della sua pelle per sciogliere il ghiaccio cresciuto come un iceberg nel mio petto. Il mio cuore ebbe un sussulto quando lui girò appena la testa, lasciando cadere un bacio al centro della mia mano.

Oh Dio, perché sei così perfetto…

Mi portò di nuovo tra le sue braccia e mi strinse a sé senza parlare. Si limitò a tenermi al sicuro mentre la tristezza, la preoccupazione e le vecchie paure si riversavano su di me.

Quella notte, mentre ci amavamo, qualcosa di urgente sbocciò dentro di me, liberando una parte che avevo tenuto sigillata per tutto il tempo. Il bisogno e la lussuria cedettero il passo a qualcos'altro, a cui non sapevo dare un nome. Mentre mi lanciavo in caduta libera verso l'oblio, cercai di non pensare a quanto sarebbero costati a entrambi i miei segreti. Il mio corpo si arrese al suo, ma non la mia mente che venne inseguita da urla terrificanti per tutta quella lunghissima notte.

Sapevo che sarebbe stata solo la prima tortura tra tante. Mi aggrappai a Kieran e lasciai che le sue mani, grandi e protettive, giacessero sul mio petto dove il cuore sottostante era stato ridotto a brandelli. Forse eravamo entrambi dentro lo stesso incubo perché teneva anche il mio corpo martoriato mentre mi implorava di tornare.

Non lasciarmi, torna da me...

Il suo tocco era morbido, rassicurante e perfetto, proprio come lui, ma nonostante tutto non smettevo di andare in pezzi tra le sue braccia, non importava quanto fosse gentile.

Quando in piena notte mi svegliai, lui non c'era più. Le lenzuola dalla sua parte del letto erano fredde e anche il suo odore sul cuscino accanto al mio era svanito. Ombre con dita che sembravano lunghi artigli si muovevano nell'oscurità sussurrando parole sconnesse, giocando con la mia mente. Sapevo perché erano lì, volevano portarmi con loro, trascinarmi via. Avrei potuto accendere la luce per assicurarmi che non ci fosse stato nessuno, eppure avrei continuato a sentire i loro gemiti, le urla, i lamenti strazianti.

Come posso sopravvivere quando fanno parte di me, del mio dolore?

Mi voltai su un lato, abbracciai le ginocchia e vi seppellii la testa in mezzo. Provai a sparire, a farmi così piccola da sprofondare tra le lenzuola. Sentivo un freddo assurdo, stavo per congelare. Tentai di riportare indietro quel senso di squisita appartenenza che avevo provato tra le braccia gentili e sicure di Kieran. Fu tutto inutile.

Una sensazione raccapricciante, come un oscuro presagio, si fece strada nel mio ventre, diffondendosi nel petto e minacciando di fermare il cuore. Era come se tutto in me fosse solo il riflesso sfuggente di una menzogna recitata alla perfezione, giorno dopo giorno, anno dopo anno, e il torbido, che era sempre stato lì, fosse pronto a tornare a galla. Le dita scure si avvicinarono afferrandomi le spalle e scuotendole forte, più forte ancora, fino a farmi battere i denti.

Salva me, salvati. Salvami.

Salvami e io ti salverò...

Da cosa ho bisogno di essere salvata?

Dalla follia?

Salva me e io salverò te. Da cosa?

Ero ormai persa nella mia stessa folle disperazione. Un senso di vuoto mi avvolse fino a oscurare la donna che ero stata.

CUM TACENT, CLAMANT
IL SILENZIO È UN'ELOQUENTE AFFERMAZIONE

Alle prime luci di un nuovo giorno, mi trovavo già davanti alla sede della Maxifarma. Mantenendo la velocità al minimo, come richiesto dai cartelli stradali, entrai nel complesso del colosso farmaceutico e seguii le indicazioni per arrivare al parcheggio dei dipendenti. Non era ancora affollato, ma dovetti fare lo stesso due giri per trovare un posto libero che facesse al caso mio: una posizione strategica dove poter osservare senza essere vista.

Con un sospiro soddisfatto spensi il motore, ma voltandomi verso la borsa che avevo lasciato sul sedile del passeggero, i miei occhi finirono sullo specchietto. Un brivido involontario mi percorse la schiena; anche se mi ero guardata tante volte dopo essere sopravvissuta all'inferno, non riuscivo ancora ad abituarmi al mio riflesso. Ero sempre io, a scrutarmi dentro erano le stesse iridi screziate sfumate di verde, la stessa forma a diamante del volto a ricordarmi quanto fossi fiera delle mie decisioni e lo stesso castano chiaro dei capelli che mi illuminava lo sguardo, nonostante in quel momento fosse nascosto da una parrucca bionda. Allo stesso tempo, però, era come se non riuscissi più a riconoscermi.

La presenza delle voci nella mia testa non era mai stata una novità, ma lo era ciò che stavo sentendo in quegli ultimi giorni. Mi ricordai di un articolo che avevo letto alcuni anni prima nella sala d'attesa del dottor Fustermann e che mi aveva fatto riflettere. Quando io e Dok discutemmo dell'argomento, avevamo riso insieme della sua versione per quello che chiamava il cumulo dell'ipocrisia.

«Vedi, Sophie, i pazienti psichiatrici sono coloro che più vengono discriminati in modo ingiusto. Ti faccio un esempio classico: se parli con Dio, sei un bravo cristiano e stai solo pregando; se invece è Dio a parlarti, allora sei uno schizofrenico.»

Avrei tanto voluto averlo accanto per chiedergli: cosa accadrebbe, Dok, se anziché udire le voci nella mia testa, ci fosse qualcun altro o, per essere più precisi, "parecchi nuovi" altri, come se la mia mente fosse condivisa da una sorta di fastidiosa famiglia allargata?

Non ero sicura che avrebbe riso come facemmo quel giorno, tuttavia non era il momento adatto per fare certi pensieri, perché stavo per calarmi nei panni del mio nuovo alias.

Frugai nella borsa fino a trovare il rossetto e gli occhiali finti che appoggiai sul sedile del passeggero. Mentre ritoccavo le labbra con un colore rosa molto delicato, tenni d'occhio la telecamera posizionata sopra la porta d'ingresso usata dai dipendenti, perché mentre entravo nel parcheggio avevo notato che ogni sessanta secondi compiva un giro di centottanta gradi.

Dietro le due torri dell'edificio che si stagliavano come giganti nel cielo blu notte, l'orizzonte prese a tingersi di viola, rosa e rosso, mentre il sole preannunciava l'inizio di una nuova giornata. Per un istante mi soffermai a guardarlo, mentre rimettevo il tappo al rossetto: sembrava troppo grande, così vasto, proprio come la vita stessa. Con la mano libera mi strofinai il fianco in modo distratto, sfiorando le cicatrici con la punta delle dita attraverso la camicia beige di seta. Non erano più rosse o in marcato rilievo, ma sarebbero sempre rimaste lì a ricordarmi i miei errori e di non abbassare mai la guardia.

Anche il modo in cui mi sentivo era piuttosto strano. Se fino a poco tempo prima mi sarei sentita pronta e totalmente focalizzata per l'inizio di una nuova missione, in quel momento ero come un tronchetto di legno appena lanciato in un camino acceso. Le fiamme mi avevano avvolto e stavo iniziando a crepitare, la mia testa continuava a saltare in modo incoerente da un pensiero all'altro senza che riuscissi a soffermarmi su nulla. Mi maledissi per non essermi costretta a fare il rituale che compivo prima di ogni indagine. Avrei potuto usare la vasca di Sara per immergermi, fare alcuni respiri profondi, restare sul fondo più tempo possibile prima di riemergere, lasciando che la mia anima si preparasse per essere riempita di nuove emozioni, pronta ad assumere del tutto una nuova identità. Forse, era a causa di ciò che mi era successo mentre ero nelle mani dei narcotrafficanti, ma la sensazione di essere circondata dal nulla, avvolta dalla solitudine più completa, ormai mi terrorizzava e, di conseguenza, l'idea di godere di quel senso di pace e purificazione non mi donava altro che timore.

Fanculo bastardo di Alvaro Melo! Spero che tu stia bruciando all'inferno.

I pensieri collegati all'inferno iniziarono a far capolino nella mia mente e mi ritrovai un'altra volta troppo tesa. Le mani presero a tremare e sapevo che molto presto una leggera patina di sudore si sarebbe formata sulla fronte rovinando il trucco che avevo accuratamente scelto per il mio alias.

Smettila! Non puoi permetterti di rovinarti da sola!

Abbassai quindi il finestrino e mi costrinsi a concentrare tutta la mia attenzione sul richiamo di una cornacchia posata da qualche parte sulla lunga fila di aceri che delimitavano la fine del parcheggio. Furono necessari ben tre respiri profondi per mantenere le mie mani ferme sul volante. Rimisi il rossetto nella borsa e stavo mettendo gli occhiali quando notai una vecchia Golf grigia fermarsi due corsie più vicine all'entrata dei dipendenti rispetto a dove mi trovavo.

«Dai, fai che sia un bravo ragazzone, un po' timido, un po' goffo...» mormorai a nessuno, mentre lasciavo che nella mente si formasse l'immagine del candidato perfetto. La persona in questione mi sarebbe servita per usare una tecnica di psicologia chiamata "mirroring", ossia l'abbinamento dei manierismi. Con il cuore che batteva all'impazzata, ripassai nella mente cosa avrei dovuto fare per attuare il piano alla perfezione. Grazie all'abbigliamento che avevo scelto, quello di una nuova e timida stagista, imitando i suoi stessi gesti introversi, avrei convinto il suo subconscio di quanto fossimo simili e avrei conquistato la sua empatia all'istante.

Tenere a bada l'ansia mentre chiudevo il finestrino e raccoglievo le ultime cose fu davvero difficile, quasi impossibile.

Nel frattempo, un ragazzo di circa vent'anni scese dall'auto e chiuse lo sportello. Con sé aveva una grossa scatola di plastica trasparente, come quelle che venivano usate spesso per immagazzinare gli oggetti in cantina. Con una certa fatica la posò sul cofano e poi si voltò verso lo sportello posteriore, da cui prese un paio di cartelle. Quando lo richiuse, l'impatto fece scivolare la scatola che era sul cofano, facendola cadere per terra.

«Tombola!» Sussurrai quando lo vidi guardarsi intorno affranto, mentre si abbassava a raccogliere diverse scatoline, simili a quelle dei medicinali, che si erano sparse un po' ovunque.

Dovevo pazientare ancora un po', perciò abbassai la testa e finsi di controllare qualcosa nella borsa. Con la coda dell'occhio, non perdevo di vista il ragazzo che raccoglieva ancora le ultime cose per terra.

Nel momento in cui si raddrizzò pronto per proseguire, scesi dalla macchina come un fulmine. Era ora di entrare in azione!

Restai un paio di metri dietro a lui, lasciando alcune file di macchine a separarci.

La sede della Maxifarma si stagliava davanti a me come un colosso sotto il cielo già color indaco. Le due torri gemelle erano esattamente ciò che ci si sarebbe aspettato dalla grande azienda farmaceutica: un insieme di acciaio e vetro, simbolo di opulenza ed esibizionismo. Nell'ultimo piano del blocco di destra potevo vedere la struttura di metallo di un eliporto che sporgeva verso il vuoto. I primi raggi del sole la facevano brillare come se fosse un diamante incastonato nel palazzo e potevo scommettere un anno del mio stipendio che l'idea dell'architetto fosse appunto quella: potere e invincibilità.

Come avevo previsto, nel momento in cui il ragazzo arrivò accanto alla porta, dovette sorreggere la scatola tra sé e la parete per poter prendere il badge. Mi accorsi subito che aveva qualche problema con il portafoglio che si era impigliato nella tasca dei jeans.

Rallentai il passo e provai il familiare fremito nello stomaco mentre mi avvicinavo a lui. «Aspetta, ti aiuto.» Gli arrivai accanto con espressione preoccupata proprio nel momento in cui riuscì a estrarre il portafoglio dalla tasca.

Poiché aveva sussultato, mentre mi fermavo a una distanza adatta alla mia "ingenuità", aggiunsi: «Scusami, non avevo intenzione di spaventarti.»

«No, no, figu- figurati.» Scosse la testa in fretta e le sue guance un po' paffutelle arrossirono.

«Posso?» Con un sorriso timido mi aggiustai gli occhiali prima di tendere una mano e recuperare il badge che aveva già appoggiato sopra la scatola.

I suoi occhi che mi avevano già controllato dalla testa ai piedi, mentre pensava che non lo stessi guardando, finirono sul mio viso.

«Cer-» si schiarì la voce, «certo.»

«Grazie» gli risposi con dolcezza.

Passai il suo documento sbloccando la porta che si aprì con un rumore metallico. La tenni aperta per farlo entrare per primo e lo seguii, mentre spostavo in fretta la borsa sulla spalla sinistra e nascondevo nel palmo della stessa mano il suo tesserino. Continuai con la messinscena mentre controllavo che la porta fosse chiusa e, quando mi voltai, mi accorsi che aveva incastonato la scatola su un fianco con l'intenzione di liberare una delle mani e mi stava guardando.

«Mhmm, scusa…» iniziò. Aspettava che gli restituissi il suo documento, cosa che non avevo intenzione di fare.

Carpe Diem, Sophie. Con un gesto delicato spostai dietro l'orecchio una ciocca di capelli che avevo lasciato sciolta apposta dalla coda di cavallo. «Ah, sì che sbadata. Non mi sono presentata.»

Dai, lascia perdere il badge e chiedimi chi sono.

Piegò la testa da un lato. «Non ti ho mai vista prima. Sei nuova nell'azienda?»

Prima di rispondere, mi concentrai apposta un momento su di lui, come se fossi preda di un incantesimo e, al contempo, mi torturavo il labbro inferiore. La comunicazione "non verbale" era tutto in casi del genere. Mossi un primo passo strategico per vedere se mi seguisse, invece restò fermo dov'era e dovetti stare al gioco. «Scusami, mi chiamo Cecilie. Questa è la mia prima settimana. Sono una delle nuove assistenti per il progetto di ricerca e sviluppo» aggiunsi con voce timida prima di stringere la mano che mi stava porgendo, «ma non ho ancora ben chiaro cosa dovrò fare.» Lasciai la frase in sospeso tenendo lo sguardo rivolto verso il basso mentre aggiustavo la tracolla della borsa. Abbassai la mano sinistra e mi sarebbe bastato far scivolare il badge nel taschino laterale. L'unico problema era che il ragazzo, Jamie era il suo nome, non si mosse. Stava aspettando…

Dai, dai, lascia perdere! Nulla.

«Ahh, ecco il tuo badge» dovetti dargli il documento, «prima che me ne dimentichi.»

Lo prese e non potei nemmeno fulminarlo con lo sguardo o, forse, avrebbe capito il mio gioco. Lo sentii borbottare qualcosa sui nuovi posti di lavoro e non mi restò che seguirlo camminando al suo fianco, inoltrandoci nell'azienda. Di tanto in tanto mi lanciava sguardi fugaci o sorrisi timidi che ricambiavo con l'interpretazione degna di un'artista collaudato.

Dio... quanto amo il mio lavoro. Quelli erano i momenti che preferivo in assoluto: essere chiunque, tranne me stessa.

Ci scambiammo le solite frasi di circostanza e mantenni sempre la nostra chiacchierata leggera mentre aspettavo l'opportunità per domandargli ciò che effettivamente volevo sapere. Appena la conversazione iniziò a morire, prima che potesse chiedermi qualcosa a cui non avrei avuto voglia di rispondere, decisi di anticiparlo. «Questa mattina dovrei passare al dipartimento delle risorse umane, ma prima mi hanno detto che devo recarmi nel reparto delle degenze.» Aggiunsi apposta una piccola pausa prima di proseguire. «Ma ero così nervosa durante il colloquio che non riesco a ricordare a quale piano si trovi.» Mantenni il tono leggero, come una giocosa presa in giro, prima di domandargli: «Ma ci sono davvero pazienti qui?»

«Certo.» Come risposta la sua fronte si accigliò appena, guardandomi in fretta, prima di rivolgere la sua attenzione a due uomini che avevamo appena incrociato e che l'avevano salutato. Dopo aver ricambiato il saluto, proseguì: «Comunque, le stanze si trovano al quarto piano del blocco due. Una volta uscita dall'ascensore troverai l'accettazione. Non puoi sbagliare.»

«Grazie mille» appoggiai il palmo della mano sul cuore mentre mi lasciavo uscire un sospiro di sollievo. «Mi hai appena salvato la vita.»

Mi rispose con un sorriso radioso. *Uomini, sono creature così semplici.*

Lo seguii ancora per qualche metro entrando nell'atrio principale in direzione delle torri di ascensori, mentre provavo a orientarmi tra l'andirivieni di persone. La maggior parte di loro indossava dei camici bianchi e nessuno sembrava essere interessato alla timida ragazza bionda e al ragazzo paffutello.

Perfetto!

Distolsi lo sguardo dal mio accompagnatore e mi resi conto, mentre cercavo il secondo blocco, che mi sarebbe servito presto un abbigliamento adatto per arrivare da Anja. Da qualche parte, una tra le tante vocine che mi ronzavano in testa mi ricordò che quello era un errore strategico che l'agente speciale Nowack non avrebbe mai commesso. La schiacciai come avrei fatto con un fastidioso moscerino.

Per fortuna, il colosso farmaceutico era molto organizzato anche per quanto riguardava le indicazioni interne dei palazzi. Dopo qualche momento mi ritrovai a salutare il ragazzo che si fermò davanti al primo blocco di ascensori e proseguii per la mia strada come se sapessi esattamente cosa stessi facendo: spalle ben dritte e sguardo deciso. Passai davanti a due guardie della sicurezza che salutai con garbo; in quella fase del piano bisognava sempre essere gentili con il nemico. Non ero sopravvissuta così a lungo senza sapere come mimetizzarmi e sparire sullo sfondo.

Seguendo le indicazioni che leggevo nelle colonnette d'acciaio posizionate ovunque, camminai lungo un corridoio interamente fatto di vetro che collegava le due torri, e un paio di minuti dopo mi ritrovai davanti agli ascensori del secondo palazzo.

Premetti il pulsante e aspettai.

Non accadde nulla. Lo guardai con attenzione e notai un sensore appena sotto il pulsante. *Cazzo! Sapevo che non dovevo restituire il documento al ragazzo, ma non pensavo che mi sarebbe servito così presto!*

Era uno scan e, molto probabilmente, avrei dovuto passare il badge per attivare l'ascensore. Ma non avevo un tesserino, almeno non uno vero. Mi guardai in fretta intorno, ero da sola e nell'angolo in alto, a meno di tre metri da me, c'era l'ennesima telecamera pronta a cogliere ogni mio gesto. Potevo scommettere che in una trentina di secondi si sarebbe girata un'altra volta verso la mia parte e che, se mi avesse visto lì ferma per più di due volte, in men che non si dica, una delle guardie che avevo salutato prima sarebbe arrivata a darmi il benservito. Pensai al tesserino del ragazzo che avevo avuto in mano e poi a quello falsificato, era quasi il momento di appenderlo al taschino della camicia di seta. L'identità che vi si leggeva sopra era stata uno dei miei alias e avevo deciso di usarla anche per quella missione. Il badge lasciava intravedere soltanto una foto e il mio nome finto, proprio come avrebbe dovuto essere un documento provvisorio.

Mi serviva solo qualche secondo per radunare le idee e, nel frattempo, pregare Dio che qualcun altro arrivasse o che l'ascensore scendesse con altri dipendenti, il che era alquanto improbabile considerando che era ancora prima mattina. La maledetta vocina nella mia testa mi domandò: *come hai fatto a non prevedere il piano B?* Non feci in tempo a ignorarla e molto presto mi ritrovai a chiedermi: *che razza di agente sbadata stavo diventando?*

La fretta di trovare Anja mi sta mettendo a dura prova. È tutto qui!

Mi spostai appena in modo da mostrare alla telecamera che stavo frugando nella borsa, come se stessi cercando il benedetto badge.

Dai, Sophie, pensa. E adesso come posso salvare le apparenze?!

Quasi non riuscii a trattenere un sussulto quando una mano maschile mi apparve davanti tenendo una tessera e, in seguito, il rumore del "ping" dell'ascensore in arrivo suonò nel piccolo atrio.

«Deve salire, signorina?» Si trattava di una persona anziana, ma ancora molto vigorosa.

Alzai lo sguardo e mi ritrovai davanti il dottor Sigfried Petrulin. Era esattamente come nella foto pubblicata nell'articolo dedicato al progetto "Oblivalium".

«Sì.» Non saprei dire come riuscii a mantenere un tono di voce stabile.

Piegò la testa da una parte e per qualche momento restò a fissarmi. Aveva i capelli così sottili che poteva quasi considerarsi calvo, se non fosse stato per le ultime ciocche a cui si aggrappava in modo patetico.

«Ci conosciamo, per caso?»

Per un istante, mi sentii come uno di quei topolini bianchi che sicuramente impiegava nelle sue orride sperimentazioni, tuttavia mantenni il suo sguardo, perché in caso contrario si sarebbe insospettito. «Non credo, signore.»

L'uomo aprì la bocca per ribattere, ma prima che potesse dire qualcosa, un altro "ping" ci segnalò l'arrivo dell'ascensore.

Mi feci avanti quando si spostò da una parte tenendo la porta. «Grazie» sussurrai, mentre entravo e premevo apposta il pulsante per il terzo piano anziché il quarto. Il cervello si stava già attivando in modo febbrile per trovare un luogo, una situazione in cui il dottore avrebbe potuto incontrare una stagista.

Una riunione, dentro un laboratorio, un meeting, pensa, Sophie, pensa!

Le porte si stavano chiudendo e il dottore si era già voltato verso di me, potevo quasi vedere le rotelle della sua mente malefica e geniale in azione per trovare la connessione tra di noi. Dovevo distrarlo prima che potesse interrogarmi, spostando la sua attenzione altrove.

Avrà una moglie, una famiglia? Mi maledissi un'altra volta per non aver fatto bene le mie ricerche, la vecchia Sophie avrebbe di sicuro previsto un incontro del genere e come agire di conseguenza. Era troppo rischioso tirare in ballo l'argomento famiglia. *Ma dove diavolo potrebbe avermi incontrato? Forse, a una di quelle feste di Natale che fanno nelle aziende, o a un party per annunciare il bilancio agli investitori. Ecco, questo potrebbe andare!*

Quei pensieri durarono soltanto qualche battito sfrenato del mio cuore. «Forse, mi ha visto nel-»

Le mie successive parole vennero fermate dall'arrivo di un'altra mano che si infilò nell'esiguo spazio delle porte quasi del tutto chiuse. L'attenzione del dottore si spostò così in fretta che quasi non mi accorsi del movimento agile che fece per premere il pulsante e far riaprire l'ascensore. Un uomo, poco più giovane di lui, mi salutò con un breve cenno della testa, lo sguardo attento fisso sul dottore mentre entrava.

«Ahh, dottor Petrulin, proprio la persona che stavo cercando. Dobbiamo discutere del budget per il prossimo quadrimestre. Ho avuto…»

Tirai un sospiro di sollievo quando i due uomini si dimenticarono della mia presenza, concentrati nella loro conversazione.

Poco dopo, l'ascensore si fermò al terzo piano e uscii salutando i due dottori che stavano ancora parlando. Me l'ero cavata per un pelo, ma non potevo fare altro che biasimare me stessa: dovevo fare molta più attenzione altrimenti sarebbe stata la fine di tutto. Il vero Camaleonte non avrebbe mai commesso degli errori così sciocchi, avevo agito come una principiante! Scossi la testa e ripresi il controllo della situazione, per prima cosa dovevo cercare uno di quei lunghi camici bianchi, quasi tutti lo indossavano e avrei dovuto farlo anch'io, se volevo confondermi con il resto del personale.

Infatti, fu per quel motivo che decisi di fermarmi un piano prima, inoltre, non avrei commesso l'errore di arrivare a destinazione usando la porta principale. Uno scassinatore non avrebbe mai fatto un'irruzione del genere, figuriamoci io!

Presi a camminare con aria sicura salutando con un breve cenno della testa le poche persone che incontravo, senza dare nell'occhio, limitandomi a scomparire sullo sfondo. Tirai un altro sospiro di sollievo quando notai che in quel piano si trovavano gli uffici amministrativi, quindi non era molto trafficato. Lo si intuiva facilmente dalle varie porte nere che si susseguivano incastonate nelle pareti modulate e dal solito rumore di tastiera e stampanti. Con il mio abbigliamento classico da ufficio, un tailleur grigio scuro scelto con tanta cura, sarei passata inosservata. La prima cosa che feci fu occupare le mani prendendo alcuni dépliant che vidi sopra un carrello lasciato accanto a una grossa stampante. Poi, iniziai a seguire le indicazioni per i bagni, di solito gli spogliatoi per il personale erano sempre nelle vicinanze. Avevo appena capito dove svoltare quando vidi una signora spingere un carrello delle pulizie mentre usciva da una delle tante porte nere.

«Oh, grazie al cielo. La stavo proprio cercando.»

Nel momento in cui chiuse la porta, la signora si voltò verso di me incuriosita dal mio tono di voce affranto. Era minuta e aspettò che mi avvicinassi a lei con un sorriso che imitai con prontezza.

«Sono in ritardo per una presentazione e, come una sciocca, mi sono rovesciata il caffè sul camice. Lei, per caso, saprebbe indicarmi dove posso trovarne un altro?»

Iniziò a scuotere la testa, ma non potevo lasciarmi sfuggire una simile opportunità. «Per favore, signora Kepler,» pronunciai il suo nome dopo averlo letto sul cartellino che teneva appeso al camice rosa, provando a dare alla voce la giusta intonazione e, per assicurare un maggiore effetto, giunsi le dita al petto come se la stessi pregando, «il mio capo si arrabbierà moltissimo se mi presenterò senza. Magari c'è un armadio con qualche ricambio negli spogliatoi.»

Mi stavo affidando alla sorte. Di solito, aziende del genere avevano sempre alcuni ricambi, in caso di eventuali incidenti.

«Mhmm, forse...» il suo viso si illuminò e sorrisi sollevata quando mi invitò a seguirla. Una decina di minuti dopo uscii dagli spogliatoi indossando un camice tutto mio.

La destinazione successiva fu la scala di emergenza. Poiché non avevo avuto modo di accedere alla piantina del palazzo, dovevo scoprire dove si trovasse un'eventuale uscita d'emergenza nel caso di una fuga improvvisa. Inoltre, le scale mi sarebbero servite anche per arrivare senza farmi notare.

Nel momento in cui misi il piede sul corridoio del quarto piano, avvertii nell'aria un'immobilità surreale, un'inspiegabile quiete. Mi fermai un attimo per orientarmi perché avevo la sensazione di trovarmi in un altro luogo, in un altro tempo, in una sorta di labirinto, avvolta da una strana inquietudine in quel posto che appariva così remoto, dove la vita sembrava essersi fermata. L'ambientazione lì era del tutto diversa: le pareti modulate avevano ceduto posto a quelle bianche intervallate da porte color grigio chiaro. L'ambiente e gli odori erano quelli tipici di un ospedale anzi, avrei potuto dire di una clinica privata, magari una di quelle molto lussuose, in cui solo chi era benestante poteva recarsi per essere curato. Non vidi nessuno mentre mi muovevo sui pavimenti di marmo lucido, tenendo le orecchie ben aperte a qualsiasi scricchiolio o rumore sospetto. Il lungo corridoio era in penombra, la luce proveniva soltanto da faretti incastonati che illuminavano le diverse alcove tra le porte. Fu proprio lì che vidi alcuni quadri astratti o dei grandi vasi posati su piedistalli riempiti con fiori veri. Qualche esperto di design si era davvero sforzato nel cercare di spostare l'attenzione di un eventuale visitatore per mascherare la vera natura di quel luogo. Tuttavia, almeno per quanto mi riguardava, nulla sarebbe riuscito a illudermi sulla reale funzione di quel luogo: un posto dove degli scienziati giocavano a fare Dio.

La mia testa iniziò a pulsare seguendo il ritmo del cuore. Per un istante strinsi gli occhi, poi li riaprii e il mio campo visivo venne riempito da tante piccole stelle brillanti. Dovevo muovermi o l'emicrania mi avrebbe battuta sul tempo.

Iniziai a camminare e, molto presto, mi resi conto che accanto alle maniglie di ogni porta c'era un supporto di plastica trasparente dove erano infilati cartellini dorati con i nomi dei pazienti.

Mentre proseguivo cercando il nome di Anja, esitai persino a respirare forte, senza saperne bene il motivo. Quel luogo mi dava i brividi e ne intuii presto il motivo: non era solo l'immobilità nell'aria o l'assenza di vita, era soprattutto la presenza di qualcosa di molto più grande che aleggiava tra quelle pareti. A quel pensiero mi asciugai le mani sudate sul camice e, mentre i tacchi delle mie décolleté risuonavano sulle pietre lucide, iniziai a sentire dei bisbigli, le voci stavano tornando. Mi fermai davanti a una porta e posai l'orecchio sul pannello. Qualcuno stava parlando dall'altro lato.

«Secondo te, lei potrebbe aver ereditato la patologia da mia madre? Lo sai che il rischio che la malattia si sviluppi nei familiari dei pazienti schizofrenici è quasi dieci volte superiore...»

«Lo so caro, lo so, ma prego Dio che sia solo un disturbo da stress post traumatico.»

La pressione alla testa aumentò e un brivido di gelo puro mi scese serpeggiando sulla schiena. Quelle voci erano vere. Forti. E somigliavano in modo impressionante a quelle dei miei genitori. Inorridita, spostai lo sguardo verso il cartello accanto alla porta.

Era vuoto.

All'interno le voci continuarono a sussurrare.

«Mio Dio, non voglio che faccia la stessa fine di mia madre.»

«Shh, su tesoro, Sophie è seguita dai migliori specialisti, non succederebbe mai una tragedia del genere...»

Cristo Santo, quella era di sicuro la voce di mia madre.

Chiusi gli occhi e li strinsi forte, cercando di non sentire. Le voci sembravano reali, anche se sapevo che non potevano esserlo.

La mia voce è reale. Io sono reale! Loro, invece, erano solo suoni, rumori spaventosi, degli impostori. Non erano veri.

Allora perché è così difficile distinguerle?

I bisbigli erano ancora lì, persistenti. *Questa è pazzia, non sta succedendo davvero.* Senza dare ascolto ai miei istinti, aprii un piccolo spiraglio nella porta e li chiamai: «Mamma? Papà?»

Le voci cessarono di colpo e calò il silenzio. Aprii ancora un po' quel piccolo uscio e guardai dentro: dall'altra parte, una tenda era stata lasciata mezza aperta e oscillava con il vento leggero. La luce vi filtrava attraverso, facendomi vedere un letto d'ospedale. Era identico a quello in cui ero stata, ma era vuoto. Non c'era nessuno in quella stanza.

La sorpresa che mi colpì fu così forte che feci alla svelta alcuni passi all'indietro e quasi inciampai sui miei stessi passi. La pressione alla testa aumentò ancora con il pulsare del cuore che si intensificò.

Sapevo che non stava accadendo davvero: negli angoli più remoti della mia mente, qualcuno mi stava bisbigliando di non cadere nella trappola dei sensi. Avrei voluto ascoltarlo, ero convinta che avesse ragione, ma non riuscivo comunque a tirarmene fuori.

Che diamine mi sta succedendo?

Non avrei dovuto essere lì, dovevo trovare Anja e andare via il prima possibile da quel luogo maledetto.

Uscii dalla stanza e chiusi la porta con più forza del dovuto. Mi voltai e iniziai a camminare sempre più in fretta cercando il suo nome sulle targhette appese. In ogni camera vuota, udivo comunque i gemiti, i lamenti straziati, e la cosa peggiore di tutte: le voci, come quella di una donna da cui non riuscii a staccarmi.

«Mi ero preparata apposta per te. Hai visto le foto in cui indosso quel vestito che ti piace da morire…»

Lara?!

Rividi il sorriso che aveva illuminato il volto di Kieran quando aveva risposto alla sua chiamata. Fu come se qualcuno mi avesse infilzato con un coltello, il dolore improvviso fu così vivido che quasi mi piegai in due. Forte. Acuto. Esplosivo. Una bomba carica di terrore.

Smettila, Sophie. Queste parole le hai lette tra i messaggi che lei ha mandato a Kieran. È tutto nella tua testa!

Provai ad ascoltare ciò che la ragione mi diceva, eccome se ci provai, ma era come se una forza invisibile mi stesse trascinando a sé. Mi voltai decisa ad andarmene e quasi ci riuscii. Un passo, poi un altro, ma un mormorio appena più alto degli altri mi fece bloccare quando arrivai a un bivio. Restai ferma, interrompendo ogni movimento, smisi anche di respirare. Quel sussurro era diverso e proveniva da ogni cosa che avevo intorno. Era come l'aria che stavo respirando. Era ovunque.

«La sua presa sulla vita è troppo tenue. Dobbiamo prendere una decisione.»

«No, non possiamo farlo. Non ancora.» Era la voce di Kieran. Sibilante e ferma, non poteva essere reale. *Non è possibile!* Mi congelai sul posto, mentre le sue parole mi avvolgevano e la realtà si allontanava sempre di più.

«Lei non lo vorrebbe. Aiutami a salvarti, torna da me, Sophie…»

Sentii gli occhi riempirsi di lacrime udendo la disperazione nella sua voce. Un tremore mi scosse così nel profondo che mi chiesi come facessi a restare ancora in piedi, eppure in qualche modo ci riuscii. Dovevo allontanarmi, scappare, fuggire da quel luogo il prima possibile o sarei impazzita.

Guardai da una parte e poi dall'altra. I corridoi sembravano tutti uguali. *Dove devo andare?*

L'eco della risata di una bambina arrestò tutti i pensieri. Potevo giurare che fosse la voce di mia sorella quando era piccola. *Basta, stai esagerando. Tutti i bambini ridono allo stesso modo!*

Il sussurro proveniva al di là della porta che avevo davanti. Iniziai a camminare piano in quella direzione.

Non aprire, non aprire!

Mi avvicinai di un passo, il mio corpo sussultò a causa di un brivido involontario.

Era la sua voce che cantava... il bisbiglio era chiarissimo nel silenzio. «Giro giro tondo...»

Non era il fatto di sentire le voci che mi terrorizzava da morire, ero più o meno abituata alla loro presenza da quando la mia migliore amica era morta, a raggelarmi il sangue nelle vene era la familiarità di quel sussurro. Quelle voci appartenevano a delle persone vive che conoscevo molto bene e di certo mia sorella non era più una bambina.

Un altro passo, la sua voce... «Casca il mondo...»

Toccai la maniglia, ma ero troppo terrorizzata per aprire la porta. «Marie?» La chiamai con un bisbiglio tremulo. Nella cartellina accanto al battente c'era scritto qualcosa. Mi avvicinai per leggere poiché l'inchiostro era quasi del tutto svanito, come se si fosse bagnato e l'acqua fosse colata sulle lettere. Strizzai gli occhi, ma non riuscii comunque a leggere.

Da dentro la stanza la vocina continuò: «Casca la terra...»

Anche se dentro di me tutto gridava di non farlo, aprii molto piano quella maledetta porta e ciò che vidi mi fece spalancare la bocca per la sorpresa. Mi sentii catapultata in una macchina del tempo. Volevo chiudere gli occhi, ma era come se le palpebre fossero tenute spalancate da piccoli spilli.

Non è reale, non può essere reale. Fottuti, maledetti medicinali!

Mi ritrovai davanti a una nursery abbandonata. In mezzo alla camera c'erano soltanto due vecchie culle di metallo ormai arrugginite e, per terra in un angolo, c'era un inquietante pupazzo seduto: un grosso clown. Il suo occhio di resina scheggiato mi guardava senza vita, mentre pietrificata osservavo gli ulteriori dettagli della stanza. Ampie finestre illuminavano le pareti color rosa pallido antico e i raggi del sole si riflettevano sul parquet di legno scuro. Erano anni che nessuno vi metteva piede e nuvolette di polvere si alzavano a ogni passo, così fastidiose da solleticarmi le narici a ogni respiro. C'era qualcosa, purtroppo, che mi attirava lì dentro in modo inesorabile. Il silenzio snervante mi rimbombava nelle orecchie mentre i piedi si muovevano da soli verso una delle culle. Era immobile, silenziosa, inquietante e quando arrivai al bordo, la tirai con le dita fino a farla dondolare verso di me con un orribile rumore di ferro che grattava la superficie.

Mi si drizzarono i peli sul collo e mi ricoprii di pelle d'oca: quel luogo era freddo, anzi agghiacciante e sentivo ogni cattiva sensazione penetrare fino alle ossa anche attraverso i deboli raggi del sole che filtravano dalla finestra.

Mi strofinai le braccia sentendo il malessere in ogni fibra del corpo. La stanza sembrava restringersi su di me, stavo per morire asfissiata. Non riuscivo più a respirare, a pensare, a vivere.

Una voce nel mio subconscio urlò prepotente. *Muoviti, esci immediatamente!*

Per un motivo che non riuscii a spiegarmi, sapevo che niente di quel terrore era reale, anche se era molto convincente. Avevo preso diversi tipi di medicine nella mia vita, ma non avevo mai avuto delle allucinazioni, tanto meno che sembrassero così reali.

Da qualche parte nel mio cervello una vocina, sempre meno convinta, sussurrò: *è chiaro che quello che stai vedendo non è vero. Respira…*

Feci un passo indietro con lo sguardo fisso sulle culle. Una di loro continuava a oscillare piano facendo quell'orribile rumore metallico. Provai a inspirare con forza, rafforzando la forza di volontà.

«Andrà tutto bene» provai a trarre conforto da quelle parole, ma fu inutile.

Andrà bene?

Un altro passo si aggiunse al primo. Sentii qualcosa nell'aria, attorno a me. Forse era l'oscurità che si avvicinava pronta a chiudersi su di me. *Non può essere reale, non può. Oppure sì?*

Un nuovo passo, un altro ancora e arrivai alla soglia della porta. Nell'istante in cui la chiusi, udii un ringhio basso e minaccioso provenire da vicino che mi vibrò dentro fin nelle ossa. Mi voltai di scatto, il pavimento sembrò oscillare e impiegai qualche istante per stabilizzarmi. Mi guardai intorno, ma ancora una volta ero completamente sola.

Da qualche parte tra le fitte di dolore che avvertivo alla testa, il cervello mi ricordò il motivo per cui mi trovavo lì e il fatto che dovevo muovermi prima che qualcuno scoprisse ciò che avevo intenzione di fare.

Concentrati! Ma non riuscivo a ubbidire nemmeno a quel semplice comando. Sentivo la presenza di qualcosa come se stesse per scagliarsi contro di me. Riuscivo a percepire il pericolo, crepitava intorno a me, ovunque. Mi stava aspettando e non sapevo il perché. Ancora una volta, osservai stranita il corridoio che sembrava in qualche modo estendersi all'infinito. Non riuscivo più a ricordare da quale parte fossi arrivata. Mi trovai di nuovo in quel bivio e, in qualche modo, sapevo che nessuna delle possibili scelte mi avrebbe portato da qualche parte. Lo avvertii fino in fondo all'anima che sembrava essersi in qualche modo svuotata.

Voltai la testa di scatto quando sentii il rumore di una porta che si apriva.

In lontananza, vidi una sagoma, un puntino che usciva da una delle stanze e si allontanava. Da quando quel corridoio era diventato così lungo?

Un'infermiera o forse una dottoressa? Non è importante.

«Mi scusi...» la chiamai, ma la figura continuò a camminare senza voltarsi. Era così lontana che, di certo, non mi aveva udito.

«Signora...» senza guardarmi intorno, mi precipitai lungo il corridoio, mentre la chiamavo ancora una volta, ma stava già svoltando l'angolo sparendo dalla mia vista.

Sentivo come se qualcuno mi stesse alitando sul collo, un mostro in cerca della sua nuova preda. Accelerai il passo e mi sembrò di correre per un'eternità, soltanto i tacchi delle scarpe a picchiettare il pavimento in quel silenzio assordante e, quando finalmente girai l'angolo, lei non c'era più. Mi fermai di scatto, ritrovandomi di nuovo da sola. Davanti a me c'era un altro corridoio, identico a quello che avevo appena percorso ed era deserto. I miei polmoni mi ricordarono che dovevo respirare, avevo il fiatone, non mi ero resa conto di quanta aria avessi trattenuto.

Ripresi a camminare con calma, appoggiando la mano sulle costole per placare le fitte e, nel frattempo, cercavo di fare dei respiri profondi. La pressione alla testa aumentò fino a quando pensai che potesse esplodere. Spostai le dita e le posai sulle tempie per un massaggio, ma erano talmente fredde che al posto di darmi il sollievo sperato mi procurarono un brivido gelato.

Qualche istante dopo passai davanti a un'altra porta grigia e, in quell'istante, i miei occhi si soffermarono sulla targhetta.

Anja Hedinger.

Mi coprii la bocca con la mano. Non mi resi conto che stavo indietreggiando fino a quando la mia schiena colpì con forza la parete.

L'avevo trovata!

CONSEQUI NON POTEST
IRRAGGIUNGIBILE

La stanza di Anja somigliava alla suite di un albergo costoso: grande e lussuosa, ma allo stesso tempo impersonale e senz'anima. Mi venne la pelle d'oca lungo il braccio appena chiusi la porta alle mie spalle. Le tende erano state aperte e la luce del sole si rifletteva sul grande giardino sul retro. Il mio sguardo si spostò dalle finestre a mezza altezza alla parete più lontana, passando per il mobilio in noce fino al grande comò ai piedi del letto, dove la vedevo sdraiata supina.

Sembrava stesse dormendo in modo così pacifico che ebbi addirittura paura di svegliarla con i miei respiri tremuli. Stavo correndo un rischio tremendo restando più tempo del necessario, ma mi presi lo stesso un istante per osservarla. Non l'avevo mai vista così in salute e serena. Uno dei motivi per cui Alvaro Melo l'aveva tenuta era perché era un'infermiera specializzata in primo soccorso e poteva rattopparci ogni volta che la mano del bastardo o di uno dei suoi "soci in affari" diventava troppo pesante.

Inoltre, la considerava il suo "animaletto da compagnia" preferito e, grazie agli anni che aveva passato accanto a lui, aveva acquisito una sorta di status privilegiato che le assicurava alcuni favori che alle altre erano preclusi. Tuttavia, il prezzo che aveva pagato era troppo alto: quel bastardo le aveva fatto cose che nessun essere umano avrebbe meritato, molto più di quanto chiunque avrebbe sopportato.

Avevo addirittura perso il conto di quante volte quella donna meravigliosa mi aveva riportato in vita, quante volte le sue mani esperte e sicure mi avevano negato l'unica cosa che desiderassi mentre ero prigioniera in quell'inferno: la morte.

Era inutile combattere contro i nostri ricordi…

Noi due abbracciate mentre provavamo a dormire, incastrate l'una nell'altra, come due metà di un insieme, lei sepolta nel mio petto, premuta contro il mio cuore, inghiottita dal mio corpo ormai in rovina. Ogni tocco era diventato una dipendenza e non diventava meno desiderabile soltanto perché era unito al dolore. Le sue carezze erano il preludio della luce dopo mesi di totale oscurità, dopo una vita intera vissuta nelle tenebre. Tutti i nostri istinti ci avevano abbandonato, non riuscivamo più a trovare una via d'uscita dalla lugubre palude del terrore. Eravamo stremate dai nostri demoni personali, lei pregava il sonno, ma quando arrivava era spezzato e sofferente come la morte stessa. Io, invece, pregavo per qualcosa di diverso: il riposo eterno.

No, ormai è finita! Quello era un altro mondo, un'altra vita.

Scossi la testa con rabbia provando a seppellire per sempre quegli orribili ricordi nelle caverne della mia memoria. Ignorando il martellare incessante alle tempie che non mi dava tregua, mi staccai dalla porta dove ero ancora appoggiata e, stringendo le mani intorno alla cinghia della borsa, mi costrinsi ad avvicinarmi. Era come se stessi camminando nel fango fino alle ginocchia. Ogni passo era lento, vacillante. Ogni respiro rantolava come se venisse strappato a forza dai polmoni.

I miei piedi arrivarono accanto al letto, le dita erano intorpidite, le nocche bianche, mentre, in silenzio, posavo la borsa sul pavimento. Lei non si era ancora svegliata, mi guardai attorno e notai una cartella sul tavolo ai piedi del suo giaciglio. La presi e diedi un'occhiata veloce provando a capire fino a che punto Petrulin si fosse spinto con lei, ma trovai soltanto i risultati di alcuni esami di routine. Da quanto potevo vedere dai suoi parametri, Anja godeva di buona salute, ormai.

Almeno per quanto riguarda il suo corpo, la sua mente, invece, se è rimasta come la mia... oh Dio, spero per lei di no.

Sfogliai in fretta gli altri fascicoli che trovai e mi resi conto che ogni giorno le prelevavano del sangue e ripetevano gli stessi esami. Non lessi alcun accenno all'Oblivalium, la medicina per dimenticare.

Forse, non hanno ancora iniziato la terapia perché alcuni parametri sono sballati. Continuai a controllare mentre confrontavo i risultati.

Emocromo, per valutare i globuli rossi e bianchi. Glicemia, per monitorare il metabolismo, i glicidi e la concentrazione degli zuccheri nel sangue sono nella norma. Beta hcg, l'uricemia e l'azotemia, invece, sono alterati. Non sarà per caso malata?

Stavo provando a ricordare se avessi fatto anche io quegli esami, quando percepii il suo sguardo su di me. Era assurdo che non dovessi nemmeno sentire la sua voce, ecco quanto quella donna era radicata nella mia mente. Posai la cartella sul tavolo, prendendomi un attimo prima di affrontarla, per concederle del tempo per riconoscermi, per capire chi fossi, ma soprattutto per mostrarle, nel caso non mi avesse riconosciuta per via del travestimento, che non rappresentavo una minaccia.

Con la coda dell'occhio la osservai premere il pulsante per inclinare il letto, senza pronunciare una sola parola e, in seguito, alzare la mano invitandomi a raggiungerla. Lo feci restando in silenzio, lasciando che posasse il palmo sulla mia guancia. I suoi occhi, ancora annebbiati, forse dal sonno o da qualche sedativo, non si mossero dai miei e poi un piccolo sorriso spuntò sulle sue labbra.

«Sophie...» sbatté le palpebre a ogni lettera che pronunciava.

Il mio cuore si gonfiò così tanto da temere che stesse per esplodere. Non riuscivo a pronunciare nemmeno una parola.

Si ricorda ancora di me…

Non avevo idea di come riuscii a pronunciare il suo nome, perché ogni suono voleva trasformarsi in singhiozzo. «Ciao, Anja.»

«Lo avevi detto che mi avresti trovata» sussurrò.

La mia mano si unì alla sua e inclinai la testa posando il viso sul suo palmo. «Non te l'avevo solo detto, te l'avevo promesso.»

Per un istante restammo in silenzio, non erano mai state necessarie molte parole per sentirci vicine.

Il mio cuore si strinse per la vulnerabilità che percepii nel suo sguardo. Tutto ciò che avevamo affrontato, vissuto, sofferto e pianto era lì che aleggiava nell'aria intorno a noi. Momenti densi e potenti, che strappavano le nostre corazze, i nostri muri e tutti gli strati che avevamo accuratamente assemblato. Avevamo condiviso la nostra esistenza in una tragedia, il legame che ci univa andava ben oltre la vita e forse anche la morte.

Probabilmente fu la consapevolezza che percepii nelle profondità dei suoi occhi a farmi capire il motivo per cui Anja si trovasse in quel letto.

«Hai accettato di partecipare al progetto.»

La mia non fu una domanda, bensì un'affermazione a cui non si preoccupò nemmeno di rispondere. Mi accarezzò il viso ancora una volta prima di lasciar cadere il braccio accanto al corpo. «Sei sempre stata troppo sveglia, Sophie.»

«Le cose non devono finire per forza in questo modo. Insieme potremo superare tutto.» *Non lasciarmi…* non avevo il diritto di professare i miei pensieri, ma potevo almeno provare a convincerla. «Ce l'abbiamo fatta, Anja, siamo sopravvissute all'inferno.»

Il suo sorriso era mesto quando rispose. «Tu ce l'hai fatta, Sophie. Io ancora no… è per questo motivo che ti avevo detto che, se un giorno fossimo uscite da quel luogo maledetto, non avresti dovuto cercarmi.»

Fu soltanto in quel momento che mi resi conto che era ancora legata alle stesse catene che l'avevano mantenuta prigioniera per più di un decennio.

Per quanti anni ancora lei dovrà strattonarle nel vano tentativo di liberarsi?

Sentii il mio cuore stringersi fino a diventare solo un puntino nel petto. «Non parlare in questo modo.» La guardai implorante. «Perché dici così?» La domanda, poco più di un sussurro, si perse nel silenzio pesante che ci avvolse.

«Perché non sono forte come te.»

Scossi la testa ostinata. «Sei molto più forte di me, Anja. Sei sopravvissuta per tutti questi anni.» Strinsi gli occhi con forza, mentre mi avvicinavo ancora a lei. «Non farlo, per favore. Non allontanarti.»

Non dimenticarmi…

Quel piccolo puntino nel mio petto iniziò a spezzarsi quando si svincolò di proposito dalla mia stretta. «Chi potrebbe mai dimenticarsi di te, Sophie?»

La fissai implorando. «Non farlo…» *per favore, ti scongiuro!*

«Sarai sempre nel mio cuore, ma non posso accontentarti. Non posso vivere con questi ricordi, il passato è un incubo, Sophie. Voglio un futuro che sia degno di essere vissuto.»

I suoi bellissimi occhi si chiusero. «Lo sai che ti vorrò sempre bene, Sophie» fece un sospiro e poi li riaprì. «Sempre e per sempre…»

Il dolore mi attraversò fino a diventare fisico, quasi come se intendesse straziare il mio essere già vicino al punto di cedere.

«Anch'io ti voglio bene, Anja.» Mentre dicevo quelle parole, sapevo che non sarebbero state sufficienti. Non ci fu bisogno che aggiungesse altro, la risposta la vedevo scolpita sul suo volto tormentato.

«Ti senti in colpa per essere sopravvissuta?» Mi chiese, con quel suo modo di fare schietto mentre mi sfiorava la tempia con l'indice. Non sarei mai riuscita a mentirle perciò volsi lo sguardo altrove nella speranza di nascondere la verità.

«Non dovresti esserlo, Sophie. Le cose accadono nel modo in cui devono accadere, per una ragione. Sei sopravvissuta perché era destino che andasse così. Ricordati Sophie, non siamo le vittime, siamo le vincitrici. Non dovrebbe esserci colpa in questo, solo orgoglio.»

Quando mi voltai verso di lei, stava sorridendo, ma non c'era nessuna allegria in quel gesto. Notai il piccolo cipiglio che si posò tra le sopracciglia prima di proseguire: «Diamo tante cose per scontate. Pensiamo sempre di avere il tempo per fare tutto ciò che vogliamo o di dire le cose che vorremmo condividere con qualcuno. Così rimandiamo sempre, senza aspettarci che il destino intervenga. O che i vecchi errori tornino a perseguitarci. Non ti aspetti mai di non avere più il tempo. Fino a quando ti accorgi di averlo esaurito.»

Un silenzio prolungato accolse il suo sfogo e sospirò in modo mesto, con lo sguardo puntato nel mio. «Adesso anch'io sento che è arrivato il momento di seguire la mia strada, il mio destino. Abbiamo avuto una seconda possibilità. Tutto ciò che faranno sarà indurmi un coma farmacologico e quando mi sarò svegliata non ricorderò più nulla. Magari rinascerò in una realtà che mi farà paura, ma di sicuro sarà meglio di ciò che la vita mi ha riservato. Mi sarà concessa un'altra possibilità che non intendo sprecare, Sophie. Diventerò come una tela bianca pronta per essere riempita con colori vibranti ancora una volta.» I suoi occhi brillarono prima di puntualizzare: «Ho sempre pensato che le seconde occasioni ci vengano offerte non per correggere gli errori commessi, bensì per dimostrare che possiamo rialzarci ed essere ancora più forti dopo la caduta. Allora dimmi, Sophie, chi ha una fortuna simile?»

Mi fissò con quegli occhi azzurri così espressivi che avrei potuto guardarli e scorgervi quasi il domani, quello che non avremmo più vissuto insieme. Anja era stata presente quando non avevo più nessuna speranza, in un momento in cui credevo che ormai fosse tutto finito e non potevo mentire, soprattutto a me stessa. Quello che stavo per vivere mi avrebbe fatto male, forse più di quanto sarei stata in grado di sopportare, ma lei non avrebbe voluto che cadessi a pezzi, quindi non l'avrei fatto, almeno non di fronte a lei. Non avevo mai creduto nella salvezza della mia anima, ma in quel momento l'avrei fatto. Solo per lei. Perché desideravo che fosse felice e avrei fatto di tutto perché accadesse, anche se avrebbe significato aiutarla a dimenticarmi.

«Devi lasciarmi andare, Sophie» insistette perché sapeva che stavo ancora titubando.

Le pettinai i capelli dietro le orecchie e guardai in quei bellissimi occhi blu cercando di spiegare perché fossi così guardinga. «Ti hanno almeno parlato delle conseguenze del progetto, non sanno nemmeno se -»

Posò le dita sulle mie labbra zittendomi mentre annuiva. «Mi hanno già spiegato tutto,» fece scorrere le nocche sulla mia guancia, «tranquilla» aggiunse con una cadenza soave.

«Allora, vorrei che tu mi promettessi una sola cosa, Anja.»

«Qualsiasi cosa» fece una pausa prima di puntualizzare, «tranne ciò che mi hai appena chiesto.»

«Prima di iniziare la terapia dovresti dire al dottor Petrulin che, nel momento in cui l'avrai finita e ti sveglierai, vorrai avere una persona accanto a te. Ho in mente qualcuno, una persona di fiducia che dovrà essere messa a conoscenza del tuo passato, almeno per quanto riguarda gli anni in cui sei rimasta in "cattività".» Feci una pausa e, mentre ponderavo con cautela le prossime parole, sentivo i suoi occhi che mi seguivano attenti provando a capire le mie intenzioni.

«Potrà proteggerti, Anja, fino a quando sarà necessario. Inoltre, sarà il collegamento tra noi due. Ti avevo già parlato di lui, una volta, tanto tempo fa.» Non avrei potuto continuare la mia vita senza sapere che stesse bene. «È un agente inglese con cui ho già lavorato, gli affiderei la mia stessa vita.»

Anja era molto scaltra e sapeva che anche se Alvaro Melo era morto, restava il fatto che fosse a conoscenza di tante informazioni su di lui e sulla sua organizzazione. Come a confermare ciò a cui stavo pensando, Anja annuì soltanto, così continuai: «Ricorda il suo nome…»

«Va bene» sussurrò.

Presi il suo viso tra le mani e avvicinai la fronte alla sua. Strinsi gli occhi e le sussurrai tra le labbra. «Agente Brandon Phillips. Ho lavorato con lui, è un brav'uomo, Anja.»

Le sue labbra si aprirono e ripeté in un sussurrò il suo nome. «Brandon Phillips.»

«Esatto.»

Dopo averle fatto promettere che il capo della Maxifarma l'avrebbe contattato da parte sua, mi assicurai anche di lasciare scritto il suo nome in uno dei fogli degli esami. Anche se mi rincresceva, non sapevo più come posticipare il momento che tanto temevo. Non avevo parole per esprimere quanto avrei sentito la sua mancanza, ma se c'era una cosa che avevo imparato nella mia vita era che nulla durava per sempre.

Volevo credere di essere forte, di avere una corazza abbastanza resistente, da fare in modo che lei non potesse vedermi cedere, ma la verità si rifletteva in ogni fremito delle mie ciglia.

Senza aggiungere altro, l'abbracciai e premetti le labbra sulla sua testa. Le sue spalle magre tremarono e ci stringemmo come avevamo fatto tante volte, le nostre mani che si accarezzavano mentre respiravamo forte una contro l'altra, i nostri petti che si alzavano e si abbassavano all'unisono. Come se fossimo state una persona sola…

Dal modo in cui mi toccava, potevo percepire come il nostro legame si consolidasse in quell'impossibile soffocamento che aveva a che fare non solo con l'amore o la passione, ma in qualche modo con entrambi. Il nostro abbraccio non era un legame tra due amiche, o tra due amanti, ma una conflagrazione di angoscia, amaro sollievo e paura.

Non potevo muovermi, né tantomeno desideravo farlo. Respirai, per la prima e ultima volta, l'odore della sua pelle, senza il sentore della disperazione che avevo conosciuto quando eravamo in prigionia.

Mi baciò le labbra, ma si fece indietro prima di avere la possibilità di accettare quel dono. «Scusami, non avrei dovuto…» Chiuse gli occhi e la sua testa cadde all'indietro, sopra il cuscino, come se non riuscisse o non sapesse come elaborare i propri pensieri.

Nei momenti peggiori in cui avevamo condiviso le nostre vite, in qualche modo, avevamo provato a portarci un piccolo, misero conforto tramite le nostre carezze.

Presi la sua mano nella mia e le baciai le nocche. «Non devi scusarti, Anja. Mai.»

Le prime lacrime iniziarono a scorrerle lungo le guance quando inclinò la testa di lato e mi fissò pensierosa per un secondo, prima di parlare. «Vieni qui.»

L'avrei implorata di restare con me se avessi visto anche soltanto un accenno di insicurezza da parte sua, ma non c'era stato.

Se riuscissi a convincerla…

Invece, mi anticipò chiamandomi a sé soltanto per mettere un dito sulle mie labbra, mettendo a tacere ogni mia triste riflessione. Nel momento in cui mi avvicinai, fece correre le mani sulle mie spalle e poi sulla nuca, mi strinse la testa, guardandomi come se volesse memorizzare ogni dettaglio del mio viso.

«Fai sempre tesoro delle tue esperienze perché ti hanno portato a ciò che sei, a questa tua meravigliosa imperfezione» per un breve istante posò il palmo sul mio cuore. «Impara a imprimere valore al presente in cui sei immersa senza scordare che viene dal passato che hai vissuto. Dobbiamo imparare a perdonare e perdonarci per poter andare avanti, e se riusciremo a mettere da parte le nostre paure, potremo rinascere… come un fiore tra le macerie.»

Mi lasciai cullare dalla sua tenerezza mentre mi abbracciava. Anche se era lei a essere sdraiata in quel letto, ero io a essere sorretta dalla sua forza.

«Mi mancherai» sussurrò, tirandomi più forte a sé. Le mie ginocchia si indebolirono e minacciarono di cedere sotto il peso della sua confessione. Strinsi gli occhi con forza e lottai contro il dolore che mi stava consumando, poiché sapevo cosa stava per fare. Mi avrebbe trafitto l'anima, anzi l'avrebbe ridotta in cenere e non potevo fare nulla per evitarlo.

Mi sussurrò una frase che accolsi in silenzio. Lasciai che mi baciasse il collo con una delicatezza infinita, poi la mascella, e ancora una volta sfiorò le mie labbra mentre sussurrava: «È ora di dirci addio, mia dolce Sophie.»

Un brivido inseguì la sua mano che si staccò dalla mia nuca e cadde al suo fianco. Le mie labbra tremarono mentre mi limitavo ad annuire, il mio cervello era ormai un guscio vuoto incapace di formulare una sola sillaba. Presi la borsa per terra, mi voltai e l'ultima cosa che vidi, mentre uscivo di fretta dalla stanza, furono le sue spalle tremare e il suo viso nascosto tra le mani.

Mi costrinsi a mettere un piede davanti all'altro e, avvolta da quella straziante consapevolezza, non mi restò che allontanarmi da lei, tornando in quei corridoi oscuri e portando nel cuore le sue ultime parole.

«Fino a quando riusciremo a distinguere la realtà dalla follia, tutto andrà per il meglio. Ricorda, le cose devono accadere in un certo ordine, Sophie. Non possiamo cambiare il destino.»

La certezza con cui aveva pronunciato quella frase mi destabilizzava ancora, come se fossimo state entrambe ospiti al tavolo da tè del Bianconiglio e, in qualche modo, ne fossimo uscite illese. La sua positività anche nelle situazioni più cupe mi aveva sempre lasciata perplessa e l'ammiravo tanto per quella sua capacità.

Tuttavia, in quel contesto, non avrei mai saputo come assecondarla. Deglutii a fatica perché ero anch'io un Bianconiglio. Mi ricordai la sua frase preferita, quella che continuava a ripetere alla povera Alice. *«È tardi, è tardi.»*

Ormai è troppo tardi…

Mentre uscivo dall'ospedale ero così angosciata e persa tra i miei pensieri che superai un corridoio dopo l'altro senza soffermarmi su alcun dettaglio, senza pensare a come sarei arrivata al parcheggio. Continuai solo a camminare a testa bassa, senza mantenere il contatto visivo con nessuno e, senza sapere nemmeno come, mi ritrovai prima in macchina e poi a lasciare l'autostrada per imboccare una deviazione. L'ultima volta in cui ero stata in quel luogo, ero poco più di una bambina, ma c'era una frase che avevo sentito mentre giacevo in quel letto di ospedale che, come un moscerino fastidioso, continuava a ronzarmi intorno. Mentre percorrevo la strada statale che si snodava tra le montagne, sforzai la mente a ricordare ciò che faceva parte di un passato che non credevo avrei mai rammentato. Tutto era iniziato con qualcosa che aveva detto una delle mie zie mentre ero ancora in ospedale.

«Non sarà per caso malata come nonna Novelle? Quella che si è…»

Si era che cosa? Cosa sapevo di mia nonna, la madre di mio padre?

Continuai a guidare provando a ricordare qualche dettaglio che potesse portarmi un po' di chiarezza. Nonna Novelle era sempre stata un po' incostante o, come diceva sempre mia sorella, strana. Certe volte era sorridente come se andasse tutto a gonfie vele, poi senza nessun motivo diventava chiusa, introversa, scontenta con qualcosa o qualcuno. Avevo solo undici anni quando la sua morte improvvisa aveva lasciato un vuoto dentro di me, ma non eravamo mai state così tanto legate da avvertire molto la sua perdita.

Ricordavo ancora le parole che avevo sentito mentre percorrevo i corridoi della Maxifarma. Era stata davvero la voce di mio padre quella che avevo udito?

«Oh Dio, non voglio che faccia la stessa fine di mia madre.»

E mia madre che gli rispondeva.

«Shh, su tesoro, Sophie è seguita dai migliori specialisti, non succederebbe mai una tragedia del genere…»

Che cosa era successo a nonna Novelle?

C'era un luogo che avrebbe potuto aiutarmi a ricordare.

Forse era arrivato il momento di affrontare alcuni dei miei demoni.

Nonostante il getto di aria calda che usciva dal riscaldamento messo al massimo della Tesla di Sara, sentivo ancora freddo quando mi fermai nel parcheggio del cimitero. La bella giornata del mattino aveva lasciato il posto a una grigia e il vento continuava ad aumentare, mentre il sole spariva dietro le nuvole che si addensavano sempre di più all'orizzonte.

Scesi dalla macchina e la portiera scricchiolò nel silenzio del piazzale vuoto. Dal terreno e attraverso i rami degli alberi che si chiudevano sopra di me, si alzavano sbuffi di nebbia e di foschia che nascondevano in parte ciò che si celava a qualche metro, dietro i cancelli di ferro battuto.

La giornata era solo all'inizio, ma mi sentivo completamente esausta. L'unico lato positivo era il mal di testa che sembrava essere rimasto tra le squallide pareti della Maxifarma. I miei pensieri tornarono ad Anja. Anche se avrei sofferto per la sua mancanza, in qualche modo potevo trovare sollievo dalla protezione che Brandon le avrebbe dato a qualsiasi costo. Forse, quello che gli stavo chiedendo era troppo, ma almeno sapevo che, qualora non si fosse potuto occupare di lei, avrebbe dato l'incarico a qualcuno in grado di farlo con la sua stessa serietà e dedizione.

Persa tra quei pensieri, varcai i cancelli del cimitero e continuai a camminare in solitudine, mentre mi dirigevo verso il punto in cui mia nonna era sepolta. Mi immersi direttamente nella foschia, in quelle che sembravano essere sempre più oscure profondità.

A ogni passo che facevo nel sentiero di ciottoli neri come la pece, le preoccupazioni per Anja lasciavano posto a piccoli indizi legati alla storia della mia famiglia, ricordi che iniziarono a venirmi incontro come se fossi stata investita da una tempesta, però anziché da gocce pesanti, a colpirmi erano sprazzi del passato...

Mia nonna che rideva mentre preparava i biscotti, lei seduta accanto al camino che mi sorrideva sopra il suo libro preferito. Io e Marie intente a giocare nel suo giardino, inseguite da Baron, il suo fedele Mastino. E poi c'erano altri momenti, molto meno precisi, come se il mio cervello avesse provato a cancellarli. Nonna Novelle che piangeva disperata davanti al suo armadio aperto, mentre toglieva il contenuto da un cassetto e lo lanciava in aria. Marie che mi prendeva per mano portandomi via e correvamo attraverso un tunnel, forse era un corridoio... verso un punto buio: un posto in cui nasconderci.

La mia mente mi riportò al cimitero e mi sentii subito a disagio mentre compivo gli ultimi passi verso la sua lapide, fermandomi a qualche metro di distanza.

Era dalla sua morte che non mettevo più piede in quel luogo. Qualcuno era passato di recente e aveva appeso un nastro bianco alla croce di metallo che decorava la lapide. Feci un passo riluttante, poi un altro. I ricordi si arrestarono e qualcos'altro si depositò intorno a me, forse il terrore, anche se sapevo fosse infondato. Udii i rumori di passi affrettati nella ghiaia, mi guardai attorno, ma non c'era nessuno.

Mi si strinse il petto ancora una volta, mentre voltavo l'attenzione alla grossa lapide di marmo bianco. Sotto il suo nome e la data di nascita e morte, in lettere che un tempo erano state dorate c'era scritto:

Qui, ma non tra di voi, sono esistita senza vivere davvero.
La morte non è che l'inizio.

Rabbrividii perché fu come sentire la sua voce ripetere quelle stesse parole. Il tempo attorno a me sembrò fermarsi quando sentii il suo profumo nell'aria, un mix di Chanel n.5 e lacca per capelli. Passarono alcuni secondi prima che mi rendessi conto di sentirmi osservata. Un'altra volta mi guardai intorno, ma non c'era nessuno. Ero sola.

Lascia perdere, non è reale…

Sbattei le palpebre, scrutando di nuovo ogni angolo nei dintorni, nella nebbia che si stava addensando, come se la risposta ai miei dubbi fosse nascosta dietro a qualche lapide. Ciò che vidi avrebbe dovuto rassicurarmi: la giornata era tranquilla, il cielo appena più scuro del normale per quell'ora del giorno. In lontananza, gli alberi frusciavano nella brezza umida. Faceva freddo, molto freddo. Lo percepivo attraverso il tailleur e mi strofinai le braccia.

In quel momento fui travolta dalla pelle d'oca, i capelli si inumidirono sul collo. Conoscevo quella sensazione, l'avevo provata per diversi anni. Alcuni giorni mi sembrava di indossarla come una giacca pesante abbottonata troppo stretta. Non avevo mai saputo se la nonna avesse provato la stessa cosa, o se per caso gli altri avessero notato quell'aspetto di lei. O di me...

«Sophie... Sophie...»

La udii gridare il mio nome. *Nonna?*

Mi voltai certa di vederla, ancora in vita e che mi chiamava, mentre correva verso di me.

«Sophie... Sophie...»

Perché la sentivo in modo così nitido? La sua voce non dovrebbe essere solo un'eco nella mia testa? Risuonare dentro il mio corpo fino alle dita, nel mio cuore che batteva appena, nel vapore del mio respiro freddo? Perché era così forte, addirittura assordante nella tranquillità di quel luogo? Mi guardai intorno, attraverso gli sbuffi di nebbia che sembravano elevarsi dal terreno umido, ma non riuscii a vederla.

Stavo arrivando al punto in cui non sapevo più cosa fosse reale e cosa no. Di una cosa ero certa, forse l'unica negli ultimi tempi: non era una bella sensazione.

«Sono qui, nonna... perché stai gridando?» Udii la voce di una bambina nei paraggi. Mi voltai frenetica cercandola ma non riuscii a trovarla. Nel frattempo, la vocina della piccola echeggiò un'altra volta nel silenzio: «Sono qui nonna, non vado da nessuna parte.»

«Sophie... Sophie...»

Qualcosa si mosse nel mio profondo e iniziai a camminare senza sapere bene dove stessi andando, con passi lenti, incerti. Dopo un paio di minuti, trovai una panchina e mi sedetti. Restai immobile, mentre la sentivo ancora chiamare il mio nome. Come se mi stesse cercando senza trovarmi.

«Sophie... Sophie...»

Perché riesco a sentirla?

Le parole scritte sulla sua lapide le aveva pronunciate tante volte. *«Sono qui, ma non tra di voi... io esisto, tuttavia senza vivere davvero. La morte non è che l'inizio.»*

«Sarò io, cara Sophie» mi sussurrava ogni volta che mi vedeva, *«a chiamarti quando arriverà il momento. Ci sono cose che non smettiamo mai di ricordare. Anche quando lo si desidera. Spero che tu possa avere sempre il coraggio di essere libera e la forza di fare ciò che ritieni giusto.»*

Ero un'adulta e credevo di conoscere in modo piuttosto intimo la morte, ma certe consapevolezze erano sempre dure da digerire. La sentivo dentro di me, più forte di quanto fosse mai successo. Era un presentimento intenso e gravoso, che si concentrò nel mio petto prima di diffondersi per tutto il resto del corpo.

Tutto intorno a me poteva non avere senso, ma ciò che provavo era reale, era tangibile, ma soprattutto era un avvertimento. Un'intuizione che non avrei mai voluto sprecare.

Mi alzai di scatto, sapevo cosa le fosse successo. Nonna Novelle non era morta per una malattia o un incidente: si era tolta la vita.

Il vento era sempre più freddo mentre mi stringevo nel tailleur e mi addentravo nel cimitero camminando tra le lapidi. Per un istante, mi ritrovai a pensare che forse in luoghi del genere non faceva mai caldo.

Le conifere intorno a me, le felci ai lati del sentiero, il muschio che ricopriva il suolo... tutto era umido e allo stesso tempo soffocante. Continuai a mettere un piede davanti all'altro senza una meta definita, la testa persa tra tanti ricordi, tra verità e illusione. Non riuscivo a respirare come avrei dovuto, era come avere il petto schiacciato sotto una roccia che pressava sulle costole con insistenza, devastando le ossa.

Mi sentii come avvolta da diversi déjà vu, in procinto di annegare in un'ondata di emozioni, di sensazioni, di fatti che avrei dovuto sapere ma che, in qualche modo, non avevo mai collegato tra di loro. Era come se ci fossero dei buchi nel mio cervello e, a ogni passo che facevo, ulteriori dettagli si staccassero, cadendo, disperdendosi nel vento che soffiava intorno a me.

La nonna ripeteva spesso certe frasi che per una bambina non avevano senso, mi facevano ridere perché lei era considerata un po' eccentrica da tutti.

«La tua mente è un dono, Sophie, ma dovresti imparare da essa. Non commettere il mio stesso errore...»

Mi ritrovai piccolina, poi una ragazza di diciotto anni che aveva perso la sua migliore amica, ritornai in quel luogo in cui si trovava il mio cuore prima che tutto si spezzasse e le emozioni, i sentimenti... innescassero una serie di ricordi.

«Ho bisogno del tuo aiuto, mi devi aiutare, Sophie. Salvami e io ti salverò.»

Quante volte ho sentito la nonna pronunciare questa stessa frase?

Il sentiero acciottolato si trasformò in uno di terra battuta a mano a mano che mi allontanavo dall'entrata principale del cimitero e, dopo aver camminato per un tempo imprecisato, arrivai a un vero e proprio bivio. Quell'immagine mi ricordò le parole che mi aveva detto Anja.

«Magari rinascerò in una realtà che mi farà paura, ma di sicuro sarà meglio di ciò che la vita mi ha riservato... diventerò come una tela bianca pronta per essere riempita con colori vibranti ancora una volta.»

Un'altra possibilità... non è tutto ciò che avrei voluto?

Il sentiero davanti a me si divideva in due: a destra vedevo in lontananza, oltre la fila di lapidi, una zona boscosa che si disperdeva a perdita d'occhio. A sinistra, invece, soltanto alcuni edifici bassi e robusti.

Vecchi mausolei…

Uno di essi spiccava tra gli altri, una bellissima costruzione in pietra che sembrava poggiare sulla linea dell'orizzonte, avvolto dalla nebbia e dai salici piangenti.

Mi soffermai un attimo a osservarlo. Ero sicura di non essere mai stata in quel luogo, ma allo stesso tempo mi attirava a sé, come se lo conoscessi in modo intimo e profondo. L'edificio era piccolo e misterioso, bello e antico allo stesso tempo. Alcuni raggi del sole fendettero una nuvola grigia e puntarono proprio contro la facciata principale, creando un contrasto magnifico tra luce e ombra. Qualcosa mi attirava in un modo inesorabile, spronandomi ad arrivare più vicino. Senza pensarci due volte, mi avviai lungo il sentiero.

L'oscurità premeva su di me con una forza quasi fisica. Il vento era aumentato, sibilando tra le cime degli alberi, le foglie sussurravano al mio passaggio come anime smarrite e solitarie. I lampi all'orizzonte segnalavano che la tempesta sarebbe arrivata presto.

A mano a mano che mi avvicinavo alla costruzione, notai la statua di un angelo che sembrava vegliare accanto alla doppia porta. Cupo e sovrano, manteneva il capo eretto, lo sguardo fisso su tutti coloro che osavano avvicinarsi.

Mi fermai a osservarlo perché proveniva da lui un'aura solitaria, qualcosa di più antico della costruzione stessa. Alzai gli occhi quasi sfidandolo, provando a cogliere la sua essenza, ma quando sbattei le palpebre quella sensazione non esisteva più. Era come se si fosse rinchiusa, ancora una volta, in quella statua scura. Non si sarebbe mai lasciata scoprire, era una creatura spezzata e abbandonata a se stessa, con tanti frammenti che non si sarebbero mai più saldati tra loro.

Proprio come me…

L'odore del muschio che riempiva l'aria venne sostituito da quello di muffa, lo stesso che si avvertiva nelle stanze chiuse o nei luoghi umidi. Solo che mi trovavo ancora all'aperto.

Insieme a quel fetore cupo arrivò anche la sensazione di oppressione. La sentii pesare sulle mie spalle mentre salivo i due gradini di pietra, mi avvicinavo e aprivo la pesante porta di legno, prima ancora che i miei occhi fissassero le parole incise nell'elaborata targa di ottone fissata sopra di essa.

Famiglia Heizmann

Mossi un passo incerto in una stanza che non aveva visto anima viva da quelli che sembravano anni, decenni, forse. Eppure, come me, conosceva intimamente la morte.

MAUSOLEUM

Ormai avevo perso il conto di quanti anni avessi vissuto camminando a braccetto con la morte, come se fosse stata la mia amante, la mia confidente più intima. Sapevo quale fosse il suo aspetto, conoscevo il suo odore, persino il sapore che lasciava sul palato.

Ero circondata da lei, avvolta dalle sue braccia, considerato che mi ritrovavo oltre le doppie porte d'entrata di un antico mausoleo.

Scesi i quattro gradini che avevo davanti ed entrai in una sala rettangolare dal pavimento di pietra. Prima di proseguire, aspettai qualche secondo per far adattare gli occhi alla fitta penombra che regnava in quel luogo. Quando mi sentii a mio agio, ripresi a camminare con calma, facendo attenzione a non scivolare in alcuni punti dove cresceva un muschio scuro e morbido. Le pareti erano dello stesso materiale dei gradini: spessi blocchi di pietra dove erano incastonate varie nicchie riempite con i resti dei membri della stirpe Heizmann. Le mie gambe si mossero incerte tra le salme che risalivano a diverse generazioni prima e mi chiesi quanto fossero consolidate nel passato le radici della sua famiglia.

L'adrenalina stava iniziando a fare la sua comparsa e scorreva come lava nel mio corpo. Non riuscivo a stare ferma, ogni muscolo desiderava muoversi, così continuai facendo scorrere le dita sui diversi nomi incisi lettera per lettera in basso rilievo, assorbendo la freddezza e la durezza della pietra.

Quante anime riposavano in quell'oscurità? Da chi di loro Kieran aveva ereditato quei bellissimi occhi? Il suo coraggio? Il suo altruismo? Ricordai quando mi aveva accennato qualcosa su sua madre. Forse aveva i suoi modi di fare oppure i suoi capelli? Lui era figlio unico, l'unico punto di luce nel suo mondo.

Per quale motivo ero finita in quel mausoleo? Perché era importante per me essere lì?

Per me stessa? Forse per Kieran?

Continuai a far scorrere le dita lungo la parete, girando per la stanza, osservando le lapidi come se stessi giocando a nascondino con la verità che sembrava essere nascosta negli angoli più bui. Mi lasciai meravigliare dal silenzio così forte che le mie orecchie sembravano fischiare.

Da una delle doppie porte, quella che avevo lasciato aperta poco prima, filtrava una scheggia di luce sul pavimento scuro. Mi fermai piegando la testa da una parte mentre mi concentravo sul punto di luce e fu in quel momento che udii per la prima volta un sussurro.

Sophie

Fu soltanto un batter d'occhio e tutto ebbe inizio. Non c'era niente di più terrificante come la discesa della mente nella follia…

Mi ritrovai in mare aperto. L'acqua che si insinuava prima intorno a me, poi sopra la mia testa e l'aria non riusciva più a raggiungere i polmoni: stavo annegando. Scalciai con tutta la forza e mi rigirai, lottando per rompere i lacci che mi avvolgevano le mani e i piedi.

Sembrava tutto così reale, vivido, ma allo stesso tempo sentivo come se non lo fosse. Percepii il mio corpo barcollare di lato e finii per sbattere contro qualcosa di solido. *La parete di pietra!*

La parte razionale della mia mente mi rammentò i sintomi. *Sto avendo un attacco di panico!*

Scossi la testa con forza, ma non riuscivo a uscire da quell'incubo, a muovermi o a respirare mentre due occhi neri come la pece mi fissavano dalla superficie.

Li vedevo scrutarmi e confondersi con l'acqua scura prima di scomparire, lasciando i miei polmoni vuoti e agognanti.

Stavo andando giù, sempre più a fondo, lontano da lui.

«*Torna da me, Sophie. Per favore…*»

Kieran?

«Non riesco…» provai a sussurrare, ma le parole furono inghiottite dall'acqua.

Questo non è un attacco di panico, non è reale… udii il mio stesso avvertimento, ma non riuscivo a reagire. Nessuno poteva aiutarmi. Ero sola, inghiottita dall'acqua torbida e scura. Sentii le dita aggrapparsi a qualcosa, la testa sbucò in un piccolo anfratto, una bolla di speranza, così provai a respirare, i polmoni si riempirono nel vano tentativo di gonfiarsi, ma non c'era abbastanza aria.

Concentrati, dipende tutto da te… un altro avvertimento. Provai a riaprire gli occhi ma… erano già aperti. Li socchiusi e respirai perché forse stavo avendo una sorta di attacco, molto probabilmente indotto dalla mancanza delle medicine.

Per fortuna sapevo come agire in situazioni simili. Riempii il corpo di ossigeno come se stessi bevendo aria da un calice, prima di espirare lentamente. Allo stesso modo in cui avrei soffiato in una cannuccia, spinsi l'aria fuori, finché non rimase nulla.

Lo feci ancora una volta e poi ripetei la stessa azione ancora e ancora.

Al quinto tentativo, riuscii a mettere a fuoco la cripta. Chiusi gli occhi per un momento perché quella non era la realtà che avrei voluto vedere.

Forse sarebbe stato meglio se l'avessi accettata perché, quando provai ad aprire gli occhi, l'oscurità dietro le mie palpebre tremolò, ondeggiò e si mosse guardinga. Un altro battito di ciglia e non ero più nel mausoleo, bensì all'interno di una delle bare. Sentivo un lenzuolo di raso tirato fino alla vita e stringevo un mazzo di fiori tra le mani. Erano rossi e avevano già l'odore nauseante di fiori appassiti.

Li buttai da una parte e provai a spingere il coperchio di seta plissettata con tutte le mie forze. Non si mosse nemmeno, lo colpii, ancora e ancora, ma senza risultato. Ero bloccata, sepolta viva in quella cripta. Continuai a urlare e, allo stesso tempo, sentivo il mio corpo fuori dalla bara, che si piegava in avanti mentre mi coprivo le orecchie con le mani perché la mia voce echeggiava assordante dentro quel luogo. Erano così tante informazioni: fatti, volti, sentimenti. Momenti. Persone che avevo amato, che avevo visto soffrire. Flash qua e là che lampeggiavano nell'oscurità. Immagini sfocate, voci, sensazioni familiari, pezzi di conversazioni e interazioni. Ma... non riuscivo a raggiungerli, non riuscivo ad aggrapparmi. Erano tutte intrappolate e sepolte in quella bara che era il mio cervello.

La mente e il corpo erano completamente fuori controllo, dovetti usare tutta la mia forza di volontà per combattere il panico che si stava insinuando infido e maligno a ogni respiro che facevo. Le immagini volteggiarono ancora una volta intorno a me e, senza che potessi reagire, venni catapultata in un'altra realtà e mi ritrovai nel dirupo, in quell'isola maledetta. Avevo camminato per quelle che mi sembrarono ore sotto il temporale, dovevo trovare Anja, ma tutto ciò che era accaduto con Kieran mi stava confondendo così tanto...

Era davvero successo, o era tutto frutto di un'illusione?

La nostra discussione...

«Perché non me l'hai detto, Kieran?»

La sua espressione disperata...

«Stavo aspettando il momento più adatto per raccontarti tutto, Sophie...»

I tuoni nel cielo, che magari erano anche dentro di me. Le mie urla.

Kieran che mi implorava. *«Allontanati dal dirupo, Sophie.»*

Sono morta, forse?

Quella domanda mi gettò nel terrore. Improvvisamente non capivo più nulla. Niente aveva più senso. I pensieri erano diventati pezzi frastagliati, dei brandelli inutili che scorrevano confusi e frammentati nella mia testa. Alcune immagini fluivano come al rallentatore, altre erano così veloci da non riuscire nemmeno a scorgerle.

Il dirupo, il mare con le onde gigantesche alle mie spalle, la bocca di Kieran che si muoveva, ma non ero capace di capire le sue parole. Non riuscivo a distogliere lo sguardo dalla sua figura, la barba scura sulla mascella, il modo in cui deglutiva a vuoto, lo sguardo disperato. I suoi occhi chiari mi imploravano, mi trattenevano e, allo stesso tempo, mi spaventavano. Era reale oppure no?

Sentii la nausea invadermi con ondate frastagliate e tutto intorno a me sembrò girare all'infinito come un macabro caleidoscopio.

Basta, basta. BASTA!

Aprii gli occhi di scatto e mi trovai di nuovo nel mausoleo. Ero accasciata in parte al muro di pietra e per un istante tutto ciò che riuscii a fare fu rantolare mentre mi guardavo intorno fino ad assicurarmi che fossi davvero lì, che fossi sola. Forse stavo diventando… pazza.

Come può essere così vivido ciò che ho visto, che ho sentito?

«Sophie…»

Mi voltai di scatto per sorprendere chi mi stesse chiamando, ma non trovai nessuno dietro di me.

Sei una poliziotta, àncora i tuoi pensieri alla ragione. Focalizza un punto, concentrati!

Impiegai qualche minuto per riprendere almeno una parvenza di controllo, ma avevo ancora i brividi che mi correvano lungo la schiena e la pelle d'oca sulle braccia mentre ruotavo su me stessa osservando la stanza vuota. Tranne me, le uniche persone che si trovavano lì dentro erano morte.

Vedi, non sei in mare, tantomeno in una delle bare. Non sei nemmeno sul bordo del dirupo. Respira o finirai per avere un altro attacco di panico o quello che cazzo è!

Nonostante quei pensieri razionali, non potevo negare a me stessa che ciò che avevo sentito mi aveva scossa nel profondo. Avrei potuto giurare sulla mia stessa vita che fosse reale, il sussurro che avevo udito era risuonato forte e chiaro nel silenzio. Mentre continuavo a respirare con la tecnica che conoscevo, provai a capire se la voce sentita fosse quella di Kieran oppure no e, nel frattempo, chiesi ad alta voce: «C'è nessuno?»

Speravo davvero che qualcuno si facesse avanti, preferibilmente una persona in carne e ossa. Magari un custode del cimitero.

Tuttavia, perché qualcuno in quel mausoleo avrebbe dovuto sapere il mio nome?

Ero sempre stata una persona che si lasciava guidare dalla logica, non ero superstiziosa, non credevo nell'aldilà, diamine, la maggior parte delle volte non credevo nemmeno in Dio. Anzi, ormai ero fermamente convinta che Padre, Figlio e Spirito Santo ce l'avessero a morte con me. Come poteva esserci qualcuno lassù che osservava le vite di certe persone andare a rotoli, come quella della sottoscritta, restando a guardare senza fare nulla? Come poteva esserci un Dio così crudele da togliere una vita rimanendo indifferente, come aveva fatto con la mia migliore amica?

Maledizione, lei era solo una ragazzina…

Mi asciugai una lacrima, mentre ricordavo quanto la sua risata fosse bella e forte da riempire un'intera stanza. A volte, mi metteva addirittura in imbarazzo quando eravamo in pubblico perché le persone si voltavano e ci guardavano con curiosità. Stefanie rideva per ogni cosa. Amava studiare ed eravamo davvero unite, quel tipo di amicizia che si condivideva fin da piccoli. Era sempre presente, voleva conoscere tutto della mia giornata e mi metteva sempre al corrente della sua, anche quando trascorrevamo quasi tutto il giorno insieme ci sentivamo lo stesso per quei piccoli appuntamenti. Sogni e desideri di due semplici ragazze, spezzati da un gioco crudele del destino.

Volsi lo sguardo al soffitto del mausoleo mentre mi asciugavo con rabbia un'altra lacrima. *Dio, maledizione, hai idea di quanto mi manchi Stefanie?*

Appoggiai le mani alle pietre fredde del muro e cercai di ricompormi perché ero davvero a pezzi, ma un movimento sul pavimento catturò la mia attenzione. Mi voltai in fretta per metterlo a fuoco: petali di crisantemi rossi, portati dal vento, si muovevano come in una danza sulle mattonelle. Stupita, spostai lo sguardo sulle mie mani sperando di trovare il mazzo di fiori che avevo visto mentre ero in quella bara. Forse ero stata io a lasciarli cadere?

Smettila!

Mi rimproverai subito, ma ero così stupita che mi abbassai lo stesso per raccoglierne uno. Feci scorrere il petalo tra le dita, osservando la sua consistenza liscia e vellutata. Un momento prima non erano per terra, ne ero certa, eppure potevo vederli sparsi sul pavimento, potevo toccarli.

Fiori funebri…

Il vento soffiò dentro il mausoleo ancora una volta e li spinse verso una cripta scavata in basso nella parete opposta a quella su cui mi ero appoggiata.

Il mio cuore sembrava che volesse uscirmi dal petto e batteva così forte da confondermi le idee, mentre mi avvicinavo alla lapide.

Era stata posizionata dove quasi non arrivava la luce e fu soltanto quando gli arrivai davanti che percepii quanto fosse piccola, poco più grande di una scatola di scarpe. Il marmo bianco che la ricopriva si era scurito ed era ricoperto di muschio. La mia attenzione fu attirata dalla targa in ottone quasi del tutto nera. Usando la punta delle dita e poi l'unghia provai a pulirla, ma per quanto strofinassi, non riuscivo a leggere il primo nome.

Qui riposa il piccolo angelo non nato
… Ann Heizmann

Qui riposa il piccolo angelo non nato
Ann Heigmann

Un terribile senso di oppressione mi colpì mentre tracciavo con reverenza le lettere. Quando ero entrata nella cripta quella piccola lapide non era lì.

Ma che diavolo sta succedendo?!

Provando a rallentare la frenesia dei miei pensieri e il luogo in cui mi stavano portando, mi fermai a osservare i fiori nel vaso accanto al suo nome. Le rose bianche ancora rigogliose e l'acqua che era stata cambiata di recente.

Perché, in qualche modo, mi sembrava tutto così familiare?

È possibile che non riesca a vivere senza essere circondata dalla morte e dalla disperazione?

Scossi la testa per scacciare quei pensieri funesti. Pronunciai ancora il suo secondo nome e il cognome, provando a convincermi che fosse solo una coincidenza alquanto assurda. Nonostante sapessi che la ragione doveva prevalere, quelle riflessioni mi terrorizzavano, paralizzavano ogni mio senso logico, così mi ritrovai radicata al suolo del mausoleo, con i piedi incastrati nel terreno, incapace di muovermi, incapace di fare un solo passo poiché quella bambina aveva il mio secondo nome.

Nel momento in cui lasciai cadere la mano, la sensazione svanì cedendo il posto alla consapevolezza che si abbatté su di me come una secchiata d'acqua gelida.

Le voci, quelle strane visioni… non c'era un'altra spiegazione ragionevole. Cosa diamine stavo facendo della mia vita, della mia salute mentale, prendendo tutte quelle medicine?

Tutto ciò che volevo, in quell'istante, era vedere Kieran, stringerlo tra le mie braccia e dirgli quanto l'amavo. Era venuto a prendermi in quell'isola maledetta quando il governo e la polizia mi avevano ormai abbandonata. Ero follemente innamorata di quell'uomo e forse tutto ciò che avevo vissuto da quando mi ero svegliata in quel letto di ospedale era qualcosa che riguardava lui, anzi noi due. Forse, era quello il motivo per cui sentivo in continuazione la sua voce.

Kieran…

Il suo nome era come una promessa che mi teneva ancorata alla ragione e, mentre lo sussurravo provando a rassicurarmi, immagini di noi due mi riempirono la testa spazzando via quei pensieri tetri. Bastava un suo sguardo amorevole, un sorriso, a restituirmi la voglia di vivere, perduta in quei lontani giorni di agonia.

Mi precipitai verso la porta, andando incontro alla luce del sole, lontano dal mausoleo, scegliendo la vita e voltando le spalle alla morte.

Tutti dicevano che l'amore poteva far male, ma non era vero. La solitudine faceva molto più male, così come il rifiuto e l'invidia, struggersi per la morte di qualcuno e dover affrontare la verità era devastante. In realtà, l'amore era l'unico sentimento al mondo capace di sormontare tutto il dolore e di spingerci a voler assaggiare di nuovo la vita. Sceglierla al posto della morte. Ed era ciò che intendevo fare.

L'oscurità provò a inseguirmi premendo sulle mie spalle con una forza quasi fisica mentre uscivo dal mausoleo. La ignorai, così come le folate di vento che sibilavano tra le cime degli alberi, le voci in mezzo ai tumuli che sussurravano al mio passaggio. Ignorai i lampi all'orizzonte che, come una premonizione, mi dicevano che la vera tempesta dovesse ancora arrivare.

In quella corsa verso la macchina, assalita dalla fatica, fu come se i tasselli del grande puzzle che era stata la mia vita iniziassero a incastrarsi. All'improvviso, gli ultimi anni della mia esistenza riacquistarono un senso: ogni errore compiuto, le strade percorse, le persone incontrate, le scelte sbagliate e tutte le decisioni prese mi portarono da lui. Perché Kieran era l'unica cosa giusta nella mia vita.

L'oscurità sembrò dissiparsi intorno a me e mi ritrovai a percorrere gli ultimi metri con un passo molto più lento, avvolta da un'incredibile sensazione di sollievo. Appena varcai i cancelli di ferro del cimitero, presi il cellulare e gli mandai un messaggio.

Posso venire a casa tua? Dobbiamo parlare.

Mentre aspettavo che mi rispondesse, accesi la macchina e misi il riscaldamento al massimo, sperando così di placare i tremori che avevano di nuovo iniziato a scuotermi il corpo. Rimasi lì a strofinarmi le braccia per scaldarmi e ogni tanto toccavo lo schermo del cellulare, provando a convincermi che fosse soltanto impegnato. Cercai di far sciogliere, come sarebbe successo a un fiocco di neve al sole, il pensiero che non volesse vedermi. Poi notai che aveva letto il messaggio, trattenni il respiro per qualche secondo, lo rilasciai quando mi resi conto che non stava digitando la risposta. Altri lunghi, strazianti minuti passarono con la stessa intensità di ore, giorni, una vita intera senza nessuna novità.

Perché ci mette così tanto?

Tamburellai con le dita sul volante guardandomi intorno nella speranza di trovare qualcosa che potesse distrarmi. Quando lo sguardo passò sullo specchietto, mi ricordai della parrucca bionda che stavo ancora indossando. La tolsi, sciogliendo i capelli che erano legati in una crocchia sulla nuca. Avevo finito di sistemare tutto nella borsa, quando il cellulare emise un segnale.

Sono ancora a lavoro, ma chiederò al ragazzo che porta Marlin a spasso di lasciarti la chiave di riserva nella buca delle lettere. Farò tardi, ma hai ragione, dobbiamo parlare.

Era una risposta alquanto impersonale, ma forse era perché non poteva dedicarmi del tempo essendo impegnato. Provai a non lasciarmi scoraggiare da quel dettaglio insignificante, tantomeno dal contenuto criptico, ma mentre mettevo la macchina in moto e in seguito entravo in autostrada, i vecchi pensieri tornarono a tenermi compagnia.

Lui ha scelto me... ha scelto me... Provai a rassicurarmi, anche se delle immagini compromettenti continuavano a riempirmi la testa come l'acqua che aumentava di livello durante un'alluvione: i messaggi che lui e Lara si erano scambiati, le risposte che le dava erano sempre amichevoli, scherzose, diamine in una di esse aveva addirittura usato l'emoji del cuore, cosa che ero quasi sicura non avesse mai fatto con me.

Non puoi essere gelosa perché ha mandato uno stupido cuore a lei e non a te! Alla fine dei conti, chi ti ha raggiunto dall'altra parte del mondo da solo pur di salvarti?

Continuai senza molta convinzione a ripetermi quelle parole, ma in fondo sapevo che Kieran sarebbe andato fino all'inferno pur di salvare uno dei suoi colleghi. Specialmente se si fosse sentito in colpa per qualcosa che gli era capitato.

Smettila, stavi andando bene e adesso ti stai perdendo di nuovo in questa inutile paranoia!

Iniziai a ripetermi la stessa frase ogni volta che il maledetto cervello mi ricordava qualche dettaglio, prima ancora che potessi spostarlo nella scatola "impensabile".

C'erano parecchie foto che Lara aveva spedito a Kieran. Ritraevano lei, sempre bellissima, maledettamente sexy, ma soprattutto loro due insieme a diversi eventi...

Lo scatto in cui erano insieme alla prima del nuovo film di James Bond... erano davvero vicini.

Smettila, Sophie! Non fare la masochista. Lui ha scelto te adesso, non lei!

È davvero così?

Per un istante i miei occhi si distrassero dalla strada e quando lessi la velocità a cui stavo andando mi venne quasi un infarto.

Whoa, rallenta!

Tolsi subito il piede dall'acceleratore perché l'ultima cosa che mi serviva era un altro incidente.

Accesi la radio e provai a distrarmi canticchiando, ma le parole e le immagini erano sempre lì, impietose, che mi tenevano compagnia. Dopo pochi attimi ero già tornata in quell'isola e rammentai ancora la discussione che avevamo avuto quella notte.

«Nove mesi sono tanti per stare da soli, non è vero, Kieran?»

In che modo mi aveva risposto?

«Non sono stato da solo, ho avuto un sacco di demoni a tenermi compagnia.»

Demoni o angeli, Kieran Heizmann?

Ero una poliziotta e sapevo che c'era solo un modo per rispondere a quelle domande.

Il giorno stava piano piano lasciando spazio alla sera, quando arrivai nel sobborgo di Marthalen, vicino a Schaffhausen, dove Kieran abitava. In tutti quei mesi in cui ero stata assente, la vita nel quartiere non era cambiata. I bambini giocavano per strada e i ragazzini erano sempre appoggiati al cofano delle macchine intenti a chiacchierare. Mantenendo una bassa velocità entrai nella stradina e qualche momento dopo passai davanti a casa sua, l'ultima di una serie di villette a due piani.

La sua macchina non era parcheggiata dove la lasciava sempre, così proseguii fino ad arrivare al cul-de-sac dove si trovava il parco giochi, feci il giro e tornai sulla carreggiata. Dovevo trovare un posto in cui mettere la Tesla di Sara in carica o sarei tornata a casa a piedi.

Un paio di minuti dopo trovai un supermercato con una postazione per le macchine di quel marchio. Pagai una carica lunga e, prima di recarmi a piedi verso la casa di Kieran, gli mandai un messaggio avvertendolo che stavo per arrivare, ma non rispose.

Quando giunsi nella via, la sua macchina non c'era ancora e mentre mi avvicinavo alla villetta notai che le luci erano ancora spente. Trovai la chiave nella buca delle lettere e aprii piano la porta di casa. «Marlin? Sono io, Sophie…»

La prima cosa che notai fu l'odore di pino bruciato da un fuoco precedente e il leggero profumo del suo dopobarba. Il sorriso morì sulle mie labbra quando realizzai che il cagnolino non c'era, la casa era vuota. Trovai la sua cuccia vicino al camino di pietra quindi immaginai che fosse fuori con Jonas, il ragazzo che lo portava a passeggio quando Kieran era al lavoro. Poteva essere anche a casa di Laz, il suo collega, le cui figlie facevano da mamme adottive a tutti i cani che Kieran aveva avuto.

Il crepuscolo stava arrivando e il lampione sul marciapiede si accese illuminando, attraverso le tende lasciate aperte, una buona parte del soggiorno. Camminai avvolta dal silenzio e dalla penombra, ricordando le ultime volte in cui ero stata in quella casa. Kieran aveva cambiato alcuni mobili.

Era stato lui a farlo, oppure era stata Lara? Il pensiero mi fece rizzare i peli sulla nuca.

Il divano in pelle era stato spostato dall'altra parte ed era drappeggiato con una coperta afgana a quadretti dai colori caldi. *Un tocco molto femminile...*

Tuttavia, la vecchia e comoda poltrona e il tappeto intrecciato erano gli stessi e conferivano un'aria di comfort maschile all'ambiente. Inoltre, c'erano alcuni cuscini spaiati ammucchiati sul divano dove giaceva un libro.

Mi sentivo una specie di intrusa, una tetra figura entrata nella vita di qualcun altro e rivalutai l'idea di tornare alla Tesla per aspettarlo in macchina.

Una vocina melliflua nella mia testa non perse tempo a tormentarmi. *Dai, lo sai perché sei qui, non è vero? E allora perché non ne approfitti? È stato lui a dirti dove trovare la chiave, quindi significa che non ha nulla da nascondere, non credi?*

Mi spostai verso la cucina e accesi la luce. Come tutto nella vita di Kieran, anche quella stanza era organizzata fin nei minimi dettagli. Quando passai davanti al frigo, il pensiero di mangiare qualcosa mi balenò in testa, ma lo scartai subito, il mio stomaco era così sottosopra che se avessi ingoiato qualcosa di sicuro sarebbe tornato indietro.

Mossi alcuni passi incerti nella cucina e la mia attenzione venne attratta dall'unico oggetto fuori posto: una bottiglia di vino mezza piena sopra il bancone accanto al frigo. Visto che il lavandino era vuoto, puntai dritto alla lavastoviglie.

Aprii l'anta e... *Bingo!*

Insieme alle stoviglie pulite c'erano anche due calici.

Per qualche secondo rimasi lì ferma, osservandoli e basta.

Può averli usati per un ospite come Laz o Timo.

Non volevo trarre nessuna conclusione, ma restava il fatto che conoscevo bene entrambi gli uomini e sapevo che avrebbero preferito di gran lunga la birra al vino.

Pensai di frugare nella pattumiera, ma ero quasi certa che sarebbe stata vuota. Prima che potessi rimproverarmi per quegli assurdi pensieri sospettosi, mi ritrovai con la mano sulla maniglia del frigo alla ricerca di qualche altro indizio.

Smettila! Non sei sua moglie o la sua compagna. Diamine, non sei sicura nemmeno di essere la sua ragazza. Ti ha dato la sua fiducia facendoti entrare in casa in sua assenza ed è così che lo ripaghi?

Sentendomi in colpa per ciò che avevo pensato di fare, tornai alla lavastoviglie, presi uno dei bicchieri e lo riempii a metà con del vino. Per un istante rimasi a osservare il liquido bordeaux oscillare da una parte all'altra, poi lo raddrizzai e restai a guardarlo spostarsi ancora, dato che le dita stavano tremando. Mi sentivo con lo stomaco sottosopra, e non sapevo neanche perché. Era come se, in qualche modo, sapessi che stavo per ricevere una brutta notizia, come se fossi finita in uno dei miei incubi.

Non voglio avere un altro attacco di panico, perciò smettila!

Mi guardai intorno provando a distrarmi e accolsi con piacere un'ondata di déjà vu, di emozioni. Mi lasciai crogiolare da essi perché in quella casa c'erano tanti ricordi di noi due insieme e facevano parte dei momenti più belli della mia vita. Eppure, attimo dopo attimo anche le belle sensazioni si rivolsero contro di me. Iniziai a sentirmi come un'estranea tra quelle pareti, una sconosciuta che si affacciava su un mondo a cui non prendeva parte, a cui forse non sarei mai riuscita ad appartenere. Una parte di me aveva sempre creduto che avere una relazione stabile con qualcuno fosse come una sorta di rituale a cui partecipavano soltanto le altre donne. Prima di conoscere Kieran non mi ero nemmeno permessa di pensare a simili argomenti. Inoltre, eravamo stati insieme per così poco tempo che non sapevo nemmeno come catalogare il nostro legame.

Non ero solita bere, ma una bottiglia di vino a portata di mano, che potevo scommettere sarebbe stata di ottima qualità, sembrava un motivo eccellente per fare un'eccezione. Ripensai ad Anja sdraiata in quel letto di ospedale in attesa di cambiare per sempre la propria vita e in seguito a quanto mi era accaduto in quel cimitero. Provai a convincermi di aver immaginato tutto, almeno la parte che riguardava le voci nel corridoio e la bara della bambina.

Queste cavolo di medicine, inoltre, non sto dormendo bene. La mente mi sta giocando brutti scherzi, com'è incline a fare quando è priva di sonno. E non parliamo dell'attacco di panico avuto poco fa.

Annuii soddisfatta. Era una spiegazione piuttosto plausibile. Comunque, se quella non era la giornata giusta per bere qualcosa, non sapevo quale altra lo sarebbe stata.

A ogni modo, non posso esagerare, voglio essere sobria quando Kieran tornerà a casa.

Per un breve momento restai ancora con gli occhi fissi nel liquido bordeaux prima di portare il bicchiere alle labbra. Mi bloccai. La mano oscillò pericolosamente rovesciando il contenuto del bicchiere.

Le mie dita odoravano di crisantemi.

Smettila, Sophie! Adesso stai davvero esagerando!

Accantonai quell'idea assurda, avrei fatto i conti con gli scherzi che mi faceva il mio cervello iperattivo in un secondo momento.

Senza riuscire a evitare la stizza, posai il bicchiere sul lavandino e dedicai una bella manciata di minuti a lavarmi le mani strofinandole per bene. I primi sorsi del delizioso vino li feci mentre ero ancora appoggiata al bancone, gli occhi fissi sull'orologio appeso al muro pensando di nuovo a Kieran e al fatto che avrebbe dovuto già essere rientrato.

Anche il tempo sembra giocarmi brutti scherzi. Dov'è finito un altro giorno?

Presi la bottiglia e, uscendo dalla cucina, accostai la porta lasciando soltanto uno spiraglio di luce che filtrava tra le ombre del soggiorno. Mi spostai sul divano cercando una posizione strategica in cui poter vedere il vialetto.

Prima di sedermi, mi tolsi le scarpe infilandole sotto il tavolino davanti a me e, alla fine, dopo aver studiato il divano e la finestra, mi posizionai sul lato sinistro con i piedi rannicchiati sotto di me.

Rimasi seduta al buio osservando il vialetto illuminato dalla luce del lampione. Ogni tanto un fulmine schiariva il cielo. La tempesta era sempre più vicina.

Finii il primo bicchiere e avevo appena riempito il secondo quando vidi la sua macchina accostare accanto al marciapiede. Nel momento in cui spense il motore, l'abitacolo e la fine del vialetto vennero invasi dall'oscurità, ma riuscivo comunque a vederlo attraverso la luce del lampione, che era a qualche metro da dove si trovava. Avevo una visione perfetta di lui, ero in una netta posizione di vantaggio: lo potevo studiare, ma Kieran non sapeva dove mi trovassi.

Passarono un paio di minuti in cui credetti che sarebbe uscito dall'auto, invece non si mosse. Quel fatto mi incuriosì, così mi sporsi in avanti provando a capire cosa stesse facendo. Stavo pensando se andare o meno ad aprirgli la porta, quando qualcosa mi bloccò sul divano, facendomi aspettare. Forse doveva controllare il cellulare o magari prendere le sue cose, invece lo scorsi che stringeva il volante con entrambe le mani.

Lanciò uno sguardo alla villetta, prima di tornare a guardare il vialetto vuoto davanti a sé. Ero sicura non potesse vedermi, ma nonostante quello il suo comportamento mi fece nascondere ancora di più nell'oscurità.

«Dai, Kieran, entra e vieni da me» lo implorai in un sussurro.

Invece, restò lì seduto, come se fosse indeciso, come se l'ultimo posto in cui volesse stare fosse tra quelle quattro mura con me.

Bevvi un altro sorso di vino e lo guardai posare la fronte sul volante, lo stringeva ancora e potevo scommettere che le sue nocche fossero ormai diventate bianche.

Dopo un momento iniziai a contare o sarei davvero impazzita. *Uno, due, tre, quattro, cinque...*

Smisi quando arrivai a venti e lui rimase ancora fermo in quel modo. Vedevo soltanto la sua schiena alzarsi e abbassarsi come se stesse prendendo grosse boccate d'aria.

Oltre venti secondi per prendere il coraggio per affrontarmi... o per rimpiangere tutto ciò che riguardava noi due.

A che cosa stai pensando, Kieran?

Alla fine, dopo quella che mi parve un'eternità, lasciò il volante e si raddrizzò. Un attimo dopo, abbassò lo specchietto retrovisore e, quando la luce si accese, vidi che si stava pulendo la bocca.

Era come se potessi sentire il peso della sua colpa, anche se sapevo che era impossibile che fossimo così connessi da provare la stessa cosa che sentiva l'altro. Quella consapevolezza non mi impedì di percepire un rumore sordo che echeggiò nel silenzio del soggiorno come un rumoroso "crack". La prima frattura del mio cuore.

Davanti allo specchietto Kieran si aggiustò la cravatta poi si voltò verso il vano tra i due sedili e prese qualcosa. Il secondo "crack" lo sentii quando lo vidi pulirsi il collo con un fazzoletto di carta. Il dolore mi colpì in pieno, proprio al centro del petto, così forte che ansimai mentre mi coprivo la bocca proprio nel momento in cui sospirò pesantemente prima di uscire dall'auto.

Quando varcò la porta d'ingresso, non mi notò subito. Si tolse le scarpe che sistemò accanto all'uscio, lasciò la borsa Messenger accanto alla scala e poi attraversò il soggiorno diretto verso la cucina, dove avevo lasciato la luce accesa. Restai ferma dov'ero, senza muovere un muscolo, non ero nemmeno sicura se stessi respirando o meno. Lo vidi aprire la porta della cucina e, trovandola vuota si voltò, molto probabilmente pensando che sarei stata al secondo piano.

Fu in quel momento che mi vide con il bicchiere ancora inclinato verso le labbra. I suoi passi si arrestarono di colpo e mi guardò restando in silenzio.

Senza dire nulla bevvi un altro sorso. Lui, invece, non si mosse, nemmeno una parola o un sorriso. Nulla. Si stava chiedendo cosa facessi seduta al buio. Da sola. Mentre bevevo il suo vino. Volsi di proposito la mia attenzione alla finestra e, con la coda dell'occhio, lo vidi seguire il mio sguardo.

Tornai su di lui nel momento in cui il suo bel viso cesellato si contraeva in una smorfia. Sapeva quanto fosse visibile la sua auto dalla mia posizione e di come avessi visto il suo comportamento mentre era seduto in macchina.

Nel silenzio, bevvi un altro sorso di vino mentre i nostri sguardi si sfidavano.

Ti stai chiedendo se ti ho visto mentre ti toglievi le tracce di lei dalla bocca? Così come dal collo, tesoro? Forse, ti stai anche domandando se ti ho visto premere la testa sul volante in preda alla disperazione. O, forse, si trattava di rimpianto?

La sua risposta non tardò ad arrivare: chiuse gli occhi senza dire una parola per parecchi secondi, poi tornò a guardarmi. Quando lo fece, prima che potessi spostare lo sguardo altrove, vidi ciò che non avrei mai voluto: la sua conferma ai miei sospetti.

Per fortuna ero ancora seduta, perché il pavimento si spostò da sotto i miei piedi quando la verità mi cadde addosso. Massacrandomi, annientando ogni parte del mio essere.

Tienimi, Kieran.

Perché ho questi terribili… invadenti… soffocanti pensieri.

Tienimi, per favore.

Perché se non lo farai, so che perderò la ragione.

Amami, Kieran. Dimostralo, ma non con le parole, bensì con i gesti.

Con la tua anima.

Il suo silenzio fu la sola risposta alle mie preghiere.

DESTRUAM
BREAKING DOWN

«Eri con lei?»

Sentii la gelosia bruciare dentro di me come se avessi ingerito acido e, allo stesso tempo, mi stupii domandandomi come fosse possibile che il tono della mia voce restasse così fermo e sicuro, come se gli avessi appena chiesto di raccontarmi della sua giornata.

Come diamine mi devo comportare in una situazione del genere? Ero stata addestrata per fare il poliziotto, potevo affrontare senza esitazione criminali e psicopatici, ma non avevo la minima idea di come gestire le relazioni interpersonali.

Restai quindi ad aspettare la risposta classica in quei casi: "lascia che ti spieghi" oppure "non è come pensi", a cui avrei risposto con una risata sarcastica, magari avremmo alzato la voce fino a urlarci contro tutta la nostra insoddisfazione e quello sì che avrebbe fatto male. Ma ciò che intuivo, grazie ai miei sensi allenati, mi dilaniava molto di più, perché il suo silenzio nascondeva molti più peccati di quanti ne potessi immaginare.

Come un naufrago che vedeva la propria imbarcazione affondare, guardai inerme la mia mente andare alla deriva verso un luogo spaventoso. La sensazione peggiorò ancora di più quando mi resi conto che, prima di porgli la domanda, avrei dovuto prendere in considerazione che Kieran Heizmann fosse un uomo che non girava intorno alla verità, per quanto dolorosa potesse essere.

Sollevò lo sguardo su di me, lanciandomi una delle sue proverbiali occhiate stile "marchio di fabbrica", molto difficili da incrociare e, quando lo voleva, come in quel caso, del tutto impossibili da sostenere. La domanda restò nell'aria, sospesa tra noi due, una piccola incrinatura che non esitai a cogliere. La debole luce proveniente dalla cucina illuminava in parte il suo bel viso. Restò fiero, torreggiando con la sua figura altera e combattiva, come il soldato che era. Silenzioso nel suo categorico rifiuto, le mani infilate nelle tasche, il completo costoso che calzava alla perfezione sulla sua muscolatura atletica e scattante. *Perché diamine sei così perfetto ai miei occhi?*

La stanza era piena soltanto della sua persona, eclissava tutto, me compresa. Era come se non ci fossi: in quel contesto Kieran era presenza, io… totale assenza.

Riuscivo a sentire le parole non dette, strisciavano sulla pelle come ragni, congelando il sangue, erano lì, pronte ad avvertirmi che mi sarei dovuta preparare perché ciò che stava per colpirmi mi avrebbe procurato molto dolore. Più di quanto avessi mai provato in tutta la vita…

Ero pronta a resistere al contraccolpo?

Purtroppo, non c'era più tempo per scoprire se lo fossi o meno.

Non potevo nemmeno essere arrabbiata con lui, tantomeno con Lara, considerando che molto probabilmente ignorava ciò che riguardava la nostra storia. Lui, invece, non aveva stabilito nessun confine al nostro rapporto o specificato cosa rappresentasse per lui la nostra relazione.

A quale relazione ti riferisci, eh stupida? Prima di combinare tutto quel disastro e finire in quel dannato buco dall'altro lato del mondo, gli avevi confessato di amarlo, mentre lui aveva risposto che eri qualcuna di cui avrebbe potuto innamorarsi. È stato molto chiaro, nessuno può biasimarlo: aveva detto che avrebbe potuto, non che lo fosse. Capisci la differenza?

È molto semplice, mentre eri all'inferno, in questi ultimi mesi, le cose sono cambiate, almeno per quanto lo riguarda.

La verità era che Kieran poteva benissimo essere un uomo senza una relazione stabile, in grado di fare della sua vita ciò che voleva.

Basta! Supplicai alla mia mente. *Per favore, fa troppo male…*

Incrociai le braccia davanti alla pancia e mi piegai in due. Con la coda dell'occhio, lo vidi fare un passo verso di me, i suoi occhi, chiari e intensi, brillavano di più nell'oscurità, ma poi si fermò. Quel gesto unito alla sua "non risposta" mi colpirono in modo inaspettato, mordace. Sentii il petto stringersi come se qualcuno mi stesse pungolando con un coltello affilato. Ancora e ancora. Il sangue sgorgava copioso, colando sul pavimento e, nel giro di qualche istante, sarei annegata in esso.

Non riesco… non…

Mi raddrizzai subito perché non riuscivo a respirare. Ero scioccata da quanto il suo silenzio mi facesse male, era impensabile sopportare tutto quel dolore, nonostante avessi dovuto affrontare prove insormontabili nella mia esistenza. Non avrei mai pensato che potesse esistere qualcosa di più terribile degli ultimi dieci mesi della mia vita. E se potevo vantarmi di qualcosa, era proprio di quanta dannata sfortuna avessi avuto fin da ragazzina. *Avrei voluto tanto…*

Una parte di me avrebbe voluto cedere, dire di sì, a quei meravigliosi sentimenti, come accadeva alle persone intorno a me. Avrei voluto essere una di loro, ma non lo ero e pareva che la felicità ne fosse ben consapevole visto che, ogni volta che bussava alla mia porta, nonostante la invitassi a entrare, lei prontamente si allontanava, sfuggente, lasciandomi nella solitudine e nella disperazione che l'ambiguità della mia natura portava con sé.

Perché l'amore? È un sentimento meschino, che danna la vita delle persone, eppure tutti vogliono provarlo.

Era comune pensare che innamorandosi fosse possibile trovare la propria metà, la persona che avrebbe avuto il potere di renderci di nuovo integri. E se fosse l'esatto l'opposto? E se fossimo nati interi e fosse stato proprio quello stupido, folle sentimento a dividerci? A spezzarci in due? A distruggere ogni parte sensata della nostra esistenza?

A quelle riflessioni mi si formò un nodo in gola, pesante, caldo e acre.

Quanto mi sono sbagliata con lui, con il nostro rapporto?

In qualche modo riuscii a raddrizzarmi, mi ersi fiera e gli andai incontro. Mi fermai appena prima di invadere il suo spazio.

«Ti ho fatto una domanda, Kieran Heizmann. Eri con Lara? O eri con un'altra donna?»

La mia voce uscì più forte e molto più dura di quanto intendessi, così lui chiuse gli occhi e sospirò. Era il tono tipico di una fidanzata gelosa, e mi stupii, perché sul serio, quella donna non ero io. Probabilmente non avevo nemmeno il diritto di chiederglielo, considerando che non avevamo una relazione stabile, ma poiché ero arrivata fin lì, non me ne sarei andata senza una risposta.

Kieran non si mosse né si tirò indietro, i suoi occhi chiari non cercarono una via di fuga, ma la sua mascella si irrigidì in un modo che, ne fui certa, avrebbe scheggiato qualche dente. Per un istante pensai che avrebbe tergiversato, invece mi guardò dritto negli occhi e mi rispose con voce sicura. «Sì, ero con Lara.»

Non appena finì la frase distolse lo sguardo. Non volle essere testimone di ciò che la sua brutale onestà mi avrebbe causato.

Mi serviva un attimo per poter riprendermi dal contraccolpo, per incanalare un po' di aria nei polmoni, perciò guardai altrove anch'io, concentrando l'attenzione sulla strada buia fuori dalla finestra. Mi aveva appena dato l'occasione di sfogare tutta la rabbia che sentivo montare dentro di me come un uragano e, per Dio, se l'avessi assecondata sarebbe stata una catastrofe: implacabile, incontenibile. Avrei raso al suolo quel poco che restava di noi due.

Gli diedi la schiena e presi il bicchiere sul tavolino. Bevvi il resto del vino in un solo sorso, ma il gusto era amaro come il fiele che sentivo in bocca. Lo posai con cura, prima di voltarmi verso di lui. «Non hai idea di quanto ti detesti in questo momento. Così tanto…»

«Tu non mi detesti, Sophie» disse a bassa voce, «non sai nemmeno cosa provi nei miei confronti, è da molto tempo che non sei più te stessa.»

233

Non avevo intenzione di discutere dei miei sentimenti con lui. Non ero stata io a dovermi pulire la presenza di un altro uomo dalla pelle, dalla bocca. Puntai, invece, la mia attenzione alla borsa sul divano, pensando a come avrei fatto per andarmene, ma Kieran fu più veloce e si spostò mettendosi tra me e la porta, impedendomi così di allontanarmi.

«Non andrai da nessuna parte fino a quando non mi lascerai spiegare ciò che è successo davvero.» Bloccò ogni mio movimento solo con l'imposizione della sua voce.

Chiusi gli occhi e misi le mani tra i capelli, premendole contro la testa. «Voglio andarmene, Kieran,» continuai a denti stretti, perché a un tratto mi sembrò di non poter più tollerare quella conversazione, l'orribile ronzio che le sue parole mi procuravano «lasciami andare via, ti prego.»

Lo stavo implorando, non potevo rimanere un minuto di più in quella casa, con lui che aveva il sapore di Lara sulle sue labbra, sulla sua pelle. Solo a pensare a loro due insieme, la fitta alla testa fu così forte che misi una mano sulla bocca e cercai di soffocare la rabbia che sentivo pronta a esplodere. Sarebbe stato meglio se fossimo stati molto lontani l'uno dall'altra, ma ignorando tutti gli avvertimenti che gli stavo lanciando in modo palese, restò esattamente dov'era.

Lo guardai di nuovo, sentendo la furia spingere sempre di più per uscire. «Fammi andare via, Kieran» sussurrai tra i denti. «Non riesco nemmeno a guardarti in questo momento.»

Strinsi gli occhi e aspettai di avvertire lo spostamento d'aria provocato dal suo corpo, magari udire il rumore della porta che veniva aperta. Invece, non sentii nulla. Li riaprii e scossi la testa con maggiore rabbia quando una stupida lacrima mi scese sulla guancia. Provai ad aggirarlo e avvicinarmi alla porta ma mi afferrò la mano.

Il suo sguardo stoico passò dalla tristezza alla rabbia in un battito, le ombre della stanza buia rendevano i contorni cesellati del suo viso ancora più minacciosi. «Guardami» mi ordinò, tirandomi a sé, rifiutandosi di lasciarmi andare via. Quando non lo assecondai, perse la pazienza e mi strattonò facendomi fare un passo in avanti. Poi mi afferrò il viso, respirando velocemente e mi lanciò uno sguardo tormentato che non compresi subito. «Sophie, ti ho detto di guardarmi!»

Sussultai, avrei voluto ritirarmi in me stessa per l'intensità della sua voce, per la potenza della sua presenza. Non ricordavo se mi avesse già urlato contro, ma il modo in cui la sua voce echeggiò all'interno del soggiorno fece congelare la rabbia che stavo covando.

Fece un passo indietro lasciandomi andare soltanto per aggiungere: «Ho il diritto di raccontarti ciò che è successo. Quando avrò finito, sarai libera di decidere cosa fare, ma ti prego, Sophie,» il suo tono si abbassò fino a divenire un sussurro affranto, «lasciami parlare prima.»

Dovevo lasciare che si spiegasse o la mia immaginazione avrebbe fatto il resto e, per Dio, sarei davvero impazzita. Mi voltai, dandogli la schiena. «Va bene, ti ascolto. Ma fai in fretta» sussurrai. Non sapevo per quanto tempo sarei riuscita a resistere senza cadere completamente a pezzi.

Quando trasse un profondo respiro, strinsi ancora di più le braccia intorno a me nel vano tentativo di proteggermi.

Kieran si prese un attimo per raccogliere i pensieri e iniziare. «Quando sei sparita nel nulla, ero a pezzi, Sophie. Non hai idea di quanto abbia sofferto senza sapere dove fossi finita, se fossi ancora viva e se ti avrei rivisto. Poi, ho scoperto dove ti trovassi e sono venuto a prenderti per portarti via da quell'inferno. Fino a quando, in quella sera maledetta è cambiato tutto un'altra volta.»

Si passò seccato le mani tra i capelli. Cercò di mantenere un tono fermo, ma il dolore trasudava da ogni parola che usciva dalle sue labbra e la disperazione nella sua voce fece ritornare le mie lacrime in agguato.

«Per quanto riguarda Lara, invece, sono uscito con lei alcune volte dopo che il nostro matrimonio è finito, ma non l'ho mai vista come qualcosa di diverso da un'amica. È stata lei a lasciarmi, Sophie, e non ti mentirò dicendo che la sua decisione non mi abbia fatto male. Ma l'ho superato, sono andato avanti con la mia vita.»

Mi soffermai sulla sua confessione. Era solo un'amica per lui? A quel punto, la natura del loro sentimento faceva davvero la differenza? Il dolore sordo che provavo si era attenuato dopo la sua confessione? Avevo il diritto di essere arrabbiata con lui? La risposta era no a tutte le domande, tuttavia niente cambiava quanto facesse male il tradimento, a qualsiasi livello di una relazione.

«Sei proprio certo che anche lei sia andata avanti con la sua vita, Kieran?» Gli chiesi di punto in bianco, perché se davvero intendevo essere messa al corrente della verità, quella era una domanda molto importante.

«Ecco…» titubò prima di continuare, «sono mesi che mi sta chiedendo di darle una seconda possibilità, non sempre in modo esplicito, ma sono un uomo. Inoltre, conosco molto bene Lara.»

Allargò le braccia, esasperato prima di proseguire: «Ma sono io a non essere interessato a lei. Non ho intenzione di commettere lo stesso errore due volte. Lara è una donna che ama soprattutto la propria libertà e non sono l'uomo adatto a lei.»

Fece una pausa e mi preparai alle prossime parole. «Oggi mi ha chiesto se potesse baciarmi e non ti mentirò, Sophie, ho lasciato che lo facesse perché volevo sapere se ciò che credevo su di noi corrispondesse al vero. Ma non sono andato a letto con lei, te lo giuro» continuò a bassa voce, prima di puntualizzare: «anche se questo non mi fa sentire meno in colpa o non procuri a te meno dolore.»

Strinsi gli occhi e sentii che il suo sguardo stava cercando il mio. Il cuore mi batteva così forte che temevo di non riuscire a udire le sue parole, così come sapevo che non mi avrebbe permesso di allontanarmi fino a quando non avesse detto tutto, perciò mi costrinsi a tranquillizzarmi mentre proseguiva con il racconto.

Si avvicinò e, senza toccarmi, disse: «Non ho provato nulla quando ero con lei, Sophie. Non sarei mai riuscito a provare nemmeno un millesimo delle emozioni che solo tu mi fai sentire.»

Scossi la testa e aprii la bocca per parlare, ma capì subito che stavo per interromperlo, così sussurrò: «Lasciami finire, ti prego.»

Lo accontentai e mi chinai in avanti, stringendo ancora di più le braccia su me stessa, pregando che quel supplizio finisse presto. Quell'uomo aveva il potere di distruggermi. O di salvarmi…

La verità sarebbe stata cruda, dolorosa. La avvertivo dentro di me come una ferita aperta, come un cuore pulsante, come sangue bollente. Avrei voluto morire perché era così vicino che l'aria che usciva dalle sue labbra al pronunciare le parole successive smosse i miei capelli.

Percepii tutto il suo dolore e lasciai che entrasse in profondità, quando disse: «Quando ti hanno rapita, durante la nostra ultima indagine, ero così arrabbiato con te, con me stesso, con il mondo intero. Avevi deciso di affrontare Sire Kurti da sola e non ho saputo proteggerti. Non ho mai sofferto così tanto in vita mia, nemmeno quando Lara ha deciso di lasciarmi e non ti mentirò, non è stato un periodo facile, ma in qualche modo ce l'ho fatta. Ma poi ti abbiamo trovata e sono venuto a prenderti convinto che le cose si sarebbero sistemate, ma al contrario si sono complicate ancora di più. Provare a capire come funziona la tua mente è come cercare di risolvere un fottuto cubo di Rubik perpetuo, è… è… forse non te ne rendi conto…» con la coda dell'occhio lo vidi fissarmi in modo intenso, «ma il tuo peggior nemico sei tu stessa, Sophie. Lo sei sempre stata.»

Restò in silenzio per un momento, le labbra strette in una linea sottile prima di scuotere piano la testa come se non sapesse come proseguire. Mi voltai verso di lui, ma mi spiazzò di nuovo quando cambiò argomento. I suoi occhi brillavano più del solito quando disse: «Mi manchi, piccola, mi manchi da morire. Sei con me, ma è come se non ci fossi. Non ti sento più, non ricordo più l'odore della tua pelle, il meraviglioso sapore della tua bocca. Nessuna parola, nessuna notizia…» sospirò in modo pesante, «ti sto perdendo un'altra volta e un'altra ancora e non so come proteggerti, come salvarti. E questa situazione mi sta uccidendo…»

Una lacrima mi scappò, scivolando solitaria sulla guancia... la pulii con un gesto brusco prima di prendere le distanze per affrontarlo. «Che cosa curiosa, perché io sono proprio qui, Kieran, davanti a te. Non mi vedi, forse?»

Stava per contraddirmi, ma era arrivato il momento che fossi io a parlare. «Tu, invece, dov'eri?» Piegai la testa di lato e risi con amarezza, anche se, in qualche modo, la mia voce suonò suadente nel silenzio del salotto. «Ahh, ora mi sono ricordata, eri con Lara. Con chi vorresti essere in questo momento, Kieran? Con me o con lei?»

Come se fosse seccato, si passò con stizza una mano sulla bocca, stringendo forte la mascella. Scosse leggermente la testa e sperai che lo stesse facendo solo per il rammarico che provava. Aprì la bocca per controbattere, ma lo zittii con la mano. «Anzi, ti porgo un'altra domanda. Chi sei diventato in questi ultimi mesi, Kieran? Cosa ne hai fatto dell'uomo che amo?»

Mi sorprese ancora una volta quando rimase impassibile, prima di rispondere con schiettezza. «Probabilmente è da qualche parte con Sophie. Sai, è da un po' che non la vedo.»

Alzai lo sguardo verso il soffitto e mi premetti il palmo della mano sul petto in un gesto teatrale. «Certo, bella scusa. Dai pure tutta la colpa a me, tanto ci sono abituata.» Il risentimento risuonò forte nella risata che seguì le mie parole.

La sua reazione fu più dura di quanto immaginassi, ma lo sguardo nei suoi occhi era guardingo e non mi sfuggii quanto i suoi pugni tremassero mentre incrociava le mani all'altezza del petto. Tutto ciò che potevo percepire era la sua disperazione, la potevo sentire sulla mia pelle, e puntava dritta al cuore.

Dio, quanto fa male…

«Vorrei porti la stessa domanda, Sophie. Chi sei diventata in questi ultimi mesi? Non rispondi più alle mie telefonate, non mi dai notizie, sparisci senza dire nemmeno una parola. Hai smesso di parlarmi, ormai.»

Sparita… io? Di cosa sta parlando?

Rilasciò un sospiro tremante, come se si sentisse oltraggiato, per l'occhiataccia che gli rivolsi. «Certo, non sono affari miei quello che fai della tua vita, ma, in nome di Dio, cosa ti passa per la testa e, soprattutto, perché? Sono giorni che non ci vediamo, sei sparita senza farmi neanche una dannatissima telefonata.» La sua voce si interruppe di colpo e il mio cuore sembrò smettere di battere. Il suo volto era pallido mentre evitava di guardarmi, forse fu per quel motivo che non percepì il mio stupore.

Giorni?! Cosa intende dire con giorni? Cristo Santo, non è forse venuto a casa di Sara ieri, quando diamine ho preso le mie medicine?

Aprii la bocca, ma la richiusi subito dopo o non sarei riuscita nemmeno a sembrare normale. Non potevo di certo porgli quella domanda o avrebbe pensato che fossi davvero impazzita.

Non lo sono, vero?

Ero quasi arrivata al punto di non sapere più distinguere cosa fosse reale e cosa no, e quella consapevolezza sì che mi terrorizzava. Ciò che mi stava accadendo era l'ultima cosa di cui volevo parlare. Sentii il corpo pronto a scattare come una molla: in un attimo mi sarei catapultata lontano da lui, ma ricacciai il panico e le incertezze, nascondendole con cura dietro un'espressione neutrale. «Ho avuto da fare, Kieran.»

Per un istante la mia mente mi riportò alla Maxifarma, al cimitero e a tutte le cose strane che mi erano accadute in quegli ultimi tempi. Era possibile che il mio cervello avesse cancellato parte dei miei ricordi? Che avessi perso interi giorni senza che me ne accorgessi? Che la mia memoria fosse diventata così lacunosa?

Dove sono stata? Cosa ho fatto?

«Facciamo così» sussultai quando la sua voce mi fece tornare al presente. Mi ero persa un'altra volta dentro di me, in un dolore che continuava a insinuarsi e a pungere il cuore in mille modi diversi.

Diamine! Mi voltai verso di lui, appena in tempo per vedere le sue labbra piegate nella triste replica di un sorriso, mentre diceva: «Dammi il tempo di togliermi questi vestiti e poi parliamo di ciò che è successo in questi ultimi giorni.»

Prima che potessi obiettare, si voltò andando verso la scala e mentre saliva i gradini con passi stanchi e pesanti, vidi che si slacciava la cravatta.

Arrivato a metà scalinata si fermò e si voltò. «Sophie?»

Lo guardai dai piedi della scala e lui sembrava così lontano, come se stesse svanendo. Le mie lacrime iniziarono e presto sarebbero diventate inarrestabili, tutto il corpo rabbrividiva in modo violento mentre provavo a contenere i singhiozzi. Avrei voluto corrergli dietro, abbracciarlo e dirgli che lo amavo, ma era come se i miei piedi fossero ancorati al pavimento. In qualche modo, realizzai che ormai era troppo tardi. E la sola cosa che riuscii a fare fu rispondere: «Sì?»

«Mi stai scivolando via dalle mani, non riesco ad afferrarti mentre ti perdo ogni giorno di più e questa cosa mi sta uccidendo...»

Senza darmi il tempo di rispondere si voltò e salì gli ultimi gradini sparendo nell'oscurità del corridoio.

Iniziai a camminare avanti e indietro nel soggiorno. Mi coprii le orecchie perché non volevo udire la sua voce che continuava a ripetere all'infinito le accuse di poco prima.

«Dove ti sei cacciata, Sophie? Sono giorni che non ti vedo, non mi hai fatto nemmeno una telefonata.»

Ha davvero detto che sono sparita per tutto questo tempo? Com'è possibile…

Qualche istante dopo, udii scorrere l'acqua della doccia. Le mie gambe si accasciarono e finii sul pavimento, non c'era nessuno pronto a sorreggermi. Mi spostai verso il muro e vi appoggiai la schiena, raccolsi le ginocchia al petto e seppellii la testa tra di esse. Che diamine mi stava capitando? Avevo quell'orribile sensazione nel cuore che mi diceva che ormai era troppo tardi. Accanto a me, non c'era più nessuno a dirmi che sarebbe andato tutto bene.

Rimasi al buio per diversi minuti. In silenzio… ancora e sempre… da sola.

Vorrei solo poter sentire i miei genitori, l'uomo che amo e i miei amici più cari dire le cose che dicevano un tempo, ma sono troppo impegnati a vivere le proprie vite.

Non era rimasto più nessuno accanto a me. *C'è qualcuno con cui possa parlare?*

Mi mancavano tutti da morire, stavo perdendo persino me stessa.

Perché ho l'orribile sensazione che la vita che sto vivendo, la mia stessa pelle perfino, non mi appartengano più?

Il dolore arrivò puntuale a spaccarmi in due e con lui altre lacrime, che di certo non erano una novità. Come potevo piangere o soffrire in quel modo per una relazione che non era mai iniziata sul serio?

Maledetti sentimenti! Stavo così bene quando eravate rinchiusi in una fottuta scatola!

Ero ancora seduta nella stessa posizione, in lacrime, quando Kieran mi arrivò vicino. Non alzai la testa anzi, mi strinsi ancora di più quando si inginocchiò accanto a me. La prima cosa che sentii fu l'odore del suo dopobarba, poi la sua mano accarezzarmi i capelli, lo spostamento d'aria quando si abbassò e le sue labbra che mi baciarono la testa. Mi strinse tra le braccia, tirandomi a sé mentre si sedeva contro il muro, ma non importava quanto fosse vicino, continuavo a sentirlo sempre più lontano, ormai.

«Per favore, piccola, apri gli occhi e guardami» sentii le sue braccia strette intorno a me e il suo viso tra i miei capelli. «Sophie…» non l'avevo mai sentito pronunciare il mio nome con così tanta agonia e gli avevo dato parecchie opportunità per farlo, tutte le volte in cui lo avevo costretto a salvarmi la vita.

Non aggiunse altro e potevo percepire i suoi occhi fissi su di me, tutte le parole non dette rimasero tra noi riempiendo in modo ingombrante quel piccolo spazio che ci distanziava. Continuò a implorare in silenzio la mia attenzione. Quando alzai lo sguardo, prima ancora di capire le sue intenzioni, premette la sua bocca sulla mia. Non era un bacio, bensì l'esplosione della sua sofferenza. Sentii il sapore delle sue lacrime, o forse erano le mie, stavamo ingoiando le parole, i segreti e i dolori l'uno dell'altra. Quando si staccò fu solo per premere la sua fronte contro la mia.

«Mi manchi, piccola. Mi manchi così tanto, ogni giorno un po' di più. Sei qui con me, ma è come se non ci fossi. Non so dove sei andata o per quanto tempo ancora resterai lontana da me, e non ho la minima idea di come fare per riportarti indietro. In qualsiasi tormento tu sia finita, torna da me, Sophie, ti prego. Non sono nemmeno più sicuro se stiamo dividendo lo stesso cielo, vorrei solo tenerti al sicuro, ma è questa situazione che mi sta distruggendo.»

La sua voce era piena di dolore, affettuosa e commovente, tuttavia c'era qualcos'altro che non riuscivo a individuare. Mi abbracciò, stringendomi in modo disperato, soffocandomi contro il suo petto, come se mi stesse salutando prima di partire per un lungo viaggio anzi, come se mi stesse dicendo addio per sempre. La sua voce era poco più di un sussurro stremato. «Mi sento così solo, non mi sono mai sentito così perso in tutta la mia vita.»

Avrei voluto rispondergli, condividere il suo dolore, ma non riuscivo ad alzare la testa, non ne avevo più la forza. Mi sentivo così stanca…

«Mi sei mancato, Kieran… da morire.» Mi sentii sussurrare e anche se non aveva senso, forse non volevo nemmeno dirlo ad alta voce. Tutto ciò che riuscii a fare fu rannicchiarmi ancora di più contro di lui e piangere. Non c'era limite o speranza di mettere un freno al mio dolore.

Trascorsero parecchi minuti e, quando mi lasciò andare, fu soltanto per accasciarsi contro la parete. Con la coda dell'occhio lo vidi tirare le ginocchia al petto, imitando la mia posizione prima di sollevare le mani, appoggiare le dita sulle tempie e premere con forza. Essere testimone dell'infelicità incisa in ogni dettaglio del suo meraviglioso volto mentre cercava di ricomporsi era straziante. Non l'avevo mai visto così provato e distrutto in tutti gli anni in cui l'avevo conosciuto.

Alzai il viso e lo asciugai nella manica della camicia di seta. L'unico rumore nella casa era il suono dei nostri respiri affranti. Alla fine mi fissò, ma avrei preferito che non l'avesse fatto: il suo sguardo esprimeva solo un profondo tormento, un dolore sordo che sembrava partire dal suo cuore e in qualche modo arrivare al mio.

«Non sono andata da nessuna parte, Kieran. Sono stata qui per tutto il tempo. Ma, forse, non riesci a trovarmi perché stai ancora cercando la persona che ero un tempo e ho paura che quella donna non esista più.»

La sua espressione era illeggibile, restò immobile come una statua. L'unica cosa che notai era il continuo pulsare della sua mascella.

«Mi dispiace davvero tanto per questo. Forse, con il tempo, migliorerò, o forse no. Ho paura che non dipenda più solo da me, ma ciò che sento…» le mie labbra tremarono e feci un respiro profondo, provando a finire la frase che sembrava sempre essere incompiuta, come se mancasse un pezzo, esattamente come me, «non riesco a spiegarlo nemmeno a me stessa, ma è come se mi aveste tutti abbandonato, le vostre vite stanno andando avanti senza di me.» Non avevo il diritto di accusarlo, perciò decisi di coinvolgere tutte le persone che amavo. «Magari non lo state facendo apposta, ma credo che nessuno di voi ami la persona che sono diventata.»

I suoi occhi si strinsero fino a diventare poco più di una fessura prima che inclinasse la testa come se non avesse capito bene. «Pensi che non ti amiamo più, Sophie? Che non abbiamo sofferto a sufficienza da quando sei sparita nel nulla da quel cazzo di bordello? È questo che mi stai dicendo?»

Prima che potessi rispondere si chinò in avanti, guardandomi dritto negli occhi. Le sue parole erano taglienti. «Tutti noi abbiamo sofferto quando sei sparita e ti vogliamo bene, Sophie. Non rigirare la frittata!»

Il silenzio si addensò nell'aria mentre ragionavo sulle sue parole, ma prima che potessi aggiungere altro, Kieran si alzò con un balzo, fece due passi verso la cucina, ma prima di arrivare alla porta si girò e mi puntò un dito con rabbia. «Non abbiamo mai smesso di volerti bene, Sophie!»

Provai a rimediare, ma il danno, ormai, era fatto. Lo guardai voltarsi di nuovo verso la cucina. Era infuriato, infatti aprì la porta e la richiuse con tutta la forza che gli bruciava in corpo.

Poi la riaprì e la richiuse di nuovo, sempre più forte. La riaprì un'altra volta e stava per chiuderla, quando fece una pausa, si voltò verso di me e mi urlò addosso.

«Io non ho mai smesso di volerti bene, Sophie!»

Non l'avevo mai visto perdere il controllo con tale intensità. Lo fissai esterrefatta con la gola secca, lo sguardo stralunato, chiudere un'altra volta la porta con tutta la forza, quasi fino a scardinarla e poi sbattere i pugni contro il pannello di legno, come se le sue mani fossero diventate due martelli. Lo fece ancora e ancora, fino a quando crollò in avanti, la testa tra le braccia, la fronte appoggiata proprio allo stipite. Restò immobile in quella posizione, l'unica cosa che si muoveva era la sua schiena mentre ansimava.

Restai anche io dov'ero, non credevo nemmeno di poter respirare. Passarono diversi minuti prima che allontanasse la testa, che riuscisse a controllare abbastanza il proprio corpo per voltarsi.

Mi guardò con un'espressione completamente sconfitta, scuotendo la testa mentre si asciugava gli occhi nella manica della felpa. «Ti amo, non ho mai smesso di amarti. Mai» sussurrò con un filo di voce, le sue parole uscirono in un sussurro disperato. «Ti amo con ogni fibra del mio corpo, non importa quanto tu voglia credere che non sia così.»

Si allontanò, andando verso la scala e iniziò a salire. Eravamo entrambi saturi di dolore, così pieni da non sopportare nient'altro. Mi accecava, mi assordava, trasformando tutto in un ruggito di pura sofferenza. A quel punto non riuscii più a controllare le ulteriori lacrime. Non sapevo a cosa credere, a chi credere. Con chi arrabbiarmi, chi amare. La consapevolezza era una brutta puttana: non importava quanto amore si provasse per qualcuno, quell'emozione non aveva senso se annientava la propria capacità di guardare la realtà e perdonare.

La colpa era solo mia, ero io che lo stavo lentamente distruggendo, rendendo quell'uomo forte, meraviglioso e integerrimo del tutto irriconoscibile. Mi sentivo irrimediabilmente rotta perché lo avevo trascinato con me in quel baratro permettendogli di credere che ci fosse ancora speranza per noi. Che, per qualche miracolo del destino, potessi cambiare e diventare una donna normale.

Il solo pensiero di dovergli dire addio mi spezzava il cuore provocandomi un dolore che non avrei mai creduto possibile, ma il pensiero di saperlo felice accanto a una donna che lo facesse sentire amato, in una relazione stabile, rimetteva insieme i miei cocci, uno a uno. Perciò annuii, acconsentendo, annientando me stessa, perché la verità era che non avevo la minima idea di dove sarei finita senza di lui.

Da sola... per sempre.

Chi dovrei essere?

Non me.

Chi dovrei amare?

Solo lui, nessun altro che lui.

Ma almeno sapevo cosa dovevo fare, non c'erano più dubbi. Kieran era stata l'unica cosa buona e sana nella mia vita. Se lo meritava.

Avrei rifatto tutto dall'inizio: offrire la mia stessa vita, rinunciare anche alle mie radici per lui. Non c'era altro modo di ripagarlo per avermi finalmente resa libera, da tutto, persino da me stessa.

Se lo merita.

NOCTE LIBER SUM
DI NOTTE SONO LIBERA

Provai ad aprire gli occhi, certa che stessi dormendo. Dovetti ricredermi quando mi resi conto che, in realtà, erano già aperti. Il mio cervello non riusciva più a stare al passo con ciò che mi stava accadendo intorno, figuriamoci dentro al mio spirito. Di una cosa ero sicura, forse l'unica: quella specie di collage senza senso di ricordi che, ora dopo ora, somigliava sempre più a un incubo, non poteva corrispondere alla realtà.

Oppure poteva? *Dio, mi sento così confusa.*

Sbattei le palpebre, non riuscivo a credere a ciò che scorgevo davanti a me. Mi ritrovai, senza saperlo, in una fitta foresta con il fiatone che mi torturava i polmoni. Non avrei potuto dire con certezza se stessi scappando da qualcuno o da qualcosa. Fui avvolta dalla stessa orribile sensazione che avevo avvertito mentre percorrevo quei lunghi corridoi alla Maxifarma. Era la stessa presenza, lo stesso ringhio terrificante che, ancora una volta, aleggiava intorno a me.

Con la coda dell'occhio potevo vedere il volto di Anja corrermi accanto ed ero sicura che la sua espressione terrorizzata fosse identica alla mia. Riuscivo a sentire il nostro inseguitore appena dietro alle nostre spalle, sempre più vicino, il rumore delle sterpaglie che si spezzavano, i rami che si agitavano mentre correvamo alla cieca provando a deviare degli alberi secolari, cercando disperatamente un luogo dove nasconderci. Il terrore mi scorreva nelle vene, trasformando il sangue in ghiaccio, congelando tutto al suo passaggio. Non potevamo andare più veloce, inoltre avevo raggiunto il limite della mia resistenza e sapevo che lo stesso valeva anche per Anja. La speranza si rinvigorì al pensiero che avremmo potuto trovare un riparo in una delle grotte nella scogliera, la nostra unica possibilità.

«Continua a correre, Anja» urlai e il cervello ripeté le mie parole come un mantra. «Forza! Dai, ce la faremo. Dobbiamo farcela. Se ci dovesse riprendere, ci farà a pezzi!»

«Vai avanti tu, Sophie. Io no- non riesco più…» la sua voce uscì spezzata e rallentai di poco la corsa per potermi voltare in fretta.

«Forz-» la parola morì sulle mie labbra, tutta la speranza evaporò nel momento in cui scorsi il liquido scarlatto sgorgare da un buco nel suo petto e scendere fino a inzupparle i pantaloncini. «Oh, mio Dio. Stai sanguinando!» Il panico prese forma dalla mia voce, perché avevo capito quanto la ferita fosse grave e che ciò che ci stava inseguendo avrebbe fiutato l'inconfondibile odore della morte.

«Corri!» La spronai urlando, ma invece che ascoltarmi, la vidi rallentare sempre di più e sorridere, con quel gesto così familiare un po' triste e, al contempo, consapevole e gentile. I suoi denti erano sporchi di sangue e, quando sbatté le palpebre, il liquido scarlatto le colò sulle guance come lacrime.

«Non avere paura, Sophie. La morte non è che l'inizio...» mi disse con voce tranquilla, mentre il mio terrore raggiungeva l'apice.

La presi per mano e provai a trascinarla verso un torrente che vedevo proprio accanto a noi. «No, Anja, no!» Non riuscii ad aggiungere altro, perché scorsi qualcosa di scuro, muoversi veloce come un lampo tra la boscaglia. Correva a zigzag, venendo verso di noi ed era così grosso che sentii il terreno tremare sotto i piedi. Interi alberi venivano spazzati via al suo passaggio.

«Corri, Anja, corri! Sta arrivando!» La implorai, provando con tutte le forze a trascinarla via. «Dobbiamo scappare!»

Ma lei scosse la testa sorridendo e senza muoversi. «È troppo tardi, ormai. Lui è già qui...»

Nell'istante successivo, appena pochi secondi dopo, la bestia ci raggiunse sbucando alle spalle di Anja, proprio davanti a me. Con orrore, la vidi strappare via la mia amica dalle mie mani e, come un fantoccio, se la rigirò tra le fauci spalancate. Osservai paralizzata la scena senza più fiato in gola. La bestia chiuse la bocca e con un crack terribile dilaniò il corpo, ormai inerme, della mia amica. Gli schizzi di sangue volarono sulle foglie, sugli alberi e contro il mio viso. Il sapore nella bocca mi costrinse a piegarmi in due. Anche il torrente si era tinto di rosso.

Anja...

Le diedi le spalle e corsi, abbandonandola al suo destino, colpevole ma troppo terrorizzata per restare. Scappai come una codarda quando sapevo che sarei dovuta restare, correndo il più veloce possibile, con le braccia che si muovevano per darmi ulteriore slancio, i piedi che, come impazziti, calpestavano il terreno. L'orrore mi attraversava come una tempesta di fulmini a ogni spinta del cuore. Potevo avvertirlo ancora dietro di me, i suoi artigli che graffiavano la schiena, il suo putrido respiro sul collo.

Corri, veloce, scappa!

Infine, l'unica cosa che riuscii a udire, oltre al rombo del mio cuore, fu il suono del tessuto che si strappava sulla mia schiena e il dolore, vivido, crudo, insopportabile mentre interi lembi di pelle venivano squartati. E poi... venni trascinata all'indietro, i piedi furono strappati dal terreno, l'intero corpo venne fatto volare nello spazio...

Sveglia...

La sensazione sembrò così reale che mi misi le mani sul cuore piegandomi in avanti, un dolore così vivido che pensai di stare per morire. Oh no, non era la morte, quella la conoscevo assai intimamente, si trattava di qualcosa di ben peggiore.

Sveglia! La fronte picchiò contro qualcosa di duro e fui certa che si trattasse del volante. Il mostro provò ancora a portarmi indietro nel suo mondo, ma un rumore secco simile a un "tum, tum, tum" mi ancorò al presente.

Restai in bilico tra le due realtà, sentendo il respiro uscire affannoso, la fronte premuta contro la superficie dura e l'odore del sangue che impregnava le narici.

SVEGLIA! Mi urlò la ragione.

«Ehi, signora…» qualcuno mi stava chiamando da lontano, ma non riuscivo a raggiungerlo perché ero sospesa da qualche parte tra il mondo onirico e reale, senza capire in quale dei due mi trovassi.

Di nuovo udii quel "tum, tum, tum" proprio accanto alla tempia sinistra e una voce che insisteva: «Mi scusi… signoooraaaa» trascinò apposta l'ultima parola, dimostrando in modo piuttosto palese la propria impazienza.

Sussultai mentre aprivo gli occhi in preda a un imminente attacco di panico, il sudore freddo che scendeva sulla tempia, l'intero corpo scosso da violenti spasmi. Alzai la testa di scatto e mi guardai intorno affranta mentre portavo due dita tremanti alla gola per controllare se si sentisse il battito.

Se fossi ancora viva…

Non avevo mai avuto un incubo così reale, mi aveva scosso nel profondo. Nella semioscurità, impiegai qualche secondo per riconoscere l'interno dell'auto, prima di voltarmi verso il finestrino e scorgere i volti di due ragazzi di fronte a me, prima sfocati poi nitidi, di nuovo sfocati poi nitidi un'altra volta. Dovevano avere poco più di vent'anni e mi guardavano con un misto di incertezza e paura.

Mi sfuggii un suono strozzato, mentre mi portavo una mano alla bocca per trattenere la nausea. L'odore di sangue aleggiava ancora nell'aria e mi sentivo male, come se dovessi rimettere da un momento all'altro.

Forse i ragazzi si accorsero del mio malessere perché si scambiarono uno sguardo guardingo e poi calò il silenzio. Nel frattempo, provai a ricompormi, a recuperare i pezzi di me stessa che sembravano sparpagliati per tutta la macchina.

Avevo ancora il finestrino chiuso perciò la voce di uno di loro, quello che si trovava più vicino, mi arrivò attutita quando riprovò. «Chiedo scusa.» La sua bocca si mosse all'infinito prima che riuscissi a comprendere cosa dicesse. Aspettò un attimo con un cipiglio diffidente stampato in viso, fino ad avere la mia attenzione. «La carica della sua macchina è già completa,» indicò una colonna che riconobbi come quella della Z Volt e poi una macchina rossa parcheggiata di fianco alla mia, «devo caricare la mia, ora. Le serve ancora il posto? Ho già staccato il cavo.»

Ingoiando la bile che sembrava essersi bloccata in fondo alla gola, accesi l'iniezione e abbassai il finestrino. «No, no, sto andando. Scu- scusami.» Balbettai le ultime parole mentre, con mani tremanti, accendevo il motore e liberavo il posto. Guardai l'orologio sul pannello della Tesla: segnava quasi le sei, ma non riuscii a capire se fossero di sera o di mattina. Le ultime luci di un giorno, o forse le prime di un altro che stava per iniziare, schiarivano il cielo buio e, mentre mi immettevo in strada, osservai i minuscoli granelli di polvere librarsi nell'abitacolo. Mi sentivo esattamente come loro, come se stessi fluttuando, senza riuscire a posarmi davvero da nessuna parte.

La pressione schiacciante sul petto si fece sentire e scossi in fretta la testa. Perlomeno, un po' del terrore si era dissipato, lasciando posto a un leggero mormorio, come se una decina di persone fossero dentro la macchina e tutte volessero dirmi qualcosa allo stesso tempo. Decisi di ignorarle, d'altronde avevo smesso di provare a capire cosa mi stesse accadendo, forse avrei dovuto chiamare Sara o provare a rintracciare Dok, ma a cosa sarebbe servito? Ormai, sapevo cosa dovevo fare, come risolvere quella situazione in modo da non causare più problemi a nessuno, perché era chiaro che il mio ritorno stava distruggendo la vita delle persone che mi erano accanto.

Possibile che l'abbia sempre fatto senza rendermene conto? Magari, i miei problemi, le mie pazzie avevano sempre influenzato le loro vite e, solo in quel momento, iniziavo a capire quanto le mie azioni avessero lasciato delle cicatrici non soltanto in me stessa, ma anche nei loro cuori.

Quelle riflessioni mi riportarono allo scontro avuto con Kieran.

«Tutti noi ti vogliamo bene, Sophie…»

«Ti amo davvero, non importa quanto tu desideri che non sia così…»

Cosa desideravo io per me stessa? Per il mio avvenire?

Kieran avrebbe dovuto essere la mia metà per il resto della vita eppure, da quando mi ero svegliata in quell'ospedale, tutto ciò che credevo di sapere del mio futuro, dei miei amici, della mia famiglia, era deragliato come un treno fuori controllo che si era schiantato provocando parecchie vittime. Tutto ciò che credevo di conoscere della mia vita, di me stessa, era una menzogna. *Sono davvero reale? Potrei sgretolarmi come polvere nel vento…*

Nella mia testa i ricordi erano sempre più incostanti, tutti i processi logici del mio cervello si stavano mescolando, andando avanti e indietro in modo del tutto disordinato, come se interi paragrafi della mia vita fossero stati scarabocchiati, cancellati o riscritti, perdendo ogni senso.

Era qualcosa che esulava dalla mia comprensione. Provai a convincermi che ormai non fosse più importante, che tutto ciò che avrei dovuto fare sarebbe stato rimanere cosciente per affrontare il mio destino.

Mentre percorrevo le strade deserte pensai ancora una volta alla discussione tra me e Kieran. Non avevo idea se tutto quello che era successo tra di noi fosse a causa mia, sua o, ancora, del maledetto destino. Come agente di polizia sapevo che quando una persona provava un forte dolore fisico, ad esempio se veniva colpita nel corso di una sparatoria, il corpo produceva endorfine, sostanze chimiche dotate di una potente attività analgesica ed eccitante che agivano come una naturale dose di stimolante. Quello era uno dei motivi per cui non si provava molto dolore subito dopo un incidente.

Perché il dolore emotivo non può funzionare allo stesso modo?

Come mai dopo aver preso la mia decisione non mi sentivo in qualche modo sollevata, invece che sentirmi ancora più male di prima? Avrei preferito che la mia stupida coscienza mi lasciasse in una sorta di stato onirico, facendomi credere che tutto sarebbe andato bene, che le persone che amavo non mi avevano voltato le spalle una a una fino a lasciarmi del tutto sola.

Fino al mio incontro con Kieran a casa sua, ero rimasta aggrappata a quel sottile filo di speranza credendo che, in qualche modo, l'intero periodo non fosse realmente accaduto e che la mia vita non fosse diventata così disastrosa.

Il pensiero di quanto mi fossi sbagliata mi fece chiudere lo stomaco. Il dolore che mi attraversò fu così potente che mi chinai in avanti facendo sbandare la macchina. Sterzai appena in tempo per non colpire le barriere di sicurezza della strada. Strinsi il volante e mi concentrai di più, dato che stavo per attraversare un ponte sospeso trainato da cavi in acciaio. A una trentina di metri sotto di me scorgevo le acque scure di un fiume scorrere impietose lambendo con prepotenza le sponde. Mentre mi guardavo intorno, la nebbia salì dal terreno, avvolgendo ogni cosa nella foschia. Per un breve istante pensai di farla finita come nonna Novelle, come Stefanie, ma subito scacciai quell'idea, perché avevo provato sulla pelle cosa significasse perdere qualcuno che si amava per un atto del genere. Era un tipo di dolore che non andava mai via del tutto. Nessuna delle persone che amavo doveva sentirsi colpevole per le mie azioni. Per anni avevo dovuto fare i conti con ciò che mi dilaniava l'anima dopo la morte della mia migliore amica

Lasciai il ponte alle mie spalle e venni avvolta da una piccola sensazione di sollievo che durò solo pochi istanti. Avevo il cuore così spezzato da farmi fisicamente male. I miei occhi ardevano, le palpebre erano così pesanti che non ero nemmeno sicura di avere altre lacrime da versare.

Imboccai ancora una volta l'autostrada e la silhouette dei paesaggi che mi circondavano, quel poco che riuscivo a intravedere attraverso i fanali della macchina, mi sembravano una sorta di strano déjà-vu: contorto, illusorio, una copia a carbone della mia stessa vita.

Quando ero nelle mani dei narcotrafficanti tutto ciò che mi aveva mantenuto in vita era un filo sottile di speranza che mi faceva credere che, se fossi riuscita a salvarmi, sarei potuta tornare da coloro che mi amavano. Quello stesso filo mi aveva tenuta viva negli oltre dieci anni in cui avevo lavorato come poliziotta, nel corso di tutte le missioni spericolate e folli a cui avevo partecipato. Anche nei momenti peggiori, quando avevo davvero consegnato il mio destino nelle mani di qualcun altro, forse Dio, quel tenero pensiero, mi aveva mantenuta aggrappata alla vita. Purtroppo, quel filo non c'era più, perché senza volerlo Kieran l'aveva spezzato e, per quanto mi sforzassi di afferrarlo ancora una volta, sapevo che ormai non c'era più nulla che potessi fare.

Per alcuni brevi istanti, tutte le persone che mi avevano amato erano state lì ad aiutarmi, a ricordarmi cosa si provasse a essere felice, quanto la vita valesse la pena di essere vissuta. Ma anche loro, a poco a poco, se ne erano andate. Non avevo più una vita, degli amici, un amore, un lavoro o una casa. Avevo perso tutto...

Mi lasciai schiacciare dalle ombre mentre un silenzio tombale mi avvolse, facendomi sentire più sola di quanto mi fossi mai sentita.

Mentre uscivo dall'autostrada, ripensai alle parole di Kieran.

«Sei sempre stata il tuo peggiore nemico.»

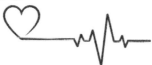

Le torri della Maxifarma sembravano ancora più imponenti di notte, erano illuminate da potenti fari piantati nel terreno e orientati verso il cielo. Sicuramente, il loro scopo era di innalzare la già elevata magnificenza del colosso farmaceutico. Il parcheggio era praticamente vuoto, ma scelsi lo stesso un posto che fosse lontano dall'ingresso principale. Nel momento in cui spensi il motore, volsi l'attenzione alla parrucca bionda abbandonata sul sedile del passeggero.

La prendo o no?

Una manciata di minuti dopo, mentre chiudevo lo sportello della macchina, ero pronta a calarmi nel mio ultimo alias: la stagista. Mentre mi dirigevo verso una delle quattro doppie porte di vetro dell'entrata principale, scorsi due SUV neri che entravano nel parcheggio e proseguivano in direzione di una limousine Mercedes ferma in uno degli spazi riservati alla direzione dell'azienda.

Spero che si tratti di Bolten, così chiuderò questa faccenda oggi stesso.

Di sicuro quell'auto apparteneva a qualcuno di importante. Innanzitutto, costava quanto un intero anno del mio stipendio e, come se non bastasse, c'era una guardia di sicurezza ferma accanto allo sportello.

Mantenni lo sguardo puntato verso l'entrata dell'edificio quando passai a qualche metro da lui e, con la coda dell'occhio, controllavo le altre due macchine parcheggiate poco distanti.

Arrivai davanti alle porte scorrevoli che si aprirono senza far rumore e mi ritrovai ancora una volta dentro a quell'atrio arioso che sembrava la hall di un albergo a cinque stelle.

Mi diressi a passi svelti verso una bellissima ragazza mora che vedevo seduta dietro a un enorme bancone di acciaio e vetro a forma di mezzaluna.

Quando si accorse della mia presenza, i suoi occhi si alzarono dal monitor su cui stava lavorando e con un sorriso a regola d'arte mi salutò.

«Buonasera, sono Gianne. Benvenuta alla sede della Maxifarma. Come posso aiutarla?»

«Buonasera» sentii le labbra stirarsi in una pessima imitazione di un sorriso. «Vorrei parlare con il dottor Petrulin.»

Mantenendo un atteggiamento gentile, annuì mentre digitava qualcosa sulla tastiera. «Ha un appuntamento con il dottore?»

«No, ma sono certa che mi riceverà lo stesso. Gli dica che Sophie Nowack è qui per vederlo.»

Udendo il tono autoritario della mia voce, il suo sorriso vacillò e le sopracciglia scattarono verso l'alto fino a sparire nella frangetta. «Certo, signora Nowack,» si ricompose in fretta, «mi dia solo il tempo di scoprire se il dottore è ancora in sede. Se vuole accomodarsi,» con un gesto studiato della mano mi mostrò un cerchio con diversi divani di cuoio neri che si trovavano a una decina di metri da noi, in un angolo appartato nell'ampio atrio, «mi conceda solo qualche minuto e sarò subito da lei.»

La ringraziai mentre mi spostavo verso uno dei divani. Scelsi apposta quello che forniva una visuale perfetta sia dell'ascensore sia dell'entrata. Per calarmi nei panni del mio personaggio dovevo dimostrare una tranquillità che di certo non possedevo, perciò presi una rivista da uno dei tavolini di cristallo e iniziai a sfogliarla.

Oltre a me, la ragazza dell'accoglienza e una guardia di sicurezza che vedevo dietro a un tavolo dalla parte opposta in cui ero seduta, il resto dell'atrio era del tutto vuoto. Per qualche momento, la mia attenzione venne contesa tra gli articoli inutili della rivista farmaceutica e il gigantesco lampadario di

cristallo che sembrava galleggiare in mezzo alla stanza appeso a cavi trasparenti.

Anche questo costerà quanto un anno del mio stipendio.

*Perché diamine mi sto lasciando distrarre in questo modo? Anzi, perché mi sono trave-
stita così?*

Almeno per l'ultima domanda avevo una risposta: in quel luogo, in quel
momento della mia vita non volevo essere me stessa. Se così fosse stato, non
avrei mai potuto prendere quella decisione, almeno non di sana coscienza.
Ero una codarda? Forse... ma dovevo essere chiunque, tranne Sophie Nowack o non sarei stata capace di affrontare la mia realtà.

Cristo Santo, la mia testa è un tale caos...

Ero ancora persa tra quei pensieri, quando la mia attenzione venne catturata da un gruppetto uscito da uno degli ascensori e che stava attraversando
l'atrio camminando senza fretta verso le porte scorrevoli. C'era così tanto silenzio che riuscivo a udire parte della loro conversazione.

«Il simposio è stato interessante...»

«... intervento davvero tempestivo del dottor Kendall...»

Li osservai per qualche secondo fin quando salutarono la ragazza del-
l'accoglienza e poi uscirono. I nostri sguardi si incrociarono per un breve
istante prima che tornasse a trafficare con la tastiera e io spostassi la mia attenzione verso l'inutile rivista.

Per un momento pensai di chiamare Kieran soltanto per udire la sua
voce, poi Sara e anche Timo. Estrassi il cellulare dalla borsa ma, quando lo
guardai, mi accorsi che lo schermo era nero. Non riuscivo a ricordare quando
fosse stata l'ultima volta in cui lo avevo caricato.

Scheisse, la batteria...

Lo infilai di nuovo nella borsa, forse era meglio così perché se avessi
chiamato uno di loro avrei finito per confessare ciò che avevo intenzione di
fare. Non sarei mai riuscita a dirgli addio, il taglio doveva essere netto. Sarebbe stato meglio per tutti.

Avevo appena voltato la quinta pagina della rivista quando le porte
d'entrata si aprirono un'altra volta. Alzai lo sguardo appena in tempo per vedere quattro uomini, due davanti e due dietro, varcare la soglia dell'edificio.
Passarono davanti alla ragazza dell'accoglienza senza degnarla di uno sguardo. Molto probabilmente li conosceva e sapeva del loro arrivo perché, dopo
un'occhiata veloce nella loro direzione, abbassò la testa e tornò a dedicarsi al
suo lavoro.

Dai completi e dall'atteggiamento severo capii subito che erano delle
guardie del corpo. Stavo per tornare alla rivista quando percepii che tra loro
camminava un quinto uomo...

Non è possibile!

Sentii il corpo irrigidirsi e il terrore strisciare lento sotto la pelle fino ad avvolgermi la spina dorsale con le sue dita gelide. Alzai appena la rivista per coprire parte del viso, senza mai chiamare l'attenzione su di me. La mia mente era un oceano profondo e a ogni respiro annegavo un po' di più in quelle acque torbide.

Forse non si tratta di lui! Sono mesi che non lo vedo. Magari, sto davvero impazzendo!

Per fortuna nessuno di loro prestò attenzione alla donna bionda e innocua seduta in un angolo a una ventina di metri di distanza. Il gruppetto era diretto verso l'ascensore.

Rimani impassibile, concentrati. Non fare nulla di stupido...

Mezza nascosta dalla rivista, piegai appena di lato la testa mentre seguivo i loro passi con lo sguardo, ma non riuscivo a scorgere bene il quinto uomo perché era nascosto dietro la stazza delle guardie del corpo. L'ultima volta che ero stata faccia a faccia con quel bastardo mi trovavo nei sotterranei del suo club, circondata da una sola certezza: che sarei morta.

La grande incognita restò appesa nell'aria come il lampadario sopra la mia testa: cosa ci faceva Sire Kurti alla Maxifarma?

Per un breve istante, ringraziai qualcuno lassù per il fatto che non avessi trovato la mia pistola nella cantina di Sara, perché sarei morta nel vano tentativo di ucciderlo.

Che collegamento c'era tra quell'uomo e Andreas Bolten, il grande capo del colosso farmaceutico?

Tutto ciò che pensavo di sapere sui miei ultimi nove mesi di vita venne spazzato via in un batter d'occhio, risucchiato in una voragine nera senza fine. Quella che credevo fosse la verità si contorse e si piegò, trasformandosi in immagini che non riuscivo a riconoscere, a cui non ero in grado di dare un senso logico. Mi sentivo sempre più come se stessi perdendo la ragione, come se il mondo intero fosse composto da segreti e bugie e non avessi la minima idea di come fare per svelarli.

Il mio corpo fu scosso da un brivido orribile quando i ricordi di quella serata vennero a galla, rammentando il terrore che avevo provato in quelle gallerie sotterranee. Il modo in cui i suoi occhi glaciali mi avevano osservato quasi con riverenza, colmi di un indicibile scopo.

Sire Kurti non era un essere umano, non perdonava, non dimostrava nessuna emozione. Proprio come l'Asso.

«Agente speciale Sophie Nowack... mi hanno riferito che stavi cercando la morte... sono felice di informarti che otterrai ciò che desideri...»

In seguito la consapevolezza calò su di me come un manto protettivo. Se si trattava davvero di lui, averlo a portata di mano, dava un nuovo scopo al mio piano. Una fine che avrebbe seguito ogni inizio, degna del grande Asso.

L'uomo che credevo essere Sire aveva un cellulare all'orecchio e la sua voce risuonò chiara nel silenzio dell'atrio.

«… sì, sì lei mi ha cercato, perciò sono sicuro che si farà avanti…»

Persi alcune parole, quando le porte di uno degli ascensori davanti a loro si aprirono e un gruppetto di uomini vi uscì parlando animatamente tra di loro.

L'uomo e le sue guardie del corpo entrarono nell'ascensore e le ultime parole che riuscii a udire furono: «… avere pazienza… ci vediamo al sedicesimo piano.» La persona con cui stava parlando gli disse qualcosa perché fece una breve pausa prima di aggiungere: «Sì, non preoccuparti, lei verrà. Il nostro ospite d'onore, Heizmann, è già stato prelevato.»

Sbigottita, guardai i cinque uomini sparire dentro l'ascensore e le porte chiudersi. Un unico nome si formò nel terrore che invase la mia mente.

Ho sentito bene ciò che ha detto?

«Kieran…» invocai il suo nome in un sussurro, con il dolore che mi avvolse il cuore, le ossa, l'anima.

La realtà si mescolò agli incubi, che erano intrisi di ricordi e dolore. Che cosa era reale e cosa no? Ciò che stavo vivendo poteva trattarsi solo di un incubo? Gli incubi, però, non erano reali. Quello invece… sembrava proprio che lo fosse. Non era possibile ignorare il fatto che il mio sangue sembrasse come ghiaccio, che il mio stesso essere fosse stato invaso dal terrore e da un orribile presagio.

Salva me, salvati. Salvami.

Salvami e io ti salverò…

Non potevo più restare lì. Dovevo entrare in azione.

Devo pensare. Devo cercare di rimanere lucida, perché sento che mi sto logorando.

Non avevo più tempo per elaborare un piano di riserva, tantomeno perdermi in quei cupi pensieri, dovevo agire in fretta. Mi concessi un solo istante per chiudere gli occhi e per tentare di tranquillizzare il respiro. Le mani tremavano in modo convulso quando posai la rivista sul tavolino e mi alzai. Mantenere il passo tranquillo e la postura impassibile fu davvero difficile mentre mi avvicinavo alla ragazza dell'accoglienza.

Alzò gli occhi dallo schermo quando fui poco distante. «Non sono ancora riuscita a rintracciare il dottor Petrulin. Non si trova nel suo ufficio e-»

La tranquillizzai subito con un gesto della mano. «Non c'è problema,» feci un altro pessimo sorriso, «volevo soltanto chiederti dove posso trovare la toilette.»

Il suo sguardo diventò subito meno cauto. «Ah sì, certo,» balbettò, «dopo le torri degli ascensori, sulla sinistra, prima delle doppie porte delle scale.»

«Grazie.»

Oltrepassai le torri degli ascensori di vetro che svettavano in fondo all'atrio e mi inoltrai nel corridoio che mi aveva indicato la ragazza, provando a non accelerare il passo. Senza volerlo mi aveva offerto il mio lasciapassare: le scale. Mentre facevo finta di controllare qualcosa dentro la borsa, voltai appena la testa guardando da sopra la spalla, cercando il tavolo dove era seduta la guardia di sicurezza.

Perfetto, non riesce a scorgermi. Molto presto la ragazza si sarebbe accorta che non ero tornata dalla toilette, quindi quei pochi minuti che avevo a disposizione mi dovevano bastare. Il piccolo barlume di speranza che nutrivo morì quando arrivai davanti alle porte che conducevano alle scale e notai la fessura per inserire il tesserino di identificazione.

Cazzo!

Per un istante mi fermai disorientata provando a capire cosa avrei dovuto fare. Senza un badge, non potevo nemmeno chiamare l'ascensore e l'ultima cosa che volevo era che qualcuno degli uomini di Sire mi trovasse prima che avessi avuto modo di distruggerlo. Potevo scommettere che si trovava lì per parlare con Bolten e Petrulin, non per fare una visita a degli amici.

La disperazione mi invase mentre perlustravo la zona. Mi sembrava di essere tornata all'inizio della mia carriera, una pivellina che lavorava come freelance. *Pensa, Sophie, pensa!*

Le pareti intorno a me sembrarono stringersi, soffocandomi. Portai le mani alla gola, non riuscivo a respirare. Barcollai di lato e andai a sbattere contro la parete. Il soffitto sembrava essersi abbassato di diversi metri, poiché non riuscivo quasi più a stare in piedi. La pressione mi stringeva il petto con una forza tale che temetti di sentire il cuore esplodere.

In quel momento, udii il rumore dell'ascensore che stava arrivando. Mi voltai dall'altra parte provando a raddrizzarmi, ad allontanarmi.

E se fossero gli uomini di Sire che sono venuti a cercarmi? I miei passi vacillarono, ero troppo confusa per anche solo pensare di difendermi.

Mi voltai con il cuore che batteva all'impazzata, il sudore che iniziava a colare sulla fronte e mi costrinsi a camminare a tentoni cercando la toilette.

Forse la fortuna era dalla mia parte perché, quando stavo per entrare in quella delle donne, le porte dell'ascensore si aprirono e uscirono due donne che chiacchierando si diressero verso l'accoglienza senza nemmeno accorgersi della mia presenza. Purtroppo, ero troppo lontana per provare a infilarmi dentro l'ascensore prima che le porte si chiudessero di nuovo.

Stavo valutando in fretta le mie scarse possibilità quando l'ultima porta in fondo al corridoio venne aperta e apparve una signora che spingeva un carrello delle pulizie.

«Mi scusi» le dissi andandole incontro. Quando arrivai vicino, mi accorsi che si trattava della stessa signora con cui avevo parlato la prima volta in cui ero stata lì.

Per qualche istante mi guardò un po' stranita, come se stesse provando a ricordare chi fossi, così la anticipai. «Buonasera, signora Kepler,» almeno ricordavo il suo cognome, «ci siamo già viste questa mattina. Ho rovesciato il caffè sopra il mio tailleur e lei mi ha aiutato a trovare un camice.»

«Ah, sì ricordo… era questa mattina?» Annuii in fretta provando a essere convincente. Per fortuna sembrò funzionare perché mi chiese: «In cosa posso aiutarla, cara?»

Feci la mia migliore espressione mortificata. «Ho dimenticato il mio badge in ufficio» mi voltai verso le porte scorrevoli. «Potrebbe, per cortesia, sbloccare uno degli ascensori? Devo risalire e prenderlo.»

«Purtroppo non posso aiutarla,» scosse la testa mortificata, «il mio badge non funziona in quegli ascensori.» Forse notò il mio sguardo disperato perché aggiunse: «però, può usare quello di servizio,» indicò verso la porta che si era appena chiusa alle sue spalle, infilando il suo badge nell'apposito scompartimento. «Le sblocco la porta e le basterà percorrere il corridoio. In fondo, ci sono due ascensori.»

Perfetto! Così nessuno mi avrebbe visto arrivare.

La ringraziai ancora mentre varcavo la porta, ma prima che queste si chiudessero mi sembrò di sentirla dire: «Buona fortuna, agente Nowack.»

Avrei voluto tornare indietro per chiederle di ripetere cosa avesse detto, ma non avevo più tempo. *Di sicuro, ho sentito male.*

Dopo qualche minuto, arrivai al sedicesimo piano, sbucando in un altro corridoio di servizio che percorsi a passi spediti. Rimasi protetta dall'oscurità mentre aprivo con cautela la porta e studiavo rapidamente i dintorni. Per un istante rimasi ferma, intimorita da quell'orribile sensazione di déjà vu, perché mi ritrovai in un corridoio uguale a quello in cui era stata Anja.

Mentre il cervello provava a convincermi che si trattasse di una reazione del tutto normale, mossi i primi passi in quel silenzio sinistro. Non potevo lasciare che la mia follia mi inghiottisse. I miei pensieri erano contraddittori, confusi e vorticavano nella mente, facendomi perdere la concentrazione.

A mano a mano che, ancora una volta, mi addentravo con cautela nelle viscere della Maxifarma, i bisbigli, che prima si erano tranquillizzati, lasciarono posto a quelli che provenivano da dietro le porte, o forse erano entrambi nella mia testa, intorno a me, ovunque. Si stavano avvicinando, pronti a inghiottirmi, a schiacciarmi. La cosa peggiore da fare in quel momento era lasciarmi vincere dalle emozioni. In quel luogo, ero circondata dai miei pensieri e la mia mente si trovava in un posto davvero spaventoso, dove non mi sarei mai dovuta avventurare.

Costrinsi le gambe a fermarsi un attimo, chiusi gli occhi cercando qualche bel ricordo a cui aggrapparmi, ma tutto ciò che riuscivo a vedere era il passato.

Il passato che conoscevo fin troppo bene. I miei errori. Tutto ciò che mi perseguitava e che cercava di uccidermi.

Ci provai con tutta la mia volontà, strinsi i denti fino a farli scricchiolare e cercai di non mollare. Mentre le mie scarpe risuonavano sul pavimento di marmo, mi coprii le orecchie perché, in mezzo a tutto quel caos, l'unica voce riconoscibile era quella di Kieran che mi rammentava: «*Sei sempre stata il tuo peggiore nemico.*»

MAI TIRARSI INDIETRO, MAI TEMERE E SOPRATTUTTO MAI DIMENTICARE

Continuai a camminare, guardinga e tesa come una corda di violino, mentre provavo a nascondermi nelle alcove che contenevano i vasi e i quadri scelti per abbellire quei corridoi asettici. Tutti i movimenti erano studiati per approfittare della penombra creata dai faretti installati in punti strategici da qualche architetto esperto. A ogni passo che facevo, a ogni battito del cuore, la luce sembrava affievolirsi sempre di più, come se l'intero edificio volesse attirarmi lentamente nelle sue viscere.

Odiavo con tutta me stessa quella sensazione, non essere in grado di controllare la mia mente, non sentirmi padrona della situazione.

Ero sempre stata capace di gestire ogni decisione difficile e tutti gli imprevisti che mi ero trovata davanti avendone il pieno controllo, ma da un giorno all'altro, grazie a quelle fottute medicine, ero diventata una persona vulnerabile e insicura.

Quanto le odio!

Molto presto, immagini e ricordi invasero la mia testa con una velocità fulminea, vecchie fotografie sbiadite, incastrandosi, staccandosi, formando prima un collage sgangherato, poi un altro e un altro ancora.

Ricordi... la mia intera vita davanti ai miei occhi. Tutto ciò che avevo vissuto. La sofferenza e il dolore in tutte le sue sfumature. Ogni volta che avevo quasi oltrepassato il confine, sporgendomi sempre di più verso la morte. Cercandola con ogni fibra del mio essere, bramandola.

Sbattei con forza le palpebre, non era proprio il momento di sprofondare e lasciarsi vincere dall'angoscia. Continuai a camminare in fretta, come se avessi alle calcagna lo stesso mostro che nell'incubo aveva dilaniato Anja. Deglutii a forza e mi feci coraggio, un'audacia minima che mi permettesse di restare a galla in un mare di follia, anche se la mano che mi tirava giù non sembrava voler mollare la presa facendomi sprofondare a ogni passo nel corridoio deserto. Il silenzio mi avvolse e, dopo un tempo per me imprecisabile, comparvero i primi bisbigli dietro le porte. A ogni battito del mio cuore si facevano sempre più nitidi in un crescendo insopportabile, come se stessero oltrepassando il confine delle stanze, venendo dritti verso di me. Volevano sconfiggermi, annientarmi.

Strinsi i denti provando a ignorarli, non potevo di certo cedere al panico o fermarmi. Erano così fastidiosi che nemmeno le mani strette attorno alle orecchie sembravano avere più effetto. A ogni passo sentivo il petto stringersi e contrarsi sempre di più e non sapevo per quanto sarei riuscita a resistere.

«Non è reale, non è reale…» la mia stessa voce stava perdendo la convinzione ogni volta che sussurravo quelle poche parole come un mantra. Negli angoli più remoti della mente, continuavo ad ascoltare una voce che mi incitava a non cadere nella trappola dei miei sensi.

Non sta accadendo davvero…

Nonostante tutti gli sforzi, potevo percepire la ragione cedere, diventare sempre più debole. Stavo per perdere la battaglia contro me stessa. Forse l'avvertimento di Kieran era davvero valido.

Sei sempre stata il tuo peggiore nemico.

Magari, non ci si può proprio riprendere da un trauma del genere. Forse non si può guarire o pensare di andare avanti. Non si può dimenticare. A meno che… non senza un aiuto per scordare tutto, in modo effettivo. Per sempre.

Per un istante, invidiai il coraggio di Anja per la decisione che aveva preso. D'altronde lei non aveva nessuno con il potere di tenerla ancorata alla sua vecchia vita.

Io, invece, credevo di avercelo, qualcuno…

I pensieri si mescolarono creando un vortice capace di spazzare via ogni cosa. Se avessi continuato a percorrere quella strada, avrei perso quel poco di ragione che mi era rimasta.

Non posso permettere che questo accada. Prenderò questa decisione, soltanto dopo aver chiuso il mio conto in sospeso con Sire Kurti. Kieran…

Quel semplice pensiero mi fece accelerare il passo e molto presto giunsi alla fine del corridoio, soltanto per ritrovarmi, ancora una volta, davanti a uno di quei bivi maledetti.

Dove si è cacciato quel bastardo di Sire?

Vado a destra o a sinistra?

Persi un solo istante vitale, ma fu sufficiente a loro per raggiungermi. Sentii l'aria attorno a me cambiare, diventando carica e pericolosa.

«Piacere di conoscerti, principessa…»

Mi guardai intorno quando un brivido di puro orrore mi scosse da capo a piedi e mi accorsi che riuscivo a malapena a respirare. La sua voce mi era arrivata così nitida che, per un istante, credetti fosse proprio accanto a me. Era il professor Dubois… furono quelle le parole che mi aveva rivolto prima di sferrarmi un pugno sulla tempia e rinchiudermi nel bagagliaio della sua macchina. Era stata la mia più importante missione come Freelance ed ero quasi morta.

La sua voce cavernosa fu soltanto la prima…

Ignorando tutte le precauzioni che avrei dovuto adottare per non farmi scoprire, iniziai a camminare sempre più in fretta, provando a scappare dalle sue parole, ma erano ovunque, nell'aria, dentro di me, scorrevano sottopelle insieme al sangue.

«Se farai la brava, verrai ricompensata… se farai la puttana, invece…»

Vattene, bastardo maledetto, ti ho ucciso in quella barca con le mie stesse mani!

Mi fermai di colpo in mezzo al corridoio quando mi sentii avvolgere ancora una volta dal silenzio. Mi serviva un attimo per riprendermi, perché le gambe stavano per cedere. Con passi incerti, mi avvicinai alla parete, dove mi appoggiai per fare dei respiri profondi, provando a calmare il cuore che sembrava impazzito.

Per un breve istante credetti di avercela fatta ma poi…

«Questo video è stato registrato per l'agente Sophie Nowack…»

«Quanto ami la tua vita, agente? Misuriamola in battiti del tuo cuore.»

Il caso Margherite Webber… l'angelo della morte. Lo vidi proprio davanti a me, l'intensità del suo sguardo orribile, la sensazione di essere stata risucchiata in un buco nero senza fondo, una specie di vortice.

«Noi due, Sophie, per sempre insieme…»

Rividi il bellissimo volto di Kieran sulle sponde di quel lago quando in quella notte oscura mi aveva salvato. Era stato il primo caso in cui avevamo lavorato insieme.

Kieran… dove sei in questo momento? Dovevo aiutarlo, salvarlo. Quante volte era riuscito ad arrivare in tempo, salvandomi la vita? Era ora di liberarlo dalla presa ferrea del mio destino.

Senza pensarci due volte, mi staccai dalla parete e mi precipitai alla cieca verso il fondo del corridoio. Ormai ero sicura che fosse solo questione di minuti e una delle telecamere che scorgevo ogni tanto avrebbe presto annunciato a tutto l'edificio la mia presenza.

Stavo davvero impazzendo perché le voci continuavano a inseguirmi, non c'era nessuna tregua per la mia povera anima. Il mio intero essere sembrava di ghiaccio, come se stesse per frantumarsi, per sgretolarsi nell'oscurità che sembrava chiudersi attorno a me. Schiacciandomi e soffocandomi. Sentivo il corpo arrendersi a ogni nuovo battito di cuore, da quanto tempo non mangiavo? Non dormivo? Dio, quanto tempo era passato da quando ero entrata in quel corridoio? Le mie gambe imploravano di rallentare e dovetti accontentarle perché, forse, mi sarebbe servita tutta l'energia di cui disponevo una volta trovato Sire. Diminuii il passo, mantenendo comunque un'andatura spedita, il fiatone mi faceva annaspare mentre cercavo di ricompormi. Solo molto tempo dopo arrivò un poco di sollievo, ma non fu abbastanza, potevo sentire tutto il corpo tremare e posai le dita fredde sulla fronte perché, per un istante, mi sembrò di avere la febbre altissima.

Sto delirando? No, non è possibile. Guardai il lungo corridoio sparire nell'oscurità, le alcove, le porte grigie. *Questo è reale. Sì o no?*

Un'altra volta provai a convincermi che si trattasse soltanto di un incubo, ma dovetti ricredermi di nuovo: gli incubi non erano reali, quello invece lo era, eccome!

Non ebbi neanche il tempo di sconvolgermi per la profondità di quella consapevolezza che udii un'altra voce provenire da qualche parte vicino a me: baritonale, limpida, inconfondibile.

«Prima ancora che ti conoscessi, Dio è venuto da me, Sophie. La chiamata a essere il suo guardiano non mi è mai stata così chiara.»

Il vescovo Andreas Strasser.

La comunità religiosa in cui avevo lavorato sotto copertura. Nella mia carriera, avevo combattuto soltanto contro persone violente o squilibrate. Persone senza coscienza, completamente prive di empatia, che non avevano la capacità di sperimentare sentimenti come la pace, la felicità, la soddisfazione o qualsiasi connessione affettiva con chiunque altro. Esseri umani che non riuscivano a discernere tra bene e male.

Potevo percepire la loro presenza nefasta accanto a me. Se credevo di aver provato paura percorrendo quei corridoi simili quando ero stata lì per la prima volta, era solo perché non avevo ancora sperimentato quello che stavo provando in quel momento.

Quando avevo cercato Anja, le voci dietro le porte erano delle persone che amavo e che mi volevano bene. In quel momento, invece, i sussurri provenivano dai mostri che avevo affrontato, psicopatici che, in un modo o nell'altro, direttamente o no, avevo ucciso o tolto dalla circolazione grazie alle mie capacità.

Provai a scavare nel mio subconscio alla ricerca di qualche momento felice, in modo da contrastare con un barlume di luce tutta quell'oscurità.

Strinsi i denti… *forza, Sophie, ce la puoi fare!*

Tutto inutile, il mio cervello continuò a rammentare ogni dettaglio, ogni sofferenza patita in quel vecchio mulino, fino a quando una voce sovrastò tutte le altre, tremando in un modo quasi impercettibile.

Sophie

Rividi l'esatto momento in cui avevo scorto Kieran in mezzo agli altri poliziotti, come lo avevo raggiunto, instabile sulle gambe e nel cuore, solo per crollare contro il suo petto. Provai a rammentare il calore del suo corpo, come le sue braccia mi avessero sorretto e avvolta, tenendomi stretta con forza. Ricordai come l'unica necessità per me, in quel momento, fosse sentire il suo cuore battere senza controllo proprio come il mio. *Proprio come adesso.*

Durante quell'indagine, compresi per la prima volta cosa significasse sul serio avere bisogno di qualcuno e quanto quella consapevolezza mi spaventasse più della morte stessa.

Non di qualcuno, di lui…

Quei pensieri mi portarono una briciola di conforto e provai a immaginarli con chiarezza, sperando che quel livello di concentrazione potesse smorzare le maledette voci. Continuai a camminare, ma decisi di aumentare l'andatura, anche perché la temperatura sembrava scendere sempre di più a ogni passo. Dopo qualche istante, mi uscirono dei respiri tremuli tra i denti che battevano sempre più forte. *Dai, Sophie, aria dentro e fuori. Lentamente.* «Uno... due... tre…» contai fino a otto, sussurrando i secondi, poi da capo mentre ricordavo le parole di Sara su quegli inspiegabili fenomeni.

«Mai sottovalutare il potere dell'inconscio, Sophie. Agisce a tua insaputa, come un sesto senso, e la maggior parte delle volte cerca di metterti in guardia, come se ti stesse proteggendo da possibili minacce.»

Cosa avrebbe potuto dirmi su ciò che stavo sperimentando sulla pelle? Su quegli stupidi giochetti con cui mi stava attaccando il mio stesso cervello?

Con una fatica sovrumana arrivai alla fine del corridoio, sporsi appena la testa e guardai prima a destra e poi a sinistra. Un altro corridoio. Vuoto.

Insieme a esso arrivò anche un'altra voce, cantilenante…

«Bambolina…»

Sentii il corpo irrigidirsi. Il solo pensiero della sua voce mi terrorizzò, paralizzandomi, e mi accorsi di essere piantata come un albero in mezzo al corridoio, con i piedi incastrati tra le radici, senza potermi muovere, incapace di compiere un solo passo. Poi, sopraggiunse un suono scandito, come un metronomo, che somigliava a un "tic - toc - tic - toc." Era come se un piccolo martello mi colpisse il cranio ogni volta che il cuore pulsava.

Non sono più in quello scantinato.

Mi guardai intorno nella penombra, cercando una delle alcove con i fiori o un quadro, qualsiasi cosa potesse ancorarmi alla realtà.

«Sono qui, sono da sola…» continuai a ripetermi.

«Continua a guardarmi, Sophie. Guarda il grande Johann.»

«Chi è il tuo signore?»

Il modo con cui quel bastardo psicopatico di Leonids cantilenava il mio nome mi arrivò forte e chiaro alle orecchie facendo oscillare di paura ogni fibra del mio essere. Forse, mi trovavo sul serio in quello scantinato, non vi ero mai uscita.

Non è vero!

Sarei rimasta intrappolata lì sotto con Gabriela, annegando insieme nell'oscurità.

«Chi ti sta facendo soffrire, Sophie?»

Tutto ciò che mi stava capitando era assurdo, era una certezza inconfutabile, eppure non riuscivo ancora a muovermi. I miei piedi erano come pietre, troppo pesanti da sollevare. La voce di Leonids continuava a propagarsi da un punto vicino a me, come se mi stesse girando intorno, deridendomi, portandomi alla disperazione. Mi tappai le orecchie con entrambe le mani e provai a pensare con razionalità.

Attieniti ai fatti! È questa la tua forza!

Quella era stata una delle mie missioni più difficili. Mi era costata intere settimane in ospedale, eppure non avevo mai considerato il mio lavoro come una perdita di tempo. Avevo salvato la vita di tante persone, avevo tolto dalla faccia della terra alcuni esseri umani, se potevano essere considerati tali, davvero inutili.

Ma erano tornati. Uno a uno si stavano ripresentando tra quelle mura, potevo anche essere riuscita ad annientarli, ma non ero stata in grado di dissolverli dai miei ricordi, dalla mia mente.

Perché non riesco a bloccarli?

Sebbene non emettessi alcun suono, sentii che il corpo fosse vicino allo sfinimento. I singhiozzi, appena soffocati, erano solo l'inizio della terribile battaglia che si stava scatenando nella mia mente. Ero del tutto impotente, ciò che mi stava accadendo era molto più forte di me. Tremai, sforzandomi di non cedere al panico, sentivo il respiro diventare sempre più affannoso, più veloce, mentre cercavo di respingere le mie emozioni, di imprigionarle in un angolo remoto della mia testa. Tutto invano.

Devo cercare qualcosa di bello a cui aggrapparmi tra le emozioni.

Kieran… sempre lui.

Quando mi aveva salvato alla fine di quella missione, gli avevo quasi confessato il mio amore. Il modo in cui mi aveva insegnato ad aggrapparmi alla vita era stato uno dei pochi appigli a non farmi annegare nella melma del mio passato.

Concentrati, Sophie, è questa sensazione che devi tenere dentro di te.

La speranza, l'amore, la vita, lui…

Ho solo avuto troppe cose da affrontare, da superare. A chiunque capiterebbe lo stesso.

Mi voltai un'altra volta e mi parve di scorgere un luccichio in fondo al corridoio, tra l'oscurità. Fu soltanto un bagliore che sparì celere allontanandosi, ma fu sufficiente per farmi reagire.

Mi concentrai, stringendo i denti e, con una forza che non credevo di possedere, riuscii a strappare i piedi del pavimento e a correre a perdifiato con la voce di Sire Kurti che mi inseguiva insieme a tutti i sussurri sibilanti.

«Mi hanno riferito che stavi cercando la morte…»

Esatto, stupido bastardo, sto arrivando a chiudere il nostro conto. Quella consapevolezza scese su di me come se fossi stata travolta da un'onda anomala. Aprii la mente e mi lasciai portare dal destino. Fu in quel momento che arrivarono anche le voci che mi avevano accompagnato per quasi tutta la vita.

Lo vedi che avevamo ragione.

Non nasconderti nel buco nero che è dentro di te, intorno a te… tutto nero…

Oggi dobbiamo vivere o morire?
Ricordati, il fato comunque prevarrà sempre…

Poi, quell'ultima strofa mentre arrivavo alla fine del corridoio, mi dilaniò il petto in due.

La morte è intorno a noi… essa ha il controllo.
Il dado del destino è tratto… salvaci e ti salveremo.

Salvaci e ti salveremo… un'altra volta quella frase, dove l'avevo sentita?

Salva me, salvati. Salvami.
Salvami e io ti salverò…

Non ero mai arrivata così impreparata sia a livello fisico sia psicologico alla resa dei conti contro un nemico. Ero del tutto impotente davanti alla mia mente che stava indebolendo sempre di più anche il mio corpo. Non riuscivo a pensare, diamine, non riuscivo nemmeno a coordinare i pensieri con i movimenti. Di quel passo, sarei arrivata già stremata di fronte a Sire Kurti. Dalla mia parte avevo soltanto due alleati. Il primo, in assoluto, era la disperazione, motivata soprattutto dal fatto di sapere che Sire aveva tra le mani una delle persone che mi erano più care al mondo. Il secondo alleato, non meno importante, era l'odio che nutrivo nei confronti di quell'uomo. Con quegli unici due sentimenti, così forti e profondi, avrei potuto sconfiggere un intero esercito.

Arrivai alla fine del corridoio e rallentai appena l'andatura, fino a trovarmi a pochi metri da una porta vetrata che conduceva a un ampio patio. In lontananza, vedevo la piattaforma di metallo, la stessa che avevo già adocchiato dal parcheggio, e sopra di essa era posato un elicottero che, illuminato dai raggi della luna, somigliava a un gigantesco uccello. Avevo gli occhi puntati in quella direzione perché ero sicura di aver visto qualcuno muoversi nella penombra.

Sire!

Sentivo le voci correre accanto a me, incitandomi e, allo stesso tempo, confondendomi.

Affronta il tuo abisso e dai vita alle tue pazzie.

Ero così concentrata sul mio obiettivo che non riuscii a cogliere l'ondata di adrenalina che scattò quando, con la coda dell'occhio, intravidi parte del calcio della pistola automatica in acciaio nella mano di un uomo. Il dolore arrivò fulmineo sul lato destro della testa, un'esplosione che partì dalla tempia e finì alla mascella. L'oscurità si avvicinò con una velocità impressionante. Le mie ginocchia toccarono il pavimento, poi, fu la volta del viso, che lo colpì con un impatto assordante prima ancora che potessi sporgere le mani per attutire la caduta. Mi accorsi vagamente che qualcuno, in lontananza, gridava il mio nome.

La mia mente si mosse dentro una spirale senza fine, scheggiandosi, fratturandosi, esplodendo in un milione di pezzi. Ero legata, impotente e qualcosa mi tratteneva giù, scavando nella mia pelle.

Non sarei mai riuscita a sfuggirgli. Non esisteva più nulla, nessuna verità. Rimasero solo gli enigmi assurdi che non riuscivo a cogliere, a risolvere.

«Aiuto!» Provai a urlare, ma la mia voce riecheggiò lungo i corridoi creando un'atmosfera spettrale. In quel luogo, non c'era nessuno tranne me e le mie peggiori paure.

Un nuovo lamento uscì dalle mie labbra esanimi e le mie dita scavarono nella pelle fino all'osso cercando ciò che mi legava. All'improvviso fu come se qualcosa dentro di me si spezzasse, ebbe addirittura la forza di scaraventarmi dall'altra parte con la violenza del mio stesso movimento.

Ciò che stavo vivendo era così assurdo da non sembrare nemmeno vero. Era reale o era tutto nella mia mente? *Maledette medicine che non mi fanno ragionare!*

Ero pronta a correre, scappare, a essere di nuovo libera, ma poi realizzai…

Non avevo nessun posto in cui rifugiarmi. Ero sola, mi avevano abbandonato tutti.

L'ultima cosa che udii fu la frase che aveva pronunciato Kieran quando ero a casa sua, nella foga del momento: erano le stesse parole che avevo già sentito nei sogni, negli incubi, ovunque.

«Torna da me…»

A mano a mano che aprivo gli occhi, mi resi conto che non potevo essere svenuta da molto tempo poiché la testa mi faceva ancora male. Qualsiasi compito dovessi eseguire, oltre a respirare, mi costava uno sforzo tremendo, una fatica disumana. Ero stesa a pancia in giù, consapevole del pavimento di cemento gelido e granuloso contro la guancia e qualcuno mi stava dando dei colpetti all'altezza delle costole con qualcosa di appuntito. Senza muovere un muscolo, mi guardai attorno e scorsi la piattaforma con l'elicottero molto più vicina, a meno di cinque metri da dove mi trovavo.

La mia mente era come un guscio vuoto, crepato in più punti e la brezza fresca, che mi attraversava scompigliando i capelli, soffiava via tutti i pezzi. I miei pensieri.

Avrei voluto inseguirli, ma sapevo che non sarei riuscita in nessuna impresa, non in quello stato. Quei piccoli frammenti vorticarono ancora e ancora, tesi le mani per afferrarli, ma stavano già cadendo lontano da me e non sapevo dove sarebbero atterrati.

Il dado è tratto,

La verità sta arrivando,

È oscura,

E non ti piacerà.

Non la senti crescere dentro di te?

Sbattei le palpebre, provando a mettere a fuoco ciò che mi circondava. *Cosa diamine mi è successo? Okay, forse non lo voglio sapere. L'oscurità, a volte, sembra l'unico conforto di cui potrei avere davvero bisogno.*

Strizzai gli occhi e, quando la vista diventò più nitida, alcuni dettagli entrarono nel mio raggio visivo: un paio di scarpe scure, nuove e costose, le stesse che mi stavano infastidendo con quei maledetti colpetti.

Strinsi i denti quando udii la voce di Sire.

«Suvvia, coraggio agente speciale Sophie Nowack, non abbiamo l'intera serata per aspettare il tuo risveglio dal riposino.»

Vidi il suo piede allontanarsi e, quando si preparò a colpirmi un'altra volta con la punta della scarpa, fui più veloce. Con la mano libera mi aggrappai all'orlo dei suoi pantaloni e liberando l'altra mano, ancora sotto di me, mi preparai per girarmi. Avrei storto la gamba a quel bastardo, lo avrei fatto cadere e poi mi sarei avvent-

Tutti i pensieri e i movimenti si interruppero quando udii un "click" e qualcosa di freddo picchiare la mia tempia. La canna di una pistola.

Non molto lontano da me, udii un rumore attutito, come qualcuno che provava a urlare mentre era imbavagliato e subito dopo, sopra di me, apparve uno degli uomini di Sire con la pistola in mano. Il fottuto psicopatico sorrideva.

Restai ferma dov'ero mentre, accanto a lui, appariva anche il viso di Sire con un ghigno strafottente. Schioccava la lingua come se fosse intento a rimproverare un bambino.

«Vedo che non hai imparato nulla negli ultimi dieci mesi, mia cara Sophie.»

Sire fece un cenno con la testa al suo uomo che si allontanò appena, senza smettere di tenermi sotto mira. «Siediti» mi ordinò.

Con una fatica immensa appoggiai le mani sul pavimento di cemento e provai ad alzarmi. Non fu un compito semplice, visto quanto mi tremavano le braccia. Dopo due tentativi, riuscii a mettermi a quattro zampe prima di sedermi sui talloni. Era la posizione migliore nel caso in cui avessi dovuto scattare prima di atterrare quel bastardo. Alzai gli occhi e, per la prima volta, guardai da vicino l'uomo che mi aveva portato in quell'incubo. La bestia che mi aveva consegnato come merce scadente ai narcotrafficanti.

Sire Kurti era vestito come il potente impresario che era: pantaloni di alta sartoria scuri e camicia blu, inamidata e stirata. I suoi capelli chiari erano impeccabili, tutto in lui sembrava tirato a lucido, tranne che per le nocche livide, molto probabilmente perché si era divertito a picchiare qualcuno. Inghiottii la bile che minacciava di risalire e, dovetti ammettere a me stessa, per quanto le apparenze potessero essere ingannevoli, che Sire era sempre stato un uomo attraente, ovviamente senza considerare quella nauseante sete di sangue che riuscivo a scorgere nel suo sguardo gelido e terrificante.

«È davvero un piacere rivederti, agente Nowack... ho sentito alcune chiacchiere sui luoghi in cui sei stata e sul fatto che non riesci a mantenere il naso nei tuoi affari. Un vero peccato...» fece di nuovo quegli odiosi suoni con la lingua mentre piegava il capo di lato. Feci dei respiri profondi, provando a incanalare un po' di aria nei polmoni e pregando che la testa smettesse di girare come se mi trovassi su una giostra.

Digrignai i denti. «Vaffanculo, bastardo psicopatico.» Fremetti di rabbia mentre pronunciavo quelle parole. Sì, era di quel tipo di combustibile di cui avevo bisogno, una fiamma ardente che mi accendesse di odio.

Sire schioccò ancora la lingua un paio di volte prima di proseguire come se stessimo facendo una chiacchierata tra amici. «Cosa devo fare con te, mia piccola ribelle?» Un sorrisetto obliquo nacque agli angoli della sua bocca e una sorta di oscuro divertimento si insinuò dietro i suoi occhi. «Perché vedi, abbiamo un problema...»

Lasciò la frase in sospeso mentre si spostava da una parte. Se c'era ancora qualche respiro dentro il mio petto, un altro battito nel mio cuore, svanirono con ciò che mi si presentò davanti. Un mugolio involontario di puro orrore mi sfuggì dalle labbra.

Quello era dolore... più di quanto avessi mai pensato, più di quanto avessi mai creduto di poter sopportare.

«Kieran...» vidi le immagini di noi due nella mia testa che si mescolavano per formare delle scene, dei momenti d'amore, di vita e subito dopo di tristezza e desolazione. Eravamo così vicini, a separarci c'erano solo pochi metri, ma non eravamo mai stati così lontani. Irraggiungibili.

È tutta colpa mia...

Ingoiai il groppo acre che avevo in gola prima che mi soffocasse. L'avevano messo su una sedia, le sue caviglie erano state fermate contro le gambe quadrate e spesse, i polsi, invece, erano legati ai braccioli con delle fascette, la camicia era stata strappata e in alcuni punti notai dei lividi violacei che si stavano formando sul petto e in corrispondenza delle costole. Era stato picchiato tanto e a lungo, potevo vedere come lottava con tutto se stesso per restare cosciente, il sangue che colava copioso da un taglio all'attaccatura dei capelli e gocciolava fino al bavaglio. Tuttavia, il suo sguardo, anche se offuscato dal dolore, rimaneva fisso nel mio, intenso e implorante. Le mani che sporgevano dai braccioli erano strette a pugno, le nocche bianche per lo sforzo di spezzare le fascette che gli stavano tagliando ancora più in profondità la carne. I nostri occhi si incontrarono. Il suo volto era così triste, pallido e proprio in quel momento, sembrò che qualcuno mi stesse calpestando il petto, spremendo ogni residuo di ossigeno. Il terrore mi invase. «Perdonami…» rantolai.

Una sola lacrima mi scese sulla guancia e Sire approfittò del mio tormento per fare uno dei suoi stupidi commenti. «Sono davvero commosso, cara, ma ti consiglio di conservare le tue lacrime. Tanto, tra qualche giorno non ti ricorderai più nulla, né di lui,» indicò Kieran con il capo, prima di appoggiare le mani sulle cosce e avvicinare il viso al mio, tuttavia senza che potessi toccarlo, «tantomeno di me,» mi fece un occhiolino, «quando ti sveglierai entrerò pian piano nella tua vita, come il perfetto gentleman che sono e ti farò innamorare perdutamente di me. Ti fotterò in tutti i modi possibili, fisici e psicologici. Sarai il mio giocattolo, Sophie.» Si raddrizzò prima di continuare. «Poi, distruggerò questo tuo piccolo, debole cuore pezzo per pezzo.» Pronunciò le ultime parole tra i denti facendo emergere tutta la mostruosità che viveva in lui.

Lo guardai a bocca aperta per qualche istante, non perché le sue parole mi avessero intimorito, ma perché perdendomi nelle sue iridi ciò che scorsi fu il mostro che aveva popolato i miei incubi, lo stesso che mi aveva inseguito nella foresta, poi nei corridoi. Era lui la presenza di qualcosa di molto più grande che aleggiava tra quelle pareti.

Dicono che il diavolo che conosci sia migliore di quello che non conosci.

Sire era davvero un demone che non avevo mai affrontato. Dentro la testa le voci cominciarono a incitarmi.

L'amore è più forte della morte.

Finisci tutto, finisci questa situazione, finiscilo.

Poni fine a tutto questo, Sophie. Solo tu puoi farlo.

Abbassai la testa, chiusi gli occhi e aspettai che l'odio mi invadesse inesorabile, fino a sentire come se il mio corpo fosse stato dato alle fiamme. Ero un albero che bruciava in una landa desolata, avvolto da un incendio di proporzioni catastrofiche, incontenibile. Il vento attorno a me incitava le lingue rossastre che lambivano la mia pelle salendo verso l'esterno, bruciando tutto ciò che trovavano nel loro percorso di morte. Lasciai che quell'orribile sentimento prendesse il sopravvento e incenerisse tutto ciò che trovava al suo passaggio.

La morte non è che l'inizio...

Era così che sarebbe finita, mi era tutto chiaro ormai. Aprii gli occhi, dando la mia totale attenzione a Sire. Quando lo vidi fare un passo indietro, mi riempii ancora più di forza.

«Perché non risolviamo questa faccenda come le due bestie che siamo?» Appena finii la frase, un enorme sorriso mi illuminò il viso. Mi permisi quel piccolo gesto trionfante, genuino, di puro apprezzamento, quando Sire abboccò all'esca domandando: «Cosa mi proponi, piccola Sophie?»

C'era un mostro che viveva in ognuno di noi e lui non aveva idea della belva che scalpitava, si agitava con ardore alla sola idea di trovarsi faccia a faccia con lui.

Che la battaglia finale abbia inizio...

LA MORTE NON È CHE L'INIZIO

Lo scagnozzo di Sire mi strinse la spalla senza pietà, mentre mi spronava ad alzarmi e mi infilava in mano un coltello a serramanico. Per un istante mi parve che le ossa stessero per spezzarsi e avrei voluto renderlo partecipe di quanto mi piacesse "sentire" di nuovo qualsiasi cosa, specialmente il dolore, invece dovetti concentrare i miei sforzi sull'uomo che vedevo a qualche metro da me.

«Allora…» iniziò Sire, camminando con tranquillità, dopo essersi tolto la giacca che appoggiò al parapetto dietro di sé. Con una calma studiata iniziò ad arrotolare i polsini della camicia. «Devo ammettere che hai le palle, agente Nowack. Sei sicura di volermi davvero affrontare nello stato in cui ti trovi?» Mi fissò con quello stupido sorriso sulle labbra, mentre i suoi occhi mi osservavano da capo a piedi, e intanto si leccava le labbra come il perfetto figlio di puttana che era. Poi, piegò la testa da una parte, prima di aggiungere: «Dopo il nostro ultimo incontro, non avrei mai pensato che tu fossi masochista, tantomeno idiota, ma come si suol dire "mai dire mai…"» alzò le spalle con nonchalance.

Non persi nemmeno tempo a controbattere, poiché avrei dovuto attingere a tutte le mie forze per affrontare ciò che stava per accadere. Con la coda dell'occhio potevo scorgere lo sguardo di Kieran incupirsi sempre di più a ogni faticoso respiro che faceva. I suoi occhi sembravano voler saltare fuori dalle orbite, mentre continuava a scuotere la testa come se avessi perso il senno ed ebbi la certezza che l'espressione di orrore incredulo sul suo volto sarebbe rimasta impressa nella mia mente per sempre.

Forse, ha ragione…

Mi voltai nel punto in cui si trovava e, in quel piccolo lasso di tempo che potei dedicare interamente a lui, fu come se un'intera conversazione avvenisse tra i nostri sguardi. Cercai di calmare i demoni che stavano chiaramente devastando la sua mente e il mio cuore si strinse, fino quasi a sparire, per la disperazione che percepivo provenire dal suo corpo come un'ondata nera e malsana.

«Non farlo.» Mi implorarono i suoi occhi, mentre scuoteva piano la testa. Le sue tacite parole avevano un peso tremendo mentre provava impetuoso a disarmarmi. *«Posso salvarti»* insistette, facendomi sentire la vibrazione, la potenza della sua voce profonda dritta nel petto, nel cervello sempre più rumoroso e turbolento.

Fu il mio turno di scuotere il capo piano, in un movimento che mi lacerò il cuore, non solo per il dolore, ma per tutto ciò che quel gesto comportava.

«Non c'è un altro modo» sillabai ogni lettera in un sussurro perché, nonostante la distanza che ci separava, volevo fargli arrivare ogni parola che mi usciva dalle labbra, anche se mi dilaniava l'anima. Avrei voluto abbracciarlo, consolarlo, dirgli che sarebbe andato tutto bene, ma non potevo più mentire. Quello sarebbe stato il nostro ultimo momento, lo sentivo fin dentro le ossa, nel mio cuore ormai del tutto prosciugato, vuoto. Per me, l'ultimo istante nell'eternità: come mi ero sentita quando ero in piedi sul bordo dell'abisso, al limite incerto del mio futuro, prima di sapere con certezza che fosse arrivata l'ora di dire addio, di dirgli che l'amavo più della vita stessa e che l'avrei amato per sempre.

«Devi lasciarmi andare, Kieran» scossi la testa e fu la mia volta di implorare. «Perdonami...»

Chiuse gli occhi e quando li riaprì la sua espressione mi colpì dritto al cuore perché l'avevo già vista.

Era ferito, vulnerabile, disperato, come se nascondesse qualcosa nel suo profondo. Qualcosa che mi terrorizzava e, allo stesso tempo, mi portava conforto. Come potevano coesistere due sentimenti così diversi?

Salvami e io ti salverò...

Percepii l'esatto istante in cui capì che non avrei acconsentito a ciò che mi stava implorando di fare. I nostri sguardi rimasero agganciati per qualche secondo in più, la cruda verità della nostra situazione colpì entrambi con il rimbombo di una sola sentenza.

Quella della morte.

La sua disperazione mi arrivò in un crescendo mentre, con gesti frenetici, provava a liberarsi dalle fascette che gli stringevano i polsi, ad alzarsi, lottando senza successo contro l'uomo di Sire che lo teneva ancorato alla sedia tramite una stretta ferrea. Alla fine, sentendosi impotente, urlò attraverso il bavaglio tutto il suo dolore. «Sophie... No!» La sua voce mi dilaniò quando urlò ancora più forte, la voce sempre più disperata che saliva di tono richiamandomi a sé. Gli sfuggì un mugolio simile a un animale morente e non l'avevo mai visto guardarmi in quel modo. Fu l'ultima cosa che pensai ma, prima che potesse aggiungere altro, mi voltai spostando lo sguardo da lui, tagliandolo fuori, concentrando tutta la mia attenzione solo sul figlio di puttana che avevo davanti. Sentii la sua assenza come se mi avessero strappato il cuore a mani nude, ma non potevo più permettermi ulteriori distrazioni. Era ora di mettere la parola "fine" a quella storia.

Sire, accettando il via libera, non perse tempo e iniziò ad avanzare piano verso di me, mentre apriva con noncuranza la lama del coltello che, nel frattempo, si era tolto da una custodia nel polpaccio. «Poiché sono un gentiluomo, lascio a te la scelta. Come desideri gestire questo ballo, agente speciale Nowack? Cosa guadagnerò in più del piacere di farti a fette un pezzetto alla volta, di scuoiarti viva?»

«Innanzitutto, potresti dire ai tuoi scagnozzi di togliersi dai piedi. Soltanto tu e io» mi allontanai di qualche passo, tenendolo sempre nella mia visuale. «Se vincerò io, sarò libera di andarmene con Kieran.»

«Mi sembra giusto.» Annuì con un sorrisetto mentre con un gesto incurante della mano faceva spostare gli altri due uomini accanto alle porte scorrevoli, dove si trovava Kieran. Poi, spostò la sua attenzione su di me. «E se fossi io a vincere, cosa guadagnerò?» Mi chiese piegando la testa di lato come se stesse riflettendo o scegliendo ciò che avrebbe voluto.

«Avrai me.» Sarei morta prima che quell'ipotesi accadesse, ma al momento quel pensiero non era importante.

Il suo sorriso malefico iniziò ad allargarsi, ma a un tratto la sua espressione divenne corrucciata perché capì che stavo per aggiungere altro. Infatti, subito dopo puntualizzai: «Tu avrai me, però dovrai lasciare andare l'agente Heizmann.»

Alle spalle mi giunsero le urla di Kieran attraverso il bavaglio, le ignorai, non potevo perdere la concentrazione. Lasciai che i sensi si acuissero e mantenni gli occhi fissi sulla mano di Sire che impugnava il coltello quando iniziò a farlo volteggiare pigramente per mettere in scena un piccolo spettacolo.

Restando sempre a distanza di sicurezza, avvolsi entrambi in una specie di bolla e tagliai fuori il resto del mondo mentre pianificavo le mie mosse successive.

«Sai che ci vuole un minimo di pressione per far penetrare nella pelle una lama del genere?» Si punzecchiò il palmo della mano facendo scorrere qualche goccia di sangue, prima di aggiungere con un ghigno omicida: «Se il coltello è abbastanza appuntito e affilato e la lama è spinta con la dovuta forza…» continuò a blaterare mentre accarezzava con riverenza l'intero pugnale.

Ignorai le sue parole di cacciatore da due soldi pronunciate solo per intimorirmi e mi concentrai piuttosto sui suoi movimenti.

Sta impugnando il coltello con la mano sinistra. Scheisse…

Quello poteva essere un problema, considerando che i suoi attacchi sarebbero partiti sempre da quel lato e i mancini avevano molta forza nell'arto principale.

Può essere anche un vantaggio visto che il suo lato destro è più debole…

Iniziai a immaginare i suoi possibili attacchi mentre le voci continuavano a incitarmi.

Finisci subito il bastardo. Lo puoi fare! È ora!

Iniziammo a girare in tondo, studiandoci, restando ancora a una certa distanza. Stava cercando i miei punti deboli, così come stavo facendo anch'io con lui. Molto presto, mi resi conto di dovermi sbarazzare delle décolleté poiché mi avrebbero ostacolato. Mentre le toglievo ignorai il suo sorrisetto di superiorità, le parole di scherno che uscivano dalle sue labbra con l'intenzione di provocarmi e mi concentrai invece sul mio compito senza perderlo mai di vista. Continuammo quella specie di danza assassina e mantenni sempre le gambe leggermente divaricate perché mi avrebbero dato maggiore stabilità a mano a mano che lo portavo vicino alla piattaforma dell'elicottero, ossia il posto più lontano dai suoi uomini. Nel frattempo, dovevo prendere una decisione che avrebbe potuto costarmi la vita: aggredire o difendermi?

Se lo colpisco per prima, resterò scoperta, ma potrò sfruttare il fattore sorpresa. Se aspetto che sia lui a fare la prima mossa, il gesto gli toglierà la maggior parte della capacità di difendersi, perciò dovrò essere pronta a schivarlo e partire subito al contrattacco.

All'improvviso Sire fece un balzo in avanti, costringendomi a indietreggiare in fretta. Il cuore sembrò voler uscire dal petto, alzai il coltello mirando al collo, pronta a rispondere, ma prima che potessi colpirlo, lui indietreggiò come un fulmine e la sua risatina strafottente riempì l'aria.

«Schietta la mia troietta. Mi piace…»

Fottuto bastardo psicopatico!

Il suo piccolo affondo aveva uno scopo molto preciso: valutare la mia reazione. Ero caduta nella sua trappola, mostrandogli una delle mie mosse di difesa.

Non potevo lasciare che si avvicinasse troppo, aveva il vantaggio di essere più alto e molto più forte di me. Se fosse riuscito ad afferrarmi con una mano e a tenermi, non ci sarebbe stata nessuna mossa di difesa in grado di liberarmi. La maggior parte di questi attacchi diventavano molto presto violenti, sconclusionati e mortali.

Continuò a volteggiare intorno a me, costringendomi a spostarmi sempre di più verso l'angolo tra la piattaforma e la fine del palazzo. Molto presto, mi resi conto di quale fosse la sua intenzione: voleva intrappolarmi. Dovevo ammettere che fosse davvero bravo; il suo stile "attaccare e retrocedere come un fulmine" era molto astuto.

Il mondo intorno a me si dissolse nel vento mentre mi allontanavo e fu in quell'istante che intravidi, vicino alla scalinata che portava alla piattaforma, la mia prima possibilità di trarre un buon vantaggio da quella situazione. Senza distogliere gli occhi da Sire, mi spostai fino ad arrivare vicino all'idrante e, quando lo ebbi a portata di mano, feci un passo di lato in fretta. Prima che il bastardo potesse capire le mie intenzioni, con il manico del coltello colpii il vetro del sistema di allarme, premendo poi il pulsante per farlo scattare.

La reazione di Sire fu immediata. «Stupida puttana, adesso sei fottuta.» Ruggì come la bestia che era, la faccia stravolta dalla rabbia. «Basta giocare!» Si mosse a una velocità impressionante, le braccia protese, il viso trasformato in una maschera mortale e quasi non scorsi in tempo il luccichio della lama nella periferica della mia visuale. Alzai la mano libera mentre provavo a schivare aspettando un attacco da sopra, ma non riuscii nel mio intento. All'ultimo istante, girò il polso e il suo primo colpo mi prese di striscio, all'altezza delle costole. Mi strappò un urlo dalla gola, non solo per il dolore, ma soprattutto per la sorpresa. In fretta, feci un balzo all'indietro mantenendo sempre la posizione di difesa, ancora incapace di accettare ciò che mi era successo, il cervello che si rifiutava di riconoscere che ero stata ferita. Solo quando vidi il rosso lucido del sangue che iniziava a imbrattare il tessuto della camicia di seta, riuscii a capire l'entità del danno. La consapevolezza mi colpì come un pugno ben assestato. Il tutto seguito da un'esplosione di terrore. Per fortuna, sembrava essere solo una ferita di poco conto, considerando che riuscivo ancora a stare in piedi, ma mi avrebbe di sicuro indebolito in fretta. Sentivo l'adrenalina scorrere come lava nelle vene, ma a ogni modo il taglio mi faceva un male terribile.

Le urla di Kieran echeggiavano attorno a me e potevano essere solo nella mia testa.

«Aiutami a salvarti, torna da me, Sophie…»

Dovevo lasciarlo fuori o non sarei riuscita a vincere quel combattimento.

«Uhh, poverina… fa male, non è vero?» Mi provocò Sire con un ghigno malefico mentre si avvicinava ancora, giocando con il coltello con una destrezza davvero impressionante.

«Vaffanculo, bastardo!»

Come risposta al mio insulto sogghignò. «Sei stata tu a chiedermelo, tesoro. Se fosse stato per me, avrei continuato a farti a fettine all'infinito, ma hai fatto scattare l'allarme. Tra poco avremo compagnia, perciò…» alzò soltanto le sopracciglia prima di finire la frase, «Ramon, punisci come si deve il signor Heizmann, ma non ucciderlo. Potrebbe ancora tornarmi utile.»

Prima ancora che potessi registrare la crudeltà delle sue parole, l'uomo che aveva la pistola puntata su Kieran mirò alla coscia e sparò.

Lo scoppio del proiettile si confuse con l'urlo di Kieran unito al mio. Guardai impotente il suo corpo accasciarsi sulla sedia.

Il suo dolore divenne il mio e fu come un fiammifero gettato sulla benzina: sentii il corpo animarsi, come se fossi stata posseduta da una bestia assetata di sangue. Senza riflettere, mi gettai su Sire, facendo esattamente ciò che voleva.

Un brutto, stupido, errore da parte mia, che mi costò la seconda ferita. Accanto alla prima, più profonda, che causò un dolore così forte che mi fece stringere i denti pur di non urlare. Sire sapeva esattamente cosa stava facendo: stava giocando con la mia vita, minando le mie forze, facendomi impazzire nell'odio e nel dolore. Appena finì di colpire, piuttosto che continuare l'attacco, mi spinse all'indietro.

«Vedi, non devi avere paura di me» mi schernì. «Non sono io il nemico. Lo è il tempo.»

Strinsi le labbra per non farmi scappare un gemito. Appoggiai la mano libera sulle costole e, attraverso il tessuto strappato della camicia, sentii i lembi squarciati della pelle, il sangue che colava sul palmo, tra le dita. Dovevo in qualche modo riuscire a bloccare il suo polso per rimuovere la minaccia del coltello, ma non ebbi nemmeno il tempo di valutare quella possibilità perché, in un batter d'occhio, me lo ritrovai ancora una volta addosso.

Il corpo reagì d'istinto e provai a fare esattamente ciò che avevo pensato, ma non abbastanza in fretta e a malapena sentii lo squarciò sulla mano sinistra. Mi voltai con una torsione del tronco, provando a pugnalarlo con la mano destra, e forse c'ero anche riuscita, almeno di striscio, ma quel gesto imprudente mi costò un colpo alla spalla che andò a fondo. Il dolore mi colpì come una martellata, prima che la parte superiore del braccio iniziasse a intorpidirsi.

Inciampai per la sorpresa cercando di mettere un po' di distanza tra di noi, indietreggiai, ma mi seguì, aggressivo e intenzionato a farla finita. Un altro strato di paura mi travolse. *Non riuscirò a farcela questa volta.*

Sire, con una velocità fulminea, alzò di nuovo il coltello, scese con violenza e, prima che riuscissi a schivarlo, affondò nella clavicola. Il dolore si diffuse come un lampo nel cervello, un odore pungente invase l'aria. Il rosso impressionante del sangue, caldo e umido, scese sulle braccia, sulle mani, scorrendo sulla camicia chiara, schizzando sul pavimento.

In qualche modo, era riuscito a intrappolarmi tra la rampa e il muretto. La mia unica scappatoia era la scalinata che mi avrebbe portato alla rampa. E dopo?

Le voci arrivarono con la stessa potenza del colpo. C'era così tanto rumore, così tanto caos.

Non hai mai avuto paura di volare, vero, Sophie?
Ricordati, mai tirarsi indietro, mai temere e, soprattutto, mai dimenticare…

Sire alzò di nuovo il coltello, ma riuscii appena in tempo a schivare il colpo. Mi aggrappai con la mano ferita al corrimano e salii i gradini due alla volta con la consapevolezza che lui mi stesse inseguendo da vicino.

«Scappa, mia puledra, tanto ti prenderò lo stesso…» I miei respiri si facevano sempre più veloci e difficoltosi mentre sentivo le gambe indebolirsi a una velocità allucinante. Il bastardo continuò a incombere su di me, tenendomi il fiato sul collo, giocando come avrebbe fatto un predatore con la preda, divertendosi con la mia disperazione.

Prima di arrivare alla piattaforma, approfittando della differenza di altezza che il gradino mi offriva, provai a colpirlo con un calcio all'indietro, ma l'angolazione era sbagliata e mi schivò con facilità spostandosi di lato. Il dolore provocato dalle ferite, acuito dal movimento improvviso, mi fece quasi svenire e nel momento in cui la mia gamba toccò terra, con la coda dell'occhio, vidi il coltello alzarsi ancora una volta.

Tutte le mie speranze evaporarono quando si avventò su di me. «No!» Urlai infuriata mentre mi preparavo all'impatto, ma mi prese di nuovo alla sprovvista quando, usando la mano libera, mi colpì ai reni con un pugno violento, proprio accanto a una delle ferite. Il colpo mi scosse l'intero corpo, caldo come il fuoco, e venni scaraventata in avanti andando a sbattere con tutto il peso contro l'elicottero. Una luce bianca esplose dietro agli occhi facendomi quasi perdere i sensi e atterrai con così tanta forza che per un momento l'aria sembrò sparire dai polmoni.

Come se stesse facendo una passeggiata, Sire si avvicinò con tranquillità alla fine dell'ultimo gradino mentre diceva: «A proposito, mia piccola troia… forse mi sono scordato di dirtelo, ma sono ambidestro.» A parte lo sguardo infuocato di un assassino e il coltello coperto di sangue nella mano, sembrava ancora impeccabile, aveva addirittura un sorrisetto sulle labbra.

«Ti concederò qualche secondo per rimetterti in sesto, o per morire dissanguata,» il sorrisetto strafottente lasciò il posto a un ghigno orribile, «ma non dimenticare che figlio di puttana sono, donna.»

Inspirai con forza una volta e poi un'altra, i polmoni che sembravano andare a fuoco mentre provavo a vincere la debolezza e a rafforzare la volontà. Arrivai al terzo respiro prima di vederlo tornare alla carica come un toro imbestialito.

«Alzati!» Ordinò secco mentre si avvicinava a lunghi passi.

Un'altra scossa si fece strada nella mia mente e in quell'istante capii perché eravamo lì, in quel luogo; inoltre, compresi fino in fondo ciò che avrei dovuto fare. Barcollai di lato mentre mi alzavo, il dolore che diventava sempre più straziante a ogni respiro e con lui la consapevolezza di ciò che sarebbe successo. Mi sentii riempire di un orrore tale che per un istante non riuscii a muovermi, a ragionare e quello mi fece perdere un altro secondo prezioso.

«Ho detto alzati e combatti, puttana!»

Provai a rimettermi in piedi, la rabbia ribolliva come lava fusa e stavo per lasciarla traboccare, quando sentii una nuova scossa di dolore che arrivò con un altro pugno. Calda e profonda sulla parte laterale del viso appena sotto la tempia, abbastanza forte da togliermi il respiro. Provai a indietreggiare, ma scivolai nel mio stesso sangue, le ginocchia si piegarono e finii di nuovo per terra.

Alzati! Reagisci! Il cervello cantava le parole come un mantra mentre sentivo le ultime forze abbandonarmi. La mano che impugnava ancora il coltello tremava con violenza, le dita che si stavano intorpidendo. Sentii una voce ruggire nelle orecchie. *Non arrenderti. Mai!*

Sire si avvicinò e cercai di colpirlo alla gamba con il coltello, ma era vigile e retrocesse con un balzo fino a una distanza di sicurezza. Torreggiando su di me, mi guardò. «Ti trovi esattamente dove dovresti essere, ai miei piedi, piccola cagna!» Urlò quelle parole con una voce che sembrava quella di una bestia vittoriosa.

Per Dio, non mi sarei fatta uccidere da quel figlio di puttana restando in ginocchio.

Usa la tua intelligenza...

Le sue labbra si separarono, i denti serrati in una morsa e digrignati insieme a uno sguardo infuocato di odio puro. «Per l'ultima volta, alzati o ti ammazzerò mentre sei per terra» mi spronò il bastardo con voce eccitata.

Alcune morti erano inevitabili, altre, invece, no. E poi c'erano quelle tragedie che erano guidate da una forza superiore, dal loro stesso slancio, che una volta iniziate avrebbero preso forza e, se non fossero state fermate, avrebbero causato un danno dopo l'altro, una perdita dopo l'altra. Sofferenza su sofferenza.

Sì, era decisamente ora di porre fine a quella storia.

Abbassai la testa per guadagnare qualche secondo, facendogli credere che mi sentivo sconfitta. Provai a non fissare la camicia e i pantaloni intrisi di sangue. Ce n'era così tanto. Per un battito di cuore vacillai, ma poi…

La morte non è che l'inizio…

Tic toc, tic toc… quella frase, suonò nella mia testa come un metronomo. Non avevo più tempo e ormai sapevo ciò che dovevo fare. Mi alzai piano, con sofferenza, piegandomi come se stessi davvero morendo, e forse stavo per farlo sul serio… ma quei pochi essenziali secondi mi servivano a ben altro. Non li avrei sprecati lamentandomi o guardando il film della mia vita che stava per finire.

In lontananza, udii il rumore delle sirene. I soccorsi per Kieran erano in arrivo, ma non sarebbero arrivati in tempo per me.

Ormai era troppo tardi…

Alle spalle di Sire, si trovava la fine della piattaforma e poi diciassette piani di caduta libera. Nel vuoto. Mi raddrizzai in tutta la mia altezza, fiera e combattiva come lo ero sempre stata e lo fissai dritto in quegli occhi senza anima. Non mi sarei piegata. Mai!

Le mie parole risuonarono esaltate tra i nostri respiri spezzati mentre mi arrendevo al dolore, lasciandolo fluire dentro il corpo come una marea nera. Nera come l'odio che provavo. Digrignai i denti. «Ho vinto io, figlio di puttana…»

Con un ultimo urlo di rabbia scattai. Un'ondata di vertigine mi attraversò l'intero corpo. Il suono dei battiti del mio cuore quasi esplose nelle orecchie quando mi fiondai su di lui e l'ultima cosa che notai del suo viso fu la risatina di puro scherno, poco prima di vedere il suo ghigno tramutarsi in totale sorpresa. Non si sarebbe mai aspettato un attacco frontale.

Un attacco suicida…

Il suono di un urlo, che potevo giurare provenisse da Kieran, mi fece trasalire, e per poco non inciampai nelle mie stesse gambe malferme. L'aria fredda mi punse la pelle del viso, ghiacciando le lacrime lungo le guance. Prima di riuscire a ripensarci, vidi il mio nemico alzare il coltello e feci lo stesso con il mio, puntando dritto al suo cuore mentre mi avvicinavo veloce come un treno che stava deragliando.

Sire non si aspettava di certo quella reazione da qualcuno che, presumibilmente, stava morendo. Prima ancora che potesse decidere come schivare il colpo, mi fiondai con tutto il mio peso su di lui, facendogli perdere l'equilibrio.

Il tempo intorno a noi sembrò rallentare, si confuse, i ricordi si mescolarono senza che riuscissi a dargli più alcun senso. Mi ritrovai di nuovo in piedi su quella scogliera, a fissare l'oceano, per tutto quel tempo la mia vita era rimasta ancorata unicamente a quella piattaforma. Intorno a me il vento sembrò ululare.

Davanti a un dirupo tutto è iniziato e davanti al baratro tutto deve finire...

Scorsi il corpo di Sire barcollare all'indietro perdendo la stabilità e sentii chiaro come un tuono un rumore che usciva dal fondo della mia gola: un ringhio di odio assoluto. Ci fu un lampo d'argento mentre il coltello affondava sul mio collo, conficcandosi come un'ascia. Un colpo di pura agonia mi percorse la spina dorsale, la voce morì in un gorgoglio in fondo alla gola. Un'esplosione di dolore lancinante mi accecò quando la lama arrivò fino all'osso togliendomi il fiato. La vista si appannò. Non c'era più tempo. Il bellissimo volto di Kieran riempì i miei ultimi e più preziosi ricordi. Usando tutta la mia forza mi aggrappai a Sire lanciandoci oltre la piattaforma. Il mondo esplose intorno a me e l'oscurità mi risucchiò nell'abisso.

Salvami e io ti salverò...

Dritta nel baratro color pece.

Affronta il tuo abisso e dai vita alle tue pazzie...

«… Signore Gesù, santo e compassionevole, perdona i suoi peccati. Morendo hai aperto le porte della vita a coloro che credono in te: non permettere…»

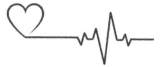

La voce di Kieran, in un crescendo di emozioni, interruppe il tono monotono dell'uomo che, a quanto sembrava, stava recitando una preghiera. Mi concentrai su di lui, provai a farlo con tutte le mie forze ma, prima che riuscissi a udire ciò che voleva dirmi, la sua voce iniziò a farsi sempre più bassa fino a sparire sfumando nel nulla. «… aiutami a salvarti. Salvati. Torna da me, Sop…»

Non riuscivo nemmeno a vederlo. I miei occhi sembravano cuciti nell'oblio che stavo vivendo, perciò mi sforzai di percepire la sua voce, di accogliere il suo cuore che cercava di raggiungermi. Sapevo che stava provando a lasciarmi un messaggio davvero importante. La sua voce, però, mi arrivava dopo essere passata tramite un lungo tunnel, o magari eravamo in un luogo dove soffiava un forte vento, o cadeva una pioggia torrenziale. Le parole restavano statiche e le avevo già udite in un sogno, forse…

Come mai è tutto così confuso?

Ad ogni modo, nel momento in cui alcune frasi riuscirono a infrangere l'oscurità, riempiendo il silenzio come una musica soave, mi ritrovai alla deriva quasi all'istante. Era qualcosa di familiare, una sensazione preziosa a cui volevo aggrapparmi, in cui potevo perdermi ma, allo stesso tempo, sentirmi al sicuro. Avevo la strana impressione che le sue parole fossero finite dentro di me.

«Per favore, piccola, apri gli occhi e guardami…» lo ascoltai con i sensi di nuovo in allerta, provando a porre la massima attenzione a ogni espressione. Era essenziale che lo facessi, ma non riuscivo a sopraffare la stanchezza che, purtroppo, prese molto presto il sopravvento, portandomi in un altro luogo. Sempre più lontano da lui.

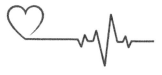

Eravamo tornati insieme in Brasile, ma al contrario del terrore che avevamo vissuto, l'aria tra di noi era rilassata, come se stessimo facendo una vacanza. Avevamo deciso di sdraiarci l'uno accanto all'altra in una delle tante spiagge di sabbia bianca. La mano di Kieran era stretta alla mia, il suo palmo caldo irradiava un dolce tepore mentre col pollice tracciava dei piccoli cerchi sulla mia pelle. Assorbii quella sensazione meravigliosa, mentre alzavo il volto verso il cielo color indaco, crogiolandomi al sole. In pace con me stessa, con la vita e accanto all'uomo dei miei sogni.

Troppo presto, però, mi accorsi che si stava alzando, richiamandomi a sé. «Vieni via con me, piccola…»

Il sole stava calando all'orizzonte, lasciando nell'aria una brezza fresca e, mentre camminavamo sulla riva, mi cinse le spalle con un braccio per riscaldarmi, portandomi al suo fianco. Mi accoccolai a lui, percependo la sua forza, il calore della sua pelle, l'intensità dei suoi sentimenti.

«È strano, ma qui mi sento a casa» gli confidai, mentre i nostri piedi affondavano nella sabbia umida e guardavo le onde cristalline infrangersi sulla riva. A ogni sciabordio il mio cuore si riempiva di gioia ancora di più.

«Allora dovremo tornare qui più spesso, ma adesso ho bisogno di te, Sophie» disse mentre si fermava, voltandosi verso di me.

Il brusco cambiamento nel tono della sua voce attirò la mia attenzione come una calamita, mettendomi in guardia. «Ti senti bene?» Gli domandai esitante. «Sei… insomma, sembri diverso.»

Le sue dita, che prima erano leggere come piume sulle braccia scoperte, iniziarono a stringermi, «devi tornare da me, non ce la faccio più.»

Di cosa stai parlando, Kieran? Cosa stai tentando di dirmi?

Lo guardai con attenzione, la confusione era espressa in ogni tratto del mio volto. Presi entrambe le sue mani nelle mie, volevo domandargli come mai continuasse a ripetermi di tornare se ero proprio lì, accanto a lui, e non da un'altra parte, ma tutto ciò che riuscii a dire fu: «Perché continui a dirmi queste cose? Non hanno senso» puntualizzai con enfasi.

Per tutta risposta scosse la testa, continuando a fissarmi, studiandomi con uno sguardo perplesso, come se la mia domanda fosse assurda.

«Cosa stai cercando di dirmi?» Fu quella la sua risposta, mentre mi lasciava le mani e riprendeva a camminare. Non mi restò che seguirlo, il mio corpo che si raffreddava con la brezza, colpevole di portare via anche il calore tra di noi a ogni passo che facevamo.

Mi sentii, ancora una volta, fuori posto. «È solo che… le tue parole mi hanno colpito, è come se le avessi già sentite, come se tu me le avessi già dette.»

Se non fossi stata certa di conoscerlo, non avrei notato il suo viso impallidire fino a perdere ogni traccia di colore. Senza guardarmi, scosse piano la testa con un'espressione strana sul viso.

«La vita non ha senso a volte, Sophie» rispose vago, ma lo strano lucchichio nei suoi occhi, quando si voltò appena, e le sue belle labbra tirate, raccontavano una storia diversa.

«Quanto sei criptico» mormorai più che altro a me stessa.

Scosse di nuovo il capo. «Non sto cercando di esserlo. È solo che... ho pensato,» il suo sguardo eluse un'altra volta il mio, posandosi sulla scogliera, «non importa. Hai già abbastanza cose di cui preoccuparti in questo momento, non hai bisogno di altre grane.»

Sentii il cuore appesantirsi, pieno di terribili presentimenti e segreti, mentre solo pochi istanti prima, traboccava d'amore. L'espressione del volto di Kieran e le sue parole avevano spezzato l'idillio e minacciavano di mandare tutto in frantumi.

«Non mi piacciono i segreti» dissi a bruciapelo, con il cuore intorpidito mentre mi fermavo, costringendolo a fare lo stesso.

Non si sbilanciò nemmeno, invece annuì rispondendo con tranquillità. «Tutti noi ne custodiamo alcuni, Sophie. È qualcosa con cui dobbiamo fare i conti, prima o poi.»

«E quali sono i tuoi?» Gli domandai, pregando di dimostrare la sua stessa calma, ma la voce mi tradì. «I tuoi segreti, intendo. Quali sono, Kieran? Mi stai nascondendo qualcosa, lo sento. Dimmelo e basta.»

Non mi passò inosservata l'aria triste con cui distolse lo sguardo, forse voleva solo tranquillizzarmi, ma ciò che percepii mi terrorizzò ancora di più. Mentre aspettavo la sua risposta, sentii il cuore accelerare i battiti fino a diventare erratico, martellando nel petto, risuonando nelle tempie.

Mi sta nascondendo qualcosa, ne sono certa.

«Non posso dirtelo. Non adesso. Non è un buon momento.» La sua voce suonò inespressiva, solenne nel suo categorico rifiuto.

«Ci sarà mai un buon momento?» Chiesi piccata.

Mi guardò sconsolato mentre alzava le spalle. «Spero proprio di sì, perché non ce la faccio più.»

Prima che potessi analizzare la strana piega che stava prendendo quella conversazione, con lo sguardo sempre più scuro mi rivolse una domanda. «Ti fidi di me?» Ci fissammo mentre mi metteva una ciocca di capelli dietro l'orecchio. «Quello che voglio sapere è: ti fidi sul serio di me?»

La sua reazione mi spiazzò, la sua incertezza stava facendo vacillare tutte le mie sicurezze. In verità, ero terrorizzata dal significato nascosto delle sue parole.

Allungai la mano e tracciai le linee del suo viso, la curva cesellata del mento, le piccole rughe sulla fronte.

«Certo che mi fido di te,» gli dissi infine, «c'è qualche motivo per cui non dovrei farlo?»

Mi fissò dritto negli occhi, poggiando le mani sulle mie guance. «Io voglio dirti tutto, rivelarti quello che, in realtà, è il tuo segreto, anzi continuo a ripeterti ciò che posso, ci sto davvero provando, Sophie, ma tu non vuoi ascoltarmi.»

Nella sua voce c'era un'autentica angoscia, nel suo volto tanta sofferenza e non riuscivo a comprendere il significato delle sue parole. Kieran chiuse gli occhi, passarono parecchi secondi prima che tornasse ad aprirli e quando lo fece erano così vuoti, così persi.

Ero pronta per continuare a esternare i miei pensieri, ma qualcosa sulla linea dell'orizzonte attirò la mia attenzione. La luce del sole ormai morente luccicò sull'acqua e, per un attimo, sembrò una fiamma: rossastra, impetuosa, divoratrice, assassina...

Fu solo un momento, un unico istante, ma bastò a scatenare un vortice colmo di ricordi nella mia testa. Le immagini si schiantarono come proiettili contro di me, una dopo l'altra.

Venni scaraventata all'indietro come se fossi stata davvero colpita e, attraverso le fiamme bollenti che ci separavano, guardai impotente il viso stravolto di Kieran. Stava urlando e, con gesti frenetici provava a chiamarmi a sé, ma riuscivo a malapena a muovermi. Il dolore...

Non ries-... non riesco a respirare.

Le immagini continuarono a bombardarmi, mostrandomi tutto ciò che mi era accaduto, non solo da quando ero stata rapita, ma anche sprazzi della mia gioventù, delle mie prime missioni. In un lampo vidi anni, decenni di ricordi, frammenti che mi scorrevano davanti agli occhi come una pellicola. Io e Stefi, da bambine, impegnate a costruire castelli di sabbia sulla sponda di un lago, i suoi lunghi capelli lisci, alcuni dei nostri battibecchi da adolescenti, la sua risata contagiosa, la sera in cui morì e poi la mia prima, vera, discesa verso l'abisso.

Come un sipario che calava alla fine di uno spettacolo, la luce e i colori si attenuarono, cedendo il posto alle ombre che si insinuarono striscianti e infide come serpenti sulla mia pelle. Impietose, angoscianti, sanguinose.

Davanti ai miei occhi stanchi apparvero le infinite giornate trascorse nella clinica psichiatrica, la sofferenza del lutto, la rabbia verso di lei, verso me stessa, verso il mondo intero. Poi, il colore prese di nuovo il sopravvento e rividi il volto sorridente di Sara, quello amorevole di Timo, quando frequentavamo ancora l'Università. In seguito, la mia famiglia... le persone che avevo amato che mi salutavano come se stessi per partire per un lungo viaggio. Il film continuò a scorrere con i flash delle mie prime, spericolate missioni, poi l'ascesa nella carriera da agente della polizia, poi come infiltrata, le prime collaborazioni con l'Agenzia. L'oscurità tornò prepotente ancora una volta e rividi i miei fallimenti come donna, figlia, amica, il ripudio nei confronti di me stessa, poi le dipendenze causate dalle medicine, le relazioni tossiche e, infine, l'intera discussione con Kieran quando eravamo nel salotto di casa sua. Il suo viso stravolto, il suo dolore come se fosse il mio.

Cristo Santo, quanto tempo era passato? Sembrava una vita intera.

Tutti i miei ricordi si erano mescolati, alcuni privi di senso, altri fin troppo veritieri. La pellicola continuò a scorrere imperterrita, senza risparmiarmi nessun orrido dettaglio, facendomi rivivere tutte le mie missioni. Uno sprazzo di sorriso illuminò il mio volto ricordando tutte le vite che avevo contribuito a salvare, le vittime che mi avevano ringraziato, abbracciato, per poi giungere alla consapevolezza che tra tutti loro, c'era qualcuno che non sarei mai riuscita a trarre in salvo: me stessa.

C'era un ultimo ricordo che non riuscivo ad afferrare. Restò a svolazzare intorno alla mia mente portando con sé la rabbia, la delusione, la malsana idea di non essere mai abbastanza. Perché non riuscivo a ricordare? Premetti con forza i palmi sulle tempie, il dolore fece capolino e divenne presto insopportabile. Le emozioni, i ricordi, la paura mi stavano schiacciando.

«Io…» udii la disperazione nella mia stessa voce e non riuscii a concludere la frase. Sentii le ginocchia cedere e affondai nella sabbia umida, l'acqua fredda mi lambiva le cosce, attirandomi nelle sue profondità, nel suo cupo mistero, nella sua salvezza. Mi tentava con la sua forza vitale. Mi alzai tremante e mi avvicinai alle onde, lasciando che mi bagnassero i piedi, che lenissero il mio dolore. L'acqua mi era già arrivata all'inguine quando improvvisamente udii la voce di Kieran che mi arrivava come portata dal vento di un luogo lontano.

«Torna da me, Sophie. Ti prego, ho bisogno di te…»

Mi voltai nella sua direzione, si trovava ancora sulla spiaggia, in quella lingua di sabbia protetta che divideva il mare dal resto del mio mondo, mentre camminava da una parte all'altra, inquieto e disperato. I suoi occhi erano rossi e iniettati di sangue, le guance rigate dalle lacrime e mi guardava con l'espressione più tormentata e vulnerabile che avessi mai visto, mentre mi implorava di tornare, provava ad avvicinarsi ma era come se non riuscisse a venire a prendermi. «Non posso tornare, non ancora» gridai e il vento si intensificò catturando le mie parole, rubandole, portandole via con sé. *Mi hai sentito, Kieran?*

Gli diedi le spalle e osservai il fondo dell'oceano continuando ad avanzare ipnotizzata da ciò che stavo provando. Quelle sensazioni non mi erano sconosciute, anche se non ero mai stata in quella spiaggia, eppure... il vento sulla pelle, l'acqua tiepida e confortante che, ormai, era arrivata alla vita, la paura e la sofferenza che venivano sostituite dal conforto.

Udii Kieran chiamarmi di nuovo, la sua voce forte e disperata incombette sul vento, volsi appena la testa senza fermarmi, l'uomo che amavo era diventato soltanto una sagoma sfocata, un raggio di luce che splendeva nell'oscurità calata silenziosa intorno a lui.

«Non lasciarmi, piccola, non andartene, per favore...» la sua voce mi arrivò con un'altra folata di vento. Altre parole, spezzoni di frasi continuarono a raggiungermi, ma non riuscivo più a distinguerle: tutto era indefinito e confuso.

Forse avrei dovuto provare paura di essere trascinata giù in quelle acque scure, inghiottita dalle onde, sentirmi schiacciata e boccheggiare alla disperata ricerca di ossigeno. Ma quel mare non era fatto solo d'acqua. E forse annegare era davvero l'unica via d'uscita, perciò non mi restò che tuffarmi e lasciarmi andare... stavo affondando, pronta per essere portata via dalla corrente e svanire per sempre alla ricerca di quella pace che non ero mai stata in grado di raggiungere...

Forse l'oceano mi aveva trovato, le onde sussurravano il mio nome intonando una melodia perfetta. Mi sentii pronta a diventare spuma di quell'immensità.

Sophie

Un suono così bello proveniva dalle profondità di quel magnifico oceano. Ogni parola era come una nota perfetta, in ogni sillaba trovavo una melodia armoniosa e pura. L'acqua era purificante, salvifica e forse avrebbe lavato via la follia...

La voce che intonava la preghiera risuonò un'altra volta imponendosi nella mia testa, superando ogni altro suono. «Attraverso questa santa unzione il Signore, nel suo amore e nella sua misericordia, vi aiuti con la grazia dello Spirito Santo. Che il Signore ti liberi dal peccato ti salvi e ti faccia risorgere...»

La voce di Kieran si incrinò sovrastando l'altra: «Stai morendo...» sussurrò, e le sue parole erano così piene di angoscia e di dolore che mi colpirono dritto al cuore, come se qualcuno lo stesse schiacciando. «Se non ti svegli, ti perderemo per sempre. Resta con me, Sophie, ti prego.»

Le sue parole iniziarono a svanire come portate via da qualcosa di molto più grande, un'entità effimera e sempre più lontane da me. Percepii un tocco leggero sul mio viso, provai ad afferrare la sua mano, ma le mie dita toccarono il nulla. L'oscurità sembrò rallentare fino a fermarsi, depositando un peso schiacciante sul mio petto. Rividi la speranza che avevo provato a tenermi vicina da quella maledetta sera in cui tutto era iniziato, la osservai tremolare come la fiamma di una candela in balìa degli elementi. Era la speranza di giorni migliori, il barlume di una promessa che, prima o poi, tutto sarebbe di nuovo stato luminoso, che decideva proprio in quel momento di spegnersi e cedere il passo al freddo, al buio e al vuoto. Mi sentivo così sola…

Molto presto i miei polmoni divennero vuoti e la presa sottile sulla mia vita venne rigettata. Un istante dopo, tutto intorno a me si fermò quando smisi di respirare.

Mi sentivo avvolta dalle tenebre, ferma davanti a un altro bivio. L'acqua continuò a salire e scivolò dalla guancia al naso, lavando le mie ultime lacrime. L'oblio si insinuò, caldo e confortante come una coperta pronta ad avvolgere i miei lembi intrisi di freddo. Ero così stanca…

Mi avrebbe abbracciata e me ne sarei andata per sempre.

La voce che avevo udito poco prima, quella dell'uomo che intonava una preghiera, tornò.

«Signore Gesù, Santo e compassionevole, non permettere che la nostra sorella si separi da te…»

Non c'erano più l'oceano, le onde o il sole, tantomeno la pioggia o la luna. Provai a concentrare i pensieri sull'uomo che amavo con tutta me stessa, sui suoi occhi chiari, sul suo sorriso luminoso e sulla forza indomabile del suo spirito… ma loro continuavano ostinati a essere sfuggenti, e molto presto arrivai all'unica conclusione plausibile.

Quello era solo l'inizio… della fine.

«… ma con la sua gloriosa potenza e per la sua pia misericordia, ti aiuti il Signore con la grazia dello Spirito Santo, liberandoti dai peccati, salvandoti e nella sua infinita bontà ti sollevi. Donale la luce, la gioia e la pace nel cielo dove vivi e regni nei secoli dei secoli. Amen.»

La voce si spense mentre crollavo, lottando alla ricerca di aria. L'acqua arrivò ai polmoni, celando ciò che restava della mia vita. Mi raggomitolai sulle gambe in posizione fetale mentre, intorno a me, tutto si oscurava.

Forse era tutto quello che c'era da sapere, era l'ultimo dei miei segreti. Eppure il mio cuore mi diceva altro. Mi concentrai usando le mie ultime forze prima che tutto fosse perso e, infine le udii, le parole che mi attraversavano.

Salva me, salvati. Salvami.

Salvami e io ti salverò…

Avevo sempre pensato che quelle frasi ripetute di continuo fossero state pronunciate da Kieran, ma mi ero sbagliata.

Quella voce che mi implorava… non era nient'altro che la mia.

Terza parte

CHI CUSTODIRÀ LA TUA ANIMA,
SOPHIE,
QUANDO ARRIVERÀ LA TUA ORA?

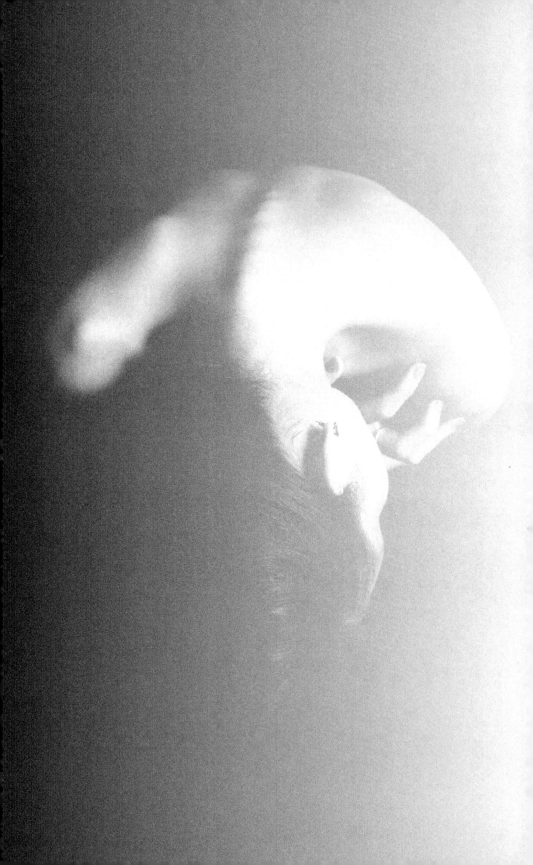

10. NEL MONDO REALE

Mi ritrovai avvolta da un'oscurità surreale, era qualcosa che non avevo mai visto in vita mia. Provai a parlare, a chiamare qualcuno, a chiedere aiuto, ma ogni parola che pronunciavo veniva inghiottita dal buio. Era la sensazione più strana e frustrante che avessi mai sperimentato, mi colpiva dritta al petto chiudendo ogni via di respiro. Cercai di ignorarla mentre tentavo con tutte le mie forze di uscire da quel baratro. Era come se fossi finita in un universo parallelo, dentro a uno dei film di Matrix, quelli che piacevano tanto a Sara.

Infine, dopo vari tentativi andati a vuoto, riuscii a capire che non ero più avvolta dall'oceano, tantomeno in procinto di cadere nel baratro che mi attendeva dopo essere saltata dal tetto della Maxifarma. Non mi trovavo nemmeno sulle scogliere di quell'isola brasiliana. In verità, non ero da nessuna parte, forse ciò che percepivo intorno a me non esisteva se non nella mia testa. Rimasi pertanto in quel luogo, in quel nulla cosmico e vi restai a lungo, sospesa, in solitudine, avvolta da quella terribile consapevolezza. Non mi restò altro che chiudermi in me stessa, come una conchiglia, mentre percepivo la morte avvicinarsi di soppiatto, un passo dopo l'altro. Volevo combatterla, ma non avevo le forze per fare più nulla. La mia mente, il mio corpo erano straziati, senza speranza, persi da una sconfitta senza precedenti e da un dolore che non riuscivo nemmeno a elaborare.

NO! Non voglio restare qui. Non voglio morire.

…

E poi, senza preavviso, udii il mio cuore battere, soltanto un leggero sfarfallio che si propagò all'infinito prima di sparire nel silenzio. Restai in trepidante attesa.

Dai, forza, per favore…

In seguito, mi accorsi di aver emesso un respiro tremulo, un leggero soffio uscito dalle mie labbra e capii che ero sdraiata, forse in un letto.

Concentrati, Sophie, aggrappati alla vita e volta la schiena alla morte.

Continuai a ripetermi quelle parole come un mantra. Una volta, poi un'altra ancora e, infine… da molto lontano, sentii un rumore molto leggero. *Ecco, ci sono! È questa la strada che devo seguire!*

I rumori sembravano dei segnali acustici ed ero così euforica di quell'importante scoperta che quasi non mi accorsi della sensazione delle dita calde che stringevano la mia mano fredda.

Sto sentendo, sto sentendo, sono qui, sono qui! Ci sono ora!

Un piccolo spiraglio di luce aprì un varco nell'oscurità. Era la voce di Kieran che infondeva nuova vita alla mia anima.

«Ti prego, Dio, falla tornare da me.» Il suo tono si incrinò e percepii la pienezza del suo dolore. «Il tuo tempo sta per scadere. Non farlo, ti prego, Sophie, non andartene. Tra poco spegneranno la macchina e se non riuscirai a respirare da sola, morirai. Ti prego, Dio. Ti scongiuro, non voglio perderla.»

Continuò a implorare e non ero sicura se stesse parlando con Dio o con me, ma tutto ciò che mi importava era avere la certezza che stesse bene. «Ho già perso così tanto,» sussurrò «ti prego, Dio. Falla tornare da me. Dalla sua famiglia, dai suoi amici... a casa tra le mie braccia.»

A casa...

In quel momento avvertii chiaramente che i miei occhi fossero chiusi. Cercai di aprirli, ma era come se qualcuno mi avesse incollato le palpebre. L'oscurità continuò a tentarmi, cambiando tattica come un nemico mellifluo e astuto, trasformandosi in qualcosa di lento e rilassante. Mi sarebbe bastato soltanto allungare la mano per essere avvolta dalle sue braccia, dalla sua sicurezza. Sarebbe stato così facile lasciarsi guidare da lei. Tuttavia, dietro quella finta sensazione di pace sapevo che ad attendermi ci fosse la morte, intenta a convincermi che quella fosse la scelta migliore. La mia unica possibilità.

Tuttavia, lei non aveva Kieran dalla sua parte, io invece sì e ogni supplica che usciva dalle sue labbra, ogni piccolo cerchio che la sua mano disegnava sulla mia pelle, apriva un altro spiraglio nell'oscurità che mi avvolgeva. Lui era lì per me, solo per me e la sua voce amorevole e familiare mi stava tenendo ancorata alla vita, alla ragione. Per alcuni momenti ascoltai rapita le sue parole che mi parlavano d'amore e speranza e, quando si stancò, iniziò a canticchiare, una canzone senza strofe e con una melodia sconosciuta, ma era così familiare che mi sembrò di averla sempre sentita, era dentro di me, nel mio cuore. C'era solo una cosa vera nella mia vita, un solo punto di riferimento, la persona più importante.

Lui.

Perché si era sempre trattato di lui, perché una metà senza l'altra non sarebbe mai esistita. Insieme, inconfondibile, eterna.

Infine, lo sentii per davvero, l'esatto momento in cui depositò un bacio sulle mie nocche, le sue labbra che mi toccavano, il suo respiro caldo sulla pelle e fu come se una scossa di terremoto percorresse tutto il mio corpo.

Torna da me, Sophie...

Finalmente riuscii ad aprire piano le palpebre. Le sentivo secche e doloranti, ma prima che riuscissi a mettere a fuoco, si chiusero di scatto rifiutando la luce artificiale che si diffondeva nelle iridi. Il suono poetico della voce di Kieran era sparito e al suo posto udivo i "bip" e i ronzii fastidiosi delle macchine e altri rumori confusi che non riuscii a identificare.

Le mie labbra erano secche e screpolate quando le aprii per parlare. «Kieran?»

Ci fu un attimo di silenzio prima che un tocco familiare mi accarezzasse i capelli. «Sono io, tesoro.»

La seconda parola mi costò una fatica tremenda. «Papà?» Avvertii uno spostamento d'aria e un'altra figura si avvicinò al bordo del letto. Sbattei di nuovo le palpebre, forzandole a restare aperte, cercando di vedere i loro volti sfocati, ma la prima cosa di cui mi resi conto fu che ero sdraiata sotto delle lenzuola pruriginose, attaccata ad aghi e monitor.

«Oh, Sophie, grazie a Dio» disse mia madre mettendosi accanto a papà, le mani strette in una supplica davanti al petto. «Stavamo aspettando, pregando che tu tornassi da noi…»

Tornassi da voi?

«Da quanto tempo sono qui?» Riuscii a sussurrare prima che il panico mi assalisse e mi chiedessi quanto tempo fosse passato. Quanto mi era costato? Altri nove mesi? Un anno intero? Di più?

Un lungo silenzio fu l'unica risposta alla mia domanda e provai a organizzare i miei caotici pensieri, a calmare il cuore che batteva forte e pressante contro il petto, a concentrarmi su qualcosa, per distrarmi dal dolore. Fissai con attenzione i tipici mobili bianchi e asettici degli ospedali, cercando di non far sgorgare le lacrime calde, ma per quanto provassi a trattenerle, una sfuggì e scivolò sulla mia guancia.

Furono le dita delicate di mia madre a raccoglierla. «Sei rimasta in coma per trentadue giorni, tesoro» mi disse infine, con una voce densa di preoccupazione, mentre mio padre si allontanava per chiamare l'infermiera. Non mi sfuggì che prima di aprire la porta si asciugò la guancia, un piccolo gesto di vulnerabilità che mi toccò nel profondo, in un luogo che credevo di non possedere più.

Il mio labbro inferiore tremò e sentii un'altra lacrima scivolare sulla guancia. In un batter d'occhio, a quella sensazione si aggiunse un senso d'urgenza e agitazione che si abbatté su di me come un'onda gigantesca. Spostai in fretta la mano che tremava posandola sulle costole, poi sul collo alla ricerca delle ferite che le coltellate di Sire mi avevano inferto.

Oltre un mese sarebbe sufficiente per far guarire tagli del genere? Quanto in profondità mi ha colpita?

Era troppo da assimilare perciò, per mantenere la calma, decisi di fare un passo indietro e provai a rivivere gli ultimi eventi nella mia testa. Molto presto gli orribili ricordi iniziarono a tornare, alcuni ancora sfocati, altri abbastanza nitidi da strapparmi un mugolio di dolore.

L'incontro con Anja, la discussione con Kieran, lo scontro con Sire sul tetto della Maxifarma e poi la consapevolezza. *Come diamine ho fatto a sopravvivere a quella caduta?! Oh, mio Dio… Kieran, cosa gli è successo?*

Com'era possibile che, nonostante mi fossi svegliata solo da pochi minuti, la mia vita fosse già finita nel caos? Portai entrambe le mani alle tempie mentre il monitor accanto alla testiera del letto iniziava a suonare sempre più forte.

«Stai bene, tesoro?» Mi chiese in fretta mia madre, e le sue mani furono subito sulle mie. «Dio, Sophie, stai bene?»

Provai a ingoiare quell'orribile sensazione che andava ben oltre a un brutto presentimento, ma il denso nodo che si era formato in gola si rifiutava di muoversi.

«Apri gli occhi, bambina mia, per favore…» provando a tranquillizzarla, assecondai il suo desiderio mentre provavo a nascondere la disperazione. «Dov'è Kieran?» Prima ancora che potesse rispondere le chiesi: «Sta bene? Si è ripreso dopo le percosse subite?»

Le sue sopracciglia si inarcarono, il mio cuore si spezzò e continuò a farlo mentre mi guardava sempre più apprensiva prima di rispondere, come se stesse scegliendo con cura ogni parola. «Sì, tesoro. Lui sta bene,» la sua voce era titubante, «però-»

La interruppi a metà frase. «Perché mi stai guardando in questo modo? Cosa mi stai nascondendo mamma?» Il panico iniziò a impadronirsi di me. Lo ignorai mentre concentravo tutta l'attenzione su di lei. «Lui sta bene, non è vero?» Implorai una risposta, ero certa che mi stesse nascondendo qualcosa.

Oh mio Dio, fa che non gli sia successo niente, prendi me al suo posto, ti prego, non mi importa, ma non lui…

Diversi scenari, uno più terribile dell'altro, iniziarono a farsi largo nella mia mente già stanca e confusa. Volevo che tutta quella sofferenza finisse perché faceva davvero male. *No, basta!* Strinsi gli occhi con tutta la forza.

«Non ce la faccio, mamma. Se gli è successo qualcosa…»

«…phie, Sophie.» La voce concitata di mia madre irruppe nella mia disperazione, allontanando per un momento quegli orribili pensieri. Aprii gli occhi di scatto, ignorando un'altra atroce fitta di dolore. Me la ritrovai davanti, gli occhi sgranati e impauriti, che saettavano tra me e l'apparecchiatura che aveva iniziato a emettere una sequenza di "bip" sempre più insistenti.

«Tesoro, devi tranquillizzarti.»

La ignorai mentre cercavo di trovare il pulsante per alzare la spalliera del letto. «Lo devo vedere mamma, adesso!» Iniziai a spostare le lenzuola da una parte con mani tremanti, una fitta di dolore mi avvolse la mano quando l'ago della flebo quasi venne strappato. Ignorai tutto, tranne il panico e la disperazione perché volevo solo abbandonare quella dannata stanza. *Devo andare da lui, devo sapere se... se...*

«Ho visto Kieran ieri sera, tesoro...»

...

Tutti i pensieri si arrestarono quando udii quelle sei parole. Sentii il corpo cedere e afflosciarsi sul letto. *L'ha visto! Respira, lei l'ha visto, è tua madre, puoi fidarti di lei...*

Mi ricordai della discussione che avevo avuto con lui, del fatto di saperlo felice in una relazione stabile con un'altra donna, mi sarebbe potuto bastare. Una parte della mia mente sapeva che avrei dovuto acconsentire a quei pensieri, ma ormai avevo la risposta alla mia domanda.

Ero ben consapevole della fine che avrei fatto senza di lui: mi sarei ritrovata nell'esatto buco nero da cui ero appena uscita. In quel cerchio vizioso senza una fine e senza un inizio.

Io non voglio dover dire addio all'unico uomo che abbia mai amato. Che amo ancora!

Mi accorsi che mia madre continuava a lanciare delle occhiate verso la porta e aveva trovato il piccolo aggeggio con il pulsante da premere in caso di emergenza. I suoi occhi erano ancora spalancati e cercava di riprendere l'aria con respiri affannosi. Se avesse premuto quel tasto, dopo pochi secondi, sarebbe entrata un'infermiera o un dottore e mi avrebbero sedato. Avevo avuto la mia dose di ospedali che sarebbe bastata per tutta la vita e conoscevo alla perfezione la procedura.

«Mamma, non chiamare nessuno, per favore aspetta...» la guardai implorante.

Respira, Sophie e calmati o ti metteranno a dormire un'altra volta!

Svuotai la mente e cercai di focalizzarmi sui fastidiosi rumori che la macchina accanto al letto emetteva.

Segui il ritmo del monitor. Uno, due, tre, quattro... inspira... adesso all'incontrario, quattro, tre, due, uno... vaffanculo. Vaffanculo!

Basta, concentrati un'altra volta: uno...

Continuai a contare fino a quando il suono iniziò a diminuire d'intensità. Quando fui nuovamente sicura di riuscire a parlare, almeno per emettere una sola parola, chiesi: «Kieran...» il suo nome uscì come una supplica tra le mie labbra. Il respiro si era bloccato in gola e il terrore continuava ad assordare la ragione.

Almeno lo sguardo di mia madre era diventato meno apprensivo mentre posava il pulsante per le emergenze e sistemava la coperta tirandomela fin sotto i seni. «Kieran sta bene, tesoro. Non ti devi preoccupare per lui. Riposati, potrai vederlo quando ti sveglierai.»

La sua voce era rassicurante, ma percepivo lo stesso che mi stava nascondendo qualcosa. Lo capii chiaramente da come il sorriso non le raggiungeva gli occhi.

Digrignai i denti e fu davvero difficile restare calma. «Mi sono già riposata abbastanza! Voglio vederlo, mamma. Cosa sta succedendo?» La incitai a proseguire.

Volse lo sguardo altrove, prima di tornare da me. «Allora…» fu il suo turno di trarre un profondo respiro e quando mi guardò scorsi la verità inconfutabile nel suo sguardo pieno d'amore. «Lui non ha subito nessuna percossa, Sophie. Kieran non è rimasto ferito nell'incidente.»

Ma che diamine! La guardai a bocca aperta. I suoni del maledetto monitor ripresero a intensificarsi.

I miei ricordi. Cos'era successo alla mia mente? Alla mia vita?

I miei ricordi non erano reali… la ragione continuò a insistere, e ancora prima che potessi assimilare ciò che mi stava accadendo, sapevo già che era vero.

Erano reali, oppure no?

No, non lo erano del tutto.

Ma ora lo sono. Dolorosamente reali, come se fossi finita intrappolata in un incubo. Come se i ricordi non fossero sufficienti, li rividi ancora nella mia testa, nel cuore e in ogni respiro faticoso che usciva dalle mie labbra. Li rividi tutti un'altra volta, con la crudeltà spietata proveniente soltanto da qualcuno che li aveva effettivamente vissuti, assimilati fino in fondo all'anima.

Non riuscivo più a respirare. *Conta di nuovo…* mi ripetei mentre udivo la voce di mia madre chiamarmi da sempre più lontano.

Uno, due, tre, vaffanculo, non voglio contare, voglio la verità! Che cazzo mi è successo?!

«Sophie…»

Ascolta la sua voce, ti farà tornare al presente. Calmati, Sophie! Quelle stupide parole sembravano così semplici, almeno nella teoria. *Questo è il presente! Torna qui. Vivi ora!*

Infine, riuscii a mormorare ciò che mi opprimeva, nonostante sentissi qualcosa di oscuro e spaventoso pesarmi sul petto. «Cosa stai provando a dirmi, mamma? Come è possibile? L'ho visto con i miei occhi mentre veniva picchiato a sangue dagli uomini di Sire.»

Mia madre sembrava sempre più a disagio mentre faceva un passo indietro e iniziava a torcersi le mani davanti al grembo.

«Forse, tesoro, sei un po' confusa, ti sei appena svegliata e hai sbattuto molto forte la testa quando sei caduta da quel dirupo. I dottori hanno parlato di una forte commozi…»

Continuò a parlare, provando a infondere un tono tranquillo alla voce, come se stesse empatizzando con la paura che leggeva nei miei occhi, tuttavia smisi presto di ascoltarla. Mi ero fermata a metà frase, a una parola in particolare.

Dirupo? Che diamine intende dire con…

«Dirupo?»

Forse lo dissi urlando, perché la mia voce sembrò rimbombare nella mia testa, come distorta, causando una fitta di dolore che mi fece stringere gli occhi. Le parole di mia madre diminuirono fino a sparire nel silenzio. Per alcuni istanti ci guardammo soltanto e quasi mi pentii della mia reazione, perché mi stava osservando sbigottita, come se stessi davvero per perdere la testa.

«Il dirupo in Brasile, tesoro. Di quale dirupo pensi che stia parlando, Sophie?» All'improvviso, si portò le mani alla bocca come se fosse terrorizzata. «Oh Dio, forse non lo ricordi?»

Iniziò a camminare nella stanza esigua, blaterando qualcosa riguardante l'amnesia dissociativa mentre si stringeva il piccolo crocifisso d'oro che aveva sulla collana. Smisi di seguirla quasi subito. Mi servivano ulteriori informazioni, più importanti, così decisi di fermarla. «Mamma?»

Mi ignorò continuando spedita come un treno. «Sei stata rapita quasi un anno fa e quegli uomini ti hanno portato in Brasile…» la conoscevo abbastanza bene da sapere che le possibilità erano due: o sarebbe andata avanti per ore raccontandomi la sua versione dei fatti, oppure avrebbe aperto la porta e sarebbe uscita di corsa per cercare aiuto. Così, quando fece una pausa per prendere fiato, riprovai di nuovo.

«Mamma?» La chiamai usando un tono di voce deciso, ignorando l'ennesima fitta alla testa. Finalmente mi ascoltò, voltandosi di scatto verso di me. «Certo che ricordo il mio rapimento e del Brasile», ammorbidii apposta le parole per tranquillizzarla. Non le stavo dicendo una bugia, eppure non era nemmeno la verità, cos'era successo nel frattempo? Perché il mondo sembrava aver girato come sempre e il tempo era trascorso senza che me ne accorgessi?

Quei pensieri inquietanti mi fecero rabbrividire, così li spostai altrove. Non volendo farla preoccupare ancora di più, le feci un gesto chiedendole di avvicinarsi. Presi la sua mano calda tra le mie ghiacciate e la fissai: «Ricordo del mio rapimento,» non menzionai la parte del girone all'inferno, perché non era il caso di condividere con lei i dettagli più cruenti, «ricordo anche dell'ospedale in Brasile. La mia memoria non ha subito danni» anche quello apparentemente era una mezza verità, perciò aggiunsi un sorriso rassicurante che ricambiò con uno tremulo. «Io sto bene, non preoccuparti.» Quella frase era lontana anni luce dalla verità. Mi sentivo come se fossi stata investita da un tir che aveva puntato dritto alla mia testa, ma la cosa più importante era che mi fossi svegliata. A tutto il resto avrei pensato strada facendo.

«Ohh tesoro, ci hai fatto prendere un brutto spavento. Quando Kieran ci ha detto che eri caduta da quel dirupo e che, dopo un brevissimo istante di lucidità, eri andata in coma, abbiamo davvero temuto il peggio.»

Stavo ancora elaborando le sue parole, quando qualcuno bussò alla porta e subito dopo il viso sorridente di una signora fece capolino.

«Buongiorno, signorina Nowack. Siamo davvero felici che lei si sia svegliata. Ha dormito per un bel po', mentre il suo corpo si impegnava per guarire.» Mi disse l'infermiera tenendo aperta la porta, per far passare un assistente che spingeva una barella. Dopo averla sistemata vicino alla parete uscì e lei spostò la sua attenzione su di me.

«Tra non molto il dottor Fasen, il nostro neurologo, verrà a visitarla. Nel frattempo, vuole qualcosa da mangiare?»

Il solo fatto di pensare al cibo mi procurò una tremenda nausea e molto probabilmente anche l'infermiera lo intuì dalla mia smorfia perché subito rispose: «Non si preoccupi se ancora non ha appetito. Le abbiamo somministrato la giusta alimentazione attraverso la nutrizione parenterale,» fece una pausa mentre controllava i miei parametri vitali, trascrivendoli nel tablet che aveva con sé. Appena finì, propose: «Il dottor Fasen ha lasciato un appunto sulla sua cartella clinica e direi che se non vuole mangiare adesso, allora possiamo scendere per fare la risonanza magnetica. Dobbiamo controllare come sta progredendo la guarigione del suo cervello.»

Mia madre approfittò di quel momento di pausa per intervenire: «Grazie mille, infermiera…» lasciò la frase in sospeso mentre cercava il cartellino sul camice rosa che la signora indossava.

«Ahh, mi scusi, oggi sono proprio sbadata. Il mio nome è Kepler, infermiera Kepler.»

Mi ricordai della signora addetta alle pulizie che avevo incontrato alla Maxifarma. «Kepler, ha detto?» Le chiesi parlando piano, mentre provavo a ricomporre il puzzle nella mia mente, cercando una somiglianza tra la signora che spingeva un carrello carico di prodotti e scopettoni e la donna che avevo davanti. A parte l'età non notai nulla e mi ritrovai a pensare quanti scherzetti del genere il mio cervello mi avrebbe ancora continuato a giocare.

«Esatto» mi rispose con un sorriso mentre abbassava la sbarra di protezione del letto sotto lo sguardo attento di mia madre che sembrava non saper bene come comportarsi.

«Sono sicura di essere in buone mani, mamma. Puoi raggiungere papà, se lo desideri.» La poverina sembrò svegliarsi dallo stato di trance in cui si trovava. Scosse piano la testa. «Ahh, sì, hai ragione, chissà dove è andato a finire tuo padre. Vado subito a cercarlo.» Finì la frase mentre estraeva il telefono dalla borsa che era appoggiata su un piccolo divano appena più grande della cuccia di Marlin. Non volevo nemmeno immaginare quanto fosse scomodo per una persona dormire su quel coso. Quando un raggio di sole filtrato dalla finestra le illuminò i capelli grigi notai quanto fosse pallida. Un forte senso di tenerezza e gratitudine mi avvolse pensando a quanto l'avessi fatta preoccupare. Quella sensazione portò con sé un'altra fitta di puro dolore che però finì dritta in mezzo al petto.

«Ci vediamo presto, tesoro.» Chiusi gli occhi quando si avvicinò e depositò un tenero bacio tra i miei capelli. Per un battito di cuore mi ritrovai un'altra volta bambina e mi domandai come fossi riuscita a sopravvivere in quella sorta di bolla sterile e asettica in cui mi ero avvolta negli ultimi quindici anni. *Ti voglio bene, mamma.*

«Grazie, mamma.» La presi alla sprovvista quando, nel momento in cui si stava allontanando, la richiamai a me soltanto per stringerla in un abbraccio. Mia madre mi conosceva abbastanza bene da sapere che non ero mai stata una persona da fare simili effusioni, soprattutto in pubblico. «Oh, Sophie…» mi accarezzò con tenerezza la guancia prima di lasciarmi andare. «Riposati e cerca di stare meglio. In quest'ultimo mese non ti abbiamo lasciata da sola nemmeno per un istante.» La sua voce si interruppe di colpo e guardò altrove. «È un miracolo…» le sue labbra tremarono, «l'altro giorno dovevamo decidere se spegnere oppure no il respiratore che ti manteneva in vita. Abbiamo addirittura chiamato il prete per farti l'estrema unzione.» Accanto a lei l'infermiera annuì confermando le sue parole. Fece un'altra pausa e dopo un respiro profondo riprese a parlare: «La sera in cui il cappellano è venuto, Kieran ci ha domandato se potesse restare qui a dormire, è rimasto a vegliare su di te per tutta la notte. Al mattino, ci ha chiamato ed era davvero emozionato, tesoro, mentre ci raccontava che avevi mormorato qualcosa e che le tue dita si erano leggermente mosse. Abbiamo subito parlato col dottor Fasen, il medico che ti ha seguita per tutto questo tempo e abbiamo deciso di aspettare ancora qualche giorno e poi…» tirò su con il naso e l'infermiera le passò un fazzoletto di carta. Osservai i suoi occhi verdi, così simili ai miei, brillare mentre li asciugava. «Pian pianino, hai iniziato a reagire. Due giorni fa il dottore ha comunicato che riuscivi a respirare in autonomia. Hanno staccato il ventilatore polmonare e abbiamo aspettato, pregando che ti svegliassi.»

Quando sbattei di nuovo le palpebre, le mie ciglia erano umide. La chiamai di nuovo a me e ci abbracciammo ancora una volta mentre pensavo alla voce dell'uomo che avevo ascoltato recitare una preghiera.

Mi ha dato l'estrema unzione...

Con gentilezza, l'infermiera ci interruppe. «Scusate, ma adesso dobbiamo andare. Ci stanno aspettando al piano di sotto.»

«Ti prego, mamma, vorrei proprio vedere Kieran. Me lo potresti chiamare, per cortesia?» *Lo voglio vedere, non so se sarà per l'ultima volta... devo solo sapere se sta bene come mi è stato detto.*

«Certo, tesoro. L'avvertirò subito.» Mi mostrò il cellulare che aveva in mano. Aspettai ancora fino a quando la porta si chiuse alle sue spalle prima di voltarmi verso l'infermiera.

Non era la prima volta che mi ritrovavo in ospedale, anzi, avevo una buona esperienza, perciò la mia domanda mi sembrò abbastanza ragionevole, almeno alle mie orecchie. «Quando potrò andare via? Avrei parecchie cose da fare.»

L'infermiera si bloccò per un istante mentre avvicinava la barella soltanto per guardarmi con un tenero sorriso. Pensai che fosse dalla mia parte, almeno fino a quando il suo sguardo si fece di colpo serio: «Si è appena svegliata dopo essere stata un intero mese in coma. Ho paura che non andrà da nessuna parte, agente Nowack.»

La sua voce suonò incredibilmente simile alla signora delle pulizie conosciuta alla Maxifarma. Un brivido mi attraversò la schiena e cercò di risucchiarmi di nuovo nella confusione più nera. Ma fui più forte e restai ancorata al presente.

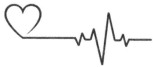

Diverse ore dopo, quando riaprii gli occhi, la risonanza magnetica era ormai soltanto uno sgradevole ricordo. Ero ancora troppo debole per discutere sul fatto di essere stata infilata in quel tubo, così avevo immaginato di trovarmi altrove e non chiusa in una scatola di metallo come un tonno. C'erano anche dei vaghi ricordi di un pasto insipido e forse un orribile doccia con me seduta su una sedia, ma non ero nemmeno sicura se fossero realtà o meno. La stanza era avvolta dalla penombra, qualcuno aveva lasciato accesa l'abat-jour vicino al divano. Per fortuna, il mio cervello aveva deciso di concedermi una tregua e smise di cercare di uscire dal cranio come aveva fatto prima. Tirai un respiro di sollievo, sentii le palpebre iniziare a chiudersi e poi...

I ricordi tornarono.

Forse non sarei mai riuscita a superare ciò che mi era capitato. Mi sentivo come se stessi per rovesciarmi, come se il mio corpo stesse per cedere e le mie interiora, prima o poi, si sarebbero riversate fuori finendo sulla coperta verde acqua che mi avvolgeva il corpo.

È solo un incubo. Ebbene, cos'è un incubo di preciso? Quello che sto sentendo, quello che sto pensando o quello che ho vissuto? Aspetta!

Aprii gli occhi e mi guardai intorno. *Sono all'ospedale, la stanza è piuttosto spoglia, non come l'altra volta, ma sono davvero qui? O mi sto di nuovo illudendo?* Era buio e l'aria era fresca, ma ancora non riuscivo a incanalare una briciola di ossigeno e portarlo ai polmoni. *Perché non riesco a respirare?*

Un mugolio di pura disperazione mi sfuggì e sussultai quando, poco dopo, la porta del bagno venne aperta con uno scatto e apparve il viso di Timo.

«Sei svegl-» il sorriso che aveva tra le labbra venne sostituito da un'espressione di puro terrore. «Soph, cosa succede?»

Ansimando e soffocando le lacrime, mi concentrai sul viso che avevo davanti e mi resi conto che Timo era già arrivato di fronte a me, i lineamenti tesi e preoccupati. «Respira, stai avendo un attacco di panico. Il dottore ha detto che poteva accadere. Respira, Soph.»

Dovetti aggrapparmi al mio migliore amico per restare ancorata alla ragione. «Abbracciami, ti prego» balbettai e un'altra volta mi sentii come una ragazzina che veniva soccorsa dal suo eroe. Le sue braccia così familiari mi strinsero mentre continuava a sussurrare tra i miei capelli parole dolci. «Sono qui, sono qui con te. Respira, pensa solo a questo. Passerà in un istante.»

La sua voce era profonda e calma e, anche se sembrava non avere senso, con il viso sepolto nel suo petto respirare fu in qualche modo più semplice. All'improvviso, così come erano arrivate, le immagini si fermarono, ma restai ancora per qualche momento tra le sue braccia, lasciando che mi cullasse, godendo del calore della sua pelle, il suo odore che mi ricordava l'amicizia, la semplice sensazione di essere viva.

«Per favore, dimmi che non sto sognando, che mi sono davvero svegliata.»

Si allontanò appena per guardarmi con tenerezza. «Sei sveglia e ti devo proprio dire che era ora, hai fatto il pisolino più lungo della storia. Ancora più lungo di quelli che facevi quando eravamo all'università.»

La sua battuta mi strappò una piccola risata tremula che morì presto, quando il suo sguardo si oscurò, come se una nuvola grigia gli fosse passata davanti, e dovette schiarirsi la voce prima di continuare. «Questa volta te la sei scampata per un pelo, Sophie.»

Iniziò ad allontanarsi e stavo per chiedergli di restare, ma posò la punta delle dita sulle mie labbra zittendomi.

«Aspetta, devo chiamare qualcuno che sta ansiosamente aspettando di rivederti. Se dovesse scoprire che sei sveglia e non l'ho ancora chiamato, mi ucciderà di sicuro.»

Con cura mi fece sdraiare di nuovo sul letto prima di raddrizzarsi e prendere il cellulare che aveva in tasca. Qualche secondo dopo, la sua voce soave riempì la stanza. «Ehi ciao, sono io. Si è svegliata.»

Appena terminò la chiamata, Timo si voltò verso di me quando stavo già reclinando il letto. «Hai un sacco di cose su cui aggiornarmi riguardo a un certo agente, signorina Nowack,» fece una smorfia mentre intonava la sua voce da fratello maggiore «ma per il momento non ti assillerò.»

Il suo sorriso tenero mi diede il coraggio di porgli una domanda che mi assillava da tanto. «Pensi che potrà esserci un "lieto fine" per una storia come la nostra?»

«Stai scherzando, vero?» Puntualizzò in fretta mentre si avvicinava e depositava un bacio tra i miei capelli. «Una storia come la vostra rende il detto "e vissero per sempre felici e contenti" soltanto una frase banale.» Sorrise e per un breve istante mi permisi di immaginarlo: io e Kieran. Di nuovo insieme. Un futuro solo nostro, tutto da vivere.

Allontanandosi Timo mi regalò uno dei suoi veri sorrisi, un gesto così speciale che accettai con prontezza e che raccolsi con amore, mettendolo in un angolo del mio cuore, in modo da poterlo conservare come un piccolo tesoro. Quello che speravo fosse il primo di tanti...

«Sta per arrivare, era solo andato a prendere un caffè.»

Non avevo nemmeno bisogno di chiedere a chi si stesse riferendo. In verità, non ebbi nemmeno tempo per tranquillizzare il mio cuore che sembrava voler uscire dal petto per andargli incontro, poiché la porta venne aperta di colpo e la sua figura riempì l'uscio. Per un istante che sembrò allungarsi fino all'eternità ci fissammo e basta.

Lui è più che sufficiente. Il battito del suo cuore è tutto ciò di cui ho bisogno.

«Sophie...» la sua voce rimbombò nel silenzio.

Kieran...

Tutto il mio corpo tremò. Forse stavo per svenire o forse quell'uomo meraviglioso mi avrebbe davvero salvato. Rimasi in attesa, lo sguardo fisso nel suo, il cuore già in volo verso la felicità.

Posso permettermi di crederci? Ma di crederci fino in fondo?

11. SOLO LUI

Kieran restò fermo sotto l'uscio, immobile, sembrava quasi che non respirasse nemmeno. Ero talmente concentrata su di lui, sollevata di vederlo di nuovo che quasi non udii Timo balbettare una scusa su un caffè che voleva prendere già da un po', mentre gli passava accanto e, dopo un breve cenno con la testa, usciva lasciandoci da soli.

Non mossi un muscolo, il cuore mi pulsava in modo assordante mentre assorbivo ogni suo dettaglio: dagli occhi stanchi e sofferenti alla postura tesa, come se non fosse ancora riuscito a convincersi che fossi io la persona sdraiata in quel letto, che fossi davvero viva. Restammo entrambi in silenzio e, a dirla tutta, persino io faticavo a credere di poter finalmente godere della sua vista, in piedi di fronte a me, senza quelle odiose ferite che gli uomini di Sire gli avevano inferto. I suoi occhi erano spalancati e in attesa, il petto si alzava e abbassava in fretta a causa dei respiri affannosi che tradivano la sua agitazione. Ritrovai me stessa in tutte quelle sensazioni. E poi... come una pantera scattò e in un batter d'occhio le sue braccia mi avvolsero. Gli cinsi il collo e lo toccai come se fosse la prima volta. Lo sentii e fu qualcosa di unico, soprattutto perché quel ricordo si sovrapponeva a tutti gli altri diventando di nuovo mio, nostro e di nessun altro. Il mio corpo e la mia mente mi appartenevano e mi sarei tenuta stretta ogni emozione. Passai le dita tra i suoi capelli, tirandoli delicatamente e godendomi la sensazione delle sue ciocche morbide. Potevo sentire i suoi respiri veloci, affranti, ma non mi disse nulla, non mi mise fretta in nessun modo, anzi restò fermo come se ci stesse concedendo quel momento. Mi lasciò tutto il tempo che desideravo per scorrere i palmi lungo il suo collo, sulle scapole, sul suo viso, poi di nuovo in alto e intorno al suo petto. Sentii le sue mani stringermi, grandi e forti, i palmi aperti contro la schiena e, in qualche modo, era come se fossi in equilibrio grazie al suo sostegno, come se mi tenesse ancorata alla ragione, alla vita, lontano dal baratro da cui mi ero svegliata.

Allora è così... è sempre stato così.

Alzai gli occhi verso di lui sopraffatta dall'emozione, beandomi di ogni dettaglio del suo meraviglioso volto. Ero sicura che mi stesse fissando con un sentimento simile perché mi si bloccò il respiro. Lasciai la mia mano aperta appoggiata su di lui per qualche istante, assorbendo ancora i battiti affrettati del suo cuore. La conferma che la vita pulsasse dentro al suo corpo.

I nostri sguardi si cercarono e, forse, non sarebbero servite parole per farci sentire più vicini, ma lasciai lo stesso che una frase banale, addirittura sciocca date le circostanze, uscisse fioca dalle mie labbra. «Stai bene...», non era una domanda, soltanto una constatazione che forse suonò in un modo davvero strano visto che ero io a trovarmi su quel letto. Infatti, le sue sopracciglia si arcuarono come se non capisse ciò che aveva udito, ma non mi preoccupai più di tanto. Stava accadendo davvero, quel momento, soltanto noi due e intendevo godermelo fino in fondo.

«Cristo, Sophie, mi hai spaventato a morte...» mi portò di nuovo verso di sé, schiacciandomi contro il suo largo petto, con le braccia che mi avvolgevano e stringevano con forza. Sussurrò ancora una volta il mio nome con ardore mentre seppellivo il viso contro il pullover in cashmere e ascoltavo il suo cuore che sembrava battere sempre più forte. Sentii l'odore del caffè che aveva bevuto, la leggera traccia del dopobarba, ma anche l'inconfondibile odore della paura, della disperazione e, infine, quello della contentezza. Lo avvertii tremare nel mio abbraccio, come se il suo corpo stesse scendendo da un enorme picco di adrenalina dopo una missione da cui eravamo usciti entrambi vittoriosi.

Ma non illesi...

«Grazie a Dio stai bene... » ripeté ancora una volta, mentre mi abbracciava sempre più forte, e non mi importava nemmeno il fastidio che sentivo alle costole: non avrebbe mai potuto stringermi abbastanza. Le nostre emozioni cominciarono a placarsi e ci staccammo con lentezza, gli sguardi incatenati ancora per qualche battito dei nostri cuori, come se non credessimo a ciò che stavamo vivendo, poi mi prese la mano. Restò di nuovo in silenzio, limitandosi a fissarmi mentre scuoteva piano la testa, con quegli occhi che assomigliavano al cielo prima di una burrasca, e percepii che stava cercando di capire come comportarsi. *Cosa vuoi dirmi, Kieran? Coraggio, sono qui.*

Così, prima che potesse dire qualcosa, mi voltai e sfoderai la mia voce da poliziotta, che speravo con tutto il cuore potesse sembrare almeno più stabile di quanto mi sentissi.

«Sto bene, agente Heizmann. E per la cronaca, puoi smettere di guardarmi come se stessi per sgretolarmi davanti a te perché non accadrà.»

Un minuscolo sorriso spuntò tra le sue labbra e lo presi come una grande vittoria.

«Sgretolarti di sicuro no, agente Nowack. Alla fine, almeno da quanto hanno detto i dottori, hai davvero una testa bella dura» il bellissimo sorriso iniziò a mostrarsi sempre di più, ed era tutto per me. «Piangere, invece...»

Dalle mie labbra uscì un finto suono noncurante prima di puntualizzare: «Non prenderti tutte queste libertà, agente speciale Heizmann.» Era un'affermazione davvero stupida, dato che sentivo le ciglia sempre più umide ed ero sicura che alcune lacrime stessero già scorrendo sulle sue guance, tradendo la messinscena che avevo accuratamente costruito.

Scambiammo uno di quei momenti leggeri e, per un batter d'occhio, le cose sembrarono come prima, i piccoli battibecchi, il suo sarcasmo schietto e positivo, quella sua corazza d'acciaio che avevo avuto il privilegio di veder togliere per sfoggiare il suo cuore d'oro, ma nel momento in cui il suo viso tornò di nuovo serio, la sua mano scivolò tra i miei capelli e insieme all'altra mi avvolse il viso. Quando i nostri occhi si incontrarono, la sua giocosità aveva lasciato posto a una forza incrollabile. «Non hai idea di quanto sia felice di vedere che sei tornata di nuovo da me, da tutti noi, e che tutto sommato, stai bene.»

Le mie labbra si curvarono all'insù mentre provavo senza molto successo a ingoiare il gigantesco groppo che si era formato in gola. «Dire che sto bene forse è un po' troppo. Diciamo che sto tenendo duro.»

Di certo lui non poteva nemmeno immaginare quanto fossi felice di ascoltare la sua voce forte, di sentire la sua pelle calda, di vederlo al sicuro, ma soprattutto vivo. *È qui. Non gli è successo nulla. Siamo entrambi vivi. Siamo usciti insieme dall'inferno.*

Mi accarezzò il viso con tenerezza. «Forse, adesso, sarebbe meglio se ti lasciassi riposare.» Mi sfiorò con delicatezza la guancia per asciugare qualche lacrima. «Sei dimagrita ancora di più… sei così pallida» sussurrò tra sé e sé mentre mi scrutava e scuoteva piano la testa.

Lo fermai subito quando sentii che le sue mani mi stavano sfuggendo. «No, non andartene…» scossi la testa ignorando la fitta di dolore, «non voglio riposare, per favore. L'ho fatto per oltre trenta giorni. Ti prego, resta qui, con me.»

L'ultima cosa che volevo era sdraiarmi in quel letto e chiudere gli occhi perché ero sicura di cosa ci fosse ad aspettarmi al di là della ragione, nei meandri della mia incoscienza. Invece, presi le sue mani nelle mie e le portai contro il petto. Per un momento lo guardai soltanto perché l'intera storia, ogni singolo dettaglio era lì, incastonato come un gigantesco e contorto puzzle nel mio cervello, ma non riuscivo a trovare le parole giuste per cominciare. La mia paura più grande era che, nel momento in cui avessi finito di raccontarla, lui, così come tutti gli altri, avrebbe pensato che l'incidente mi avesse davvero compromesso la ragione.

Kieran, come se avvertisse il mio disagio, aspettò senza muovere un muscolo, persino il suo respiro si era fatto silenzioso mentre con sguardo amorevole mi incoraggiava a parlare.

Dopo qualche istante scossi la testa frustrata. «Okay…» provai a convincere me stessa e aggiunsi per sicurezza un profondo respiro. Il meraviglioso uomo che avevo davanti mi regalò un bellissimo sorriso.

«Lo so che la mia testa non funziona come dovrebbe da molto prima dell'incidente, tuttavia ho paura di raccontarti ciò che mi è accaduto, perché significherebbe che potrei perderti di nuovo, Kieran, e questo mi terrorizza.»

Con mio sommo orrore udii la mia voce tremare. Aprii la bocca per continuare ma temendo ciò che avrei detto o, peggio ancora, la reazione naturale del mio corpo, la richiusi subito.

Dai, Sophie, puoi farcela, com'è possibile che tu riesca ad affrontare senza paura dei criminali psicopatici e assassini ma non riesca a parlare dei tuoi sentimenti, di ciò che sta accadendo dentro di te, all'uomo che ami?

«Ehi...» la voce soave di Kieran mi richiamò a sé. «Sono qui. Guardami, piccola. Non andrò da nessuna parte» mi accarezzò il viso con tenerezza e fu un miracolo se non mi sciolsi in quel letto. «Innanzitutto, chiariamo subito un dettaglio. Non mi hai mai perso, Sophie, non sono andato da nessuna parte e non intendo farlo. Mai.»

«Ho il terrore di rovinare tutto, Kieran. Fidati, se si tratta di sentimenti, sono in grado di rovinare un matrimonio, un funerale, un addio al celibato, scegli pure quello che vuoi.»

Come risposta Kieran abbassò lo sguardo provando a nascondere un sorriso e scosse la testa, come se non credesse alle mie parole, ma quando la rialzò il suo sguardo era di nuovo serio e deciso. «Possiamo avere paura, Sophie, è normale, siamo soltanto esseri umani. Ma ciò che conta davvero è onorare i nostri sentimenti, sempre, perché sono proprio loro a differenziarci dagli altri esseri viventi. È questo ciò per cui dobbiamo lottare, Sophie. L'amicizia, l'amore, tutto ciò che è positivo. Combattere ancora e sempre per le nostre emozioni, perché è quello che abbiamo, quindi ti ripeto, piccola, smetti di pensarci troppo» puntualizzò a bassa voce. «Non sei più da sola a combattere questa battaglia, Sophie. Io sono qui con te. Va bene?»

Rilasciai un sospiro che sembrava essere da oltre dieci mesi incastrato nel mio petto. «Va bene» sussurrai in risposta.

«Allora, cosa ne pensi di farmi entrare nel tuo mondo?» Mi sussurrò, spostandomi una ciocca di capelli e mettendola dietro l'orecchio.

«Non è come te lo aspetti, Kieran. È un luogo davvero orribile.» Un sorriso mesto mi sorse tra le labbra, abbassai lo sguardo e sbattei le palpebre un paio di volte, sentendo le ciglia sempre più umide.

«Non importa,» ribadì deciso, «tu mostramelo lo stesso. Lo affronteremo insieme, uno accanto all'altra, come una squadra, come abbiamo sempre fatto.»

Forse avrei potuto chiedergli il motivo di quella richiesta perché, alla fine dei conti, come molti uomini dopo una delusione amorosa, magari avrebbe preferito una relazione più leggera, meno faticosa, invece che andare ad ancorarsi a una donna come me.

Perché vuoi una come me, Kieran....?

Avrei potuto porgli quella domanda perché forse, prima o poi, mi avrebbe dilaniato il petto, ma la verità era che, nonostante Kieran mi avesse visto nei momenti peggiori della mia vita, in quelli più crudi, più acerbi, mi era rimasto sempre accanto.

Lo fissai un'altra volta senza sapere da dove iniziare a esternare ciò che sentivo. Avevo paura, molta di più rispetto a quando avevo percorso quei corridoi alla Maxifarma, più del confronto con Sire, ed era qualcosa di folle. Molto probabilmente prese il mio silenzio per un rifiuto poiché dalle sue labbra sfuggì un sospiro rassegnato e forse fu quello a darmi la spinta per parlare, o magari il modo in cui i suoi occhi mi implorarono di nuovo quando disse: «Non devi rispondermi per forza questa sera. Ti sei appena svegliata, la tua mente è ancora confu-»

Lo zittii con un solo tocco, poggiando con delicatezza le dita sulle sue labbra e, nel frattempo, la mia mente mi ricordava una tra le tante frasi davvero importanti che il mio cervello mi aveva ripetuto mentre ero in coma. Era indifferente se quelle parole provenissero dall'uomo che avevo davanti oppure no, ciò che importava era quanto fossero vere.

Sei sempre stata il tuo peggiore nemico.

Furono proprio loro a farmi prendere quella che, ne ero certa, fosse una delle decisioni più importanti di tutta la mia vita. «Voglio raccontarti questa storia, Kieran...»

E così feci. L'inizio fu davvero difficile e in più di un momento fui tentata di fermarmi, lasciar perdere, forse avrei dovuto assecondare la stanchezza che sembrava voler trascinarmi verso l'oblio. Invece lo fissai, prendendo coraggio dal modo in cui mi incentivava attraverso il suo silenzio, il sorriso incoraggiante e la sua disponibilità. A mano a mano che proseguivo, le parole sembravano fluire in modo sempre più agevole. Iniziai dalla sera in cui ero stata rapita, gli raccontai tutto ciò che mi era capitato, gli orrori, l'orribile sensazione di sentirmi prigioniera, impotente, gli abusi subiti, i momenti di fugace speranza dopo aver conosciuto Anja, il modo in cui era comunque riuscita a portarmi conforto, nonostante fosse persa nella propria disperazione. Proseguii con il recupero in mezzo alla giungla, la fuga e le percosse da parte dei poliziotti brasiliani, in seguito l'ospedale psichiatrico e le medicine: tante, troppe, somministrate senza alcun ritegno. Dei momenti che, spesso, non sapevo se appartenessero alla realtà o alla fantasia. Gli spiegai che quel particolare fu uno dei motivi per cui, quando venne a prendermi, non riuscissi più a discernere ciò che era vero da quello che mi mostrava la mia mente. Gli parlai dei dubbi, della paura, del momento in cui avevamo fatto l'amore, della necessità di avere una prova inconfutabile che ciò che stavo vivendo fosse reale oppure no. Proseguii e gli parlai di quella che, forse, era stata la parte più difficile: il mese in coma e tutto ciò che il mio subconscio mi aveva mostrato e fatto provare, come se lo stessi vivendo davvero sulla mia pelle. *Anche ora che lo sto raccontando mi sembra così vero... è assurdo!*

Le ore trascorsero veloci e provai a fargli capire che il dolore che avevo provato nell'ultimo mese fosse ancora più grande di ciò che avevo provato in quei mesi in cui ero stata prigioniera, perché mi era stato inflitto dalle persone che amavo. Gli raccontai tutto, senza risparmiare nessun dettaglio e, più la storia prendeva vita, più ero certa che quella sarebbe potuta essere davvero la mia vita, il mio futuro, se solo avessi continuato a percorrere quella strada. Era come se fossi stata un Tir senza freni che percorreva a tutta velocità una stradina che costeggiava un dirupo.

Esattamente come quella in Brasile, te la ricordi? Non c'erano dubbi, mi sarei schiantata e il risultato finale sarebbe stato un disastro.

Un brivido di puro orrore mi scosse tutto il corpo e Kieran, percependo il mio disagio, si alzò per chiedere all'infermiera una bevanda calda. Tornò qualche minuto dopo con un bicchiere di tè e ne approfittò per prendere una sedia e mettersi accanto a me. Dopo una breve pausa in cui mi aiutò a bere perché le mie mani tremavano troppo, si sedette e continuai la storia. Non mi sfuggii che, per tutto il tempo, mentre restava in silenzio con la postura stoica e la mano che accarezzava la mia con gesti rassicuranti, potevo percepire la battaglia che infuriava dentro di lui. Era la stessa che avrei dovuto combattere molto presto contando soltanto sulle mie forze.

Restare o dimenticare?

Prima di arrivare alla fine del racconto, gli parlai dell'incontro avuto con Anja alla Maxifarma e, con le lacrime che si intensificavano, gli chiesi di assicurarsi che lei fosse in buone mani. Sapevo che, molto probabilmente non avrei potuto incontrarla, ma gli riferii il nome di Brandon Phillips, l'agente con cui avevo lavorato e di cui avevo parlato alla mia cara amica anche nei miei sogni, e mi raccomandai che lo contattasse al più presto. A ogni modo, indipendentemente da quale sarebbe stata la decisione di quella donna meravigliosa, dovevo sapere se stesse bene. Soltanto allora avrei potuto mettermi il cuore in pace. Mentre eravamo entrambe costrette in cattività, mi aveva sempre ripetuto che stava facendo poco per me, anche per se stessa, ma la verità era che la sua presenza mi aveva salvata più di una volta e intendevo restituirle il favore. Solo quando Kieran mi tranquillizzò, assicurandomi che avrebbe cercato sue notizie, proseguii con il racconto arrivando alla parte più dolorosa: l'orribile sensazione di abbandono provata dopo la discussione avvenuta a casa sua. Con un sospiro tremulo gli parlai dell'ultima speranza a cui avrei voluto aggrapparmi, il progetto Oblivalium e finii per rivivere l'ultimo, terrificante momento: lo scontro con Sire.

Quando finii il racconto, mi sentii svuotata, ma non era di per sé una sensazione sgradevole. Era come se fossi rimasta a letto con un bruttissimo raffreddore e, ogni tanto, qualche breve tremore mi scuotesse ancora il corpo, ma ero consapevole che il peggio ormai fosse passato.

Tuttavia, restavano ancora altre domande a cui volevo a tutti i costi trovare una risposta prima di prendere una decisione. Come poliziotta sapevo che avrei dovuto condividere con lui i miei sospetti, poiché una delle cose che avevo imparato nel corso della mia carriera era fidarmi del mio istinto.

Appena esternai i miei pensieri, Kieran si alzò e si avvicinò alla finestra dove rimase per parecchi minuti, guardando le ombre della notte. Infine si voltò e disse: «Non credo, Sophie, che Sire possa avere qualcosa a che fare con la Maxifarma e, fidati, non c'è nessuno, magari tranne te, che avrebbe voluto incastrarlo più del sottoscritto. Tuttavia, credo che dovremmo riferire i tuoi sospetti ad Hansen e, mentre sei ancora in ospedale, proverò a ottenere notizie di Anja come mi hai chiesto. Questo posso farlo e sono sicuro che anche Timo mi aiuterà.»

Fece una pausa e si pizzicò il ponte del naso mentre guardava il pavimento come se stesse radunando le sue idee. Nel momento in cui spostò di nuovo la sua attenzione su di me, il suo sguardo era ancora più grave e, per un istante, mi sentii in soggezione di fronte alla forza che emanava. «Sarò sincero,» iniziò con quel suo modo schietto, «non riesco nemmeno a immaginare quanto possa essere difficile per te riuscire a districarti tra ciò che potrebbe essere la realtà e quello che è solo frutto del tuo inconscio. Tuttavia, almeno per le cose che mi riguardano, possiamo fare insieme chiarezza. Ad esempio, posso parlarti della relazione strettamente amichevole che ho ancora con Lara. Su questo…» fece un pausa in modo da avere la mia totale attenzione, «non ho niente da nascondere e se lei proverà mai a farmi qualche avance, la fermerò sul nascere per il semplice fatto che non è lei la donna che voglio avere accanto.»

Non mi restò che rimanere lì ferma facendo del mio meglio per proteggere le mie emozioni, mentre si avvicinava con passo deciso e mi cingeva il viso con entrambe le mani. Iridi blu screziate di grigio come un mare in tempesta mi fissarono, il suo profilo scuro nascondeva il sorriso che non vedevo presente nei suoi lineamenti. Un brivido che non aveva nulla a che fare con l'aria fresca della stanza mi percorse da capo a piedi. Quell'uomo, se voleva, poteva far sembrare eccitante un semplice starnuto e il mio corpo era al corrente di quel dettaglio, di tutto quanto. Ogni. Singola. Parte.

«Voglio mettere ben in chiaro una cosa» iniziò con un sussurro che, in qualche modo, riuscì a far suonare autoritario. «Non posso prendere una decisione al posto tuo, Sophie, ma, almeno per quanto mi riguarda, non ti lascerò andare e non ti permetterò di uscire dalla mia vita senza aver avuto prima l'occasione di renderti felice. Tutto ciò che ti sto chiedendo è una possibilità. Non voglio imparare ad amare un'altra donna, Sophie, io voglio amare te. Solo te.»

Le sue parole mi disarmarono completamente. La fermezza, la convinzione con cui pronunciò ogni frase, mi scosse nel profondo poiché fu come se fossero state imprigionate dentro di lui per tutti quei mesi e ora avessero trovato la forza di venire allo scoperto. Non era una sfida da accettare o meno, era una certezza inconfutabile. Come se le paratoie di una diga fossero state aperte, Kieran continuò implacabile, mentre si voltava e iniziava a camminare nella stanza passandosi con foga le mani tra i capelli.

«Io voglio tutto il pacchetto, Sophie. Hai presente i nostri inutili battibecchi?» Si fermò e mi fissò. «Li voglio» puntualizzò asciutto prima di riprendere a camminare sempre più agitato. «Voglio le lunghe passeggiate che non abbiamo ancora avuto l'occasione di fare, quei messaggi sciocchi che solo le donne sanno scrivere, voglio poterti tenere per mano, dire a tutti che sei mia, fare colazione con te tutte le mattine della mia vita.» Si fermò all'improvviso voltandosi e appoggiando le mani sulla pediera del letto mentre si sporgeva in avanti e mi fissava senza batter ciglio.

«Cazzo, io voglio te per la colazione.» Ridacchiò, quel suono ingiustamente sensuale che mi entrava sottopelle. «Voglio i litigi, il modo in cui solo tu mi fai perdere le staffe. Voglio tutto quanto!» Finì esasperato.

Fece una pausa e il suo sguardo bruciò nel mio. «Chiariamo una cosa una volta per tutte. Non sono più un ragazzo, sono un uomo e so con estrema precisione ciò che voglio.» Fece un'altra pausa come se stesse per togliere il perno di sicurezza di una granata prima di lanciarla. «È questo ciò che desidero... e lo voglio con te!»

Prima che potessi assimilare ogni sua parola, girò attorno al letto e mi tirò a sé abbracciandomi forte, restando per parecchi battiti sfrenati del mio cuore in silenzio limitandosi a stringermi. «Io ti amo, Sophie. Non ho il diritto di chiederti nulla, tranne di non ignorare i miei sentimenti» mi sussurrò tra i capelli, prima di lasciar cadere le mani, allontanarsi per fissarmi negli occhi con uno sguardo intenso. Trattenni il respiro perché per un attimo il mio cuore aveva davvero smesso di battere. Con delicatezza mi asciugò una lacrima con il pollice. «Concedici una possibilità, piccola. Anche tu meriti di essere felice. Ti chiedo solo questo. Pensaci e, quando sarai pronta, mi troverai ad aspettarti.»

Il suo sguardo vagò con delicatezza sul mio come se stesse cogliendo ogni dettaglio prima di un addio. Non riuscivo a esprimere ciò che le sensazioni mi stavano procurando in quell'istante. Emozioni così crude e intense, che per me erano sempre state inconcepibili, minacciarono di affogarmi. Volevo piangere e abbracciarlo così forte da non farlo più andare via.

Non vuole lasciarmi. Non di nuovo. Mai più. Potrebbe bastare per noi?

Provai a rispondere alla domanda mentre i suoi occhi attenti e decisi mi scrutavano il viso, mi passò il dorso delle dita sullo zigomo prima di avvicinare la sua bocca alla mia. Mi sfiorò le labbra con delicatezza per poi spostarsi sul mio orecchio e sussurrare: «Ti voglio bene.»

Anch'io, sempre…

Chiusi gli occhi implorando che mi dicesse di più, ma prima che potessi aggiungerc altro, si voltò e andò verso la porta.

«Kieran…» Alzai la mano con l'intenzione di farlo tornare da me ma, nel momento in cui la sua mano toccò la maniglia, si voltò e guardai dritto in quei bellissimi occhi chiari così tristi, restai quindi in silenzio mentre lui riprese a parlare.

«Camminerei tra le fiamme per vederti felice, rinuncerei a tutto ciò che possiedo pur di scorgere un sorriso genuino sul tuo bellissimo viso, Sophie, e ti posso assicurare che sarò accanto a te se, alla fine di questo percorso, riuscirai a capire che la felicità è qualcosa che dobbiamo sentire e non una maschera da indossare, non un altro alias da interpretare.»

Dopo una breve pausa strategica per fare in modo che le sue parole entrassero inesorabilmente sotto pelle, proseguì deciso: «Sarei andato fino all'inferno per te ed è ciò che ho fatto quando ho infranto ogni legge possibile per venire a riprenderti in quella maledetta isola. Non mi aspetto che tu prenda una decisione adesso, ma prego per questo, ogni sera, in ginocchio, davanti a qualsiasi dio o divinità che mi voglia ascoltare. Se un giorno deciderai di dare una possibilità a te stessa, all'amore, ti prego, piccola, fa' che sia con me.»

Un battito di cuore dopo se ne andò lasciandomi stordita, senza darmi la possibilità di rispondere alle sue appassionate parole. Avrei dovuto urlare, corrergli dietro, ma sapevo che le mie gambe non mi avrebbero sorretto. Volevo che sapesse che lo amavo, che era lui l'uomo della mia vita, ma non glielo dissi, perché come sempre aveva ragione.

Come avrei potuto lottare per lui, per noi, quando non sapevo nemmeno come combattere per me stessa? Per la mia mente infranta?

Mi lasciai cadere all'indietro sul cuscino, stringendo forte gli occhi. Ogni discussione con Kieran mi lasciava sempre in quel modo: lo stomaco sottosopra che vorticava d'ansia, il cuore logoro e stanco. Mi sentivo svuotata. Era difficile confrontarsi con qualcuno che ti conosceva meglio di te stessa.

Forse è davvero così… quanto so davvero di me stessa, della donna che si è nascosta per tutta la vita dietro a degli alias?

L'unica certezza a cui potevo aggrapparmi era che anch'io lo volevo al di sopra di tutto, ma come avrei potuto superare il trauma e avere un'esistenza normale accanto a lui? Fare in modo che la mia vita progredisse, che potessi camminare insieme a lui verso un futuro stabile, una ripresa totale lasciandomi finalmente il passato alle spalle?

La mia anima è così esausta.

Ero ridotta all'osso, alla verità nuda e cruda, ed ero colma di così tante domande di quante ne avessi mai saputo rispondere. Nonostante tutti i miei sforzi, mi sentivo di nuovo davanti a un bivio: potevo avverare ciò che il mio cuore sapeva essere giusto per me, ossia tornare sui miei passi fino all'inizio della catastrofe che si era abbattuta sulla mia vita e portare sulle spalle il peso schiacciante dei ricordi, sapendo che avrei avuto con chi condividerli, oppure accettare il progetto della Maxifarma e fare *tabula rasa*, iniziare una nuova vita nel vero senso del termine.

Forse, non ci si può riprendere da un trauma simile, non si riesce a guarire o andare avanti. Forse, non si può dimenticare.

A meno che…

Alla fine dei conti, come anche Anja aveva detto, chi altro avrebbe mai potuto avere una possibilità del genere?

12. ANCORA NEL BARATRO

Dopo aver chiuso la porta alle mie spalle, sentii la testa pesante come un macigno. Gli ultimi giorni erano stati un vortice di ore e minuti mescolati tra di loro in una gigantesca nebbia confusa. Appoggiai la fronte allo stipite freddo e restai lì fermo, con gli occhi chiusi, il corpo che ogni tanto veniva scosso da un brivido, ma niente avrebbe potuto terrorizzarmi più di ciò che avevo appena appreso. Per fortuna negli ospedali le reazioni "stravaganti", come quella che stavo cercando di superare, avevano la tendenza a passare inosservate, in più era anche molto tardi, un altro punto a mio favore.

Trovarmi in quel corridoio fuori dall'orario delle visite era già un privilegio che mi ero assicurato con il dottore che aveva in cura Sophie. Non avevo concesso al poveretto nemmeno l'opportunità di negare la mia richiesta, gli avevo fatto capire con chiarezza che, nel momento in cui si fosse svegliata, indipendentemente dall'ora e dal giorno, sarei rimasto accanto a lei per tutto il tempo che avessi ritenuto necessario. Per fortuna, i suoi genitori e i suoi amici la pensavano proprio come me e, alla fine, avevamo festeggiato tutti insieme quando il medico mi aveva assicurato che la direzione dell'ospedale fosse abbastanza incline a chiudere un occhio in casi del genere.

Impiegai alcuni minuti e un centinaio di respiri, che eseguii in modo calcolato, per rendermi conto di essere tornato di nuovo in possesso delle mie capacità. Mi girai con l'intenzione di andare via, invece mi ritrovai con la schiena appoggiata alla parete vicino alla porta. Altri minuti trascorsero e rimasi con le mani infilate nelle tasche dei jeans, fissando una piccola fessura grigio scuro che si allargava come una ragnatela sfigurata nella giunzione tra il soffitto e la parete.

Sembra la ferita di qualcuno che è morto. I lembi sono aperti, il sangue è quasi nero. Forse il mio cuore ha delle crepe simili... chi potrebbe mai dire quanto siano profonde?

Smettila! Scossi la testa con rabbia, non sarei andato da nessuna parte con quel genere di pensieri.

Purtroppo, come c'era da aspettarsi, la mia mente si focalizzò di nuovo su ciò che mi stava preoccupando di più: ciò che Sophie mi aveva raccontato e la decisione che avrebbe potuto prendere. La sua storia era ancora piuttosto frammentaria e confusa, non che mi aspettassi qualcosa di diverso considerata la situazione, ma la lucidità e la fermezza con cui mi aveva raccontato alcuni momenti mi avevano davvero raccapricciato. I dettagli crudi, la spietatezza della sua voce, mi riportarono ad alcune sensazioni che avrei voluto a tutti i costi dimenticare.

Nella vita avevo già sperimentato la mia dose di momenti davvero difficili, l'ultimo, che mi era valso un intero mese di incubi, era stato quando l'avevo salvata dopo che era caduta giù da quel fottuto dirupo. Dal suo racconto non era emerso nulla che potesse far chiarezza sull'aspetto che mi premeva di più: era caduta accidentalmente o si era lanciata di sua iniziativa? Sapevo che non era il caso di insistere, almeno non in quel momento.

Per quanto mi riguardava non avrei mai più voluto vederla in pericolo o incorrere in una situazione del genere. Era stato per quel motivo che avevo fatto un passo indietro e poi ero uscito da quella stanza con la sola intenzione di respirare. E, nonostante la mia mente volesse portarmi via da quel luogo, mi trovavo ancora fermo, a ridosso della parete che odorava di disinfettante e disperazione, come se avessi il bisogno di rassicurare il mio cuore di aver preso la decisione giusta.

Quando Sophie era entrata in coma, avevamo fatto in modo di non lasciarla mai da sola, soprattutto di notte, perciò sapevo che mi sarebbe bastato chiamare Timo, che era ancora in caffetteria, e lui sarebbe venuto per stare al suo fianco in quelle ore buie. Poteva sembrare un gesto facile e scontato, ma non avevo nemmeno la forza per prendere il cellulare dalla tasca dei pantaloni.

Perché certe cazzo di decisioni devono essere per forza così complicate?

Sbuffai arrabbiato mentre sforzavo le dita che si erano strette a pugno ad aprirsi e a rilassarsi prima che mi venisse un crampo. Peccato che non potessi fare lo stesso anche con la testa. *O con il cuore…*

Quel miscuglio di sensazioni opprimenti che mi stringevano il petto in una morsa mortale, mi condussero a quando, poco più di un bambino, ero stato invitato a dormire a casa di un compagno di scuola. Mark viveva in una villa enorme sulle sponde del lago e un invito da parte sua significava divertimento assicurato. I suoi genitori avevano trasformato una parte dello scantinato in una sala giochi con tanto di tavolo da biliardo, calcetto e una televisione con maxi schermo che ricordava quello di un cinema. Tutte attrazioni che, agli occhi di un bambino di dieci anni, equivalevano a una gita a Disneyland. Dopo ore trascorse a giocare e a divertirsi fino allo sfinimento, ci eravamo spaparanzati sul mega divano con tanto di bibite gassate e popcorn per vedere una commedia divertentissima. Ci stavamo sbellicando dalle risate quando era arrivato Samus, il fratello maggiore di Mark, che aveva all'incirca sedici anni. Da quanto appresi quella sera, il mio amico era abituato ai suoi scherzi di cattivo gusto, io invece no, e lo scoprii sulla pelle quando il bulletto ci sfidò a guardare un film horror insieme a lui. Fummo costretti ad accettare o ci avrebbe preso in giro per anni, ma la cosa peggiore era che non potessi nemmeno scappare o coprirmi gli occhi perché mi avrebbe dato del fifone fino allo sfinimento. Alla fine, il piccolo Kieran aveva dovuto subire quasi tre ore di un film che, a tutti gli effetti, era un thriller psicologico con scene di suspense così raccapriccianti da traumatizzarmi. Gli incubi che ebbi dopo quella serata mi accompagnarono per oltre tre mesi, facendo addirittura pensare ai miei genitori che avrebbero dovuto portarmi da uno specialista per farmi sentire meglio.

A quell'età ero del tutto inconsapevole, ma fu la prima volta in cui venni a conoscenza di una delle emozioni più subdole e raccapriccianti per gli esseri umani: l'angoscia. Una volta adulto, la stessa emozione mi aveva fatto visita in altre occasioni, nelle sue diverse sfumature, ma mai in modo così intenso come quando avevo ascoltato il racconto di Sophie o quando l'avevo vista sul ciglio di quel maledetto dirupo.

Tutte le volte in cui ero andato a farle visita all'ospedale al termine di una delle sue missioni, ero rimasto sbalordito dalla sua forza e mai l'avevo vista così in bilico, come una lastra di ghiaccio in procinto di sgretolarsi al primo passo falso. Non era solo il suo corpo a mostrare i segni evidenti della sofferenza a cui era stata sottoposta negli ultimi undici mesi, era soprattutto il suo stato mentale a farmi soffrire. Sophie aveva uno di quegli sguardi che spesso erano indecifrabili, ma ciò che avevo scorto dietro le sue iridi verde bosco, proprio mentre mi raccontava quella storia, era una sensazione che andava molto oltre l'angoscia, la disperazione o il tormento che una persona "normale" avrebbe potuto sopportare. Ciò che aveva dovuto affrontare era un sentimento invasivo e inquietante che avrebbe continuato a minare tutte le sue forze se uno specialista non fosse intervenuto con una terapia più che efficace. Sara mi aveva riferito che lo psichiatra che seguiva Sophie da anni, il dottor Fustermann, era già stato avvertito dell'imminente risveglio della sua paziente, ma una domanda inespressa restava nell'aria: sarebbe stato in grado di aiutarla? Di farle superare il trauma e guidarla verso un definitivo percorso di guarigione? O Sophie, sentendosi ormai sconfitta, avrebbe accettato la proposta della Maxifarma?

Stavo ancora fissando quella cazzo di crepa sul soffitto, chiedendomi se avessi oppure no la risposta ad almeno una di quelle domande per poter alleviare un po' della pressione che sentivo sul petto quando, con la coda dell'occhio, vidi un signore che si avvicinava spingendo un carrello delle pulizie. Per un folle istante pensai addirittura di ringraziarlo per avermi fatto distrarre, ma poi lasciai perdere. Non volevo sembrare un paziente scappato dal reparto di psichiatria, qualche piano più in basso. Guardai altrove mentre si avvicinava, ma incrociai il suo sguardo appena in tempo per ricambiare il breve cenno di saluto che mi rivolse con la testa senza che mi sfuggisse un lampo di simpatia che scorsi nei suoi occhi. Forse, quel signore anziano che svolgeva le sue mansioni in uno degli ambienti più duri in cui una persona potesse lavorare, era uno dei pochi che avrebbe potuto capire ciò che stavo provando.

L'uomo mi passò davanti, la schiena bassa, lo sguardo diventato improvvisamente vuoto, mentre spingeva il carrello come se pesasse un quintale e, pochi istanti dopo svoltò l'angolo sparendo dalla mia vista. Restai a guardarmi intorno alla ricerca di qualcosa che potesse distrarmi, forse mi sarebbe servita solo un'altra crepa da poter fissare, ma tutto ciò che mi circondava erano solo pareti beige, porte bianche e quell'atmosfera tetra che si respirava soltanto in luoghi del genere.

Forse è ora di chiamare Timo e tornare a casa, almeno potrò provare a dormire un po'. Prima ancora che potessi concludere quel pensiero, il cervello fu più veloce e mi schernì. *Dormire e riposare, certo, come no...*

Era solo l'inizio del fine settimana e con tutte le informazioni che Sophie mi aveva riferito, erano parecchie le cose su cui avrei potuto lavorare, ma allo stesso i miei piedi sembravano essere diventati due blocchi di cemento che mi impedivano di muovermi. Tutto ciò che volevo davvero fare era tornare da Sophie e condividere con lei le nuovissime idee che mi erano balenate proprio in quell'istante e, per Dio, avevo proprio bisogno di una distrazione. Potevamo anche lasciar perdere, almeno per il momento, quanto fossero stupide...

Possibilità numero uno: varcare la stramaledetta porta, sollevarla tra le braccia e portarla altrove, dritto a casa mia, anzi a casa nostra, e, come il cavaliere dall'armatura scintillante che ho sempre creduto di essere, sarei riuscito a prendermi cura di lei da solo, avendo come unico alleato il mio amore. La seconda, e non meno immatura possibilità: aprire quella stramaledetta porta e chiederle di farmi spazio nel suo letto perché non intendo andarmene mai più dalla sua vita.

Purtroppo, per quanto entrambe le idee sembrassero davvero "allettanti", ero una persona adulta che doveva per forza vivere nel mondo reale e quindi niente di ciò che desideravo era fattibile. Anche perché nessuna delle mie soluzioni avrebbe potuto esserle di aiuto. In quel momento Sophie aveva bisogno di tempo e spazio in modo da poter riflettere su quanto le fosse accaduto e, di conseguenza, prendere la decisione che ritenesse migliore per lei. A me, invece, non restava altro che pregare una qualsiasi divinità che mi stesse ascoltando per far sì che lei prendesse quella giusta, cosa che di solito non era molto incline a fare.

Se dovesse scegliere la Maxifarma al posto di noi, anzi, di lei... cosa potrò fare? No, lei non prenderebbe mai una decisione del genere, oppure sì?

Nel periodo in cui Sophie era stata in coma, avevo parlato spesso con Sara, che l'aveva accompagnata per parte della sua vita come terapeuta, ma anche come amica. Ciò che avevo potuto apprendere era che Sophie, all'interno del suo percorso di guarigione, avrebbe dovuto imparare a prendere delle decisioni da sola. Sara aveva sempre sottolineato che non potevamo influenzarla in alcun modo, perché se l'avessimo fatto, lei avrebbe potuto acconsentire a ciò che rappresentava un nostro desiderio, non suo. Ciò che Sara temeva era che, così facendo, Sophie non sarebbe mai guarita e la sua mente avrebbe continuato a ricadere nei vecchi e sbagliati meccanismi di pensiero. Sempre secondo l'amica di Sophie, inoltre, la schizofrenia di cui soffriva poteva essere paragonata a una dipendenza, simile a quella della droga o dell'alcol e in quei casi, di solito, il percorso di guarigione risultava completo ed efficace solo se era il soggetto a volerlo veramente.

Cristo Santo, perché le cose devono essere così difficili? Perché non poteva trattarsi di una fottuta storia raccontata in un libro? *No, Kieran, hai già imparato che questa è la vita vera, e nel mondo reale tutti si devono fare il culo per sperare di ottenere il proprio lieto fine.*

Mi grattai la mascella con stizza sentendo il rumore che le dita facevano mentre strofinavo la pelle.

Crac, crac, come carta vetrata. Crac, crac, cosa posso fare per aiutarla?

«Sophie sta bene?» La voce preoccupata di Timo mi fece sussultare. Mi voltai in fretta, non mi ero nemmeno accorto che si fosse avvicinato.

«Sì, sì, sta bene. Non preoccuparti» lo tranquillizzai subito allo scorgere il cipiglio sul suo viso, «cioè per quanto possa star bene una persona che si è appena risvegliata dal coma.»

Appoggiò la mano sulla mia spalla e la strinse piano per confortarmi. «Si riprenderà, Kieran, l'ha sempre fatto. Non hai idea della forza di volontà che possiede quella donna. La nostra Sophie non molla mai.»

Un sorriso mesto si formò sulle mie labbra. «Guarda che conosco bene la sua tenacia.»

Ci fissammo per un istante e aspettai per vedere se avrebbe lasciato cadere l'argomento, non intendevo renderlo partecipe di ciò che avevo appreso dal racconto di Sophie. Speravo soltanto che lei avesse il buon senso di risparmiargli almeno i dettagli più raccapriccianti.

Per fortuna Timo scambiò il motivo del mio silenzio con altro perché aggiunse: «Allora, è andata così male tra voi due?» Avrei voluto rispondergli usando una scusa brillante, ma prima che potessi escogitarne una, proseguì imperterrito: «Perché, te lo devo proprio dire amico, hai una faccia…»

Provai a sorridere perché era chiaro che stesse tentando di alleggerire un po' la situazione, ma il gesto sembrò così innaturale sul mio viso che subito dopo lasciai perdere. «Non è andata male tra noi due, anzi…» fissai le mie Sneakers perché non avevo idea di come terminare la frase. Non ero mai stato una persona molto espansiva, almeno per quanto riguardava i sentimenti e la mia storia con Sophie, sempre che si potesse chiamare tale, era a dir poco complicata.

Per usare un eufemismo…

Il silenzio tra noi sembrò allungarsi all'infinito e, prima ancora che mi rendessi conto, alzai la testa e mormorai con le labbra così strette da non essere nemmeno sicuro se avesse capito. «Ho una fottuta paura che lei, alla fine, sceglierà la Maxifarma e non noi.»

Chi avrebbe potuto biasimarla dopo tutto quello che aveva affrontato? Il sospiro pesante di Timo mi confermò che avesse udito bene le mie parole. Alzai gli occhi al soffitto, poi li spostai verso il pavimento e, infine, guardai un'altra fottuta porta, come se stessi cercando una via di fuga. Avrei potuto cercare ovunque senza riuscire a trovare nulla. Timo mi strinse di nuovo la spalla prima di voltarsi verso la stanza di Sophie.

«Cazzo, mi dispiace, Kieran.»

«Anche a me…» *Soprattutto a me.*

Ci salutammo con un solo gesto del capo e restai immobile con il cuore che sembrava sgretolarsi nel petto, mentre lo vedevo varcare la soglia e andare dalla donna che possedeva il mio cuore e la mia anima.

Qualche ora più tardi, mentre portavo uno svogliato Marlin a fare una passeggiata nel quartiere in piena notte, tutto ciò a cui riuscivo a pensare fu che stavo per affrontare una battaglia davvero sleale contro un nemico molto più potente del sottoscritto: la Maxifarma. Mi sentivo come un soldato che avanzava da solo nella bufera calpestando i corpi dei suoi compagni caduti per andare ad affrontare un avversario terribile e spietato. Cosa avrei potuto offrire a Sophie che potesse tentarla a restare ancorata alla sua vita?

Alla nostra vita…

Ero un brav'uomo, cresciuto come si doveva, una persona onesta, un lavoratore instancabile e un amico fedele. Non possedevo molti beni, vivevo in una casa modesta, ma forse disponevo dell'unica cosa che nessuna ricchezza al mondo, nemmeno la fottuta Maxifarma, avrebbe potuto comprare: il sentimento che nutrivo per lei.

Sì, quella sarebbe stata davvero una battaglia sleale, ma intendevo combattere con ogni singolo pezzetto d'affetto, d'amore, di passione che sentivo scorrere per lei nelle vene, schierando sul campo tutto ciò che quella donna avesse fatto fiorire dentro di me. Avrei dovuto convincerla del sapore della nostra vittoria, anche se avessi dovuto implorarla con le parole, con i gesti, con tutto il mio amore, di lasciare che tutto quello contasse abbastanza da permetterle di prendere la decisione giusta per noi.

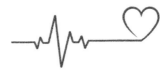

Un altro fine settimana arrivò e se ne andò portando con sé solo giorni che si susseguirono tra emozioni altalenanti: allegria, nostalgia, tristezza, ma soprattutto speranza, poiché potevo notare i primi cambiamenti nello stato di salute di Sophie. La fisioterapia proseguiva bene e il suo corpo iniziava a mostrare i segni della ripresa e, come tutti gli altri, sapevo quanto la sua volontà fosse ineguagliabile e si sarebbe del tutto ripresa. Purtroppo, lo stesso non stava avvenendo anche dal punto di vista psicologico. La mia piccola guerriera manteneva sempre una postura stoica e fiera, tuttavia attraverso i brevi racconti di Sara, che seguiva da vicino il suo recupero, sembrava che le cose non stessero progredendo come speravano. Il dottor Fustermann, dopo essere stato informato delle novità, aveva ripreso in mano il caso di Sophie e insieme alla sua famiglia e agli amici, stavamo facendo il nostro meglio per farla sentire a suo agio. Sapevo che Sophie non avesse ancora parlato con gli altri di cosa le fosse capitato in quel mese di coma e, seguendo la sua volontà, non avevo più toccato l'argomento. Stava a lei decidere se e quando portare di nuovo a galla quella storia.

Tuttavia, a mano a mano che i giorni passavano, nel mio piccolo mi assicurai di farla sentire bene e, per farlo, continuai a ripassare nella mente il suo racconto, ricordando tutti i dettagli per poterli usare a mio favore e per farla restare ancorata alla realtà. Chiesi a Sara di portare all'ospedale Kaki, il piccolo cactus di Sophie che aveva custodito con tanta cura per tutti quei mesi. Non ero presente quando Sara aveva posato la piantina sul comodino accanto al letto dell'amica, ma Timo, che era con loro, mi aveva riferito che la mia splendida donna si era molto commossa. La considerai una prima vittoria nella guerra contro la Maxifarma. Un'altra arrivò quando, nel fine settimana successivo al risveglio di Sophie, riuscii a convincere il dottore a portarla nel giardino dell'ospedale. Mi ero accordato con Timo e, nel momento in cui ero arrivato spingendo la sua sedia a rotelle, il suo grande amico, che si era nascosto dietro un grosso cespuglio di ortensie, era apparso portando con sé anche Marlin. Il nostro piccolo cagnolino era subito balzato in grembo di Sophie dimostrando in quel modo stupendo, che soltanto gli animali sapevano fare, quanto l'amasse. Proprio come tutti noi. C'erano stati anche tanti altri piccoli dettagli, che insieme alla sua famiglia e ai suoi amici più cari, stavo portando, pian piano, nella sua vita. Una sera, per esempio, sua madre le aveva portato uno dei suoi piatti preferiti; Sara e la sua compagna Zahira, invece, le avevano preparato un profumato e delizioso salmone arrosto. Timo e io avevamo contrattaccato facendole fare altre passeggiate con Marlin, e poi con abbracci, carezze, scherzi e tutte le emozioni positive che riuscivamo a farle provare. Tante altre persone ci avevano aiutato in quella guerra senza esclusione di colpi: gli altri parenti di Sophie, Hansen e tutti i colleghi che lavoravano con me all'Agenzia, la signora Fuchs, la segretaria di Hansen e addirittura Laz erano venuti a farle visita, così come i suoi compagni di lavoro alla polizia. Tutti insieme provavamo a tenerla ancorata alla vita.

Andreas Bolten e il dottor Petrulin, purtroppo, avevano fatto le loro mosse, di sicuro odiavano restare indietro, e avevano mandato un gigantesco mazzo di fiori in regalo a Sophie, ed ero al corrente, tramite il racconto di Sara, che avevano presentato richiesta più di una volta al dottor Fustermann di esporre alla sua paziente il progetto Oblivalium. Per fortuna, lo psichiatra dopo aver parlato con Sophie aveva negato la loro richiesta, dicendo che fosse ancora presto. Mi piaceva pensare che anche quel dottore stempiato e dai modi di fare riservati, avesse ceduto al fascino di quella donna incredibile e che, come tutti noi, desiderava che potesse riprendere in mano la sua vita contando solo sulle sue capacità e non resettando ogni cosa.

Anche se sapevo che gli uomini della Maxifarma avrebbero continuato a insistere, mi lasciai lo stesso guidare dall'ottimismo. Era già una grande vittoria che non aveva acconsentito a vederli, forse anche Sophie sentiva che il peggio era passato e la sua mente aveva iniziato a guarire, così come i progressi evidenti che vedevo sul suo corpo. Ero sicuro che ce l'avremmo fatta, che fossimo sulla strada giusta, non solo per la sua ripresa fisica ma soprattutto per quella mentale. Tuttavia, prima di lasciarmi invadere dall'euforia, sarebbe stato meglio se avessi fatto i conti con un nemico più subdolo e temibile della Maxifarma: il destino.

Altri giorni passarono e una nuova settimana iniziò. Sophie sapeva che sarei stato assente per recarmi alla sede dell'Europol e proprio per quel motivo, quando verso metà giornata avevo visto nel mio cellulare un messaggio da parte di Sara che mi chiedeva di contattarla, provai a non lasciarmi prendere dal pessimismo. Inutile dire che avessi trascorso quelle ore di lavoro senza riuscire a prestare la minima attenzione a ciò che stavo facendo. Ormai la testa era tornata da lei: dalla mia donna.

Se da un lato mi sentivo sollevato perché le cose per Sophie stavano migliorando, non potevo dire lo stesso anche per me. Ero ancora sottoposto a un'inchiesta interna per il modo con cui avevo condotto il suo recupero e tutte le mie migliori intenzioni di chiudere la faccenda il prima possibile si stavano dimostrando inutili. Per fortuna, avevo ancora i documenti che ero riuscito a scannerizzare all'ospedale psichiatrico in Brasile. Forse sarebbe stato proprio quel fascicolo ad avere il potere di salvare la mia carriera e, con un po' di fortuna, di far uscire Sophie da quella storia sotto una luce migliore. Se fosse stato necessario sarei stato disposto anche a giocare sporco, come avevo fatto capire all'avvocato degli affari interni che si stava occupando del mio caso. Un giorno, mentre stavamo prendendo un caffè, con una certa nonchalance, gli avevo accennato la possibilità di rendere pubblico il fascicolo che conteneva le prove inconfutabili di maltrattamenti, oltre al fatto che la polizia brasiliana l'avesse tenuta prigioniera anche dopo che era stata identificata come una poliziotta svizzera. L'intera indagine era ancora in "alto mare", ma secondo il mio avvocato avevamo una buona possibilità che la controparte ritirasse tutte le accuse. Restava comunque il fatto che avevo adoperato un'identità falsa per portare a termine la missione, e quella sarebbe stata un'altra battaglia ardua da affrontare, ma avevo avuto la soddisfazione di avere Hansen schierato dalla mia parte. Da quando ero tornato dal Brasile, dopo aver subito un rimprovero più che meritato, mi ero reso conto, però, che la nostra relazione personale aveva subito un brutto colpo. Gli avevo mentito e mi rincresceva scorgere la delusione nel suo sguardo ogni volta che lo incontravo. Inoltre, sapevo che fosse arrabbiato e deluso per il mio "modus operandi" del tutto sbagliato, ma ero certo che col tempo avrebbe capito le mie motivazioni e, di conseguenza, provato a perdonarmi. Inoltre, il capitano Gerber, il diretto superiore di Sophie, che era stato presente alle diverse riunioni che avevamo avuto, non solo aveva confermato la sua lealtà alla sua agente, ma si era pure schierato dalla mia parte e più di una volta aveva liquidato la commissione che si occupava del caso usando alcuni dei suoi proverbi. Il mio preferito in assoluto fu quello: *«Lui ha salvato un agente di polizia, indipendentemente se stesse lavorando o meno a un'indagine. E non devo di certo ricordarvi il valore di una vita umana, perciò direi che, per questo specifico caso, il fine ha giustificato i mezzi.»*

Molto probabilmente nei prossimi mesi la mia carriera sarebbe passata al setaccio sin nei minimi dettagli, con la speranza di trovare eventuali "macchie" nel modo in cui avevo risolto tanti altri casi. Forse, avrei dovuto anche porre di nuovo le mie formali scuse al capitano Spervi per aver preso in prestito la sua identità, dopotutto quello era stato soltanto un piccolo prezzo da pagare perché alla fine ero riuscito davvero a riportarla a casa.

Quando finalmente mi liberai dalle riunioni e dalle scartoffie burocratiche che dovevo compilare, mi fermai alla caffetteria dell'Europol e telefonai a Sara.

«Ciao, sono Kieran. Va tutto bene?» Una delle cose che più apprezzavo nella migliore amica di Sophie era la sua naturale schiettezza.

In effetti, dopo un breve saluto, mi chiese di aspettare un attimo e poi sentii il rumore di una porta che si chiudeva alle sue spalle e andò dritta al punto. «Quando rientri in Svizzera?»

«Ne ho ancora per un paio di giorni» avrei voluto aggiungere *in questo inferno*, ma alla fine feci solo un breve accenno alle riunioni, prima di porle la domanda che più mi premeva: «Come sta Sophie? Sta bene?»

«Sì, cioè insomma...» Le sue parole erano semplici, ma pronunciate con uno strano tono solenne. «Lei non voleva che ti chiamassi, però oggi doveva fare una visita e quando sono andata a trovarla dopo il lavoro, l'infermiera di turno mi ha detto che ha avuto una specie di crollo e hanno dovuto sedarla. Adesso si sta risvegliando.»

Mi si formò un nodo che si conficcò a metà della gola, in una sorta di limbo, dove non poteva essere né inghiottito né eliminato. Per un istante mi vennero in mente le sessioni di fisioterapia e che, forse, si fosse fatta male, ma per quanto quel pensiero fosse stato del tutto stupido mi ritrovai a chiedere: «Come sarebbe a dire che ha avuto un crollo? Durante quale visita?» Prima ancora che il cervello si decidesse ad affrontare la realtà, i muscoli delle braccia presero a tremarmi per l'agitazione. «Intendi un'altra visita psichiatrica o con quelli della Maxifarma?»

Il nodo in gola si sciolse alla prospettiva che uno di quei bastardi fosse riuscito ad avvicinarsi a lei. *Se qualcuno ha osato farle del male...*

La voce di Sara appena più alta di un sussurro interruppe i miei pensieri infuriati.

«No, non si tratta della Maxifarma.» Non ebbi nemmeno il tempo di tirare un respiro di sollievo che aggiunse: «In verità è successa una cosa che ha a che fare con te, in un certo senso...» L'indecisione nella voce di Sara mi stava facendo saltare i nervi.

«Cosa significa che ha a che fare con me? Parla chiaro, Sara...» poiché le mie gambe si rifiutavano di portarmi avanti, mi limitai a raggiungere una sedia vuota in cui mi lasciai cadere. Provai a non far trasparire la disperazione che sentivo bruciarmi dentro e, prima ancora che potesse rispondere, ribadii: «Hai chiamato il dottor Fustermann?»

«Sì» rispose subito, esasperata quanto me, «il problema non riguarda lui, insomma potrebbe riguardarlo nel futuro, ma non adesso» un'altra pausa mi lasciò ancora più perplesso e con molte più domande di quante il mio cervello stanco potesse elaborare a quell'ora tarda «più che altro riguarda te, Kieran. Credo...»

«Riguarda o non riguarda me?!» Le chiesi stupito dalla sua indecisione mentre prendevo il portatile dalla cartella, lo posavo sul tavolino che avevo di fronte e lo aprivo, cercando un volo per tornare a casa il prima possibile.

«Non voglio anticiparti nulla per telefono, anche perché non sta a me raccontartelo, tuttavia cerca di tornare a casa il prima possibile. Lei ha bisogno di te, Kieran, solo di te.»

Non doveva aggiungere altro… «Cerco subito un volo.»

Il tempo di fare una telefonata al mio avvocato per avvertirlo che avevo avuto un'emergenza in famiglia e mi ritrovai in un taxi diretto all'aeroporto.

Impiegai ancora tre lunghissime ore per trovare un tragitto veloce che mi facesse arrivare all'aeroporto di Basel perché i voli diretti per Zurigo erano pieni. Ero così impaziente che le due ore successive, destinate per arrivare all'ospedale, mi sembrarono non finire mai. Un piccolo assaggio dell'inferno.

Era già notte fonda quando, con passo spedito, arrivai alla postazione delle infermiere. Per fortuna, la ragazza che stava lavorando dietro al computer non sembrò stupita della mia presenza e, dopo un saluto veloce, appena le spiegai dove fossi diretto, annuì soltanto prima di tornare a concentrarsi sul suo lavoro.

Mi fermai davanti alla porta della stanza di Sophie, appoggiai la mano sulla maniglia, ma prima di spingerla mi fermai un istante, prendendo coraggio senza avere la minima idea di ciò che mi aspettasse dall'altra parte.

Quella sì che era una battaglia difficile; quando non avevi nemmeno idea di quale fosse il tuo avversario e tutto ciò che conoscevi era la sua potenza subdola e invisibile. Quali armi sarebbero state necessarie per combattere un nemico del genere?

Forza, Kieran, ce la puoi fare… lì dentro c'è la tua Sophie, lei ha bisogno di te.

Perché se così non fosse, vuol dire che sto provando a raggiungere qualcuno che non conosce la strada per arrivare al mio cuore.

Accantonai in fretta quei pensieri prima che causassero un dolore ancora maggiore di quello che stavo già sentendo. Bussai e quando non ricevetti risposta aprii piano la porta. Appena i miei occhi si abituarono alla penombra, feci correre lo sguardo per tutta la stanza e la trovai in un angolino di quell'orribile divano nero. Sua madre le era seduta accanto e le teneva un braccio intorno alle spalle. La vedevo così piccola, rannicchiata su se stessa, come se volesse essere inghiottita dall'imbottitura. Restai per un istante fermo, senza sapere bene come comportarmi e fu proprio la madre di Sophie a rendersi conto della mia presenza. Un sorriso mesto si formò sulle sue labbra, sincero e senza pretesa alcuna, prima che depositasse un bacio tra i capelli della figlia e, con molta delicatezza, la lasciasse andare. In seguito si alzò e Sophie rimase esattamente dov'era: le braccia avvolte attorno alle ginocchia che aveva raccolto al petto, la testa nascosta in mezzo a esse. La signora Nowack mi passò accanto mentre le tenevo la porta aperta, ci scambiammo soltanto un cenno con la testa, ma non mi sfuggì che provò a sorridere con tutta se stessa, prima di sbattere in fretta le palpebre e guardare altrove. La sua espressione era così triste che mi sentii morire dentro. Niente e nessuno mi toccava il cuore come Sophie Nowack.

I miei passi vacillarono mentre mi avvicinavo a lei. «Ehi, ciao piccola...»

La testa di Sophie scattò in alto appena udì la mia voce mentre, provando a non farsi notare, si asciugava il viso con la manica della felpa grigia che aveva tirato fino a coprire le mani.

Perché è così riluttante a sostenere il mio sguardo? Cosa diavolo è successo in così poco tempo?

Avevo sperato che potesse credere che, restando uniti, avremmo potuto superare qualsiasi cosa usando le uniche armi che avevo a disposizione, quindi con il mio sguardo e i miei gesti delicati e traboccanti d'amore, la implorai di concentrarsi su di me, di vedermi e sentirmi... eppure, in fondo, temevo che non ci sarebbe riuscita. Ormai, era diventata dipendente, una schiava del suo stesso dolore.

Fu un miracolo che riuscii a modulare la voce per farla suonare addirittura scherzosa quando parlai: «Cos'hai combinato questa volta, agente speciale Nowack? Non posso lasciarti sola per più di qualche giorno, non è vero?»

Forse avrei dovuto intraprendere la carriera d'attore perché mentre restavo in attesa della sua risposta con un sorriso sornione sulle labbra, mi sentivo precipitare sempre di più nel baratro che lei aveva scavato per me. Per se stessa. Sprofondai, inesorabile, sempre più nell'abisso.

13. ANDARE AVANTI O DIMENTICARE?

«Cos'hai combinato questa volta, agente speciale Nowack? Non posso lasciarti sola per più di qualche giorno, non è vero?»

Dio, com'era possibile non amare quell'uomo? Solo lui sarebbe riuscito a strapparmi un sorriso in un momento del genere, quando ogni cosa sembrava rovinarti addosso e la linea dell'orizzonte, quella che prometteva la salvezza, era diventata all'improvviso irraggiungibile.

«A quanto pare, agente Heizmann, hai di nuovo sottovalutato la mia propensione a mettermi nei guai.» Abbracciai ancora di più le mie ginocchia e gli restituii il sorriso, sperando che la battuta potesse nascondere almeno un po' della vulnerabilità che mi strisciava dentro.

Kieran azzerò la distanza che ci separava con lunghe falcate, lo sguardo intenso fisso, facendo vibrare il mio cuore a ogni passo. Appena mi raggiunse, si accovacciò davanti a me e premette le sue labbra sulla tempia. Chiusi gli occhi, sopraffatta dalla sua presenza, dalla sua vicinanza, dalla sua vista e dal suo odore, dalla sensazione delle sue labbra posate sulla mia pelle. La tensione iniziò a dissolversi, il muro fatto di ansia e paura crollò ai miei piedi, finendo proprio accanto ai resti del mio cuore spezzato. Gli occhi iniziarono a inumidirsi, nonostante non volessi, fregandosene della mia volontà di essere forte.

«Mi sono spaventato da morire» sussurrò, mentre le sue braccia mi circondavano tirandomi forte al suo petto. Sentii il calore della pelle del suo viso contro il mio, la deliziosa sensazione della sua barba che mi grattava la guancia. La sua mano forte e stabile contro la mia nuca. Ogni parte del suo corpo, di lui, era arrivata per darmi sicurezza, per sostenermi durante la mia caduta imminente.

«Lo sai che, probabilmente, non sarà l'ultima volta che ti farò prendere uno spavento?» Gli dissi con voce tremante appena si allontanò. Mantenni lo sguardo basso per non doverlo affrontare, prima di aggiungere: «Ma come hai fatto a sapere che…», quelle stupide lacrime continuarono a bruciarmi la gola impedendomi di parlare.

«Shh, sono un agente speciale anch'io, signorina Nowack» disse prendendo posto sul divano e girandosi completamente verso di me. «Riesco sempre a scoprire cosa sta succedendo alla mia donna.» Concluse la frase con un occhiolino e un sorriso che non raggiunse i suoi occhi.

Non riuscii a farne a meno, mi scappò una risata tremula, ma era così fuori luogo che subito la mia bocca si incurvò di nuovo verso il basso. «È stata Sara?»

Annuì soltanto prima di zittirmi con un bacio soffice sulle labbra, poi si allontanò e fece scorrere con delicatezza le nocche sulla mia guancia. Kieran era sempre stato un uomo d'azione, non parlava mai oltre il necessario, perciò avrei dovuto immaginare che sarebbe andato dritto al punto. Infatti, dopo un sospiro pesante, aggiunse: «Cos'è successo, Sophie? Ho parlato con tua madre ieri, i tuoi esami stanno migliorando, così come la riabilitazione.»

Appoggiai la testa sulla sua spalla e sentii crescere la tensione nell'aria appena prima di coprirmi la bocca con la mano, mentre meditavo su come rispondere. Se soltanto avessi avuto un attimo di tempo, se il suo arrivo non mi avesse preso così alla sprovvista ero sicura che mi sarebbero venute in mente parecchie risposte. *Maledetta Sara!* Dovevo ancora decidere se l'amavo o la detestavo.

In quel momento, tuttavia, non riuscivo a trovare nemmeno una parola adatta non per salvare me stessa, bensì il solo uomo in grado di far battere il mio cuore in quel modo prorompente con un solo sguardo. Non mi restava altro che essere onesta, visto che Kieran riusciva a leggere le mie stronzate come se fossero scritte su carta trasparente.

Fu il mio turno di emettere un sospiro pesante. Tutte quelle settimane trascorse a lottare così duramente per vivere, e per cosa? Forse l'inferno mi aveva inseguito fino a casa. Viveva dentro di me, ospitando nel mio corpo tutti i miei demoni e fantasmi.

«Vieni qui, piccola…» Senza dire un'altra parola Kieran iniziò a tirarmi a sé. Volevo soltanto alzarmi e correre via, ma sentivo che anche le ultime forze mi stavano abbandonando. Con un gesto fluido mi sollevò e mi fece mettere a cavalcioni sulle sue gambe. Seppellii la testa nell'incavo del suo collo e, subito dopo, sentii la sua mano che mi accarezzava i capelli. Proprio come aveva fatto la prima volta in cui ci eravamo rivisti, rimasi lì senza dire una parola, senza affrettarmi, tenendomi soltanto ancorata a lui, alla vita, alla ragione.

Ero legata, anzi incatenata a quell'uomo in modo indissolubile e avrei tanto voluto godere di quella bella sensazione, ma non riuscivo ad afferrarla perché, allo stesso tempo, non mi ero mai sentita così sola, così irrimediabilmente rotta in tutta la mia esistenza.

Mi tornò in mente la frase che mio padre mi aveva rivolto nei giorni precedenti. *«Credi in te stessa, figlia mia, e dai tempo al tempo. Prima o poi la tempesta dentro di te si placherà.»*

Purtroppo, gli ultimi eventi mi avevano dimostrato che a volte la tempesta non si calmava, a volte il danno era troppo esteso per essere riparato.

Era incredibile come un episodio… un singolo fatto… un solo momento potesse scuotere il mondo intorno a te e spazzare via ogni speranza. Erano necessarie tutte le mie forze, i miei desideri, i miei sogni per costruire un po' di ottimismo, e un solo, inutile soffio per gettare tutto in un altro baratro. Ancora più in profondità, ancora più terrificante.

Mi sentivo come se fossi finita dentro una palla di neve che era scivolata dalle mani di qualcuno finendo a terra. Quel poco di ragione che avevo duramente acquisito stava andando in frantumi ed ero persino costretta a osservare impotente i frammenti riversarsi sul pavimento asettico.

Alzai la testa e lo fissai, ero pronta a dirgli ogni cosa, ma ero anche terrorizzata dal fatto che la mia rivelazione avrebbe potuto farlo allontanare. Sbattei con forza le palpebre per allontanare quei pensieri e poi strinsi le labbra provando a non piangere.

«Ehi…» il tono dolce e carezzevole della sua voce mi chiamò a sé. «Parla con me, siamo una squadra, piccola» mi ricordò e il suo sguardo amorevole mi fece ancora di più a pezzi.

«Lo so» sussurrai provando a tenere insieme ciò che rimaneva del puzzle incasinato che era la mia mente. «Ma non credo che sia sufficiente in questo momento. Sto per cedere, Kieran, e questa volta mi spezzerò del tutto.»

Era la prima volta che pronunciavo quelle parole a voce alta e suonarono profane nel silenzio della stanza. Kieran scosse la testa in modo deciso. «No… noi siamo insieme… parlami, Sophie. Per favore, solo… parla con me…» sussurrò mentre mi avvolgeva il viso con le mani. Strinsi gli occhi con forza cercando dentro di me il coraggio. Eravamo così vicini, ero circondata dal suo profumo, dal suo calore e dalla sua forza.

Questo è il mio posto… ma era come se il silenzio tra di noi stesse premendo in modo insistente per farci allontanare. Lo avvertì anche lui. «Sophie, io ti amo.»

Il mio respiro vacillò e gli occhi bruciarono. «Devo dirti una cosa.»

«Dimmi tutto quello che vuoi, io continuerò ad amarti.»

Strinsi i denti, cercando di non crollare mentre mi tirava a sé e sussurrava sulle mie labbra. «Ti amerò sempre, non importa la decisione che prenderai. Se sceglierai la Maxifarma e me lo permetterai, ti troverò ovunque andrai e sono sicuro che ci innamoreremo di nuovo, perché è questo il nostro destino, Sophie. E se deciderai di restare accanto a me, non dovrai mai fingere o cercare di nasconderti. Ti resterò accanto sempre. E ogni volta che ti guarderò, vedrò solo la donna meravigliosa che sei: ogni cicatrice, ogni difetto, ogni pezzo rotto. Ti amo e ti amerò per sempre, Sophie, nella tua disordinata perfezione.»

«Non è questo, Kieran. C'è dell'altro.» Non mi ero mai sentita così combattuta prima d'ora, divisa a metà, tirata in due direzioni opposte.

Le sue labbra si aprirono e rabbrividii mentre appoggiava la fronte contro la mia. «Non mi importa. Ti amerò lo stesso» ribadì deciso.

Le sue parole sembrarono penetrare le pareti del mio petto solo per far uscire tutta l'aria dai polmoni. «Aspetta…» C'erano ancora così tante cose di cui dovevamo discutere, così mi staccai dalla sua stretta e presi dal comodino accanto al letto una busta di plastica. In quel piccolo sacchetto bianco c'era il mio futuro. Il nostro futuro.

Senza parlare, Kieran mi aspettò con le braccia aperte mentre tornavo da lui e mi mettevo un'altra volta a cavalcioni. Il sacchetto finì tra le mie cosce proprio sopra le sue.

«Ricordi quando eravamo sull'isola e abbiamo fatto l'amore?»

Annuì lentamente come se stesse provando a capire dove avrebbe portato quella conversazione. Abbassai la testa provando a ripiegarmi su me stessa, stringendo le braccia con le mani. «Prima che tu arrivassi mi sono successe delle cose in quell'ospedale. Tuttavia, per conto delle medicine, non sono sicura se siano vere o soltanto frutto della mia immaginazione.»

Alzai lo sguardo e incontrai il suo, lasciai uscire un respiro pesante, preparandomi alla verità che non avrei voluto condividere. «Quando mi hanno ricoverata in Brasile, prima ancora che provassi a scappare e finissi in quell'isola, mi avevano detto che, considerato quanto mi era stato fatto mentre ero in cattività…» feci una pausa e per un istante mi coprii la bocca con la mano, non volevo continuare, ma poi la lasciai cadere accanto al corpo. Lui era il solo ad avere il diritto di conoscere la verità. «Il dottore mi aveva detto che mi avevano rovinata così tanto che non sarei riuscita ad avere figli» continuai a parlare con la voce che a malapena superava un sussurro. «Sai, con gli stupri.»

Lo sentii sussultare sotto di me, ci fu un'altra pausa e guardai altrove, anche se non avrei dovuto, ma c'era una piccola parte di me che si sarebbe per sempre vergognata, anche con lui. Ormai non c'era modo di tornare indietro così alla fine sbottai in un sussurro che credevo mi avrebbe strozzato. «Il fatto è che credo di essere incinta, Kieran.» Restai lì seduta, lottando contro le lacrime, la pressione che minacciava di schiacciarmi il cuore.

Le braccia di Kieran caddero accanto al corpo e si limitò a fissarmi con il petto che si alzava e abbassava a un ritmo sempre più frenetico. Sapevo che stava provando con tutto se stesso a nascondere lo stupore, magari a trovare le parole giuste da dire, ma non c'era niente che avrebbe potuto fare per allontanare la mia paura… nemmeno dirmi che non avrei dovuto preoccuparmi perché quello era sicuramente un problema.

Alla fine gli uscì un sussurro strozzato. «Cazzo…» si infilò la mano tra i capelli, mentre la sua testa ricadeva all'indietro sullo schienale del divano e restò a osservare il soffitto. «Hai fatto gli esami del sangue specifici?»

Mi ricordai quando avevo fatto la visita ginecologica nei giorni precedenti e la dottoressa mi aveva parlato del test beta HCG e del fatto che la mia mente mi avesse ricordato lo stesso esame quando mi ero ritrovata con Anja. La piccola bara che avevo visto quando ero al mausoleo, quella che aveva il mio stesso secondo nome: Ann…

Quanto poteva essere affidabile o intuitivo ciò che i miei ricordi giuravano essere vero? Quanto poteva essere reale?

«Non ho voluto sottopormi a nessun altro esame.» Abbassai la testa e fissai le mie dita intrecciate in grembo. Stavano tremando. «Ma alla fine mi sono resa conto che si tratta di qualcosa da cui non riuscirò a fuggire. Insomma…» sbattei le palpebre mentre distoglievo lo sguardo, provando a nascondere il turbinio di emozioni che mi vorticavano dentro. «Ieri ho chiesto a Sara di andare in farmacia a comprare un test di gravidanza.» Kieran alzò la testa nel momento in cui guardavo il sacchetto posato tra di noi come un serpente in procinto di sferrare il suo attacco letale. Inspirai lentamente mentre lo aprivo e tiravo fuori una scatola dalla forma allungata. In quelle ultime ventiquattr'ore, avevo già fatto lo stesso movimento un migliaio di volte, infatti uno dei bordi della confezione era spiegazzato e avevo imparato le istruzioni a memoria. Percepivo il peso dello sguardo di Kieran fisso su di me mentre la rigiravo tra le mani. Usai il movimento come un diversivo per non fargli vedere quanto tremassero. «È del tipo che non mostra una linea, bensì le parole "non incinta" o "incinta"» mormorai come se fosse un dato importante non soltanto per la sottoscritta, bensì anche per lui. «Quello che dovrei fare è la pipì sopra la punta del bastoncino e… e asp- aspettare…» Avrei voluto dirgli un milione di cose, invece continuai a blaterare parole senza senso e impiegai un attimo di troppo a realizzare che, forse, mi aveva chiamato più di una volta.

«Sophie…» le sue dita calde che prima mi stavano accarezzando il braccio, premettero leggermente sul polso usando i pollici, come se intendessero richiamare la mia attenzione, strapparmi ai miei pensieri disordinati.

Strinsi con forza gli occhi, come se quel gesto avesse il potere di portarmi altrove. Non era in quel modo che una donna avrebbe dovuto sentirsi quando stava per scoprire di essere incinta, di diventare madre. «È colpa mia… è così. Non avrei dovuto fidarmi di quello stupido dottore brasiliano.»

Il silenzio tra di noi si intensificò e, alla fine, non mi restò che aprire gli occhi e lo ritrovai che mi stava guardando. Mi aspettavo di vedere il suo bel viso teso, lo sguardo tormentato come il cielo prima dell'arrivo di una burrasca, invece tutto quello che scorsi furono iridi brillanti, come un prato di prima mattina, ancora coperto dalla rugiada.

«Non sei arrabbiato con me?» Abbassai lo sguardo e, con mio stupore, ritrovai le sue grandi mani aperte sulla mia pancia, come se intendesse proteggere il piccolo feto che, magari, stava già crescendo dentro di me.

La sua risposta fu disarmante nella sua semplicità. «Perché dovrei essere arrabbiato, piccola? Ciò che è accaduto non si può cancellare. Sei comunque la persona più importante per me, Sophie.»

Non riuscivo nemmeno a guardarlo, a trovare le parole giuste per esprimere tutto ciò che provavo.

Cristo Santo, come potrò essere una buona madre, prendermi cura di qualcuno, quando non riesco a farlo nemmeno con me stessa? Tutte le medicine che mi hanno dato, tutto ciò che il mio corpo ha sofferto, cosa potrebbe accadere a questo piccolo feto? Non è così che sarebbero dovute andare le cose.

Come se percepisse la mia disperazione, quell'uomo meraviglioso annientò la distanza e le sue braccia mi circondarono il bacino, all'inizio in modo incerto, attento e delicato. Ma, presto, la sua presa si intensificò, tirandomi sempre più vicino. La sua barba mi solleticò il collo e il suo respiro mi scaldò la pelle. Mi aggrappai a lui sentendo che tutto il corpo cominciava a tremare.

«Ti amo, Sophie,» sussurrò, la sua mano destra che risaliva lungo la mia spina dorsale in un modo familiare, amorevole, «questo non cambierà mai, nemmeno con un'ipotetica o reale gravidanza.»

«Mi dispiace tanto, Kieran» bisbigliai appena contro di lui.

Mi strinse più forte prima di spostare le mani ai capelli e poi al mento, facendomi sollevare lo sguardo per incontrare il suo. La sua espressione così bella e, al contempo triste, mi trafisse l'anima. Stava leggendo, scavando in profondità nella mia psiche, esplorando i miei segreti indesiderati. «Perché parli così?» Il tono della sua voce dimostrò tutta la sua preoccupazione «Non hai nulla di cui dispiacerti.»

Un'altra lacrima scese sulla mia guancia e la raccolse con il pollice. «Se esistesse un modo per scoprire se questo bambino è mio, è nostro, vorresti tenerlo?»

«Certo che lo vorrei, Kieran, ma non ti costringerei mai ad affrontare una situazione simile. Non ti farei mai una cosa del genere, non sarebbe giusto nei tuoi confronti.»

«Non stiamo parlando di me» disse con voce ferma, «stiamo parlando di te.» Lo percepii combattuto, come se non sapesse se abbracciarmi o sgridarmi, ma continuò lo stesso a tenere il mio viso tra le mani impedendomi di sfuggire al suo sguardo. «E se tu sapessi per certo che questo bambino è di un altro uomo, lo vorresti comunque?»

Trasalii soltanto pensando alle altre opzioni. Mi scappò un'altra lacrima e lui la seguì con lo sguardo senza asciugarla. «Non sarebbe colpa del bambino» dissi infine a bassa voce. «È una vita innocente ma, come ti ho detto, non ti farei mai una cosa del genere.»

Senza dire nulla mi attirò a sé con foga e mi strinse forte. Per un momento rimase in silenzio, come se stesse cercando dentro di sé le parole giuste da dire. Potevo sentire i battiti del suo cuore, l'emozione che riusciva a stento a controllare. Passati alcuni istanti, mi depositò un piccolo bacio sulla tempia.

«Mi sono perdutamente innamorato di te, Sophie. Se nel tuo grembo stesse crescendo una piccola vita, nessuno avrebbe il diritto di togliertela. Puoi anche solo immaginare quanto mi sentirei onorato se tu mi permettessi di amare qualcosa che è parte di te?»

Abbassò le mani e poi posò di nuovo il palmo sul mio stomaco rendendomi partecipe del valore delle sue parole. «Se anche tu mi ami e se dentro di te stesse sul serio crescendo un bambino, allora non sarà soltanto tuo, sarà anche mio, Sophie.» Il suo sguardo si alzò incontrando il mio. «Sarà nostro. E se deciderai di tenerlo, ti prometto che farò ogni cosa in mio potere per essere un padre meraviglioso. Il migliore che tu abbia mai visto.»

La pelle d'oca mi solleticò le braccia, avvolgendomi in un turbinio di nuove emozioni e un'inaspettata sensazione di... appartenenza.

Lui è la mia casa…

Restammo nella nostra bolla insieme, le mie mani che gli tenevano il viso, le sue che mi stringevano i polsi come se avesse troppa paura per lasciarmi andare. Occhi negli occhi, respiri intrecciati, anime legate, come se fosse così da sempre.

«E se questo bambino fosse figlio di uno stupro?»

«Non importa, Sophie, perché questo bambino fa parte dell'unica persona che amo più di qualsiasi altra cosa al mondo.»

La sua voce forte e decisa iniziò a rimettere insieme i pezzi del mio cuore andato in frantumi e, alla fine, mi ritrovai con un piccolo sorriso sulle labbra. «Sei davvero un uomo meraviglioso, agente super speciale Kieran Heizmann.»

Mi schernì con un sorrisetto strafottente e uno sguardo complice negli occhi. «Lo so, agente speciale Sophie Nowack, me lo hanno già detto in tante» mi fece un occhiolino prima di tornare di nuovo serio. «Siamo forti, amore mio. Possiamo affrontare qualsiasi cosa restando insieme.» Prese la mia mano e l'appoggiò in mezzo al suo petto. Fece un sospiro così profondo che sembrò risuonare attraverso di me. «Siamo stati davvero molto fortunati, sai… molte persone trascorrono tutta la loro vita senza sapere cosa sia l'amore. E fino a quando...» sussurrò e quelle ultime parole furono come un bacio morbido sulle mie labbra, «il mio cuore continuerà a battere, io continuerò a combattere per te, per noi.»

Forse fu la sorpresa che trasparì nel mio sguardo a fargli pronunciare le parole successive. «Allora, cosa ne dici se ora andiamo a scoprire se stiamo per avere un piccolo Kieran o una piccola Sophie?»

Non riuscii a restare in bagno mentre aspettavo che passassero i due minuti per avere i risultati. Quando Kieran finalmente aprì la porta, mi bastò vedere il suo sguardo mentre scuoteva la testa. Nel profondo dei suoi occhi scorsi la tristezza, il dolore e non avrei mai potuto immaginare che desiderasse così tanto diventare padre. Forse, era qualcosa che non sapeva nemmeno lui di volere, forse era un'altra delle cose che stavamo scoprendo insieme in quell'istante che aveva appena spezzato le nostre speranze.

Lo guardai, ipnotizzata e così commossa da non riuscire a parlare. *Non sai mai quanto desideri avere qualcosa fino a quando non la perdi...*

«Vieni qui.» Senza aggiungere altro fece due passi lunghi per raggiungermi più in fretta e mi sentii trascinare in un abbraccio forte, la sua guancia che si posava sulla mia mentre mi avvolgeva stretto. Piansi come non avevo mai fatto in vita mia. Piansi per me, per lui, per il piccolo che non sarebbe mai cresciuto dentro di me.

La vita era davvero strana, prima non avrei mai potuto immaginare che mi sarebbe piaciuto così tanto diventare madre, crescere un bambino accanto all'uomo che amavo, ma in quel momento, anche se era del tutto sbagliato, la cosa che avrei voluto di più era che quel bastoncino mi dicesse che ero incinta.

Parecchi minuti trascorsero prima che trovassi la forza per alzare la testa. Appena lo feci, scoprii Kieran che mi stava guardando con le sopracciglia leggermente aggrottate. «Perché stai piangendo in questo modo, amore mio? È meglio così, no?»

Mi toccai il grembo, sentendomi più sola che mai. Avevo perso davvero tanto nella mia vita, ma quell'inspiegabile sensazione di vuoto era molto, molto peggio. Le lacrime continuarono a riempirmi gli occhi e a riversarsi sulle guance. «Non lo so nemmeno io perché sto piangendo così. Sono un disastro, un vero casino.»

Kieran mi lasciò soltanto per prendere le mie mani tra le sue e depositare un bacio sulle nocche. «Non parlare così, Sophie. Hai solo sofferto tanto e hai bisogno di tempo per riprenderti la tua vita.» Fece voltare una delle mie mani e premette un bacio al centro del mio palmo aperto.

Ho solo bisogno di te per guarire... ma prima ho bisogno di guarire me stessa.

Mi schiarii la gola e chiusi gli occhi. «Io ti amo, Kieran, da molto tempo» confessai, sentendo il mio petto stringersi nel pronunciare le parole seguenti, «ma prima di poterti dare tutto quello che possiedo, penso di dover imparare di più sul mio conto. Devo capire a fondo i miei problemi, i miei bisogni, prima di poter essere la donna che meriti di avere vicino.»

«Cosa intendi dire?» Mi chiese con la voce venata di preoccupazione.

Spostai lo sguardo verso la finestra buia e provai a radunare i miei pensieri. «Devo fermarmi un attimo e scoprire chi sono in realtà, cosa desidero per il mio futuro, per la mia vita. Non riuscirò a guarire da sola le parti rotte di me.»

Tornai a guardarlo, la sua espressione era profonda, così penetrante che mi fece restare in silenzio per parecchi secondi. Ero terrorizzata che fosse contrario all'idea, che magari non volesse più aspettarmi, che il nostro tempo a disposizione fosse finito. Dopo quella che sembrò un'eternità disse: «Capisco ciò che mi stai chiedendo e credo che sia molto importante per te prenderti il tempo necessario per riscoprire davvero te stessa.»

Provando a non lasciarmi invadere dal panico, intervenni subito. «Il mio cuore sa già cosa vuole, è la mia mente a essere in totale subbuglio ed è su questo che mi devo concentrare. Ho già parlato con il dottor Fustermann ed è stato proprio lui a consigliarmi un trattamento in una struttura. Poi, quando potrò uscire e saremo di nuovo insieme, vorrei poter camminare con le mie gambe, come un individuo intero, non come una persona rotta costretta ad appoggiarsi a te per non cadere.»

Kieran annuì, mentre continuavo: «Devo imparare a camminare da sola prima di poterlo fare accanto a te.»

Sulle sue labbra si dipinse un sorriso triste. «Lo capisco, piccola, e ti ammiro per questo. Posso chiederti soltanto una cosa?»

«Certo,» gli sorrisi incoraggiante, «puoi chiedermi tutto ciò che vuoi.»

Mise le sue mani sul mio petto e sentii il mio cuore battere frenetico contro i suoi polpastrelli. «Potresti chiamarmi ogni tanto? Soltanto per farmi sapere che stai bene, che sei al sicuro.»

Per un attimo, mentre lo fissavo negli occhi, non riuscii a parlare e sentii come se il mio cuore stesse per traboccare di emozioni. Infine, riuscii a sussurrare: «Certo, amore mio…» gli risposi con voce tremante.

Mi si mozzò il fiato quando mi scostò una ciocca di capelli dietro le orecchie. Chiudendo gli occhi, premetti la guancia sul suo palmo mentre parlava. «Avrei anche un'altra cosa da chiederti…»

«Sì?» Spinsi la domanda oltre il groppo in gola.

I miei sensi vacillarono finché non fui consapevole solo di lui e della magia che c'era tra noi. Quando riaprii gli occhi trovai un bellissimo sorriso disteso sul suo viso e la sua voce che si annidava nel fondo della mia anima. «Dobbiamo lottare per ciò che abbiamo conquistato. Nessun altro potrà farlo per noi. E se c'è qualcosa su questa terra per cui vale la pena lottare, è per il tuo amore,» mi disse con ferrea decisione «perciò appena ti sarai trovata, torna da me, Sophie. Mi troverai lì ad aspettarti.»

Amore…

Senza indugiare oltre, mi tirò a sé sollevandomi da terra e baciandomi con foga. Sussultai per la sorpresa, ma lui ingoiò il suono, assorbendo anche tutta l'emozione che provavo. Quando le nostre lingue si incontrarono, un ringhio basso gli uscì dalla gola. Il bisogno aumentò fino a diventare un fiume in piena, che mi travolse con la sua forza. Mi posò per terra soltanto per infilare le mani tra i miei capelli, inclinarmi la testa e approfondire il bacio, mentre sentivo il desiderio che si arrotolava attorno a noi come una molla ben tesa.

Le parole non avevano più importanza e parecchi minuti trascorsero mentre continuavamo a perderci nel nostro piccolo, perfetto mondo. Nel momento in cui si allontanò, mi avvolse il viso con le mani e la sua fronte toccò la mia. «La verità è che non importa come o quando l'amore arriva, tutto quello che conta è come si presenta. E, come hai potuto sentire, mia meravigliosa agente Nowack, tra di noi è tutto semplicemente perfetto.»

Le sue nocche sfiorarono le mie con un bacio morbido, un tocco consapevole, una promessa. Le nostre dita si intrecciarono e, mentre continuava a scaldarmi l'anima con un solo sguardo traboccante d'amore, mi baciò la fronte con una tenerezza disarmante.

«Sei davvero un uomo incredibile, Kieran.»

La sua risata riempì la stanza di allegria. «Attenta, agente speciale Nowack. Se continui così, farai andare la mia fiducia in me stesso alle stelle e, la prossima volta che ci vedremo, potrei portare con me un anello e legarti a me per sempre.»

«Quanta presunzione, agente Heizmann.» Sorrisi mentre scuotevo la testa. Stavo ancora soffrendo ed ero sicura che l'avrei fatto per molto tempo, ma per la prima volta dopo anni di paura e inquietudine sentivo dentro di me la calma, la tranquillità tipica che arrivava alla fine di una tempesta. Quella sensazione aveva un nome: si chiamava speranza.

Nonostante tutto il dolore, l'assenza di quel piccolo angelo, che un giorno senza nemmeno accorgermene, avrei sognato di portare in grembo, mi portò anche un'altra importante consapevolezza. Pensai a tutte le persone che non avrebbero mai avuto il privilegio di amare o di avere una seconda possibilità per farlo.

A prescindere da ciò che mi era accaduto, sapevo cosa volevo fare, avevo preso la mia decisione, ormai.

Mi sarei ancorata a me stessa, alla mia vita e a quell'uomo meraviglioso che mi amava perché il mondo era un posto migliore con lui accanto. Aveva dato un senso alla mia vita. Aveva colmato il mio cuore di amore, la mia anima di speranza per un futuro migliore.

Era ora di lasciarsi per sempre il passato alle spalle... era ora di tornare a casa.

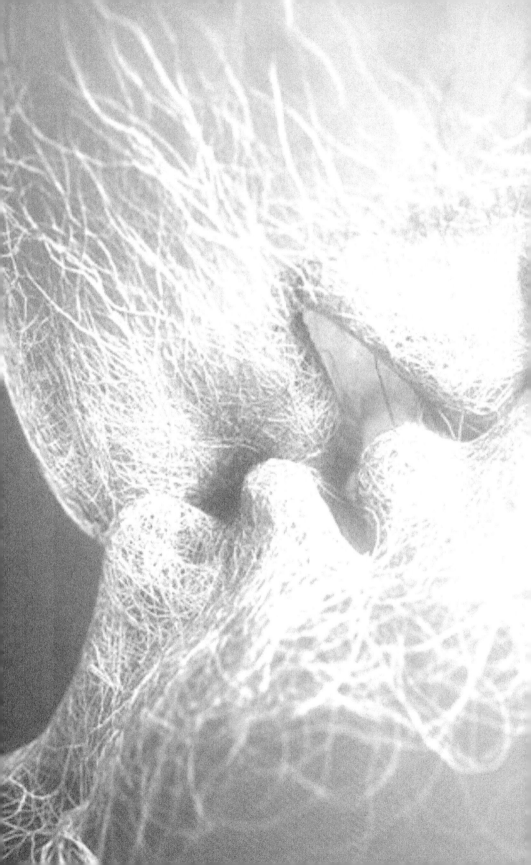

14. APPUNTAMENTO GALANTE

Una settimana dopo...

«Ti ringrazio per esserti offerto di prenderti cura del mio nonnetto, Laz.» Ringraziai di nuovo il mio più caro amico, nonché collega dell'Agenzia, mentre toglievo il guinzaglio dal collare di Marlin e lo lasciavo vagare nella cucina. Inutile dire che, in un batter d'occhio, il piccolo barboncino si era completamente dimenticato di me, nonostante fossi ancora accovacciato per terra, il braccio teso in aria, munito delle migliori intenzioni di donargli ulteriori carezze piene di affetto. Il mio vecchio amico a quattro zampe era molto più interessato a trotterellare verso il soggiorno per raggiungere il divano da cui sentivo provenire le risate delle figlie di Laz.

«Allora...» Iniziò il mio amico, offrendomi una bottiglia di birra presa dal frigorifero che aveva appena aperto, «sei pronto per il tuo appuntamento galante di questa sera?» Finì la frase alzando e abbassando le sopracciglia, facendole fare un buffo movimento che creava un netto contrasto con la sua espressione seria.

Declinai la sua offerta della birra con un cenno della testa. «Sì, sono pronto per il mio appuntamento, la porterò a cena.»

In verità sono più che pronto, lo sono da una vita...

Laz spinse la lingua contro il lato della guancia, trattenendo un sorriso sghembo, e fui certo che stesse cercando di mettere insieme uno dei suoi consigli magistrali. In effetti, dopo qualche secondo, il suo viso si fece di nuovo serio prima di borbottare, come il vecchio orso che era: «Hai preso la pistola?» Iniziò a ridere ancor prima di finire la frase mentre si appoggiava con la schiena al bancone accanto al lavandino, i muscoli nodosi della sua pelle scura messi in evidenza sotto la maglietta sportiva bianca.

«Stai zitto, Laz.» Cercai di bloccare qualsiasi cosa stesse per dire, provando a mia volta a non ridere. Almeno, ebbe la decenza di sembrare mortificato, ma il suo gesto durò appena pochi secondi e subito dopo scoppiò di nuovo a ridere. «Scusa... ma cosa vuoi che mi aspetti da una donna che desidera ricevere in regalo un cactus al posto dei fiori?» Scosse la testa mentre sghignazzava prima di prendersi un generoso sorso di birra.

Quando tornammo di nuovo seri, puntualizzò: «Scherzi a parte, amico, sono davvero contento che la piccoletta stia meglio.»

Ricordai la frase che Sophie mi aveva detto qualche giorno prima e la parafrasai per lui. «Meglio, forse, è un po' azzardato, ma diciamo che sta percorrendo la giusta strada.»

«Quanto tempo dovrà restare in quella struttura?»

«Non lo sappiamo ancora con precisione. La prima parte del trattamento prevede una terapia della durata di circa sei mesi e poi sarà il dottor Fustermann a decidere i passi successivi in base a come Sophie reagirà al trattamento.» Misi la mano nella tasca dei jeans neri e toccai il sacchetto col piccolo regalo che le avevo preso.

Laz si lasciò sfuggire un fischio basso. «Sei mesi sono molto tempo, ma se li paragoniamo a tutto ciò che ha patito e sofferto, forse, sono il minimo necessario per permetterle di tornare a vivere.»

«Concordo.» Guardai fuori dalla finestra della cucina i raggi del sole tramontare e lasciare una scia dorata sul giardino e sulle acque del fiume che scorreva tranquillo a una trentina di metri. I miei occhi si posarono sul lungo tavolo di legno e mi ricordai una delle discussioni che avevamo avuto alla fine di un'indagine. Sorrisi da solo ricordando Sophie che si baciava il dito medio prima di mostrarlo a me, a Laz e a Timo mentre si allontanava dopo averci detto tutto ciò che pensava di noi, e non furono di certo belle parole. Scossi la testa, già a quell'epoca ammiravo la tenacia e la forza di volontà di quella donna.

«Lo sai, no...» iniziò Laz con la sua consueta frase di rito, una di quelle che era solito far seguire da una forte puntualizzazione con la sua brutale onestà. Tuttavia, al posto dello sguardo serio, le sue labbra si erano leggermente incurvate all'insù.

Scossi la testa, rispecchiando il suo sorriso. Ero allo stesso tempo incuriosito e diffidente su ciò che avrebbe detto. Con tranquillità, il mio migliore amico si staccò dal bancone avvicinandosi per darmi una strizzata alla spalla. «Dopo l'appuntamento di stasera, ho paura che sarai nella merda, fratello...»

«Te lo dico di nuovo: stai zitto, Laz» risposi subito, provando a non ridere.

«Ho sentito dire la parola appuntamento, o sbaglio?» Norah, la figlia maggiore di Laz, entrò in cucina venendo dal soggiorno. Aveva appena attraversato l'uscio e, nel momento in cui mi vide, si bloccò di colpo.

Dalle sue labbra uscì un fischio basso che assomigliava molto a uno di quelli che spesso faceva suo padre. «Wow, zio Kieran, che eleganza...» si avvicinò mentre aprivo le braccia per riceverla. Le depositai un bacio tra i capelli mentre, accanto a me, Laz rivolgeva alla figlia uno sguardo contrariato.

Lo ignorammo entrambi. «Ciao, Norah. Come sta andando l'università?»

«Ahh, zio Kieran, ci sono così tante feste, e poi ci sono anche dei ragazzi...» lasciò la frase in sospeso, mentre si allontanava appena per portare le mani sul cuore con un gesto teatrale prima di spostarle in fretta e farsi aria al viso. Con la coda dell'occhio, notai che lo sguardo di Laz si faceva sempre più scuro. Con un sorriso la incoraggiai a continuare, ma prima ancora che sua figlia potesse aggiungere altro, suo padre la interruppe borbottando come un orco geloso.

«Kieran ti ha domandato degli studi, Ninni, non della tua vita sentimentale.»

Provavo già pena per l'ipotetico ragazzo che lei, un giorno, avrebbe portato a casa per presentarlo al padre. Sua figlia si voltò verso di lui e, alzandosi in punta di piedi, gli strizzò le guance con entrambe le mani, mentre gli parlava cantilenando. «Lo so, papà, volevo soltanto darti un po' fastidio, è così divertente…»

Provai invano a coprire la mia risata con un colpo di tosse. Volevo anche aggiungere che se l'era proprio meritato, invece dovetti restare serio e in silenzio dopo lo sguardo mortale che mi rivolse.

Ninni, invece, si era già allontanata dal padre, l'attenzione nuovamente rivolta a me. «Devo dire, zio Heizmann, che questa camicia bianca in contrasto con la giacca di cuoio marrone ti sta davvero alla grande.»

Fu il mio turno di passare le mani sul camoscio morbido in un gesto teatrale. «Grazie, tesoro.»

«Ti sei addirittura messo il gel nei capelli? E che profumo delizioso. Chi è la fortunata?»

La conoscevo abbastanza bene da sapere che sarebbe andata avanti sparando domande all'infinito, cercando di farmi arrossire in ogni modo. Per tutta risposta mi limitai a ridacchiare mentre incrociavo le braccia al petto e scuotevo la testa.

«Ninni…» l'ammonì suo padre con un tono di voce secco. «Non hai altro da fare, tesoro?»

Come risposta estrasse dalla tasca davanti della felpa una scatolina rettangolare in cartone che mi sembrò una specie di astuccio. «In verità, sono venuta qui per mostrare questo a zio Kieran.» Si voltò verso di me e con una faccina piena di orgoglio mi chiese: «Non pensi anche tu che sia carino?»

Presi la scatolina che mi porgeva e, attraverso il coperchio trasparente, guardai quello che sembrava un mini cravattino a forma di farfalla di colore nero con petit-pois bianchi. L'idea più stupida mi sorse in testa. «È per me?» Non riuscii a nascondere lo stupore nella voce. Non c'era possibilità che mi convincesse a indossare quel papillon, non lo avrei usato mai e poi mai. Era della misura adatta a un bambino o, addirittura, a un neonato. Come risposta Norah mi guardò per un paio di secondi, come se avessi detto un'assurdità, prima di scoppiare a ridere. «Certo che no, zio Kieran. L'abbiamo comprato per Marlin.»

Sentii le mie sopracciglia scattare in alto. «Avete comprato una cravatta al mio cane?»

Con la coda dell'occhio, intravidi il mio amico scuotere la testa mentre guardava il soffitto, come se stesse invocando un altro po' di pazienza. Tuttavia, gli angoli delle sue labbra erano rivolti all'insù, era il suo turno di provare a non ridere.

«Esatto» puntualizzò la ragazza come se fosse la cosa più ovvia del mondo, strappandomi dalle mani la scatola. «Anche Marlin avrà un appuntamento. Domani si vedrà con Penny.»

Provai a ricordarmi chi fosse, considerando che il mio cagnolino aveva quasi più amici del suo padrone. Norah mi venne in aiuto. «Penny è la piccola Yorkshire della famiglia italiana che vive nella strada accanto. Non sta molto bene in questo periodo e dobbiamo tirarla su di morale. Ecco perché ho pensato al cravattino. Tra l'altro penso abbiano quasi la stessa età, potrebbe essere l'inizio di un grande amore!»

Era troppo facile assecondare quella ragazzina; era incantevole, proprio come la madre. «Mi sembra un'ottima idea, Norah. Sono certo che Penny ne sarà lusingata. A proposito, domani quando la vedrai, salutami le sue padroncine.»

«Lo farò,» annuì entusiasta, «le incontro spesso al parco e sono due sorelle davvero in gamba. Ci scambiamo sempre consigli di lettura, la più piccola ha un profilo dedicato ai libri davvero bello su Instagram.»

Ricordandomi quanto amasse parlare fino allo sfinimento, quando fece una pausa per riprendere aria, con discrezione girai il polso e diedi un'occhiata all'orologio. «Caspita, devo proprio andare o farò tardi.»

Scusandomi, la abbracciai ancora una volta e in seguito strinsi la mano del mio grande amico mentre lo ringraziavo ancora una volta per badare a Marlin. Gli dissi anche di fare un saluto a sua moglie e a Sasha, la figlia più piccola, e una decina di minuti dopo ero di nuovo in macchina.

Il tragitto verso la casa di Sara, dove avrei incontrato Sophie, costeggiava il Reno che era particolarmente bello quella sera. La vista delle acque serpeggianti del fiume aveva sempre avuto il potere di lavare via tutte le mie tensioni e, in qualche modo, guardare la maestosità della natura mi faceva sentire ottimista.

Perché non avrei dovuto esserlo? La donna che amavo aveva scelto la vita al posto della Maxifarma e, con la sua forza di volontà e il nostro aiuto, ero sicuro che sarebbe riuscita a riprendersi del tutto.

Alzai il volume della radio e, mentre fischiettavo felice un motivetto, proseguii guidando sotto il cielo pieno di stelle e la luna che proiettava sull'acqua una luce tenue e soffusa. Ogni tanto, attraverso la folta foresta di pini, vedevo le luci sulla sponda settentrionale e un insolito pensiero mi balenò in testa.

Sembrano diamanti… un giorno, comprerò un anello che brilli così per lei. Solo per lei.

Sophie aveva davanti a sé una strada lunga e quella sera ero più che mai intenzionato a farle capire quanto l'amassi, assicurandole che ci sarei sempre stato e che l'avrei aspettata, perché l'agente Nowack era il tipo di donna per cui valeva la pena combattere fino alla morte.

Nel corso della mia vita avevo appreso che la felicità era simile a una manciata di sabbia tra le dita. Non era difficile afferrarla, però scivolava via senza rendersene nemmeno conto; eppure a mie spese, avevo imparato anche che era impossibile rendere felice qualcuno se non stava bene con se stesso. Per quel motivo ero più che consapevole che, prima di poterci considerare una coppia a tutti gli effetti, lei avrebbe dovuto trovare la propria strada.

Dalla nostra parte, avevamo anche il dottor Fustermann, un bravissimo professionista, ed ero più che sicuro che fosse la persona adatta per accompagnarla in quel difficile percorso, considerando che la conosceva da anni. Ero certo che tutti coloro che l'avessero aspettata, avrebbero anche continuato a credere a ciò in cui avevo pensato io per primo quando era stata rapita: se c'era qualcuno che avrebbe potuto farcela, era lei, la mia piccola guerriera, la donna che aveva attraversato l'inferno indossando come armatura solo il proprio coraggio.

Appena imboccai la strada che mi avrebbe condotto all'appartamento di Sara, mi fermai per far attraversare una coppia che spingeva un passeggino. Quell'immagine mi fece ripensare alla sera del suo test di gravidanza.

Non avrei mai pensato che Sophie desiderasse diventare madre, ma la verità era che potevo dire lo stesso anche di me. E fu anche per quel motivo che volevo farle capire che quando due persone erano così fortunate da trovare l'amore vero, allora sì che dovevano tenerselo stretto, vicino al cuore come un tesoro e non lasciarlo andare più. Era proprio in quella direzione che dovevamo muovere i nostri primi passi insieme. Non ci si poteva semplicemente allontanare o voltare le spalle e aspettare fino al momento opportuno, perché anche l'amore, come tutti i sentimenti, era e sarebbe sempre stato effimero. Quello era stato uno dei motivi per cui le avevo fatto una richiesta molto specifica.

Appena ti sarai trovata, torna da me, Sophie. Mi troverai lì ad aspettarti…

Parcheggiai la macchina nel posto riservato agli ospiti, scesi e mi diressi al cancelletto. Suonai il citofono e aspettai. Un paio di minuti dopo la porta in fondo al corridoio si aprì e la mia piccola, camminando leggera come un fiore al vento, venne verso di me. Mi presi qualche istante per bearmi della sua vista. Mi sentivo sulle spine, come se quello fosse stato il nostro primo appuntamento. E forse era proprio così, avevamo già cenato insieme in passato, soprattutto per discutere di lavoro, l'avevo già vista indossare abiti stupendi mentre si calava nei panni di uno dei suoi alias, ma non avevo mai visto la donna che era davvero, *Sophie Nowack*. E mentre la contemplavo, mi venne in mente una sola parola: magnifica.

Il tubino nero che aveva scelto per l'occasione le arrivava appena sopra il ginocchio e i capelli raccolti in uno chignon le conferivano un'aria sofisticata in netto contrasto con l'innocenza che traspariva dal suo viso. Sophie era simile a un diamante, c'erano diverse sfaccettature che brillavano in lei: un accenno di oscurità, una durezza impossibile da scalfire ma, allo stesso tempo, una delicatezza e una dolcezza senza paragoni. Mi limitai a restare fermo, le mani infilate nelle tasche dei pantaloni mentre la osservavo avvicinarsi con un sorriso timido sulle labbra.

«Buonasera, agente Heizmann.»

Restando in silenzio, feci un passo nella sua direzione, poi un altro, mentre lei ne compiva uno verso di me e, prima ancora di avere il tempo di riflettere su qualcosa da dire o su quale sarebbe stata la mia prossima mossa, le nostre braccia si avvolsero in modo naturale. Sospirai contento quando percepii il suo respiro caldo contro il mio collo, mentre i suoi capelli che avevano un buonissimo profumo mi solleticavano il naso.

Caprifogli in un bosco…

Sorrisi beato quando mi resi conto che il suo odore non era più quello dell'ospedale. Lasciai uscire un altro sospiro che poteva essere tradotto in pura felicità, prima di lasciarmi trasportare. Chiusi gli occhi e la strinsi a me con energia, assaporando il suo calore, lasciandomi invadere da quel profumo che sapeva soltanto di lei: misterioso e allo stesso tempo innocente.

Sono a casa…

«Kieran…» sussurrò il mio nome come se avvertisse anche lei la stessa connessione. La sua voce si spezzò verso le ultime sillabe e la strinsi ancora più forte, la mia mano prese a cullare la sua nuca, le mie dita si infilarono tra la sua splendida chioma. Trassi dei profondi respiri, cercando di memorizzare ogni singolo secondo, ogni più piccola emozione, prima di premere le labbra sui suoi capelli. «Che giorno è oggi, mia bellissima agente speciale?»

La mia domanda del tutto casuale e alquanto insolita la fece allontanare il minimo necessario per potermi guardare. Iridi screziate di un verde brillante mi fissarono e, per un istante, fu come perdersi tra i boschi delle colline circostanti. Diversi momenti davvero tristi degli ultimi mesi mi tornarono in mente, ma furono subito spazzati via perché quella donna era una visione piena di vita, luce e speranza.

Forse, ero solo un uomo innamorato e speranzoso, ma volevo davvero credere che ciò che scorgevo nel suo sguardo rispecchiasse quello che provava il mio cuore.

Il suo bellissimo volto si illuminò con un sorriso. «Perché mi hai chiesto che giorno sia oggi?»

Per un istante lasciai che i miei occhi vagassero su di lei, assaporando la sua dolcezza, la sua resilienza, tutto ciò che la rendeva così tanto *lei*. E quando il suo sguardo si alzò verso il mio, i suoi occhi verdi sgranati dall'allegria, le sue guance leggermente arrossate... fui colpito da una sensazione travolgente.

Molto presto le chiederò di diventare mia moglie...

Intrecciai le nostre mani. «Voglio solo assicurarmi che tu non dimentichi mai questa data, signorina Nowack. La prima di tante altre sere del nostro futuro.»

Le mie parole le fecero alzare gli occhi, che brillavano di emozioni che non riusciva a contenere. La mia bocca ritrovò senza fatica la sua e la baciai come meritava. Con convinzione, con rispetto, con tutta la forza del mio amore.

«Non posso credere che tu abbia deciso di portarmi proprio in questo ristorante...»

Sophie lasciò andare un sospiro e le sue labbra si schiusero in un sorriso identico al mio, mentre mi mettevo da parte per farla passare nella stretta stradina di ciottoli che ci avrebbe portato "Da Toni". «Cosa posso dire a mia discolpa? Ho dei bei ricordi legati a questo posto.»

Le sue labbra si sollevarono ancora una volta in una reazione istintiva alla mia affermazione. *Bella, fin troppo...*

«Ti riferisci a quella volta in cui mi hai costretto a venire a cena con te?»

«Lo so, lo so...» La mia risata fece aumentare il suo sorriso e i nostri occhi si incontrarono per un battito potente, colmo di emozioni mentre la bloccavo con la mano, «purtroppo, a volte, i miei gesti da gentiluomo lasciano un po' a desiderare. Soprattutto quando ho a che fare con una certa agente parecchio irascibile, testarda...» la guardai con avidità dalla testa alle décolleté prima di aggiungere, «e sexy da farmi impazzire.»

Quell'ultimo commento mi valse un piccolo bacio sulle labbra, prima che la sua testa si chinasse di lato e sussurrasse con delicatezza: «Come fai a essere sempre così?»

«Così come, amore mio?» Le chiesi incuriosito.

«Perfetto.»

Chi avrebbe mai detto che una sola parola potesse innalzare la serata di un uomo in quel modo.

Sophie continuò ancora e avrei potuto toccare le nuvole. «Sei un uomo dolcissimo, Kieran. Non ti merito, non merito nemmeno il tuo amore.»

Le presi il viso tra le mani e lo sollevai fino a far incontrare i nostri sguardi. «Tu meriti tutto ciò che è destinato a te, e se c'è qualcosa che è destinato a esistere, siamo noi. Meriti il mio amore, così come io desidero il tuo» pronunciai con passione e sincerità ogni parola, mentre facevo scorrere i pollici sulle sue guance. Non potevo lasciarmi sfuggire l'opportunità di ringraziarla con un altro bacio, molto più lungo dove cercai di farle sentire tutto ciò che provavo.

Alcuni minuti dopo, iniziammo a risalire i gradini in pietra circondati da cespugli di ortensie che portavano alla piccola trattoria e mi lasciai invadere dal ricordo della prima volta in cui eravamo stati in quel luogo.

Appena entrammo, fummo accolti da Maria, la moglie del proprietario, che per anni era stata la vicina di mio padre prima che morisse e raggiungesse mia madre. L'anziana signora, dopo avermi stretto in un abbraccio caloroso e avermi porto ancora una volta le condoglianze, cambiò subito atteggiamento e, con un sorriso accogliente sulle labbra, mentre prendeva due menù scritti a mano in bella calligrafia da sopra la console vicino all'entrata, ci invitò a seguirla verso il posto che aveva scelto per noi.

«Ti ho riservato il tavolo più accogliente, proprio come mi avevi chiesto» puntualizzò mentre si avvicinava all'immensa finestra dotata di una vista spettacolare sul fiume Reno che scorreva nella valle sottostante. Una musica soave di sottofondo, il caminetto acceso e le piccole candele febbricitanti sparse per la stanza avvolgevano l'ambiente trasformandolo in qualcosa di accogliente e intimo. *Perfetto per la mia bellissima ragazza!*

Aiutai Sophie a togliersi il trench coat che indossava prima di spostare la sedia per farla accomodare. Dopo di che appoggiai la giacca di cuoio alla spalliera della mia sedia e mi sedetti di fronte a lei.

«Mi sono permessa di aprire una bottiglia di vino. Un regalo per voi da parte della casa.»

La ringraziammo prima che si allontanasse con la promessa di tornare con una bottiglia d'acqua, qualche stuzzichino e il pane fatto in casa.

La cena fu molto diversa dalla prima volta in cui eravamo stati lì. Scherzammo, ci prendemmo in giro e ci raccontammo alcune storie e spesso ci sorprendemmo a osservarci a vicenda, cercando di memorizzare i dettagli, i nostri sguardi che comunicavano più di mille parole, che bruciavano come una miccia appena accesa, scottante e che lasciava una scia di passione.

L'atmosfera tra di noi era intima e rilassata, complice anche il fatto che avevamo ammesso i nostri sentimenti, ma forse ciò che contava di più era tutto quello che avevamo vissuto insieme sulla nostra pelle, come una vera squadra. Da tutte le missioni condivise già da prima della sua scomparsa, passando per l'ultimo anno in cui eravamo entrambi sprofondati all'inferno, per finire con il suo recupero mentre era in coma e le difficoltà affrontate dopo il suo risveglio. Era innegabile che avessimo superato esperienze come solo poche coppie al mondo avevano fatto e quella consapevolezza ci aveva unito in un legame che andava ben oltre la ragione. I nostri spiriti si erano scelti e poi intrecciati in una linea invisibile che partiva da me, andando fino a lei e tornava verso di me in un circolo infinito.

Se c'era qualcuno al mondo che potesse farcela, eravamo noi.

La serata proseguì senza intoppi e, pian piano, i tavolini si liberarono, regalandoci un ambiente ancora più intimo. Mentre stavamo mangiando il dessert, un delizioso tiramisù, la signora Maria si unì a noi e intrattenne Sophie raccontando alcune bravate compiute durante la mia adolescenza. Si mise seduta sulla sedia libera e, tra un sorso di vino e una cucchiaiata di dolce, rimasi ad ascoltarla mentre ricordavo gli anni passati, ma più che altro il mio sguardo si focalizzò sulla meravigliosa donna seduta davanti a me. Osservai rapito il modo in cui il suo viso si illuminava quando sorrideva, il movimento delle sue labbra piene mentre mangiava il dolce e ascoltava con attenzione le storie che l'anziana signora raccontava.

A quanto pareva il vecchio detto "il tempo passa in fretta quando ci si diverte" si rivelò vero. Inutile dire che ci alzammo nel momento in cui il cuoco fece la sua comparsa, venendo dalla cucina per avvisare la signora Maria che stava per andare a casa. Dopo aver pagato il conto, salutammo la proprietaria con un abbraccio e la promessa che saremmo tornati presto.

Avevo appena aperto lo sportello per far accomodare Sophie, quando si voltò verso di me.

«So che domani dovrai svegliarti presto per andare al lavoro, perciò se vuoi portarmi subito a casa di Sara per me non sarà un problema.» Per tutto il tempo mantenne un tono di voce stabile, ma la conoscevo fin troppo bene per sapere che la sua mente si trovasse esattamente nello stesso posto in cui era la mia.

«Chi ti ha detto che sarà Sara ad accompagnarti alla clinica domani?» Per un istante la vidi titubare, spostare il peso da un piede all'altro, come se fosse incerta, ma poiché non avevo intenzione di farla soffrire, aggiunsi subito: «Non preoccuparti, piccola. Ho preso il giorno libero proprio per accompagnarti.»

I suoi occhi, che si erano abbassati verso l'asfalto, si alzarono all'improvviso per incontrare i miei e un sorriso genuino nacque sul suo viso, in modo lento e accattivante, come il sole che tramontava dietro la linea dell'orizzonte, al termine di una splendida giornata estiva.

«Allora ti ringrazio, agente speciale Heizmann.»

Per qualche secondo, ci fissammo senza pronunciare una parola. Fu il suo turno di far andare un sospiro tremante: uno squittio pieno di lussuria, un suono puro, come un'iniezione di adrenalina che mi arrivò dritta all'inguine.

Era tutto lì, nel modo in cui mi guardava, in cui la sua mano delicata si incastrava alla perfezione alla mia e, infine, nel gesto fiducioso con cui appoggiava la testa sulla mia spalla. Erano le sue prime, ancora timide risate, e sentivo la sua pelle riscaldarsi e tingersi di rosa quando sapeva che l'avrei baciata. Era nel modo in cui sapeva stare accanto a me, corpo, cuore e mente, come in quell'istante. Ad alzare lo sguardo per incontrare i suoi occhi, l'avrei vista rabbrividire e, quando mi fossi avvicinato come stavo facendo in quel momento, avrei sentito il suo respiro diventare veloce, le sue labbra piene aprirsi mentre mi imploravano di baciarla. E fu proprio ciò che feci: vino, tiramisù e l'agente speciale Sophie Nowack. Tre peccati capitali nei quali intendevo annegare non solo quella sera, ma anche le altre che avremmo condiviso.

Appena ci staccammo, mi guardò da sotto le ciglia prima di raddrizzarsi e depositare un bacio casto all'angolo della mia bocca. «Non so come ringraziarti, Kieran» mormorò.

«Lo fai in ogni momento, con ogni sguardo che mi regali, tesoro» le risposi con voce resa roca dall'emozione.

Più tardi, seduti in auto, mentre guidavo verso casa mia, le nostre dita intrecciate e posate sulla sua coscia, i nostri cuori finalmente tranquilli, sapevo che qualsiasi cosa ci fosse venuta incontro, l'avremmo affrontata insieme, come una vera squadra.

Era arrivato il momento di portare la donna che amavo più della mia stessa vita nel luogo a cui sarebbe appartenuta per sempre. A casa nostra.

15. ANCHE SE GLI AMANTI SI PERDONO, L'AMORE NON SI DIMENTICHERÀ

Kieran chiuse la porta alle sue spalle con un tonfo ovattato che, purtroppo, non mi impedì di sussultare. Scossi la testa provando a dissipare il ricordo dell'ultima volta in cui la mia mente mi avesse condotto a casa sua. Istanti ingannevoli si mescolavano alla realtà, mentre mi guardavo intorno e provavo a restare ancorata al presente. Continuai a combattere contro l'impulso di arrendermi, rifiutando di lasciarmi controllare dal passato.

Vedi... il divano in pelle è ancora al suo posto e non esiste nessuna coperta afgana. Non c'è nessuna traccia di Lara in questa casa. Ciò che stai vivendo ora è reale, puoi sfiorarlo con le tue mani, con il tuo cuore.

Un tocco delicato sulla spalla mi fece sussultare di nuovo e non riuscii a trattenere il soffio di pura emozione che mi sfuggì dalle labbra, quando scorsi lo sguardo che Kieran mi stava rivolgendo. Senza che me ne accorgessi, aveva già acceso la luce dell'abat-jour, si era tolto la giacca, le scarpe e si era avvicinato con pochi passi a me.

«Ehi...», mi cinse il volto con entrambe le mani e, mantenendo lo sguardo fisso nel mio, rifiutandosi di lasciarmi andare, mi chiese: «Tutto bene?», senza nascondere la preoccupazione nella voce.

Lui è reale, noi siamo reali...

«Sì, sto bene.» Provai a rispondere con voce tranquilla, ma avrei dovuto ricordare che fosse un agente con la "A" maiuscola, capace di percepire anche ciò che non era tangibile. Le sue dita scesero accarezzando le mie braccia fino a trovare le mie mani. Piegò la testa di lato e tenne lo sguardo fisso nel mio fino a quando non cedetti. Non appena i nostri sguardi si incontrarono sussurrò carezzevole: «Resta con me, va bene? Concedimi la possibilità di mostrarti tutto quello che il mio cuore prova per te.»

Mi aveva rivolto queste stesse parole anche quando eravamo in Brasile, sembra un sogno. Lui è il sogno...

Avevo già visto quell'uomo guardarmi in un miliardo di modi diversi, ma ciò che percepivo in quei momenti era qualcosa di nuovo. L'aria intorno a noi iniziò a cambiare e venni immersa in una combinazione letale di adorazione e desiderio così intensa da farmi tremare le ginocchia. Sentii la bocca asciugarsi e, molto presto, la presa della sua mano nella mia diventò l'unica cosa che mi tenesse in piedi. I nostri sguardi rimasero agganciati e il silenzio che ci avvolse era così fragoroso, a causa del mio cuore che sembrava rimbombare nelle orecchie, da convincermi che potesse udirlo anche lui.

Nel momento in cui lasciò la mia mano, mi accarezzò usando solo la punta delle dita, come se fossi un'opera d'arte: dal mento fino al collo e poi seguendo la scollatura a barchetta del vestito. La pelle d'oca spuntò sulla mia pelle, anche se c'erano oltre venti gradi dentro casa.

Mentre i suoi occhi seguivano attenti il suo lussurioso gioco, mi presi qualche istante per osservarlo. Kieran era vestito per uccidere: dei jeans scuri gli fasciavano le gambe e una camicia bianca metteva in risalto i lineamenti dei suoi pettorali e dei bicipiti come se mi stessero implorando di essere toccati, accarezzati, adorati.

Sollevai lo sguardo mentre trattenevo il respiro. I suoi occhi erano incollati ai miei e un leggero, tenue sorriso gli sfiorava un angolo delle labbra. Poi, il suo sguardo si abbassò, scivolando lentamente su di me e sapevo che a quei brillanti occhi chiari non sarebbe sfuggito niente.

Sentii il respiro intensificarsi mentre venivo avvolta dalla pazza voglia di infilare le dita tra i suoi capelli e sentire la barba che gli delineava la mascella forte scivolare piano, leggiadra, su ogni centimetro e rientranza della mia pelle. Come se non bastasse, il pacchetto completo che si presentava davanti a me come un Dio greco, aveva anche l'odore di tutte le mie fantasie sessuali, la ciliegina sulla torta era, infatti, il dopobarba con una leggera traccia dei boschi che tanto amavo. Mi sentii bagnare solo immaginando ciò che mi aspettava.

Continuai a osservarlo con quello che ero sicura fosse uno sguardo adorante e percepii l'esatto momento in cui le sue iridi si scurirono per somigliare a delle sfere d'acciaio. Le sue dita carezzevoli si stavano avvicinando alle curve dei miei seni ed ero pienamente consapevole che avrei resistito soltanto un'altra decina di secondi a quella squisita tortura prima di saltargli addosso. Ed eravamo ancora solo accanto alla porta d'entrata.

Datti una regolata, agente Nowack!

Mi ci volle uno sforzo enorme per riuscire a staccare gli occhi da lui e dovetti schiarire la voce per ben due volte prima di riuscire ad articolare una frase che avesse un minimo di senso. «Dove posso posare le mie cose?»

Per fortuna, la mente di Kieran sembrava essere nello stesso posto in cui vagava la mia pochi istanti prima, perché sbatté le palpebre come se si stesse svegliando da un incantesimo. Apparentemente non c'era logica nel modo in cui i nostri cuori battevano quando eravamo vicini. C'era solo pura magia.

Si passò le dita tra i capelli, mentre le sue guance si tingevano di un delicato tono roseo. «Oh, caspita. Scusami… ma che razza di gentiluomo sono.»

La sua battuta alleggerì un po' la tensione sessuale da capogiro e il sorriso da ragazzone impacciato che apparve sulle sue labbra mi scaldò il cuore, mentre si faceva avanti prendendomi la borsa e il trench coat che avevo in mano. Approfittai del momento per togliermi le scarpe che lasciai accanto alle sue, vicino alla porta che era stata testimone dell'incendio che stentavamo a domare.

Con la coda dell'occhio, vidi che posava le mie cose sul divano, prima di voltarsi verso il mobiletto accanto alla cucina da cui prese una bottiglia di vino rosso e due bicchieri. «Facciamo un brindisi?»

«Mi sembra una bellissima idea» risposi entusiasta. Per qualche istante lo guardai stappare la bottiglia con gesti precisi, ma poi, come una falena attratta dalla luce, percorsi in punta di piedi gli ultimi passi che ci separavano, senza fare nessun rumore. Gli arrivai vicino di soppiatto, da dietro, e mentre versava da bere, feci passare le braccia sotto le sue appoggiando le mani sul suo petto, proprio all'altezza del cuore. Girai la testa in modo da ritrovarmi con la guancia appoggiata tre le sue scapole. Restai lì, con gli occhi chiusi, ad ascoltare i battiti del suo cuore attraverso il palmo della mano.

Lui è reale. Noi siamo reali.

Non avevo la minima idea di come avrei fatto ad affrontare mesi e mesi di terapia lontana da lui. Il dottor Fustermann mi aveva già spiegato che, in un primo momento, non avrei potuto ricevere visite né uscire dalla struttura. Soltanto dopo la prima parte del percorso, insieme alla sua squadra, avrebbe valutato la mia situazione e, insieme, avrebbero deciso come proseguire la cura. Ero stata già ricoverata in una struttura simile, quando ero ancora una ragazzina, quindi sapevo molto bene che il percorso di guarigione non sarebbe stato facile. Tuttavia, era la prima volta in cui lo affrontavo di mia spontanea volontà e speravo con tutta me stessa che quel dettaglio potesse contare qualcosa, perché per la prima volta nella vita avevo un motivo per farmi curare e una casa in cui tornare.

Non sono ancora nemmeno partita e già non vedo l'ora di tornare… se questo non è un buon segno, non so cosa sia.

«Eccoci…» feci un passo indietro, mentre Kieran mi lasciava andare con delicatezza per voltarsi e offrirmi uno dei bicchieri che facemmo tintinnare.

«Questo non è un addio, Sophie, è solo un arrivederci. Ti aspetterò, agente Nowack. Te lo prometto.» La sua voce piena di emozione mi fece pizzicare gli angoli degli occhi, ma mi ero promessa che non avrei pianto. Durante quella serata avremmo solo festeggiato.

Per diversi battiti dei nostri cuori, bevemmo soltanto e lo guardai mentre ricordavo un pomeriggio trascorso a casa di Laz quando l'avevo visto bere una birra in giardino. Rivissi quella stessa sensazione in un piacevole déjà-vu che mi scosse fino all'anima. Quell'uomo era la quintessenza del peccato: il modo con cui inclinava la testa all'indietro, come il suo pomo d'Adamo si muoveva quando deglutiva, la linea sinuosa eppure potente del suo collo.

Dio, la sua bocca... mi leccai appena le labbra prima di incontrare i suoi occhi che mi fissavano con un misto di lussuria e serietà mentre si raddrizzava. Senza dire una parola, mi tolse il bicchiere dalla mano e lo poggiò insieme al suo sul mobiletto, prima di voltarsi e dedicarmi la sua totale attenzione.

Per parecchi minuti ci fissammo soltanto, gli sguardi che si sfidavano, che si annebbiavano tra le promesse di una notte che sembrava sempre più perfetta. Avevo lavorato sodo per essere così sexy ed ero contenta di ricevere la giusta attenzione. In un perfetto invito, mi morsi il labbro e alzai un sopracciglio sfidandolo a fare la prima mossa. Come risposta, le sue labbra piene si separarono in un mezzo sorriso scaltro che quasi mi fece sciogliere. Non avrei mai pensato che l'amore tra un uomo e una donna potesse essere così complice, così armonioso. Di una cosa ero certa: quel gioco mi piaceva da morire. Sarei potuta andare avanti, almeno fin quando sarei riuscita a resistere, ma era chiaro che l'agente Kieran Heizmann avesse molta più esperienza di me in quel campo. Inoltre, sapeva esattamente come attirare l'attenzione perché, qualche momento dopo, fece in modo che il mio sguardo seguisse la sua mano, mentre la infilava nella tasca dei pantaloni da cui estrasse un sacchetto di velluto nero. «Ho un regalo per te.»

«Davvero?» *Un punto per te agente Heizmann, l'uomo dalle mille sorprese.*

«In verità, non è propriamente un regalo, poiché lo hai già indossato una volta.» Il suo bel viso si storse in un'espressione così carina che mi venne subito voglia di baciarlo. Tuttavia, mi trattenni quando, con delicatezza, iniziò a slegare i laccetti del sacchetto e mise il suo contenuto sul palmo della mano. La medaglietta d'oro brillò nella soffice luce della stanza e la riconobbi all'istante. Come avrei potuto non farlo?

«Lo scellino portafortuna appartenuto a tua nonna» sussurrai tra le dita che avevo portato alla bocca. Ero senza parole mentre lo guardavo prendere la delicata catenina che lo sosteneva e alzarla davanti a me. Tutto ciò che riuscii a fare fu pronunciare: «Ma come...»

I suoi occhi erano fissi sulla medaglietta che brillava tra di noi e la sua voce si intrise di una nota di tristezza quando parlò: «Me l'hanno restituita quando hanno chiuso il tuo caso. È stata ritrovata nel sotterraneo di un parcheggio, vicino alla discoteca di Sire. Era ancora agganciata al collier che hai usato quella sera.»

Per qualche secondo lo guardai affascinata mentre la posava sul palmo della mano e la rigirava con destrezza tra le dita. La sua risata triste risvegliò qualcosa nel mio profondo e con delicatezza accarezzai il suo viso. Il suo sguardo era ancora fisso sullo scellino d'oro, come se fosse perso tra i propri pensieri.

«Quando ero più giovane, fare questo movimento mi calmava, ma dopo tutto ciò che è successo…» la sua voce si affievolì prima che si schiarisse la gola, «più di una volta ho pensato di buttarlo via, ma alla fine mi sono sempre trattenuto.» Il suo sguardo si spostò in un punto dietro le mie spalle e rimase lì. «Mia nonna mi aveva fatto promettere che non l'avrei mai dato a qualcuno che non fosse in grado di comprenderne davvero il suo significato. È stato proprio con lei che ho imparato la perseveranza, il fatto che bisogna resistere, sempre.»

Quando spostò il suo sguardo su di me, i suoi occhi brillavano più del solito come se stesse ancora combattendo con le emozioni che erano presenti da qualche parte nel suo profondo. «Era una grande donna e alla fine ho scoperto quanto avesse ragione. Ce l'hai fatta, Sophie. Hai perseverato e non ti sei mai arresa.»

Alzò la mano libera e con un gesto delicato poggiò il palmo appena sopra l'avvallamento dei miei seni. «Il tuo cuore sta ancora battendo ed è la sola cosa che conta.»

In seguito, spostò la mano verso la medaglietta prima di volgere lo sguardo verso di me, come se fosse in attesa del mio permesso. Piegai il capo perché la catenina era abbastanza lunga da farmela passare attraverso la testa senza doverla sganciare. Fu un batter d'occhio e sentii lo scellino d'oro posarsi sulla scollatura del vestito, proprio in mezzo ai seni, dove il mio cuore stava pulsando in modo sfrenato. Per lui. Soltanto per lui.

«Per favore, tienilo. So che ti proteggerà quando non potrò esserti vicino.»

Ritrasse il braccio e la sua mano si posò sul mio viso cullandolo nel palmo, mentre con il pollice mi sfiorava la guancia. «Ogni volta che ti guardo rimango basito dai miei sentimenti per te. Mi ammali, Sophie» sussurrò con un respiro fervido, le parole che mi sfioravano le labbra come un preludio del bacio che tanto desideravo. Mantenendo lo sguardo fisso nel mio, si avvicinò riducendo lo spazio tra di noi. Nessuno dei due parlava mentre i nostri respiri danzavano sulla pelle l'uno dell'altra. Mi bagnai le labbra, notando come fremevano per l'attesa. I ricordi dei momenti appena vissuti mi travolsero come un tifone e, dando voce al desiderio, inclinai il mento verso l'alto, donandogli così l'ultimo permesso di cui aveva bisogno. La distanza che ci separava si dissolse in cenere quando le sue labbra trovarono le mie, e non ero sicura se fossero i miei o i suoi gemiti che stavo udendo o, quanto tempo ancora sarei riuscita a resistere a tale tentazione, ma un attimo dopo, lo udii spostare la bottiglia e i bicchieri e mi ritrovai seduta sul mobiletto.

Allargando appena le mie gambe, si infilò in mezzo, facendo in modo che i suoi jeans ruvidi strusciassero contro la mia pelle nuda. Senza mai spostare lo sguardo dal mio, si avvicinò mettendo le mani sul pianale intrappolandomi, le mie dita si arricciarono intorno al mobiletto mentre lo vedevo avanzare come un tiranno. La sua bocca finì ancora una volta pericolosamente vicina alla mia, ma il suo atteggiamento da predatore venne attenuato quando sfiorò le mie labbra in modo carezzevole.

Eravamo entrambi conosciuti per i nostri nervi d'acciaio, ma quale donna poteva resistere a un uomo come lui? Il suo profumo riempì l'aria, aghi di pino e legno di cedro, avvolgendomi in una densa nube che offuscò ogni pensiero razionale. Lentamente, mi toccò il viso con la punta delle dita tracciando la curva della guancia e poi del mento, prima di far scivolare le dita ruvide sulle mie labbra separate. Il tocco leggero era un potente afrodisiaco e la mia risposta fu consumante. Il fuoco riprese con rinnovato vigore e mi lasciai andare aprendo le danze a tutte le mie fantasie più sfrenate. Chiusi gli occhi e baciai quell'uomo con tutta me stessa.

Assaporai il gusto del vino sulle sue labbra, divorai ogni parte della sua bocca con la lingua perché non ne avevo mai abbastanza di lui. Kieran non si tirò indietro, e molto presto incanalare un po' di ossigeno nei miei polmoni diventò soltanto un dettaglio trascurabile. Quell'uomo mi consumava. Una mano finì tra i suoi capelli morbidi e l'altra strinse a pugno la sua camicia tirandolo più vicino.

Le mani di Kieran mi cullavano il viso, le sue dita erano infilate tra i miei capelli mentre mi divorava, le nostre lingue si assaporavano, i respiri si intrecciavano, poi le sue mani scesero modellando ogni curva del mio corpo fino a stringermi con forza intorno alla vita, come se avesse paura che potessi scappare da un momento all'altro.

Emisi un gemito quando si ritrasse e, in segno di protesta, riuscii ancora a mordicchiare il suo labbro inferiore prima che lo portasse via da me. Fece un passo indietro e fissandomi con il respiro pesante disse: «Sciogliti i capelli.»

Bastava che cambiasse il tono di voce, come in quel momento, per far divampare il fuoco nel mio ventre. Sentii i capezzoli indurirsi contro il sottile tessuto del vestito, provocandomi piccole fitte di piacere. Lentamente, mi portai le mani al capo sfilando le forcine che avevo usato per raccogliere lo chignon, appoggiandole, con una calma studiata per farlo impazzire, sul mobiletto su cui ero ancora seduta. Infilai le dita in mezzo alle ciocche per pettinarle, ma mi fermai quando lo vidi fare un passo verso di me e immergere le dita nei miei capelli. Piegai la testa all'indietro fino a toccare il quadro alle mie spalle, chiusi gli occhi e sospirai felice, mentre lasciavo che li sistemasse come voleva.

«Adoro il profumo della tua pelle.» La sua voce mi procurò piccoli brividi di piacere. Le sue labbra mi sfiorarono leggere lasciando poi lo spazio ai denti che mi mordicchiarono, infine assaporai la dolce tortura di alcuni piccoli baci lungo il collo. Alzai le mani e fu il mio turno di infilarle tra i suoi capelli perché, per Dio, non avrei lasciato quell'uomo muoversi. Accarezzai le sue ciocche, mentre mi sfiorava la gola scendendo verso l'incavo del collo, regalandomi ondate di piacere lungo tutto il corpo.

Cristo Santo… potrei annegare in quest'uomo.

«Agente Nowack…» respirò contro la mia pelle sensibile, prima di inspirare profondamente. «Mi piace molto la direzione che stiamo prendendo» disse, mentre mi stringeva delicatamente i fianchi.

Sorrisi tra un gemito e l'altro quando mi pizzicò il lobo dell'orecchio. «Non azzardarti a muoverti, agente Heizmann.» Provai a mantenere un'intonazione autoritaria nella voce ma, date le circostanze, era ovvio che stessi fallendo in modo clamoroso. In effetti, la sua risatina vicino all'orecchio rimbombò dentro di me facendo sì che le mie gambe si stringessero intorno al suo corpo. Quel movimento finì per strappare a entrambi un mugolio di piacere quando la sua eccitazione premette tra le mie cosce. Kieran sollevò la testa fino all'altezza del mio volto; le mie mani si posarono sulla sua nuca. I suoi occhi erano annebbiati e riflettevano lussuria e adorazione, fragilità e amore, tutto ciò che sentivo dentro di me. I nostri sorrisi complici indugiarono ancora per qualche battito dei nostri cuori, fino a quando si chinò ancora una volta, schiacciando la sua bocca morbida e perfetta sulla mia. Le mie labbra si aprirono in una muta concessione e quando le nostre lingue si incontrarono di nuovo, mi sciolsi in lui, mi appassionai ancora, mi arresi alla sua venerazione. I nostri corpi presero il ritmo in una deliziosa combustione lenta, e sentii le sue dita stringermi la vita forte, come se stesse cercando di non perdere il controllo. C'era qualcosa di selvaggiamente meraviglioso in quell'idea. Mentre il nostro bacio si approfondiva, i gemiti passavano da una bocca all'altra. Mi strofinai senza pudore contro la sua erezione e lo sentii stringere la mascella, lottando per mantenersi saldo.

Si allontanò quanto bastava per sussurrare: «Cosa devo fare con te, agente Nowack?»

«Fai quello che vuoi, agente super speciale», sorrisi sorniona quando udii il suo sbuffo contrariato e aprii piano gli occhi quando sentii la sua fronte toccare la mia.

«Voglio prendermi del tempo con te. Non sono un amante veloce. Solo che non ce la faccio…» inarcò le sopracciglia, come se fosse arrabbiato, ma il sorriso lo tradì, «sei irresistibile…»

Il modo in cui pronunciò l'ultima parola mi riportò in mente noi due, proprio lì, nel suo soggiorno e gli chiesi: «Ricordi anche tu quella sera?»

Era stato l'inizio di tutto…

Come se mi avesse letto nel pensiero, Kieran iniziò a canticchiare in un sussurro seducente al mio orecchio la bellissima musica di Sade.

"There's a quiet storm
And it never felt like this before
There's a quiet storm
I think it's you
There's a quiet storm
And I never felt this hot before
Giving me something that's taboo…"

Quando finì la strofa, prendendomi il volto tra le mani disse: «Io ricordo ogni momento che ho vissuto accanto a te, Sophie. Anche quelli in cui mi hai fatto impazzire. Soprattutto quelli…»

Fu il mio turno di sorridere mentre dicevo: «Ti avevo avvertito, agente Heizmann.» Feci una pausa prima di fargli l'unica domanda che avevo giurato di non fare mai. L'unica che mi metteva a nudo, quella che esigeva da lui la verità. «Non ti sei mai pentito, Kieran?»

«Mai…» sussurrò tra le mie labbra con prontezza, «ti dissi che la tua bellezza proveniva dai tuoi pezzi rotti. Avevo ragione, tu brilli, Sophie, adesso più che mai.»

Sospirai mentre poggiavo il viso sul suo palmo. I suoi occhi erano colmi di orgoglio e tante altre emozioni che avevo vissuto soltanto con lui.

«Ti dissi che ero testarda, lunatica e irascibile.»

«Hai dimenticato impossibile.» Le sue parole mi fecero ridere e, mentre mi raddrizzavo, lui non perse l'attimo per affrontarmi.

«Ti faccio ridere, piccolina?»

Quella frase mi fece ridere ancora di più. «Allora, ti faccio vedere io… vieni qua.» Senza indugiare oltre, mi passò la mano dietro la schiena e mi tirò a sé con uno strattone. Di riflesso strinsi le gambe attorno a lui mentre gli avvolgevo le spalle con le braccia. Senza darmi tempo per pensare, incollò di nuovo la sua bocca alla mia, non ero più sicura di chi fossero i gemiti che mi filtravano nelle orecchie, ma in un attimo venni sollevata dal mobiletto e, tenendomi da sotto le cosce, si spostò verso il divano. Si sedette portandomi a cavalcioni su di lui. Non ci eravamo nemmeno spogliati e il mio misero autocontrollo stava per spezzarsi. Eravamo nella stessa posizione in cui ci trovavamo quella sera nell'isola, quando prima si era negato e poi mi aveva amato con tutto se stesso. Intendevo ripetere ogni momento vissuto e volevo fare lo stesso a lui. Ogni. Singolo. Gemito.

Come se intendesse dare voce ai miei pensieri mi chiese: «Ricordi quella notte?»

Annuii soltanto, quell'uomo mi lasciava senza parole. Con una dolcezza estrema, poggiò entrambe le mani sul mio viso chiamando la mia attenzione a sé. «Resta con me, Sophie. Lascia che io ti ami, come ho fatto su quell'isola.»

La mia forza di volontà si trasformò in polvere appena mi tirò a sé e la sua lingua fece capolino per tracciare le mie labbra in una seducente richiesta di ingresso. L'accettai, ponendo fine a ogni dubbio, confermando ciò che sentivo fin nel profondo. Lui sentì la mia resa quando le nostre lingue si incontrarono di nuovo con rinnovato fervore, nel modo in cui il mio corpo tremò mentre le sue mani si facevano largo tra le mie curve, desiderose di esplorarle ancora una volta. Lo sentii nel basso gemito che emise nella mia bocca quando il mio corpo premette in modo invitante sulla sua erezione. Le nostre bocche si separarono soltanto per permettermi di sbottonargli la camicia, avida di esplorare il suo petto. Ci fissammo mentre le sue mani trovarono la cerniera del vestito e l'aprivano esponendo i miei seni nudi. Mentre le sue dita esperte mi adoravano, cicatrici comprese, i suoi occhi ardevano con qualcosa di primordiale, un fuoco selvaggio, che si diffuse tra noi in modo rapido e adirato.

«Dio, sei così bella...» sussurrò con ardore.

Inclinai la testa all'indietro godendo delle sue carezze mentre si chinava su di me, prendendo in bocca uno dei seni e accarezzava l'altro; la mia biancheria intima si inondava dal bisogno di lui. Da lì in poi fu una corsa disperata per eliminare i vestiti, le ultime barriere. Mi spostai all'indietro solo per armeggiare con la fibbia della sua cintura, le dita che tremavano per la lussuria, mentre lui aggrovigliava le mani tra i miei capelli ed esplorava il mio corpo come se non intendesse lasciarmi andare mai più. Appena riuscii ad aprire la cerniera, mi alzai per tirargli giù i pantaloni e i boxer, mentre lui sollevava i fianchi per aiutarmi. In seguito, toccò al mio vestito e alla sua camicia. Non esistevano parole per descrivere la bellezza di quell'uomo nudo e non potei fare a meno di avvolgere la mia mano intorno alla sua lunghezza mentre sfioravo con il pollice la punta umida. La testa di Kieran cadde contro lo schienale del divano, il suo gemito si mescolò al mio e, sebbene ci fossero così tante cose che avrei voluto fargli in quel momento, una era di primordiale importanza: dovevo sentirlo dentro di me. Lo lasciai andare, in fretta mi tolsi le mutandine e mi posizionai sopra di lui mentre appoggiavo le mani sul suo corpo godendo di ogni dettaglio. Mi stuzzicò i seni in una tortura squisita, mentre i nostri occhi si incontravano in una nebbia di fuoco e lussuria.

Incapace di trattenermi, allungai le mani sul suo petto e sugli addominali tesi. La sua pelle era come seta stesa sul marmo. Con delicatezza accarezzai i peli radi e corti. Il suo petto si sollevò con un respiro profondo e la sua mano si curvò intorno al mio collo, riavvicinando le nostre labbra, mentre mettevo di nuovo le mani tra i suoi capelli. Mossi le anche in un movimento sinuoso strofinandomi contro la sua erezione, sentendo il desiderio che si annidava in profondità. Il movimento gli fece alzare i fianchi e strinse la sua presa su di me.

«Dio, Sophie... mi ucciderai» mormorò le parole che si intrecciarono con i miei ansimi, il suo respiro caldo sul mio collo facendomi impazzire.

«Devo prendere un preservativo», l'agonia nella sua voce mi fece sorridere, ma la mia non era tanto diversa quando risposi combattendo contro l'impulso di scendere su di lui, fino in fondo. «Prendo la pillola.»

Come risposta Kieran, scivolò dentro appena, solo un centimetro agonizzante, strappandomi un mugolio spudorato dalla gola quando sentii le sue dita contro il mio luogo più intimo. Mi accarezzò, spingendomi più in alto, sempre più vicino al limite.

Dio, non avevamo neanche iniziato e stavo già per perdermi in lui, ma prima che mi portasse al punto di non ritorno, allungai la mano tra noi prendendolo e facendolo scorrere sulla mia pelle bagnata.

Un sibilo passò attraverso i suoi denti serrati quando iniziai ad abbassarmi.

L'immagine di lui era la cosa più erotica che avessi mai visto e sentii la passione avvampare, stavo per sciogliermi proprio in quel momento, ma riuscii a trattenermi mentre i nostri bacini finalmente si incontravano e lo accolsi per intero.

«Sei stupendo...» sussurrai con voce strozzata e le mie parole sembrarono scatenare qualcosa in lui.

«Cazzo, Sophie. Ti amo...» le sue mani mi strinsero immediatamente la vita, le dita mi scavarono dentro mentre iniziava a muoversi. Mi sollevai, scivolai di nuovo giù, più forte di prima, poi lo feci di nuovo. E ancora. Più veloce, spinta da una fame incontrollabile. Settimane, mesi, anni di desiderio, di brama e voglia di quell'uomo. Avevo bisogno di sentirlo più vicino, più mio che mai, ogni centimetro di pelle calda, di vita, dei nostri cuori che battevano all'unisono. Mi lasciai andare mentre le sue braccia mi avvolgevano la schiena e mi stringeva a lui. Avrei voluto assaporare quel momento, ma non riuscivo a trattenermi e nemmeno lui. Entrambi iniziammo ad annaspare, i nostri corpi che si scontravano, carne contro carne, cuore contro cuore e non eravamo affatto tranquilli. Con una mano gli strinsi i capelli, con l'altra mi aggrappai alla spalliera del divano per fare leva, e lo cavalcai con tutto il mio amore.

Kieran salì con la mano lungo la mia spina dorsale, infilandola tra i miei capelli intrisi di sudore, e sollevò il mento per farmi ritrovare in mezzo a quel caos poetico.

«Riesci a sentire il mio amore, Sophie?»

Voleva assicurarsi che fossi lì, con lui. E lo ero, sempre e per sempre. «Dimmi…» mi disse, riuscendo a prendere fiato tra le nostre spinte e i gemiti, tra la nostra pelle ormai bagnata e l'aria che sembrava mancare. «Dimmi…» Con lo sguardo fisso in una stretta struggente, sapevo già cosa mi stava chiedendo e pronunciai le parole senza esitare, senza pensarci due volte.

«Ti amo» sussurrai contro le sue labbra appena prima che divorasse la mia bocca con la sua , come se cercasse di inspirare quelle parole, di risucchiarle, di farle vivere dentro di sé per sempre. Non c'era nulla di morbido o gentile nel modo in cui mi baciava. Era feroce e appassionato, il desiderio represso che esplose nel momento in cui le nostre bocche si fusero in un bacio intriso di bisogno, di passione.

Per un momento rallentammo i nostri movimenti, così da lasciare che le nostre lingue si muovessero a tempo di languide carezze. Sentii il suo amore unirsi al mio, le scintille accendersi nel mio cuore e nel momento in cui Kieran si allontanò dalla mia bocca, strusciai il bacino contro di lui, avvicinandomi, entrambi i nostri corpi fremevano, arrivati ormai al limite.

Raccolse i miei gemiti affannati mentre girava il suo braccio intorno alla mia schiena, sigillando i nostri corpi insieme, petto contro petto. «Ti amo, Sophie…» Mi tirò giù e seppellì il suo viso nel mio collo e lo sentii frantumarsi.

 Tutto ciò che lo riguardava invase i miei sensi e sussurrai: «Dio, Kieran…» i miei rumori spudorati lo stimolarono e sentii il suo corpo tendersi, pulsando dentro di me, stringendomi il più possibile. Il suo gemito gutturale incontrò la curva del mio collo e gli strinsi i capelli tra le dita, tenendomi sempre più vicina mentre mi dimenavo contro di lui. Sentii il corpo esplodere. Inarcai la schiena, cavalcando le onde di un'estasi così potente che quasi svenni per l'intensità provata.

Sentivo ancora i nostri cuori che battevano forte, quando iniziammo a calmarci, accarezzai le ciocche umide e gli baciai la fronte. Kieran rivendicò ancora una volta la mia bocca, ma quei baci rallentarono e divennero qualcosa… infinitamente di più ma non abbastanza, mai abbastanza. Mentre elaboravamo le nostre sensazioni, i nostri sentimenti, il nostro amore, mi spostai indietro sentendo il sussulto del cuore sotto il mio palmo. Con le sue mani ad accarezzarmi, i nostri respiri che facevano da colonna sonora, trovai i suoi occhi che erano luminosi, proprio come la quiete dopo la tempesta. «Ti amo,

Kieran Heizmann» dissi il suo nome, forte e chiaro, perché lui era reale, eravamo entrambi reali ed era tutto per me.

Mentre si girava sul divano portandomi con sé fino a farmi sdraiare sopra di lui notai il sorriso sereno che si era diffuso sul suo viso. Appena si mise comodo sospirò soddisfatto. «Vedi, questa è vita, amore mio… ed è perfetta.»

Aveva ragione. In quel momento la mia vita era meravigliosa. Mi rilassai contro il suo petto e mi lasciai cullare da quell'incredibile sensazione mentre le sue dita mi accarezzavano i capelli. Stavo per addormentarmi quando sentii il suo petto muoversi con una risata tranquilla.

«Cosa c'è?» Alzai il viso verso di lui, mentre il suo respiro danzava sulle mie labbra e i nostri sguardi si incrociavano.

«Non hai capito?» La sua voce era tranquilla e, quando non risposi, il suo braccio si strinse intorno alla mia vita, la mano che percorreva la mia spina dorsale in una carezza tenera. «È quasi mezzanotte.»

Kieran rimase un momento in silenzio e poi, mentre prendeva la mia mano e la portava alla bocca, baciandomi le nocche, aggiunse: «Tra una ventina d'anni, ci ritroveremo nel nostro letto a mezzanotte di questo stesso giorno e ti sussurrerò all'orecchio: te l'avevo detto, agente Sophie Heizmann, che la vita poteva essere meravigliosa.»

Come sempre, Kieran aveva ragione, sapevo esattamente dove avrei voluto essere: tra le braccia di quell'uomo. C'era un legame indissolubile che ci univa, qualcosa di intenso e consumante. Amore…

Grazie, perché sei tornato da me. Grazie, perché hai sempre creduto che avrei potuto farcela. Grazie, soprattutto, perché mi ami in tutta la mia imperfezione.

16. IL CAMALEONTE

Un anno dopo...

Era ancora presto, ma la piccola caffetteria in stile inglese, situata quasi davanti alla sede dell'Europol, brulicava già di clienti alla ricerca della prima dose di energia per affrontare un'altra giornata. Aggiustai la tracolla della cartella sulla spalla mentre salivo i gradini di pietra che mi separavano da un dolce aroma di caffè appena fatto, ma prima ancora che potessi allungare la mano per spingere la porta, essa venne aperta da un signore anziano che stava uscendo. Lo ringraziai con un sorriso e un leggero cenno della testa quando la tenne aperta per farmi passare.

Come se fossi una cliente abituale, feci qualche passo inoltrandomi nel locale, poi mi fermai così da sembrare indecisa su quale cassa raggiungere. Il fatto che ci fosse la fila mi diede la giusta scusa per restare in attesa qualche secondo in più per valutare i pro e i contro di ogni decisione presa. La verità era che sapevo con esattezza che mi sarei messa nella coda più vicina alla parete. Innanzitutto, perché da lì avrei avuto una visuale perfetta di tutto il locale, inoltre, ad attirare la mia attenzione, erano state le sei persone che sarebbero state servite prima di me... due uomini che indossavano dei completi scuri e che stavano già ordinando, una coppia con un bambino di pochi mesi addormentato in braccio alla mamma e, alle loro spalle, due ragazze più giovani di me con un abbigliamento simile al mio: un tailleur scuro, una camicia chiara e comode décolleté. Le riconobbi all'istante, erano le nuove cadette dell'Accademia di polizia che erano state invitate al simposio. Mi avvicinai, mantenendomi a una distanza discreta, come ci si sarebbe aspettato da una persona che era in fila per ordinare la propria colazione e, nel frattempo, fingevo di controllare il mio cellulare mentre origliavo la loro conversazione.

«Non riesco ancora a credere di essere stata selezionata per questo corso...» si lasciò sfuggire con aria sognante una delle due, la ragazza più giovane che aveva una folta chioma di capelli biondi e occhiali dalla pesante montatura nera. Quella mora, accanto a lei, alzò gli occhi dal cellulare e rispose: «Anche per me è stato difficile crederlo. La selezione era davvero rigorosa e sono contenta di averla superata. Da quando sono entrata in polizia, sogno di poter lavorare sotto copertura e voglio imparare dai migliori agenti.»

Anch'io ero felice che Rebekka Stahl ce l'avesse fatta, era una delle migliori promesse di quel corso; inoltre, era uno dei motivi per cui mi trovassi nella caffetteria in quel momento.

«Anche perché è un lavoro davvero rischioso» rimarcò la ragazza bionda, mentre la fila avanzava di un passo.

Non potevo che essere d'accordo con lei, ma dovetti restare in silenzio e aspettare la giusta opportunità per unirmi alla loro conversazione. Le due giovani donne continuarono a chiacchierare ignare di quali orecchie le stessero ascoltando. Mi aggiustai meglio la cartella con il portatile e il block notes sulla spalla, gli occhi ancora fissi sul cellulare mentre scrivevo un messaggio a Timo.

Sei già arrivato nella sala conferenze?

Avrei voluto domandargli quanto fosse ampia, tuttavia, se avesse anche solo sospettato quanto fossi nervosa, mi avrebbe preso in giro per il resto della vita. Mordicchiai l'unghia lottando contro il mio conflitto interiore mentre guardavo lo schermo e aspettavo la sua risposta. Per fortuna la mia penitenza durò solo qualche secondo.

Stai scherzando per caso, signorina Asso?
Sono qui dalle 6:30 del mattino ed è da più di un'ora che aspetto un cazzo di tecnico che mi dovrebbe solo portare una prolunga per collegare il computer.

Mi sfuggì una risatina e alzai gli occhi al cielo immaginando il suo cipiglio contrariato. Lo schermo si era appena scurito quando apparve un altro messaggio.

Tra poco manderò Laz a comprarne una, considerando che sta dormicchiando tutto stravaccato su una sedia della prima fila.

All'apparenza, il mio grande amico, aveva un po' di tempo per parlare, così ne approfittai per porgli un'altra domanda.

H è già arrivato?

Avevo ripreso l'abitudine di chiamare Kieran con quel diminutivo. Mi piaceva troppo. La sua risposta arrivò fulminea.

Scusa, ma perché lo chiedi a me?
Non avete condiviso lo stesso letto d'albergo la notte scorsa?

Mi lasciai scappare apposta uno strano sospiro, una via di mezzo tra uno sbuffo e una risata. Come mi ero aspettata, quel suono, che tra l'altro aveva ben poco di femminile, richiamò l'attenzione della ragazza bionda. La guardai con un sorriso cospiratorio prima di dire a voce alta mentre scuotevo la testa: «Mio fratello ha l'abitudine di mandarmi certi messaggi al mattino…»

Come risposta mi guadagnai uno sguardo comprensivo da sopra gli occhiali, proprio ciò che stavo cercando.

Ottimo, ho appena stabilito il nostro primo legame.

360

La ragazza mora, Rebekka, non si sbilanciò, la sua espressione era imperscrutabile: non mi rivolse uno sguardo amichevole, nemmeno un sorriso, ma non mi sarei aspettata altro, dato che avevo letto il suo fascicolo e sapevo quanto fosse diffidente. Sorrisi tra me e me, in un certo senso quella ragazza di poco più di vent'anni, somigliava a me stessa a quell'età. La fila si mosse di un altro passo e le accompagnai, tuttavia avevo lo sguardo già rivolto al telefonino, come se non fossi minimamente interessata a loro. Timo, da parte sua, non vedendo la mia risposta scrisse di nuovo.

**Kieran è appena uscito con Hansen, il vicedirettore voleva fargli vedere qualcosa o presentargli qualcuno.
Non ho capito bene.**

Le due cadette stavano per ordinare, così salutai Timo, tanto l'avrei rivisto da lì a poco, e mi concentrai sull'elaborato tabellone che vedevo dietro alle spalle della cassiera. Eh sì, anche il Camaleonte aveva bisogno del suo apporto giornaliero di caffeina.

Era strano, non mi sentivo così nervosa dal giorno del mio diploma all'Accademia di polizia, anzi a pensarci bene, ciò che stavo per vivere poteva essere paragonato a una sorta di avanzamento di carriera. Stavo per intraprendere un nuovo percorso della mia vita e, anche se negli ultimi mesi, insieme a Kieran e ai colleghi del mio nuovo lavoro, quelli dell'Agenzia, mi ero preparata a fondo per quel momento, non mi sentivo ancora del tutto pronta. Quel nuovo incarico sembrava lontano anni luce da tutto ciò che avevo sempre fatto e per un attimo mi sentii spogliata, come se ogni emozione che si agitava dentro di me fosse diventata visibile. Accantonai subito quel pensiero, alla fine dei conti, cosa c'era di più bello se non un po' di azione nella nostra vita?

Sorrisi tra me e me: quello era uno dei motti preferiti del Dottor Fustermann, il grande Dok, come mi piaceva chiamarlo. Il dottore si era guadagnato quel titolo con tutti gli onori, considerando quanto lo avessi fatto penare per rimettermi in sesto. I mesi in cui ero stata in convalescenza nella sua clinica nel Canton Grigione, in cui era primario del reparto di psichiatria, erano stati, a dir poco, intensi. Perdersi nella propria mente equivaleva a cadere in un baratro, la discesa avveniva in un attimo, la risalita in certi giorni mi era sembrata un'eternità durata otto lunghi mesi, ma ce l'avevo fatta! Ero finalmente tornata a camminare sulle mie gambe. Il che per me voleva dire tanto, poiché era dalla maggiore età che non sapevo più cosa significasse indossare solo la propria pelle. Non potevo negarlo, avevo affrontato momenti davvero difficili, in alcuni di essi avevo pensato che non ce l'avrei fatta e uno dei fattori del mio successo era stata la fiducia che quel dottore stempiato, lungo e curvo come un amo da pesca avesse in me. Avevano anche contribuito le visite nei fine settimana delle persone che amavo, il loro appoggio, il fatto che credessero in me, molto più di quanto avessi mai fatto io. Le loro piccole "pillole d'amore", come le chiamava Dok, che inconsapevolmente mi lasciavano ogni volta che andavano via, erano state essenziali per il mio processo di guarigione. Ognuno di loro, ogni sorriso, sguardo incoraggiante, carezza amorevole, tutto quanto, mi aveva fatto arrivare fino a dove mi trovavo in quel momento.

Non provavo più il bisogno spasmodico di cercare le risposte alle domande che mi avevano tormentata per così tanto tempo, non avevo nemmeno più l'esigenza di cercare conforto per il senso di colpa che aveva ridotto a brandelli la mia anima. Avevo finalmente accettato che ciò che mi era capitato non poteva essere cambiato. La perdita della mia migliore amica sarebbe sempre rimasta uno sfregio del mio passato vissuto con lei, ma una delle cose che Dok mi aveva insegnato era che la maggior parte delle persone aveva delle cicatrici e molte erano ben più profonde delle mie. Alcune erano visibili come quelle che vedevo sul mio corpo, altre le portavano nel cuore o nella mente, come avevo fatto in tutti quegli anni. Purtroppo, quel percorso non poteva più essere modificato, e nonostante la sofferenza, non esisteva nemmeno un valido motivo per doverlo rivangare di nuovo. Nulla avrebbe potuto cambiarlo, le domande sarebbero comunque rimaste senza risposta e, se avessi insistito a imporle a me stessa, avrei soltanto ostacolato la mia ripresa. Avevo finalmente compreso che tutto quel dolore non fosse parte del mio presente né tantomeno del mio futuro e dovesse rimanere nel posto a cui apparteneva, ossia nel passato.

Durante il ricovero avevo imparato ad affezionarmi un'altra volta alla vita, ad amare me stessa, a vivere l'attimo, una sensazione a cui mi ero sempre più legata, grazie alla mia famiglia, ai miei amici e al meraviglioso uomo che avevo accanto.

Le parole che Kieran mi aveva regalato quella sera all'ospedale tanti mesi prima erano sempre con me. *«Dobbiamo lottare per ciò che abbiamo conquistato. Nessun altro potrà farlo per noi. E se c'è qualcosa su questa terra per cui vale la pena lottare, è per il tuo amore.»*

Tra le montagne e la natura che tanto amavo, mentre osservavo il bosco che cambiava con il sopraggiungere di una nuova stagione, avevo imparato che anche nella nostra esistenza spesso accadeva qualcosa di simile. Nel momento in cui arrivavamo a una svolta, il nostro corpo e la nostra mente dovevano essere preparati ad accogliere i cambiamenti, a elaborarli, a viverli fino in fondo. Solo così, la consapevolezza ci avrebbe permesso di vedere il mondo non più come lo percepivamo prima, ma con uno sguardo diverso, rivolto al futuro, a ciò che avrebbe potuto essere, e nel passato, verso ciò che ci saremmo lasciati alle spalle. *«Ricorda, Sophie, per far sbocciare un nuovo fiore, dobbiamo trovare il coraggio di essere libere e di fare ciò che riteniamo giusto.»* A quella frase, che nonna Novelle mi aveva ripetuto spesso quando ero bambina, avrei potuto aggiungere che dovevamo, inoltre, avere l'audacia per affrontare le sfide che la vita ci proponeva, ma soprattutto avevamo l'obbligo di cercare la nostra felicità.

«Cara, cosa vorresti prendere?» La voce delicata della donna dietro la cassa mi riportò al presente. Il suo sguardo gentile mi ricordò quello di mia nonna e le restituii il sorriso mentre facevo la mia ordinazione.

Le ragazze che mi precedevano si erano già allontanate e mi presi tutto il tempo necessario per scegliere con comodo uno dei golosissimi muffin che vedevo esposti dentro a una delicata vetrinetta, ornata da filetti di ottone, accanto alla cassa. Mentre la signora iniziava a preparare il cappuccino che le avevo ordinato, con la coda dell'occhio individuai le due ragazze. Il bar era pieno, perciò si erano spostate in un angolo per aspettare che si liberasse un tavolo. In effetti, a pochi passi da loro, quattro ragazzi avevano appena segnalato che stavano finendo. Quando la signora mi porse la mia ordinazione, la ringraziai e, dopo aver pagato, presi il piccolo vassoio in argento spostandomi fino ad arrivare nello stesso posto in cui si trovavano le ragazze prima. Spostai di proposito il peso da un piede all'altro, mentre fingevo di controllare quale sarebbe stato il prossimo tavolo a liberarsi. La ragazza bionda, vedendomi in piedi da sola, venne in mio soccorso.

«Vuole sedersi con noi?» Non aveva ancora finito la domanda, che stava già spostando la sua borsa dalla sedia accanto a sé per metterla su quella opposta, dove si trovava anche quella di Rebekka che le era seduta di fronte.

«Oh, grazie mille, accetto volentieri la tua offerta.» Appoggiai il mio vassoio e mi accomodai nel posto rimasto libero, posando la cartella per terra.

Per qualche istante mangiammo e bevemmo in silenzio. Poiché il mio alias prevedeva una donna affermata sulla trentina, dopo qualche istante aprii la borsa e presi la cartella con il materiale per la presentazione a cui, come loro, avrei dovuto assistere. Come mi ero aspettata, la ragazza bionda, quella più estroversa, notando il logo dell'Europol non esitò a parlare: «Anche lei è qui per partecipare alla presentazione?»

«Sì…» non aggiunsi altro, perché volevo valutare la reazione di Rebekka. Quasi sorrisi quando i suoi occhi, dapprima fermi sul cellulare che aveva in mano, si alzarono con lentezza per fissarmi. Potevo quasi vedere le rotelle del suo cervello entrare in azione, la domanda che si stava ponendo.

La ragazza è molto astuta…

Per non destare nessun sospetto, continuai: «In un certo senso sono qui per la presentazione.» Era ovvio che non avrei più potuto accostarmi alla loro età, perciò il mio alias richiedeva un atteggiamento alternativo.

Le sopracciglia della biondina scattarono verso l'alto sparendo nella frangia, ma prima di darle modo di parlare ancora, la accontentai mentre il mio sguardo si spostava oltre le sue spalle dove vedevo un cartello con la pubblicità di un marchio di caffè. Colsi al volo l'opportunità al vedere il nome.

Tombola…

«Sono l'assistente del capitano Jacobs del Commando delle Forze Speciali.» Mi raddrizzai un po' sulla sedia con orgoglio, prima di aggiungere: «Doveva essere uno degli ospiti, ma poiché non potrà essere presente, mi ha incaricato di assistere al suo posto.»

Come mi aspettavo, la nostra chiacchierata proseguì e ci scambiammo alcune informazioni mentre consumavamo la colazione. Risposi alle loro domande restando sempre sul vago e ne approfittai per porne alcune anch'io. Una decina di minuti dopo ero già riuscita a scoprire dove abitasse la ragazza bionda che si chiamava Cinzia, a quale unità appartenesse, il nome del suo ragazzo e altre informazioni del tutto irrilevanti con cui avrei potuto compilare un piccolo dossier. Purtroppo, ero certa che non avrebbe superato il secondo test di ammissione. Rebekka, invece, era l'esatto contrario, l'espressione del suo viso non si sbilanciava mai, le sue risposte non rivelavano più del necessario e dalla sua postura non si intuiva nulla.

Brava, Rebekka, un punto per te.

Una decina di minuti dopo, lasciai il locale in compagnia delle due ragazze e, dopo aver attraversato la strada, varcammo insieme le porte dell'Europol. Superammo i controlli parlando del più e del meno, senza che incontrassi nessun problema con il mio documento falso. Non che mi aspettassi altro, considerando che il vicedirettore Clark era già stato informato che sarei entrata nel palazzo utilizzando un'altra identità. Seguendo le indicazioni, ci dirigemmo verso l'anfiteatro dove si sarebbe svolta la presentazione. Appena arrivammo davanti alle doppie porte di legno, ci mettemmo in fila per un ulteriore controllo dei documenti.

Fu allora che lo vidi, più che altro percepii i suoi occhi su di me. Non mi sarei mai stancata di vederlo indossare un completo elegante e sexy. Ero stata io a scegliere la cravatta bordeaux che spiccava alla perfezione con la camicia bianca. I nostri sguardi si incontrarono e tutto ciò che riuscii a pensare fu che non avrei mai immaginato che tra un uomo e una donna potesse essere tutto così intenso. Ogni giorno, Kieran Heizmann mi portava in una nuova e meravigliosa avventura, in un mondo in cui le sensazioni e le emozioni si esaltavano e si fondevano tra loro. Un luogo in cui le ferite venivano curate e i cuori ricuciti con i fili della passione. Un giardino virtuale dove l'amore e la fiducia crescevano spontaneamente e sbocciavano come preziosi fiori.

La fila procedeva piano ed eravamo ancora a parecchi metri di distanza, ma lo percepivo lo stesso come se la mia visione periferica stesse sparendo e tutto il mio essere fosse concentrato solo su di lui. Il mio cuore accelerò i battiti ricordando le parole che mi aveva rivolto tra le lenzuola quella mattina mentre facevamo l'amore.

«Oggi inizia una nuova avventura, amore mio. Non so cosa ci riserverà il futuro, ma non è importante, perché qui con me c'è già tutto quello che desidero. Sei la parte migliore di me, Sophie.»

In quel batter d'occhio un mezzo sorriso spuntò tra le sue labbra e in esso scorsi tutto l'orgoglio che gli riempiva il petto nell'avermi al suo fianco. Subito dopo dovette spostare l'attenzione all'uomo che, accanto a lui, gli stava parlando, ma la magia tra di noi si era già compiuta. Abbassai la mano che, senza rendermene conto, avevo stretto attorno alla medaglietta che mi aveva regalato un anno fa. Il nervosismo che avevo sentito fino a poco prima si dissipò e percorsi gli ultimi passi prima di entrare nell'anfiteatro come se stessi camminando tra le nuvole.

La fila continuò ad avanzare e quando gli arrivai accanto, lo vidi chiedere scusa all'uomo con cui parlava e tirare fuori dalla tasca il cellulare. Si allontanò di qualche passo, venendo verso di me. Lo feci anch'io, distanziandomi dalle ragazze e facendo in modo che ci trovassimo quasi spalla a spalla. I nostri sguardi si incrociarono un'altra volta e l'ardore che scorgevo in lui mi spinse a parlare a bassa voce. «Mi stavi per caso cercando, agente Heizmann?»

«Da tutta una vita» mi sussurrò con dolcezza.

Un battito di cuore… un altro ancora, vibrante, forte e vivo. L'aria intorno a noi sembrò riverente e sacra, ed esitai a muovermi. Purtroppo, la fila si spostò e fui costretta, senza sapere come, a compiere un altro passo, i nostri corpi si allontanarono, ma le nostre anime erano costantemente unite. Era stato lui a riportarmi indietro. Mi aveva legata a sé, ancorata alla vita, amata in ogni mia imperfezione. Sorrisi beata; non mi ero mai sentita così viva in tutta la mia esistenza. Kieran mi aveva insegnato a sbocciare e finalmente avevo la mia ragione per vivere.

Presentai ancora una volta il mio documento e, seguendo le ragazze, entrai nell'anfiteatro. Con un certo sollievo, notai che non era molto grande e seguendo le indicazioni mi sedetti verso la metà della platea, prendendo posto nella prima sedia che faceva angolo con il corridoio centrale. A una decina di metri da me, potevo vedere Timo sopra il palco, che controllava qualcosa su un portatile appoggiato sulla cattedra. Sul palco c'erano anche cinque poltrone di velluto azzurro che davano l'impressione di essere piuttosto comode, erano state scelte dello stesso colore del logo dell'Europol. Sulla destra vedevo Laz e Hansen in piedi che parlavano con il vicedirettore Clark che ogni tanto fissava un piccolo quaderno a spirale. Un attore che memorizzava le sue battute pochi minuti prima dell'apertura del sipario.

Mentre aspettavo che la presentazione iniziasse, ne approfittai per dare un'occhiata alle persone già presenti. Nelle prime sedie posizionate davanti al palco riconobbi il capitano Gerber, che era stato il mio diretto superiore quando lavoravo all'Unità Diamant, seduta accanto c'era la sua assistente. Alla sua sinistra scorsi altri due uomini che, dalla postura rigida e stoica, avrei potuto scommettere che fossero altri poliziotti e quasi non riuscii a trattenere un sorriso quando scorsi quel bastardo del capitano Spervi, la controparte di Gerber nell'unità Diamant.

Intravidi anche altri colleghi, altri capi e persone con cui avevo collaborato e incontrato durante la mia carriera: l'untuoso agente Frisk, che si pettinava i capelli biondi in continuazione, e Andre Lehmann, sempre che quello fosse il suo vero nome, con cui avevo collaborato solo una volta quando entrambi lavoravamo sotto copertura allo stesso caso. Quel pensiero mi fece pensare all'agente Sven Engel e alla dolce Teresa, che a sua insaputa era stata coinvolta nell'indagine e mi ripromisi di scoprire come fosse finita la loro storia.

L'anfiteatro continuò a riempirsi, Kieran salì sul palco da un ingresso laterale, accompagnato dall'uomo con cui stava parlando prima e, qualche minuto dopo, la conferenza iniziò.

Il direttore Clark si avvicinò alla cattedra e prese la parola.

«Buongiorno a tutti e grazie per essere venuti. È con immenso orgoglio che annuncio la seconda parte del nostro piano triennale per contrastare la criminalità organizzata. Nel simposio che abbiamo tenuto il mese scorso vi ho anticipato qual è la funzione dell'Europol e delle polizie dei diversi paesi con cui collaboriamo e che sono presenti in questa Task Force.»

Fece una pausa e i suoi occhi sorvolarono su tutti i presenti senza fermarsi su nessuno in particolare. Dopo un istante riprese: «Oggi voglio annunciare la partecipazione della Svizzera, che ha accettato di collaborare direttamente con la nostra organizzazione per la lotta alla criminalità in Europa.» Proseguì il discorso ringraziando ognuno dei membri delle unità delle forze speciali svizzere presenti alla riunione. A ogni nome la sua mano indicava uno degli uomini che erano seduti in prima fila. Quando finì i ringraziamenti, dopo aver fatto una piccola pausa per bere un sorso d'acqua dal bicchiere che aveva davanti a sé, continuò con più convinzione di prima. «La polizia elvetica sarà rappresentata dall'Agenzia.» Indicò Hansen che era sul palco seduto accanto a lui. Il numero uno dell'Europol proseguì elencando velocemente le collaborazioni che le due agenzie avevano già avuto e, meno di una decina di minuti dopo, diede la parola ad Hansen che prese posto in mezzo al palco.

«Innanzitutto, vorrei ringraziare l'Europol e il vice direttore Clark per aver esteso l'invito al mio paese. Sono consapevole dell'importanza della collaborazione dei diciannove Stati membri e credo con convinzione nella creazione di una proficua sinergia tra le forze dell'ordine affinché possano lavorare insieme, con gli stessi strumenti amministrativi e legali, per proteggere la società dalle organizzazioni criminali e minare così le risorse provenienti dal narcotraffico, dall'immigrazione clandestina e dalla tratta di esseri umani, inclusa la pedopornografia.»

Hansen proseguì spiegando quale sarebbe stato il ruolo della Svizzera in quella collaborazione. Il momento che tanto attendevo stava per arrivare e a stento riuscivo a rimanere seduta composta sulla sedia.

Accanto a me udii la ragazza bionda sussurrare all'altra. «Spero davvero di poter far parte di questa Task Force. Collaborare con loro sarebbe un sogno.»

Hansen arrivò finalmente alla parte pratica della collaborazione. Dietro di lui un grosso telo nero scese dal tetto e il logo dell'Europol iniziò a girare lentamente sullo schermo. Per qualche momento Hansen continuò a spiegare i diversi corsi che sarebbero stati proposti, citando gli insegnanti che erano presenti nell'anfiteatro. Alcuni di loro salirono sul podio e fecero brevi discorsi usando delle diapositive apparse davanti al logo dell'Europol che rimase sullo sfondo. Riuscii a seguire a malapena ogni parola che pronunciavano, ero troppo occupata a contenere la mia euforia, anche perché sapevo che Hansen avrebbe lasciato il gran finale a me.

Un'ora dopo, il grande capo dell'Agenzia prese la parola. «L'ultimo corso che vorremmo proporre è anche uno dei più attesi di questa Task Force, almeno per quanto riguarda i nuovi cadetti.» Ci fu un mormorio generale di approvazione quando il titolo "Operazioni sotto copertura - *Undercover operations*" apparve sullo schermo. Hansen aspettò con pazienza che il vociferare cessasse prima di continuare: «Questo corso sarà presentato e tenuto dall'agente speciale Sophie Nowack.»

Poiché sul palco c'erano solo uomini, l'attenzione di tutti i presenti si concentrò sulle prime file, dove erano seduti tutti gli altri insegnanti. Quando nessuno si alzò, l'attenzione di tutti si spostò verso la porta laterale, proprio accanto al palco sperando che l'agente facesse la sua comparsa. Hansen scelse proprio quel momento per fare una pausa strategica e sull'anfiteatro scese il silenzio.

L'unica cosa che pensai in quell'istante era che volevo alzarmi e urlare: *Ragazzi… date un Oscar al grande capo. Se lo merita davvero.*

Altri secondi passarono e, come c'era da aspettarsi, le persone iniziarono a guardarsi attorno domandandosi dove fossi finita. Hansen approfittò del loro smarrimento per schiarirsi la gola e attirare così l'attenzione di tutti. «Una delle più importanti qualità che un agente sotto copertura deve avere è, per l'appunto, saper mimetizzarsi tra le persone. Vi posso assicurare che l'agente speciale è già qui tra di noi…»

Ci furono alcune risate prima che Hansen potesse puntualizzare. «Vi sfido a scoprire chi tra di voi è l'agente speciale Sophie Nowack» con un colpo teatrale girò il polso e guardando l'orologio disse: «Signore e signori, avete tre minuti.»

Riuscendo a trattenere a stento un sorriso iniziai a imitare gli altri e a guardarmi intorno mentre cercavo me stessa. Feci in modo che il mio sguardo incontrasse quello di Spervi, che era seduto sei corsie davanti a me. Il cretino non mi riconobbe nemmeno.

Dio, questa messinscena è troppo divertente…

Incontrai lo sguardo di parecchie altre persone, ma i loro occhi sorvolavano disattenti su di me mentre vedevano soltanto ciò che volevo che vedessero: un'assistente che stringeva un block notes al petto e si guardava intorno incuriosita cercando il fantomatico agente speciale.

Hansen, puntuale come un orologio svizzero, dopo tre minuti annunciò: «Molto bene… visto che nessuno è riuscito a trovarla, dovrò farla uscire io allo scoperto. Agente speciale Sophie Nowack, ti stiamo aspettando sul palco per darti il benvenuto come membro attivo di questa Task Force e ascoltare le tue parole sul corso che terrai.»

Seguendo ciò che avevamo combinato in precedenza, aspettai fino a quando il silenzio calò nella sala.

Le mie dita si alleggerirono e il block notes che avevo stretto al petto cadde per terra con un tonfo sordo. Tutti gli occhi si voltarono nella mia direzione.

«Chiedo scu-scusa...» balbettai di proposito come se fossi mortificata, mentre spostavo lo sguardo sul pavimento e mi abbassavo per prendere il quaderno. Nessuno si era ancora accorto di nulla. Nel momento in cui mi raddrizzai sulla sedia, l'attenzione di tutti si era già spostata altrove. In quel momento Hansen parlò. «Mai sottovalutare il vostro avversario. Potrebbe essere chiunque.»

Tese la mano nella mia direzione. «Signori e signore, vi presento l'agente speciale Sophie Nowack, conosciuta anche come il *Camaleonte.*»

Mi alzai mentre osservavo le due ragazze sedute accanto a me fissarmi con la bocca aperta. Regalai a entrambe un occhiolino prima di prendere la mia cartella e percorrere il corridoio centrale. Entrai in scena come un'unica unità coesa con l'Agenzia, fiera come non ero mai stata di me stessa, alzai il mento mentre Hansen elencava i riconoscimenti ottenuti nella mia carriera e i volti dei criminali che avevo contribuito a catturare apparivano alle sue spalle. In fondo al corridoio vedevo Kieran e Timo che sussurravano qualcosa e mi guardavano orgogliosi. Sorrisi al mio migliore amico e poi mi concentrai sull'uomo che mi aveva insegnato che la felicità fosse qualcosa che dovevamo sentire e non una maschera da indossare. Mi soffermai su ogni dettaglio del suo volto cesellato, il modo in cui il sorriso si mostrava sempre di più alla mia vista. Il mio corpo venne un'altra volta invaso da quella sensazione: la pelle d'oca mi solleticò entrambe le braccia, avvolgendomi in un turbinio di nuove emozioni e una meravigliosa sensazione di... appagamento, di appartenenza. Di casa. La gioia autentica che vedevo in quel sorriso non si attenuò mai e, a ogni passo che facevo nella sua direzione, mi chiesi se sapesse quanto il suo amore fosse importante per me.

Credevo proprio di sì. Quella sera stessa saremmo partiti per la nostra prima vacanza. Due intere settimane a Bali, dove le splendide spiagge di sabbia bianca e un mare cristallino ci attendevano per rilassare tutti i nostri sensi e non vedevo l'ora di godere ogni minuto insieme a lui. Avremmo ballato sotto le stelle, fatto l'amore al suono dei battiti dei nostri cuori e ci saremmo innamorati ancora e ancora.

Con quei pensieri meravigliosi a cullarmi, mi avviai con passo tranquillo verso il palco. Il ricordo del mio passato non mi avrebbe mai abbandonata, ma avrei tratto forza da esso senza lasciare che mi condizionasse ancora. Ero pronta a volare in alto, sempre di più, verso un nuovo giorno, con la certezza che al mio fianco ci sarebbero stati l'uomo che amavo con tutta me stessa, la mia famiglia e i miei più cari e preziosi amici.

La nostra mente è davvero un posto straordinario. Ciò che abbiamo è un dono, non una maledizione.

Sì, la vita valeva effettivamente la pena di essere vissuta.

Caro/a lettore / lettrice:

Spero che sarai felice nello scoprire che c'è molto altro da leggere nelle prossime pagine (ad esempio, il primo capitolo del prossimo libro di questa serie). Il tuo tempo è prezioso e ti sarei davvero grata se potessi spendere qualche minuto leggendo questo breve messaggio.

Sono da sempre una lettrice appassionata, eppure non ho mai realizzato il mio valore fino a quando non mi sono seduta "dall'altra parte" per scrivere un libro.

Quello che ti vorrei cortesemente chiedere è: se questo manoscritto ti è piaciuto, per favore lascia una recensione. Magari non ti piace scrivere, ma ti posso assicurare che basteranno anche poche parole per aiutare a far conoscere il mio lavoro ad altri amanti della lettura, proprio come te.

Resto della convinzione che, per ogni recensione che lascerai per i miei libri, ti cresceranno un altro paio d'ali d'angelo. Quelle apparse come sfondo sono proprio per te.

Note e ringraziamenti

La complessità della mente umana è un argomento che mi ha da sempre affascinato e ho iniziato a esplorarla già dal primo libro di questa serie: "Unique". Mentre la storia di Lara Köhler, la moglie di un noto psichiatra, prendeva vita, la figura dell'agente Kieran Heizmann faceva il suo "vero" debutto letterario come co-protagonista. Questo perché Kieran aveva già fatto una piccola comparsa in "Audace", il terzo libro della serie "Swiss Stories".

Dopo aver scritto quella storia, le tracce dell'enigmatico agente super speciale sono rimaste dentro di me per mesi, aspettando il momento giusto per prendere vita sullo schermo del mio computer. Ho deciso, quindi, di iniziare a raccontarvi dell'affascinante Kieran Heizmann affiancandolo a Lara, ma sarà soltanto nel secondo libro della serie, "La bellezza del male", che Kieran troverà la sua vera controparte, l'agente speciale Sophie Nowack, la protagonista con il potere di dare "vita" ai quattro romanzi successivi della "Swiss Legends".

In ogni libro della serie l'agente Nowack ha fatto tribolare, arrabbiare e soffrire il nostro co-protagonista in tutti i modi possibili e immaginabili. Alla fine di "Anonyma", il quinto libro, avevo promesso ai miei lettori un sequel che fosse degno di questi due meravigliosi protagonisti. Posso assicurarti che Sophie e Kieran hanno scritto questa storia per me, per te e spero con tutto il cuore di essere riuscita a stupirti, che questo sia uno di quei romanzi in grado di restare impresso nel tuo cuore per sempre, così come ha fatto nel mio.

Quindi, il mio primo ringraziamento va a voi, miei lettori e lettrici perché senza il vostro aiuto e supporto oggi non sarei qui, a dare vita a una delle mie più grandi passioni: quella di raccontare storie.

Resto sempre della ferma convinzione che: "Un viaggio indimenticabile inizia quando sfogli la prima pagina di un bel libro."

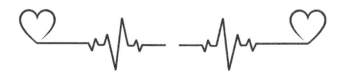

La ricerca del materiale da parte di uno scrittore mentre lavora a un libro può essere un processo lento e laborioso. Per questo manoscritto mi sono affidata ad alcuni tomi davvero interessanti che lascerò elencati qui, nel caso potesse interessare a qualcuno approfondire l'argomento come ho fatto io. Gli ultimi tre articoli sono stati presi direttamente dalla NIH - National Library of medicine (The National Center for Biotechnology). I libri sono scritti in lingua inglese.

- The Complex PTSD Workbook: A Mind-Body Approach to Regaining Emotional

Control and Becoming. 2017

Arielle Schwartz PhD

- Coma and Disorders of Consciousness. 2018

Caroline Schnakers, Steven Laureys

- A human brain network derived from coma - causing brainstem lesions. 2012

David B. Fischer, Aaron D. Boes

- Critical Care - from pathophysiology to clinical trials. 2009

Truong AD, Fan E, Brower RG, Needham DM.

- Clinical approach to the patient in the Intensive Care Unit. 2006

Dhand AD.

Qui lascio una breve spiegazione per quanto riguarda l'isola di Fernando di Noronha in Brasile.

Come ho raccontato nel libro, l'isola è stata ceduta agli americani durante la Seconda Guerra Mondiale ed è stato poi costruito l'ospedale che appare in alcuni capitoli all'inizio del libro. Tuttavia, oggi non esiste più, l'isola è aperta ai visitatori ed è una delle maggiori attrazioni del nord del Brasile. Nel 2020 l'arcipelago è stato dichiarato patrimonio culturale dell'umanità dall'UNESCO.

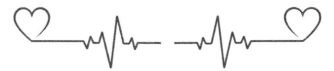

Anche se la scrittura in sé è un'impresa solitaria, mi posso considerare fortunata perché conclusa la prima fase, quella del montaggio strutturale del libro, sono ricompensata dall'inestimabile aiuto di professionisti che condividono con me in modo ampio e generoso la loro esperienza.

Devo quindi ringraziare alcune collaboratrici che mi affiancano durante ogni manoscritto. Alcuni dei passaggi più belli che avete letto in questo libro sono nati nella mia mente, ma sono stati "perfezionati" con il loro aiuto. Non mi resta che dire: grazie, grazie sempre ragazze, per il vostro supporto, per tutto l'aiuto che mi date e, soprattutto, per questa meravigliosa passione che collega i nostri cuori in modo inesorabile: i libri. ♡

Ti presento la squadra che mi ha accompagnato nella stesura di questo manoscritto:

Giulia Stefanini, (La tana dei libri sconosciuti - tanalibrisconosciuti@gmail.com), la responsabile per l'editing ortografico e finale.

Catia Raneri, (Rivendell: Katy Booklover - catia.raneri@gmail.com), la responsabile per l'editing di contenuto.

Roberta Luprano, (50 mila pagine - info@50milapagine.com), Federica Sampaolesi, (Fefesdreamland - feffesamp@hotmail.com), Martina Giachino, (La musica dei libri - martygiachino@gmail.com), Noemi Renna, (Polvere di libri - nohmi@hotmail.it) e Daria Spadafora, (Vicky Sp bookreviews - spadaforadaria@gmail.com), le mie correttrici di bozza. ♡

A tutte voi ragazze, grazie ancora una volta per questo inestimabile aiuto. Posso essere anche una scrittrice prolifica, ma senza di voi non sarei mai arrivata così lontano. A ognuna di voi, non posso che dire: è un onore averti nella mia squadra.

Ringrazio anche Valentina Modica della Bespoke Graphic che mi accompagna dal mio primo libro. Ormai conosciuta come la maga di Photoshop, questa incredibile artista ha creato per me un'altra bellissima copertina. Grazie mille, ragazza. Sei imbattibile!

Ringrazio, inoltre, tutta la mia famiglia, inclusa quella a quattro e tre zampe (ho due gattini tripodi a casa), per la pazienza e per il supporto. Vi voglio un mondo di bene.

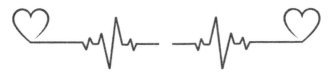

Quest'anno, insieme alla Quest, la casa editrice con cui collaboro, abbiamo creato una book community, con lo scopo di incontrare in una sola "dimora virtuale" tutte le Bookblogger, Bookstagrammer e Booktoker che seguono il mio lavoro. Sotto troverai elencati i nomi delle partecipanti a questo progetto chiamato Review Party. Grazie ancora ragazze di cuore per seguire e apprezzare il mio lavoro.

Respiro Di Libri – Responsabile della Book Community – L'impareggiabile Ely! ♡

A book with a tea
Ale87 book funko
Anna Nenci Book lover
A passeggio con I libri
Gabriella all colours of romance
Books are life
Carmen - ti consiglio un libro
Cercando nei libri
Club del cibro

Due punti virgolette

Emozioni imperfette

Ericius libri

Fefes dreamland

Flavia's diary

Gea Mog books

Il mio mondo libri

Io amo i libri e le serie tv

La musica dei libri

La piccola libreria nel bosco

La tana dei libri sconosciuti

La ragazza che ama i libri

Leggere appassionatamente

Le penne irriverenti

Letture Caldi Abbracci

Letture sale e pepe

Lib stangram

Libri Magnetici

Love 4 Romances

Maggie quotes

Noi leggiamo

Perse fra le righe

Polvere di libri

Recensioni Matte

Rivendell: Katy Booklover

Romance Booksmania

Romantic faires

Simoloverosa

Sul galeone dei sogni

Un cuore tra i libri

Una Monia tra i libri

Vicky sp book reviews

50mila pagine

Se sei una Bookblogger, Bookstagrammer o Booktoker e vorresti partecipare alla Community, basta seguire il nostro profilo su Instagram e ti contatteremo.

Quest.book.community

Poiché sono sempre una scrittrice "moooolto cattiva" e non mi cambierete mai, ti lascio anche il primo capitolo del secondo spin-off della serie "Swiss Legends": "Ricordami di dimenticare", che sarà pubblicato nel 2024.

Ti auguro una bella lettura. ♡

Un caro saluto,

Carmen Weiz

PS - Se per caso segui anche la "Swiss Angels" allora ti do appuntamento a luglio 2023 per l'uscita di "Bad News", il quarto libro della serie.

Anche la serie "Swiss Stories", la prima che ho scritto, ha una novità bella succosa: sta vivendo, proprio in quest'anno, un processo di Restyling. Insieme alla mia squadra stiamo arricchendo i contenuti di ogni libro. "La ragazza nel bosco" è già stato ripubblicato e ad aprile sarà la volta di "Mistificami". Non vedo l'ora! ♡

Spero di ritrovarvi anche nel secondo spin-off di questa serie e, se per caso desiderate conoscere anche le mie pubblicazioni precedenti, subito dopo il capitolo "Bonus", troverete tutti i miei libri catalogati per serie e uscita, e con un solo click potrete scoprire tutti i dettagli di ogni manoscritto, così come le informazioni per l'acquisto.

Se desiderate anche contattarmi, ne sarò felicissima. ♡

Pertanto vi lascio i miei contatti e anche il link del mio sito ufficiale, dove potrete conoscere a fondo il mio lavoro, leggere le sinossi e gli estratti di ogni libro e, ancora, guardare il booktrailer. Sempre nel mio sito, potrete iscrivervi alla newsletter trimestrale per restare aggiornati su tutte le novità, le promozioni e le nuove uscite, anche nel caso in cui non siate un fan dei social. Ecco il link del mio sito ufficiale:

Sito ufficiale

Spero di sentirvi presto.

Grazie ancora.

Carmen Weiz

Tutti i miei libri in formato cartaceo possono essere acquistati anche online nelle librerie Giunti al Punto - prenota online e ritira nel punto vendita che preferisci. Un ringraziamento va anche alla Edizioni Quest, la casa editrice che mi affianca e che tratta la "grande distribuzione" dei miei romanzi.

PS: Subito dopo i capitoli, potrete trovare anche tutti i miei libri suddivisi per serie e, ancora, con un solo click, conoscere tutti i dettagli di ogni manoscritto.

Le immagini usate in questo libro sono state acquistate o fatte da una Fan Page, poche sono tratte da internet, ma se il loro uso violasse i diritti d'autore, lo si comunichi alla casa editrice o all'autrice che provvederà alla loro immediata rimozione.

"Ricordami di dimenticare"
(Titolo provvisorio)
Spin off Serie Swiss Legends #2

Prologo

Se un giorno qualcuno mi avesse domandato quale fosse la mia paura più grande, di rammentare un momento in cui il terrore fosse stato il solo oblio in cui cadere o, ancora, in cui la follia mi avesse stretto il cuore in una morsa di pura angoscia, non avrei pensato a un film horror, a un ipotetico incidente, alla perdita dei miei genitori o di Mark, il ragazzo che tanto amavo.

Avrei pronunciato soltanto tre parole…

***

Com'era possibile che le vacanze pianificate in ogni singolo dettaglio per festeggiare la fine di un altro anno di studi, mi avessero fatto precipitare a capofitto in un girone dell'inferno?

Il cappuccio nero e maleodorante che mi avevano infilato in testa soffocava ogni pensiero, mentre mi sedevo con le mani legate dietro la schiena su quello che mi parve essere un pavimento di metallo sporco e freddo. Avevo provato in tutti i modi a liberarmi, ma nel vano di carico del veicolo in cui mi avevano fatto entrare, molto probabilmente un furgone, non c'era niente che potesse tornarmi utile. La corda grezza con cui mi avevano legato i polsi era pronta a scavare la pelle fino all'osso, lasciandomi a dissanguare senza misericordia in quel baratro in cui ero caduta. In bocca sentivo il gusto salato del sangue, di un furioso terrore pronto a lambire l'anima, di lacrime versate come una supplica mai ascoltata. Non erano le prime e non sarebbero state nemmeno le ultime.

Cosa sarebbe capitato alla mia vita?

Sussultai ritraendomi come se volessi sparire quando il furgone si fermò all'improvviso e qualcuno spalancò lo sportello. Il mio corpo ondeggiò leggermente di lato quando sentii dei passi pesanti avvicinarsi. I miei sensi, ovattati dal cappuccio nero, fecero fatica a concentrarsi su un unico dettaglio, ma percepii lo stesso il corpo vibrare di terrore, la mente correre all'impazzata rimbalzando da un pensiero all'altro. Cosa ne sarebbe stato di me? Mi avrebbero violentata? Avrei rivisto la mia famiglia? Mark era ancora vivo?

In lontananza, udii delle voci discutere in modo piuttosto concitato e mi maledissi un'altra volta per non aver ascoltato il mio ragazzo quando insisteva a farmi imparare almeno qualcos'altro, oltre ai saluti, della lingua del paese in cui eravamo andati in vacanza.

Non ebbi nemmeno il tempo di fare due respiri disperati, per rafforzare la volontà di lottare fino all'ultimo per la mia vita, che qualcuno mi strattonò per il braccio. Trasalii e gridai mentre, alla cieca, provavo a scalciare per allontanarmi, ma tutto ciò che ottenni fu uno scossone così forte da pensare che mi avrebbe rotto il collo.

«Cala a boca!»

Non ne fui certa, ma immaginai che avesse detto "chiudi la bocca".

Mi trascinarono a peso morto e mi ritrovai in piedi con le gambe così molli che a malapena mi reggevano. Il cappuccio mi fu strappato con un solo colpo e non feci nemmeno in tempo a sbattere le palpebre che una forte luce mi accecò. Strinsi gli occhi con forza, come se quel gesto avesse avuto il potere di farmi sparire, ma niente sarebbe stato in grado di cambiare ciò che stava per accadere.

Era quello il mio nuovo futuro. Il destino mi aveva gettato in pasto ai mostri che abitavano l'inferno.

«Eu compro ela...»

Avrei voluto urlare solo per far uscire un po' del dolore che mi stava dilaniando il petto, ma non riuscii a emettere niente di diverso da un mesto mugolio. Mi piegai in avanti quando lo stomaco si contorse, minacciando di espellere la bile.

Oh, Dio...

1. Anja Hedinger, 23 anni

Dieci giorni prima...

«Oh mio Dio, non ci posso credere!»

Ridacchiai da sola al pari di una bambina, felice come non mai, mentre varcavo le porte scorrevoli che mi avrebbero condotto all'aeroporto di Zurigo. Il mio stomaco si agitò dall'emozione e, con uno sguardo raggiante, guardai Mark, il mio meraviglioso ragazzo, rivolgermi uno dei suoi sorrisi super sexy mentre trascinavamo i nostri trolley verso l'area di imbarco.

Erano mesi che programmavamo quella vacanza. Avevamo deciso insieme tutti i dettagli, dalla scelta del Paese da visitare, il lontano ed esotico Brasile, con le sue palme e le spiagge di sabbia bianca sconfinate, alla piccola "*pousada*", l'accogliente Bed & Breakfast in cui avremmo alloggiato per le successive due settimane. Per la prima volta in vita mia, con il mio perfetto e dolce fidanzato, mi sarei avventurata in un posto tropicale descritto da quattro parole magiche: divertimento, relax, sole e sesso. Cose di cui avevamo entrambi un disperato bisogno.

Programmarla non fu facile, ma alla fine ce l'avevamo fatta e non potevo esserne più felice. Il mio corso di infermieristica d'urgenza, uno dei più importanti della mia specializzazione, mi teneva impegnata cinque giorni a settimana, per non parlare dei compiti da svolgere e degli esami da superare. Mark, invece, stava festeggiando il nuovo posto di lavoro: assistente di uno degli insegnanti più conosciuti della nostra università. Eh sì, il mio bellissimo ragazzo si stava preparando per entrare a far parte del corpo docenti dell'università di San Gallo.

Magari, alla fine dell'anno, potremmo cercare un bilocale per noi con un affitto a buon mercato... più vicino all'ospedale non sarebbe una cattiva idea, così saremmo entrambi nei paraggi e potremmo anche pranzare insieme qualche volta...

Sì, sì, sì che idea fantastica... mi voltai con l'intenzione di condividere con lui la mia brillante opinione. *Ma, dov'è finito?*

I miei piedi si arrestarono e vagai con lo sguardo confuso tutt'intorno, poiché non era più accanto a me. Mi voltai e lo scorsi poco più indietro che scuoteva la testa con un sorrisetto presuntuoso tra le labbra.

Le persone sembravano muoversi come pesci in uno stagno troppo piccolo, sfrecciando e intrecciandosi intorno a noi che, consapevoli del nostro amore, vivevamo nella nostra bolla perfetta. «Perché mi stai guardando così?»

Mi venne incontro e, come la prima volta, avvertii delle dispettose farfalle volare nello stomaco. Mi raggiunse in due falcate con quei bellissimi occhi verdi che brillavano come smeraldi. «Vieni qua...» mollò il suo trolley e mi trascinò verso di lui con un sorrisetto, «volevo soltanto abbracciarti.»

Era da parecchio tempo che non lo vedevo così felice, così spensierato. Negli anni, la nostra relazione era passata in secondo piano rispetto al lavoro, agli studi, ai videogiochi della PlayStation e ai film di Netflix. Stando tra le sue braccia, godendo di quel sorrisetto sexy, quasi troppo bello per appartenere a un uomo, e sentendo le mani sulla mia vita, lasciata scoperta dalla maglietta che indossavo, tremai per la voglia che avevo di lui. Quel viaggio rappresentava tutto ciò di cui avevamo bisogno.

Mi regalò un bacio che per i miei gusti non durò abbastanza, ma come sempre, il mio ragazzo sapeva come rimediare, perché quando si tirò indietro mi parlò sorridendo: «Volevo solo dirti che sei davvero stupenda.»

Deglutii come se avessi l'acquolina in bocca, combattendo quei pensieri troppo allettanti. «Anche tu non sei poi così male,» scherzai, accarezzando la sua polo verde scura che si abbinava così bene con i suoi occhi. «Grazie ancora per questo viaggio, Mark.»

«Non c'è di che, tesoro.» Il suo viso si addolcì mentre mi prendeva la mano. Non riuscivo a staccarmi dal suo sguardo, quando proseguì: «Non esiste un modo migliore di festeggiare il nostro futuro se non visitando un paese con una cultura così diversa dalla nostra.» Si avvicinò di più e, con fare cospiratorio, sussurrò: «Ho sentito dire che ogni fine settimana le strade che costeggiano la spiaggia si animano di persone che ballano. Ci sono questi bar in cui suonano musica dal vivo e hanno oltre cinquanta tipi di *caipirinha* nel menù. Pensa a quanto ci divertiremo, amore mio.»

Per l'ennesima volta, ricordai a me stessa quanto fosse perfetto per me ma, soprattutto, quanto fosse dolce e meravigliosa la nostra relazione. Ero già entusiasta solo al pensiero di tutti i gusti che potevano avere quei cocktail tipicamente brasiliani, a base di grappa locale, e fu il suo sorriso raggiante a portarmi di nuovo con i piedi per terra. «Adesso muoviamoci, non vorremo mica perdere il volo!»

Mentre ci dirigevamo verso il bancone della compagnia aerea per il controllo dei biglietti, nella mia mente si fece strada una folle idea. Forse quel viaggio era speciale e Mark mi avrebbe chiesto di sposarlo? Magari era per quel motivo che ci stavamo recando in un posto così esotico? Il mio cuore accelerò i battiti così in fretta che per un momento pensai che sarebbe saltato fuori dal petto. Una nuova ondata di felicità mi riempii senza preavviso. Certo che avrei detto di sì. Amavo quell'uomo nel modo giusto, quello che durava per tutta la vita.

Mano nella mano, accanto a un fidanzato bello da far sognare a occhi aperti e con i nervi a fior di pelle, non potevo che sorridere come una sciocca che sembrava avere un cartellino appeso al collo: Ciao, ciao mondo. Sono Anja Hedinger che, felice e innamorata, sta partendo per una vacanza in Brasile con il suo ragazzo!

***

Molte ore più tardi, mi svegliai con la gola secca a causa dell'aria riciclata e con l'odore nauseabondo di tanti corpi ammassati in uno spazio troppo piccolo a prudermi il naso.

Cristo Santo, quanto tempo ci vuole per attraversare un oceano?

Provai ad allungare le gambe nello spazio esiguo che il sedile offriva, trasalendo per il dolore al sedere, alla schiena, al collo, al... al... non c'era una parte del mio corpo che non facesse male.

Mi voltai verso Mark che si stava pulendo gli occhiali con un lembo della polo. «Quanto manca ancora?» Provai a non far suonare la mia voce come quella di una bambina sofferente.

Il suo volto si addolcì quando fece tornare le lenti al loro posto sul suo delicato naso, apparendo così bello nella penombra dell'abitacolo da temere che il mio cuore potesse esplodere d'amore. Il bagliore che entrava dal finestrino metteva in risalto la mascella liscia, gli occhi chiari e i capelli castani che erano ormai un po' flosci. Non osai nemmeno immaginare come si sentisse incastrato in quel sedile così piccolo e stretto. Il suo fisico non era esuberante, ma aveva quasi venti centimetri più di me, che non ero piccola.

Poverino…

Gli accarezzai il braccio che sporgeva verso di me con dolcezza e per un po' chiacchierammo, discutendo ancora una volta dei pro e contro delle gite che volevamo fare una volta arrivati e delle attrazioni turistiche da visitare. Dopodiché Mark si addormentò, altre ore passarono e provai a distrarmi guardando un film, ma tutto ciò a cui riuscivo a pensare furono una doccia calda, un letto morbido e tante, tantissime, coccole con il mio ragazzo. Svegliai il mio dormiglione preferito per mangiare un altro pasto che non riuscii a capire se fosse pollo o pasta e fu il mio turno di addormentarmi. Mi svegliai con il mio amore che mi sfiorava la fronte con le labbra. «Devi allacciare la cintura di sicurezza, tesoro. Stiamo per atterrare.»

Mi raddrizzai all'istante, non riuscivo a contenere la mia eccitazione. In un batter d'occhio gli pneumatici dell'aereo rimbalzarono sulla pista e, in una foschia confusa, sbarcammo. La vita nell'aeroporto era frenetica, anche alle cinque del mattino, e lasciammo che fosse la marea di passeggeri a guidarci attraverso i corridoi in direzione dell'ufficio immigrazione e poi al ritiro bagagli.

Quando ci dirigemmo all'esterno verso l'area dei taxi e delle trasferte, i miei occhi bruciavano come se avessi la carta vetrata al posto delle palpebre e la mia mente sembrava avvolta in tanti batuffoli di cotone, ma niente di tutto quello mi impedì di avere un sorriso raggiante sulle labbra.

Siamo a Rio de Janeiro!

Lasciai che Mark mi facesse strada in quella marea di persone, mentre cercava un trasporto per l'albergo tra le miriadi di van e minibus parcheggiati appena fuori dell'aeroporto. Facemmo avanti e indietro sul marciapiede per una decina di caotici minuti fin quando lui si voltò e, con un sospiro contrariato, disse: «Aspettami qui. Io vado a cercare un banco informazioni. La navetta dell'albergo avrebbe dovuto essere qui almeno da...» controllò velocemente l'orologio, «una ventina di minuti.»

Passando in mezzo a non so quante persone, che continuavano a entrare e uscire dall'aeroporto, spingemmo le valigie fino a un angolo dove c'era un po' più di calma. Mi diede la borsa con il portatile e la misi sulla spalla, poi mi posizionai tra le due valigie. «Non c'è problema. Vai tranquillo, resterò qui ad aspettarti e a fare la guardia alle nostre cose» conclusi la frase raddrizzando la schiena e mettendo in atto la mia super interpretazione "guarda che guardia del corpo cattivissima che sono".

Mi accarezzò in fretta la guancia con un sorriso tenero. «Torno subito. Se vedi la navetta, mandami un messaggio» si toccò la tasca dei jeans dove teneva sempre il cellulare, prima di aggiungere: «L'aeroporto offre solo mezz'ora di internet gratuito, quindi sarà meglio non sprecarlo.»

Annuii e, prima che potessi aggiungere altro, mi sfiorò le labbra con un bacio delicato, si voltò e si diresse verso le porte scorrevoli che avevamo varcato poco prima. Non potei fare a meno di ammirare il suo bel sedere fasciato dai jeans aderenti.

Ero sicura che gli occhi si fossero ridotti a due cuoricini mentre la mia mente iperattiva era già entrata in azione. Sorrisi beata mentre mi immaginavo sdraiata su un'amaca sotto una palma con una *caipirinha* in mano. A qualche metro da me, il mio amore, indossando un costume da bagno che non lasciava nulla all'immaginazione, entrava in mare.

Gnam, gnam... sospirai contenta. *Divertimento, relax, sole e sesso.* Alzai gli occhi in direzione del cielo indaco oltre la struttura di cemento che copriva parte del parcheggio. *Grazie, Signore!*

Tanti, troppi minuti passarono e alla fine dovetti tornare alla realtà. Rimasi in piedi nel mio angolino sicuro, provando a non lasciarmi intimorire dalla quantità di persone, dal rumore delle macchine e dall'assurda umidità presente nell'aria.

Aprii la borsa cercando qualcosa con cui farmi un po' di vento e i miei occhi si posarono sul cellulare. Pensai di mandare un messaggio a mia madre per dirle che eravamo arrivati e che stavamo bene, ma scartai subito l'idea, vista la scarsa quantità di tempo che avevo di internet.

Lo farò quando saremo al sicuro in albergo.

Un altro dei motivi per cui non avrei tolto quel cellulare dalla borsa era perché Regiane, la mia collega brasiliana all'università, mi aveva avvertito sulla criminalità sempre più dilagante nel suo Paese di origine e sul fatto che un cellulare in bella vista fosse un invito quasi irresistibile per un borseggiatore. Avevo ascoltato storie davvero raccapriccianti, ma anche altre molto belle. Era una nazione piena di contrasti, ma in ogni caso, sarei rimasta sempre accanto al mio ragazzo. Non ero così innocente da credere che niente avrebbe potuto farmi del male.

Non voglio rovinare le mie vacanze per una "stupidata".

Per alcuni istanti provai a placare il calore che sentivo sventolandomi con la mano, ma il movimento frenetico mi faceva venire ancora più caldo.

Dove sei finito, Mark? Voglio andare via.

Mi voltai verso le porte scorrevoli da cui era sparito e mi imbattei nel mio riflesso in uno dei pannelli di vetro vicino alla parete.

Mamma mia, sono un disastro! L'umidità aveva già saturato i miei vestiti, la mia camicetta era quasi trasparente, forse stavo iniziando a puzzare e i miei capelli biondi sembravano un nido di uccelli. Stavo cercando di sistemarli un po' con le dita, quando udii una voce non molto distante.

«*Oi gatinha.*»

Mi girai, stando ben attenta a non far cadere le valigie e guardai dietro di me. Un bell'uomo dalla carnagione color caffè latte si tolse il cappellino, passandosi le mani tra le ciocche scure, mentre mi veniva incontro. I suoi occhi scuri mi fissarono dalla testa ai piedi, facendo contorcere qualcosa dentro di me.

«Come, prego?» Gli domandai in inglese, raddrizzando le spalle e cercando Mark con la coda dell'occhio.

Dove diavolo sei?

L'uomo rallentò appena, come se stesse per dirmi qualcosa. Si trovava a meno di due metri da me e un ampio sorriso mi mostrò i suoi denti bianchi e la sua pelle si piegò intorno agli occhi in un modo fin troppo amichevole. Ero indecisa se catalogarlo o meno come una minaccia, ma provando a non dare nell'occhio, mi strinsi comunque addosso la borsa e la cartella con il portatile di Mark.

Fai attenzione… quasi mi sfuggì il sussurro che sibilò nella mia testa, una voce tagliente che non potevo ignorare. Forse quello fu soltanto il primo dei tanti avvertimenti che il mio subconscio provò a darmi.

L'uomo stava ormai per passarmi accanto, ancora in silenzio, così lo guardai in attesa, aspettando che si fermasse, visto che manteneva lo sguardo incollato al mio. Con mia somma vergogna, invece che rallentare per parlare con me, continuò a camminare, la sua spalla sfiorò la mia, così lo seguii d'istinto e, un attimo dopo, lo vidi fermarsi poco distante per parlare con una ragazza.

Guardai in fretta altrove mentre mi coprivo la bocca con la mano. Mi sentii sprofondare nel pavimento.

Oh, Dio. Che figura…

«Anja?» Sussultai voltandomi e scorsi Mark materializzarsi davanti a me come un fantasma, mentre si guardava intorno preoccupato. «Va tutto bene? Come mai sei così rossa?»

«Sì, sì, è solo colpa del caldo», mi sventolai con la mano in modo teatrale, facendo attenzione a non guardare in direzione dello sconosciuto.

«Sono riuscito a trovare la navetta, andiamo?»

Prima ancora che finisse la frase, gli stavo già dando la cartella e il trolley. Meglio allontanarsi da lì il prima possibile!

***

La prima settimana di vacanza trascorse tutta in un batter d'occhio e fu a dir poco stupenda. Una cosa la sapevo con certezza: amavo Rio de Janeiro.

La città ai piedi del grande Cristo sembrava non dormire mai. Durante il giorno le spiagge brulicavano di persone e, alla sera, ogni bar che visitavamo era animato da gente che ballava melodie piccanti, beveva cocktail deliziosi e si divertiva fino all'alba. Era come se fosse sempre vacanza, anche se eravamo fuori stagione.

La nostra *"pousada"* era in verità un piccolo resort con una bellissima piscina che al centro aveva una fontana a forma di delfino che gettava acqua in alto accogliendo gli ospiti. C'erano anche delle comodissime sedie a sdraio sotto a graziosi ombrelloni fatti di paglia ed enormi sculture di frutta tropicale a disposizione di ogni ospite affamato. Ogni giorno mi aggiravo beata e meravigliata in quella sorta di mini giungla: tra palme di cocco, felci e animali esotici che sbucavano da ogni angolo mentre facevo uno spuntino con della deliziosa frutta fresca.

La nostra stanza era arredata in stile tropicale, quadri vibranti abbellivano le pareti e il copriletto era una festa di colori e trame. C'era anche un tappeto che potevo scommettere fosse stato intrecciato a mano in toni di viola, rosso e giallo che rallegrava il pavimento di legno.

Le nostre giornate erano scandite da un ritmo perfetto: le mattine erano dedicate all'ozio in piscina o a fare una passeggiata lungo la spiaggia. I pomeriggi, invece, erano riempiti da un pisolino nell'ampio letto, a fare l'amore prima di cena e, per ultimo, a festeggiare in città.

Quella sì che era vita!

Avevamo fatto anche diverse passeggiate suggerite dall'albergo: il *Cristo Redentor* con la sua funivia, il *Jardim botanico*, con le sue piante esotiche e, addirittura, una gita durata un intero giorno dove avevamo preso una barca con altri turisti ed eravamo andati a nuotare con i delfini in un'isola. Era stato uno dei giorni più belli di tutta la mia vita.

Avevamo anche sigillato il nostro amore in un negozio di tatuaggi: Mark aveva scelto un tribale al braccio mentre io avevo optato per un delicato stormo di rondini che partiva dall'inguine e saliva verso la pancia. Tra i piccoli uccelli, avevo fatto scrivere il nome del mio amore. Quel tatuaggio aveva un significato speciale per me: sicurezza e protezione, ma anche libertà, amore e speranza, il fatto che Mark mi facesse volare sempre più in alto.

Altri giorni trascorsero e la nostra vacanza procedeva in modo fantastico, anche se, con nostro rammarico, si stava avvicinando la fine.

Avevamo stabilito che per quegli ultimi sprazzi di libertà avremmo deciso a turno le mete delle nostre gite. Da bravo gentiluomo qual era il mio ragazzo, mi aveva fatto scegliere per prima e non ebbi dubbi quando vidi la promozione che stava facendo la piccola spa dell'albergo. Avevo trascorso un intero pomeriggio a farmi coccolare da manicure, pedicure e ceretta, con annesso un delizioso massaggio.

Mark, invece, scelse un'escursione che aveva scoperto una sera. Stavamo ballando in un bar quando qualcuno si era avvicinato per consegnargli un volantino con la pubblicità di una passeggiata a *Petropólis*, una cittadina che sorgeva nella foresta tropicale, a meno di due ore dal nostro alloggio. Mi era sembrata un'ottima idea, anche se l'uscita ci avrebbe impegnato per un giorno intero.

Ci svegliammo prestissimo e dopo una colazione veloce prendemmo il pullman che ci avrebbe portato all'incantevole cittadina di *Petropólis*.

Avrei dovuto sospettare, dagli sguardi che Mark mi rivolgeva quando pensava che non lo stessi guardando, che ne avrebbe combinata una delle sue. In effetti, appena scendemmo dal mezzo, non ebbi nemmeno il tempo di guardarmi intorno nella pittoresca stradina, che mi ritrovai a essere quasi trascinata fino a un'agenzia di noleggio veicoli.

«Ho una sorpresa per te.» Sorrisi notando l'allegria che traspariva nella sua voce. Sembrava un bambino di ventisei anni, irresistibile! Purtroppo, la mia allegria durò molto meno della sua, soprattutto quando capii che voleva affittare un mezzo a due ruote. Provai a non lasciarmi prendere dal panico, mentre lessi il contratto e i miei occhi si posarono sulle clausole scritte in inglese in fondo alla pagina.

Cosa? Se per caso restiamo feriti, veniamo rapiti o uccisi mentre usiamo i veicoli forniti dall'agenzia, essa non dovrebbe essere ritenuta in alcun modo responsabile. Che diamine significa?!

Lo feci subito notare a Mark, non ero tanto sicura che fosse una buona idea noleggiare un veicolo, lui era un abile guidatore, ma avevo già notato quanto potesse essere caotico il traffico in quel Paese. I semafori non contavano niente e i motociclisti sembravano non aver mai fatto un corso di guida. Pedoni, ciclisti e automobili si muovevano come un enorme organismo vivente giorno e notte.

«Non preoccuparti tesoro, queste clausole sono solo un proforma.»

Non avevo mai noleggiato un mezzo in vita mia, perciò non potevo essere sicura di un bel niente. La mia mente fu subito riempita da immagini di noi due che finivamo contro la parte anteriore di un autobus, o travolti da un camion che trasportava banane. Rabbrividii. Notando la mia incertezza, il viso di Mark prima sorridente, come un bambino la mattina di Natale, si storse in una piccola smorfia. «Non importa, lasciamo perdere.» Lasciò la penna sulla linea tratteggiata, soltanto per passarmi la mano sulla schiena con un movimento cadenzato, come se volesse confortarmi.

Oh Dio, che guastafeste che sei. Sono i nostri ultimi giorni di vacanza, lui è un ottimo guidatore, cosa potrebbe mai capitare di brutto?

Dopo aver fatto un profondo sospiro gli sorrisi con l'aria malandrina che amavo tanto imitare. «Va bene, ma voglio poter scegliere le prossime gite per ben due giorni di seguito. Sei in debito con me, signor Mark Kruger.»

«Affare fatto.» Il sorriso era tornato a splendere sul suo bellissimo viso mentre faceva il segno della croce sul cuore, prima di riprendere la penna e firmare i documenti. Rise, l'eccitazione brillava nei suoi occhi verde smeraldo.

«Vuoi noleggiare una Vespa anche per te? Posso informarmi se ne hanno uno per cui la patente non sia necessaria. Magari che vada massimo a trenta all'ora.» Mi schernì il furbetto. Non importava, gliel'avrei fatta pagare nelle prossime escursioni che avrei scelto io.

Gli feci una finta espressione accigliata prima di dire: «No, no, salirò sul retro della tua.»

Senza riuscire a nascondere l'eccitazione, Mark finì di compilare i documenti, pagò il noleggio e, una ventina di minuti più tardi, salivamo su una Vespa rossa fiammeggiante.

Prendemmo i caschi che il commesso del negozio ci diede: il mio era verde sgargiante e, per un momento, mi sentii come un pappagallo. Trattenni a malapena una risata mentre il ragazzo, in un inglese che stentai a capire diceva: «Assicuratevi di tenere i caschi sempre con voi. Se qualcuno ve li rubasse, la multa sarebbe salata.»

Appena allacciammo i caschi, il commesso mi consegnò una cartina stradale dove erano già evidenziati i principali punti turistici.

«Restate sempre in queste aree. Se vi doveste perdere, chiedete indicazioni ai commercianti, non alle persone per strada. E non separatevi, per nessun motivo. Restate sempre insieme.»

Il mio corpo ebbe un piccolo sussulto a causa della serietà della sua voce. I cittadini brasiliani sembravano così simpatici, ma potevano davvero essere spietati e pericolosi come voleva far sembrare?

Mark mi strappò da quelle strane congetture quando montò in sella invitandomi a seguirlo. Gli sorrisi provando a ostentare un po' di coraggio e, mentre mi sedevo sul sedile, avvolsi le braccia intorno al suo busto come se fossi un Boa constrictor.

«Se continui a stringermi così forte, finirai per asfissiarmi.» Ridacchiando, accese la Vespa e provò l'acceleratore.

Per tutta risposta gli mordicchiai la spalla, apprezzando il suo brivido. «Mi fido ciecamente di te.» Cercai di convincermi.

Il commesso si allontanò salutandoci con la mano, così Mark allentò la frizione e, dopo un paio di salti in stile ranocchio, riuscì a controllare perfettamente il nostro nuovo mezzo.

«Pronta?» Mi chiese senza riuscire a nascondere la sua eccitazione.

Gli accarezzai il petto. «Prontissima!»

Uscimmo dal parcheggio illuminati dal tiepido sole della mattinata appena iniziata. Solo in quel momento capii la richiesta che Mark mi aveva fatto appena svegli, quando mi chiese di indossare i leggings al posto dei soliti pantaloncini e di mettere nello zaino anche una giacca leggera. Quando gli chiesi il motivo, mi aveva accennato qualcosa a proposito di una gita nella foresta e alle zanzare, ma forse quell'aggeggio a due ruote non era poi una cattiva idea.

Magari possiamo anche uscire dai sentieri turistici più battuti e trovare qualcosa di nuovo e affascinante.

Arrivati al primo bivio, Mark posò entrambi i piedi a terra, stabilizzando la Vespa mentre ci fermavamo sul ciglio della stradina sterrata. Restammo lì per qualche istante, osservando il paesaggio e le persone che gironzolavano tranquille per strada. Mi godetti il ritmo del suo cuore accelerato che batteva sotto le mie braccia.

Alla fine mi chiese: «Dove andiamo, amore mio? A destra o a sinistra?»

Girai la testa da una parte all'altra. Nord, sud, ovest o est... non aveva importanza quando tutto ciò che ci circondava era la natura e la bellezza tropicale di quella magnifica nazione. Per un istante dedicai la mia attenzione alla cartina che avevo messo nella tasca del giubbotto jeans.

Quando individuai una cascata che si trovava a una trentina di chilometri dal luogo in cui eravamo, senza indugiare oltre, gli dissi: «Andiamo a destra.»

«Allora tieniti forte, amore!» Girò la manopola dell'acceleratore e la Vespa fischiò partendo di scatto. Il cuore mi salì in gola mentre schivava per un pelo un uomo che aveva le braccia piene di borse della spesa e poi sfrecciava davanti a un camion che lasciava una nuvola di fumo nero nell'aria.

La mia bocca si seccò a causa del panico e le mie braccia lo strinsero così forte che mi feci male ai bicipiti.

Oh, mio Dio! Voglio scendere. Questo non corrisponde alla mia idea di divertimento. Come risposta Mark rise e la sua felicità mi avvolse come una bolla protettiva facendo rallentare i battiti del mio cuore. Si stava divertendo e non avrei rovinato tutto, dovevo confidare che avrebbe saputo tenermi al sicuro.

Forse quello fu il secondo avvertimento che il mio subconscio mi stava mandando.

***

Diverse ore più tardi, dopo un gelato preso in un piccolo bar trovato accanto alla cascata e un salto nelle acque rinfrescanti, il sudore era tornato ancora una volta a scorrere facendo aderire la maglietta alla schiena. Il giubbottino, che avrebbe dovuto proteggermi in caso di caduta, era già dentro lo zaino, il sole che splendeva alto mi aveva fatto venire il mal di testa e il cervello sembrava che stesse per sciogliersi dentro il casco. Ci eravamo divertiti tra i labirinti di stradine sterrate, esplorando anche alcuni sentieri come dei veri escursionisti, ma ormai il sedere mi faceva male e l'intero corpo sembrava vibrare come il nostro veicolo.

Avevo assolutamente bisogno di un drink e di un posto fresco, dove il mio di dietro non vibrasse come affetto dal morbo di Parkinson.

Forse Mark mi aveva letto nel pensiero, perché rallentò fino a fermarsi davanti a un minuscolo e decrepito bar a metà strada mentre percorrevamo una angusta stradina sterrata verso la valle sottostante.

Prima ancora di scendere, mi guardai attorno. *Forse, potremmo trovare qualcosa di migliore più vicino alla città.*

Le poche casette che vedevo in mezzo alla boscaglia erano abbastanza semplici, ma non erano le "favelas", le baraccopoli da cui ci avevano avvertito di stare alla larga. Mi lasciai rassicurare dalla visione di tre bambini che giocavano a pallone correndo contenti nella strada prima di volgere la mia attenzione al locale.

Forse quello fu il terzo avvertimento che il mio subconscio aveva provato a lanciarmi.

Mark aspettò che scendessi dalla Vespa e mi imitò saltando con un balzo degno di un ballerino. Mi ritrovai a ridere perché le mie gambe avevano la consistenza di un budino e ripensai a quella volta in cui, da bambina, avevo cavalcato un puledro. Provavo la stessa sensazione.

«Sto morendo di sete.» Mi bagnai le labbra secche mentre osservavo l'aspetto sinistro del luogo. La porta di metallo verde che pendeva sgangherata aveva visto tempi migliori prima che la ruggine facesse la sua comparsa e l'insegna era così annerita dalla sporcizia che non riuscivo nemmeno a scorgere il nome del bar.

Come se riuscisse di nuovo a leggere i miei pensieri, mentre si toglieva il casco e lo legava al manubrio, Mark mi disse: «Prendiamo qualcosa da bere e ce ne andiamo subito.»

Lo imitai togliendo l'aggeggio infernale, immaginando del fumo uscire dalla mia testa. Mi tolsi l'elastico con cui avevo legato i capelli in una coda bassa e provai a pettinarli con le dita.

Il mio meraviglioso ragazzo si avvicinò e mi prese una ciocca sudata mettendola dietro l'orecchio, l'amore scintillava nei suoi occhi. «Sei così bella.»

Ridacchiai mentre accarezzavo la sua mano. «Anche quando sono sudata?»

Passando le dita sulla mia guancia, si schiarì la gola, il suo sguardo fisso sulla mia bocca. «Soprattutto quando sei sudata.»

Mi fece un occhiolino mentre intrecciavo le mie dita alle sue, poi si avvicinò e mi diede un bacio delicato. «Speriamo che questo posto abbia delle bevande fresche» si leccò le labbra facendomi venire voglia di morderlo. «Sto sognando una birra ghiacciata.»

Ero pronta a dirgli che guidare un mezzo a due ruote dopo aver bevuto qualcosa di alcolico non fosse un'idea molto furba, ma lasciai perdere perché mi stava già portando dentro il bar e l'immagine di una lattina di Coca-Cola ghiacciata era tutto ciò che riuscivo a vedere. Almeno fino a quando non varcai la soglia e mi ritrovai nell'oscurità del piccolo locale, sempre che si potesse definire tale quella sorta di caverna per orchi.

Una sensazione di opprimente inquietudine mi avvolse mentre osservavo le pareti che non avevano mai visto una mano di vernice e i poster che avevano usato per decorare il locale.

Pessimo gusto…

Donne mezze nude e immagini di bottiglie di bibite alcoliche erano state attaccate alle pareti con pezzi di nastro adesivo da qualcuno che, senza ombra di dubbio, era ubriaco. La seconda cosa che notai era che il luogo fosse vuoto, infine alcuni segni rotondi, qua e là, accanto alle macchie di muffa. Mi accigliai perché sembravano proprio…

Sono sul serio fori di proiettile?

Una brutta sensazione si intensificò strisciando sulla mia pelle come un ragno peloso. Strinsi la mano di Mark, mentre l'istinto mi avvertiva forte e chiaro, con un segnale che suonò nella mia testa come una campana. Il quarto avvertimento.

«Mark? Andiamo via…»

Le parole successive morirono sulle mie labbra quando, da una porta posizionata in fondo al bancone, apparve una donna. Mark, ignorando tutti i segnali che gli stavo mandando, si lasciò cadere su una vecchia sedia di legno davanti a un piccolo tavolo quadrato per quattro persone. La signora ci salutò con quello che avevo imparato essere "buongiorno", sfoggiando una serie di denti ingialliti messi in evidenza da un sorriso scialbo.

Pronunciò ancora un'altra frase e guardai Mark per vedere se fosse riuscito a capire. Quando lui scosse la testa e disse alla signora, in inglese, che non parlava la sua lingua, lei non sembrò per niente preoccupata. Prese il menù da dietro il bancone e lo posò con uno scatto secco sul tavolo.

«*Beber? Comer?*» Al suono di ogni parola mimò il gesto prima di bere e poi di mangiare.

Notando che ero ancora in piedi, la donna mise la sedia accanto a Mark e mi fece segno di accomodarmi, mentre mi scrutava con uno sguardo scuro come la pece. Sentii il corpo irrigidirsi, avrei voluto dire qualcosa, anche una sola parola per placare l'ansia che sembrava rodermi dentro. Avevo una sola parola in mente: andiamocene.

Invece il mio ragazzo, del tutto ignaro dei miei pensieri, sorrise alla signora mentre rispondeva in portoghese. «Una birra e una Coca, per favore.»

Lei fece una smorfia e si allontanò pulendosi le mani sul grembiule pieno di macchie rossastre che sembravano sangue rappreso.

Un grembiule da macellaio... l'immagine che si formò in testa mi fece venire la nausea e distolsi lo sguardo in fretta.

Per alcuni istanti, il solo rumore che udii proveniva dalle pale di un ventilatore che agitava l'aria stagnante sopra le nostre teste. Il sudore che fino a poco prima colava sulla mia pelle, si raffreddò fino a diventare ghiacciato. Dal contenitore di metallo in mezzo al tavolo presi due tovaglioli che usai per asciugarmi il viso.

«Ti senti bene, Anja?» Mi domandò Mark mentre si asciugava la nuca con la mano.

Mi guardai alle spalle, cercando di capire per quale motivo mi sentissi così agitata, ma non sembrava esserci nulla di strano. Era solo un bar malandato. Niente di più.

«Sto bene,» provai a tranquillizzarlo, «ho solo voglia di tornare in albergo e farmi una doccia gelata.»

Alla fine della frase aggiunsi un sorriso che ricambiò con la faccia lucida per il sudore. «Già, andremo via presto. So che questo posto sembra un po'…» si guardò attorno prima di continuare: «fatiscente. Ma non devi preoccuparti.»

Mi si strinse lo stomaco. Non era quello il motivo, o forse lo era, ma il modo in cui quella donna mi aveva guardato… sembrava quasi che mi odiasse.

Senza nemmeno rendermene conto, avevo preso il menù ed ero ancora immersa nell'assurdità di quel pensiero quando udii un rumore. Alzai lo sguardo verso il fondo del locale, vicino alla porta da cui la signora era scomparsa e vidi un uomo avvicinarsi. La sua voce era bassa, arrabbiata, mentre parlava al cellulare. Mark gli dava le spalle perciò non lo vide arrivare, ma potevo giurare che avesse lo sguardo fisso nel mio.

Sentii lo stomaco rivoltarsi su se stesso, cercando di combattere la trepidazione che lo stringeva come in una morsa, il momento di panico che strisciava sotto la pelle come un serpente velenoso. Non volevo più restare lì dentro. Non potevo farlo.

Mark, attratto dalla voce dell'uomo, si voltò sulla sedia e lo guardò. Lo chiamai a bassa voce e quando portò l'attenzione su di me gli dissi: «Possiamo andare a bere altrove? Voglio andarmene.»

Finalmente avevo pronunciato quella parola. Per tutta risposta il mio ragazzo si accasciò sulla sedia sgangherata. «Dammi solo un paio di minuti, va bene? Poi ti prometto che ce ne andremo.» Il suo viso sembrava così provato.

Annuii con un gesto brusco. Non volevo sembrare nevrotica, ma dannazione, c'era qualcosa che non andava in quel luogo.

Altri minuti passarono, le benedette bibite non si decidevano ad arrivare, sentivo le mie gambe sobbalzare sotto il tavolo, l'ansia che mi stava togliendo il respiro.

Nel frattempo, un altro uomo entrò nel bar. Indossava una giacca di pelle nera e dei jeans sporchi e sulla mano brillavano parecchi anelli. La sua pelle risplendeva per via del sudore e i capelli lunghi erano legati in una coda di cavallo. Sul collo aveva un tatuaggio enorme che somigliava a un orribile scorpione nero. La sua vista mi fece rabbrividire.

Appena varcò la soglia del locale, i suoi occhi si posarono sui miei e mi bloccai come paralizzata. Avevo visto uno sguardo simile soltanto in televisione, in un programma su degli assassini seriali. Le sue iridi erano affamate, nere come la pece, e soprattutto malvagie. Fu come se mi stesse per risucchiare l'anima. La paura dentro di me divampò fino a diventare un vero e proprio incendio che, in un batter d'occhio, mi circondò risucchiando tutto l'ossigeno.

«Mark…» sussurrai ormai in preda al panico.

Il rumore di qualcosa che sbatteva sul tavolo mi fece sussultare. Alzai lo sguardo e scorsi la cameriera che metteva due bicchieri sporchi accanto alle lattine di Coca-Cola che erano già sul tavolo. Mentre lasciava cadere due cannucce azzurre direttamente sul tavolo sporco di legno continuai a ripetere lo stesso mantra. *Non perdere la calma. Mark è qui e lui ti proteggerà.*

Mark, più concentrato sulla sua bibita che su di me, aprì una lattina e ne bevve un lungo sorso, senza nemmeno ricordarsi di aver ordinato una birra, prima di dire: «Gesù, che sete!»

L'uomo con il tatuaggio si spostò verso il bancone dandomi la schiena. Aprii la mia bibita e la sorseggiai provando a convincermi che la paura che provavo fosse solo frutto delle storie che avevo sentito.

Datti una calmata, Anja. Locali così sono la norma in questo Paese.

Mark finì la sua Coca in tre sorsi e poi si alzò. «Torno subito, amore. Vado al bagno.»

La mia paura aumentò fino a trasformarsi in un vero e proprio attacco di panico. Iniziai a scuotere la testa in modo frenetico, non riuscivo nemmeno a parlare.

«Cosa?» Mi guardò come se mi fosse spuntata un'altra testa, ma non mi importava.

Infine, ritrovai la voce in un sussurro angosciato. «Devi proprio andare alla toilette? Non riesci ad aspettare?» Mi torsi le dita, nascoste in grembo.

Anch'io avevo bisogno di andare in bagno, ma di sicuro avrei preferito fermarmi in mezzo alla foresta che restare in quel luogo per un minuto in più.

Come risposta ridacchiò. «Ehi, non ti preoccupare. Farò in fretta. Ci aspetta ancora un'altra ora di viaggio fino all'albergo.»

Razionalmente sapevo avesse ragione, ma facevo fatica a separare la paura, l'adrenalina e l'ansia dalla logica. Alla fine non mi restò che annuire mentre lo guardavo andare verso il fondo del bar. Strinsi la lattina fino a che le nocche divennero bianche, cercando di tenere a bada il panico.

A ogni passo che faceva, il mio cuore si stringeva un po' di più. Quella sensazione era assurda, esagerata, non avevo mai provato nulla di simile e non sapevo nemmeno spiegare il perché del mio comportamento, ma non riuscivo a smettere di tremare.

Per favore, per favore, torna in fretta.

Lo accompagnai con lo sguardo, continuando a pregare, fino a quando non lo vidi sparire al di là di una porta con la scritta *"serviços"*.

Conscia di essere rimasta sola, il cuore prese a battere furioso, l'adrenalina mi spinse a perlustrare tutto il locale, in cerca di possibili minacce. Fu l'ultimo avvertimento che mi diede il mio subconscio.

Tutto in me urlava che fossi in pericolo, ma non c'era più nessuno in giro… nemmeno l'uomo con il tatuaggio, l'altro che parlava al telefono o la signora che ci aveva servito.

Smettila, Anja, sei una fifona. Non c'è nulla di cui aver paura. Altri minuti passarono in quello strano e assordante silenzio rotto solo dalle pale del ventilatore che continuavano a girare sopra la mia testa. Provai a rilassarmi, ma ogni fibra del mio corpo era in massima allerta. Ogni tanto mi guardavo intorno, ma subito dopo il mio sguardo tornava ostinato verso la porta da cui Mark era scomparso.

Ma quanto tempo ci mette?

Da qualche parte in fondo al locale qualcuno fece partire una musica ad alto volume e mi sembrò di udire delle voci concitate, poi strani lamenti strazianti. Con dita tremanti, giocai con il tappo della lattina girandolo da una parte all'altra mentre provavo a distrarmi e, nel frattempo, imploravo con la mente che il mio ragazzo tornasse alla svelta. Molto presto, la bocca divenne secca, i palmi delle mani viscidi di sudore.

Forse, dovrei andarlo a chiamare.

Qualsiasi cosa sarebbe stata meglio che restare lì seduta, in preda al terrore. Avrei potuto aspettarlo vicino alla Vespa, in pubblico, ma sapevo che si sarebbe spaventato a morte se uscendo dal bagno non mi avesse visto.

Ho deciso, lo vado a chiamare. Così ne approfitto per andare in bagno.

Non mi preoccupava più nemmeno in quale stato avrei trovato la toilette di un locale simile. Qualsiasi cosa pur di trovare Mark e andarcene.

Mi alzai, gli occhi puntati sulla porta da cui era sparito, pronta per andarlo a cercare. Fu in quel momento che, con la coda dell'occhio, notai un movimento fulmineo. Mi voltai e il cuore sembrò esplodere nel petto.

Due uomini avevano bloccato l'uscita. Braccia incrociate davanti al petto, ghigni malefici sulle labbra tese. L'uomo con l'orribile tatuaggio sul collo era a qualche passo da loro e quando i nostri sguardi si incontrarono mi sorrise. Fu come essere sommersa da una marea nera. Di pura malvagità. Incapace di distogliere lo sguardo, la mia intera esistenza oscillò pericolosamente sotto il peso dell'oscurità. Del presentimento. Del terrore.

«Mark!» Gridai, la mia voce lacerò l'aria come un coltello, mentre scattavo all'improvviso verso la porta del bagno.

Stavo finalmente assecondando il mio istinto. Quegli uomini non erano lì per bere qualcosa.

Corri. Corri, Anja. CORRI!

Le mie scarpe da ginnastica sbatterono frenetiche contro il pavimento mentre mi precipitavo disperata verso la porta che sembrava sempre più distante. Gli uomini non persero tempo mettendosi subito in azione, rovesciando uno o due tavoli nella fretta.

No. No. Per favore, no!

I secondi sembrarono scorrere al rallentatore, come in un film, mentre mi avvicinavo alla mia salvezza e stavo quasi per oltrepassarla quando una grossa mano mi afferrò per i capelli strattonandomi all'indietro con una forza incredibile.

La mia schiena andò a sbattere contro un petto caldo, sudato.

«Mark!» Urlai mentre mi contorcevo aggrappandomi alle mani che mi tenevano per il cuoio capelluto. Ignorando il dolore, l'istinto ebbe la meglio, trasformandomi in un animale in lotta per la propria vita. «Aiuto!» Urlai ancora una volta più forte e, quando la mano dell'uomo mi tappò la bocca, la morsi come una belva inferocita.

Imprecò mentre mi lasciava andare spingendomi con furia in avanti. Le mie ginocchia colpirono con forza il pavimento, ma non feci caso al dolore o ad altro. Un battito di cuore dopo, mi ero già alzata rimettendomi a correre. Non importava nulla se non arrivare da Mark.

Urlai di nuovo il suo nome mentre entravo in un lungo corridoio e scattavo verso l'ultima porta in fondo dove scorgevo il simbolo del bagno dei maschi. Stavo per varcare la soglia, quando la porta venne aperta di colpo e andai a sbattere contro il corpo solido di un altro uomo. Udii un rumore sordo e con la coda dell'occhio notai una mazza, come quella da baseball, che ruzzolava per terra lontano da noi lasciando ovunque schizzi rossastri.

La sua mano era resa scivolosa dal sangue quando la schiacciò sulla mia bocca, facendomi sbattere con violenza la testa contro il muro. Il gusto metallico mi fece quasi vomitare mentre mi dimenavo nella sua stretta.

Lotterò fino alla morte, riuscirò a scappare, troverò Mark…

Avevo ancora quei pensieri in testa, li ripetevo come un mantra ma, nel momento in cui vidi il corpo a terra, fu come se evaporassero, lasciando la mia mente vuota come un guscio. Le gambe si piegarono e il corpo si sarebbe accasciato se l'uomo non mi avesse tenuta con una morsa ferrea.

Mark era riverso sul pavimento sporco del bagno, il volto coperto di sangue. Un braccio giaceva piegato con un'angolazione innaturale e l'unico occhio rimasto aperto mi guardava pietrificato. Provò a dire qualcosa, ma finì per tossicchiare sputando sangue che schizzò sul pavimento. Il suo corpo ebbe un fremito, poi non si mosse più, soltanto la sua palpebra sbatté in modo lento.

«No!»

La paura si tramutò in odio. La rabbia esplose, l'orrore mi invase come una furia incontrollata, e riuscii a mordere ancora una volta il palmo dell'uomo, assaggiando il sangue e la sua carne dilaniata dai miei denti.

«*Sua puta!*» Sbraitò mentre mi dimenavo, cercando di centrarlo con una ginocchiata tra le gambe.

«Mark!» Urlai disperata e, in qualche modo, il mio colpo andò a segno perché, dopo un attimo, mi ritrovai libera. L'uomo che mi aveva afferrata barcollò di lato andando a sbattere contro l'altra parete. Mossi due passi frenetici, ma finii un'altra volta nelle mani dell'uomo. Mentre si aggrappava alle mie spalle con vigore, sibilò qualcosa nell'orecchio che non capii.

«Stupido bastardo. Lasciami andare!» Urlai, troppo arrabbiata e concentrata sulla sopravvivenza mentre mi trascinava lontano da Mark.

Con la mano libera mi tappò di nuovo la bocca e il naso, togliendomi l'ossigeno. Sbattei l'anca all'indietro con tutta la forza che avevo, colpendolo tra le gambe. Il bastardo ululò e mi spinse via mentre barcollava cadendo per terra.

Corri, Anja. Scappa!

Inciampai sui miei stessi piedi e persi un prezioso secondo provando a decidere se correre da Mark oppure scappare.

Aiutarlo o salvarmi?

«Mark!» Urlai un'altra volta, ma prima che potessi fare qualsiasi altra cosa, l'uomo con il tatuaggio sul collo mi venne incontro come un fulmine e prima ancora che potessi reagire o solo pensare di farlo, mi diede un pugno sulla mascella.

La mia testa rimbalzò sbattendo con tutta la forza contro la parete. I fuochi d'artificio esplosero dietro gli occhi mentre cadevo per terra. Il pavimento mi accolse con un altro colpo che mi fece tremare i denti. Alcune stelle mi danzarono davanti agli occhi mentre l'oscurità cercava di insinuarsi ovunque.

Qualcuno mi premette sulla schiena mentre afferrava le mie braccia e avvolgeva i polsi con qualcosa di ruvido e stretto. Incrociai lo sguardo di Mark a meno di due metri da me. Non si muoveva, ma dall'angolo del suo occhio vidi una lacrima scivolare via. Fu come se il cuore mi venisse strappato dal petto. Ancora intontita per i colpi subiti, mi trascinarono fino a mettermi in piedi. Il mondo attorno a me si capovolse e quasi vomitai.

Gli occhi vuoti dell'uomo con il tatuaggio grottesco di uno scorpione sul collo furono l'ultima cosa che vidi prima che mi infilasse un cappuccio nero in testa.

Mi vennero in mente solo tre parole. Le ultime che avrei pronunciato come Anja Hedinger, la ragazza spensierata che amava la vita.

Sono stata rapita.

Libri di Carmen Weiz

Serie Swiss Stories

- La ragazza nel bosco
- Mistificami
- Audace
- Il confine dell'amore (Spin off #1)
- Il confine del perdono (Spin off #2)

Serie Swiss Legends

- Unique
- La bellezza del male
- La voce dell'innocenza
- Adrenalina
- Anomyma
- Ricordami di me (Spin off #1)
- Ricordami di dimenticare (Spin off #2) - 2024

Serie Swiss Angels

- La mia anima da custodire
- In nome dell'amore
- Twice - Doppio gioco
- Bad News - estate 2023

Printed in Great Britain
by Amazon

20959042R00228